赵启正　刘亚洲　何　方
徐敦信　吴建民　刘德有
武　寅　[美]傅高义
张蕴岭　时殷弘　王缉思
徐　焰　[日]小原博雅
吴寄南　刘江永　朱　锋
[日]村田忠禧　马成三
李　薇　冯昭奎　凌星光
蒋立峰　杨伯江　莽景石
徐万胜　刘建平　吕耀东
吴怀中　卢　昊

中国社会科学院日本研究所『日本学刊』编辑部　编

中日
热点问题研究

中国社会科学出版社

图书在版编目（CIP）数据

中日热点问题研究/中国社会科学院日本研究所《日本学刊》编辑部编．
—北京：中国社会科学出版社，2015.12
ISBN 978 - 7 - 5161 - 6978 - 0

Ⅰ.①中…　Ⅱ.①中…　Ⅲ.①中日关系—研究　Ⅳ.①D822.331.3

中国版本图书馆 CIP 数据核字（2015）第 251158 号

出　版　人　赵剑英
责任编辑　王　琪
责任校对　林　昶　叶　琳
责任印制　王　超

出　　　版　中国社会科学出版社
社　　　址　北京鼓楼西大街甲 158 号
邮　　　编　100720
网　　　址　http://www.csspw.cn
发 行 部　010 - 84083685
门 市 部　010 - 84029450
经　　　销　新华书店及其他书店

印　　　刷　北京君升印刷有限公司
装　　　订　廊坊市广阳区广增装订厂
版　　　次　2015 年 12 月第 1 版
印　　　次　2015 年 12 月第 1 次印刷

开　　　本　710×1000 1/16
印　　　张　24.25
插　　　页　2
字　　　数　373 千字
定　　　价　86.00 元

中日关系和日本研究的
"战略传播"使命（代序）

赵启正*

中日两国有着两千年的交流历史。中日之间相互师承浸润、恩怨交织，堪称国际关系史上的"奇观"。

作为同处亚洲的世界第二、第三大经济体，中日两国关系已经超越了双边的范畴。中日关系的健康发展，不仅符合两国人民的利益，也符合亚洲和世界各国人民的共同愿望。保持中日关系长期稳定，需要登高望远，正视历史，面向未来。

中国政府高度重视中日关系。中国的人文社会科学研究，始终将日本研究列为一个重要的学科领域。多年来，伴随着中日两国经济社会发展的进程，中国的日本问题研究在成果质量、影响力等多方面，取得了很大成绩，为人们了解日本、认识日本，打开了一扇窗户，业已成为中国国际问题研究的重要领域。

我不是日本问题的研究者，只是日本研究刊物的一名读者。但作为曾经的中国对外传播责任者和公共外交倡导者，有一些实际的体会。在此，我想谈一谈我们的日本研究今后怎么发展，从读者的视角和中日公共外交参与者的角度，提一点儿请求。

---

* 作者系国务院新闻办公室前主任。

一　学术研究的成果在于应用

中日邦交正常化以后，中日关系曾经有过很好的时期，两国的前辈为中日友好做出了很大贡献。中日关系发展到今天这种局面，令人忧虑，也引起了全世界的关注。中日关系的恶化，不仅日益影响着中日两国的利益，也影响着东北亚乃至亚洲的和平发展。日本联美反华，联菲联越反华，挑拨中国周边的一些传统友好国家跟我们的关系。日本是"中国威胁论"的主要推手。这些都与日本的右翼势力上升有关。既然关乎日本，就和我们日本研究学者有关。就是说，我们有责任面对现实，研究如何改善对我不利的周边环境。

我们的日本研究成果很丰富，质量也很高。但是，我深感我们的学术研究成果生于学者的智慧和艰苦思考，却往往止于文章，对我们的国家政策、民间舆论和日本的影响有多少？不得而知。我似乎感到许多学者也有些"壮志未酬"的遗憾。学术研究的成果在于应用。中日关系的现实，使得日本问题的研究尤显急迫，要求我们学术成果有更高的质量和实践指导性。

我在上海市负责过外事、外贸和浦东开发。在这个过程中，像我这样的实际工作者往往缺少时间去研究理论问题。其实，这是不谦虚的或不完全的说法。如实地说，也是我们的能力不够，没有相关问题研究能力的素养。我们的出身各式各样，像我是学物理出身的人，研究社会科学，研究浦东开发、规划问题、招商引资问题、外事问题，相当吃力。我当时就说，像马克思、毛泽东、邓小平，一个人就能从容地理论结合实际。而对我们凡人，"理论结合实际"最好的方法就是"两种人的结合"——理论工作者和实际工作者的结合。

问题是，我们要结合，就得有一个好的结合面或者说好的机制。这就要求实际工作者得多少知道一点儿理论工作者的语言，理论工作者也多少得知道点儿实际工作中的困难所在，就像电脑，要语言相通，还要有能匹配的插头，这个插头有时插不上，或接触不良，也就结合不好了。

二　"战略传播"的内涵和疏失

我们的日本研究学术刊物或者日本研究机构，要多负担一个使命，叫做"战略传播"。

"战略传播"（strategic communication）这个词在中国比较新，是美国人先提出的，是指要研究"战略"，也要研究和实现它的"传播"，因为不传播它就难以发挥更大的作用。这个词美国一些跨国公司用了很多年，主要是传播它们的品牌和公司文化，继而国防部，最后是总统（政府）。

"战略"一词在不同领域、不同语境的界定很不相同，甚至可以说相当混乱。对国际问题研究机构来说，战略当然是维护本国最高利益的外交原则和长期政策。在全球化背景下，大国的经济政策、金融政策、外贸政策、国防政策都会影响其他国家，都会和外交政策发生强烈的耦合，都应当列入议程之内。既然是研究国际关系，不言而喻，也要研究对象国的战略问题。而"战略"，就得有长期性、合理性、指导性，也得注意不能把"战略"用得随意，随便什么主张都泛称为"战略"。

"传播"是新闻界对 communication 的翻译，但就日本研究机构的任务看，译成"沟通"，甚至"对话"都是合适的。简言之，"战略传播"是为国家战略利益和战略目标进行的传播和接触活动，强调言行一致性和传播的一致性，是必需精心设计的活动。我认为，应该把"战略传播"这个概念，"传播"到像日本研究机构这样的高级智库来。

我理解，"战略传播"在像日本研究机构这类智库，就是指密切地与政府、社会组织、企业、媒体这些特定的紧密相关的对象，进行关于以国家外交战略为主的研究过程及其成果的沟通或传播，从而发挥自身影响力。其中，企业特别是中国大企业正在走向世界，它们需要对外合作的战略背景的指导，它们也应该和智库相互地长期支持，而大众媒体则应把学术性研究成果通俗化地传播给广大受众。智库是"战略传播"的主要承担者之一，义不容辞。

北京大学不久前成立了一个国家战略传播研究院。成立那天，参加者对"战略传播"在新闻界的概念也进行了讨论。① 也许今天其概念越是不甚清晰，我们就越是有创造的空间呢！大学外的日本研究机构或可联系大学的研究院所，试试和他们有所合作，也许相互有某些新的启示。

由于"战略传播"不够充分，可能会产生疏失，甚至会对国家利益造成损害。眼前的希腊就是一例。无论是其政府还是民间，对欧盟和欧元，向世界表达的若即若离的混乱信号，甚至已经给国际社会留下了这个民族只顾享受福利而不顾国家信用的形象。它的政府内部没有清晰的关于欧元和欧盟的"战略"，没有政府各部门间的"战略传播"，也没和欧盟几个主要机构进行有效的"战略沟通"，更没有办法和民间进行良性的"战略传播"了。

再如，对于东海防空识别区②、981 钻井平台③等经一些国际势力的渲染使反华舆论一时甚嚣尘上，我们也应做及时、充分的国内部门间的"战略沟通"和对外的"战略传播"，这样就容易减弱外界的炒作，而处于舆论的更主动地位。

前一段时间"中日必有一战"在网上一时甚为高涨。有些有丰富外交阅历的人士说相信我们有力量能够制止中日"必有"一战。但是有的年轻网民就不理会你，还会"批判"你。可见，在互联网时代，舆论环境真是复杂，沟通也不容易！

今天的中国，已经不像从前那样只用一个声音说话了。其实，对网民的涉日言论不能一概视为反日情绪。日本首相坚持参拜靖国神社、"购岛"等行为，严重伤害了中国人民的尊严和感情，不喜欢日本的中国人数量增多与近年发生的这些事件有关。

---

　① 中国对"战略传播"已出现一些研究成果，如毕研韬、王金岭《战略传播纲要》，国家行政学院出版社、中央编译出版社 2011 年版。

　② 参见《中华人民共和国东海防空识别区航空器识别规则公告》，《人民日报》2013 年 11 月 24 日。

　③ 981 钻井平台，是中国首座自主设计、建造的第六代深水半潜式钻井平台。中方作业开始后，越方屡屡在南海侵犯我 981 钻井平台作业主权行为，出动包括武装船只在内的大批船只，非法干扰中方作业，冲撞中国公务船。2014 年 7 月，981 钻井平台结束在西沙中建岛附近海域的钻探作业而撤离。2015 年，中国将再次在南海部署 981 钻井平台进行油气勘探。

2005 年年初，鉴于小泉在历史问题上一意孤行，多次参拜靖国神社，中国民众发起反对日本"入常"的签名活动，进而发展为针对日本的示威游行。4 月，先是北京，然后上海。新华社马胜荣同志是负责对国外报道的副社长，那天上午，他告诉我，《华尔街日报》等国外媒体都报道了"十万上海人上了南京路"。发生在南京路的事，我们"南京路"不及时报道，是不是"华尔街"说了算？这问得很尖锐，这是没有及时地战略沟通（情况、性质定性、表达口径的沟通）的问题。我俩沟通后，他随即发了英文文稿，事情就澄清了，外电的报道就降温了。随之国内报纸和网络也指出了游行并未依法申请，打砸行为是非法的。第二天，事态就基本平息了。

我们把战略传播说得通俗点儿，就是对重大问题的基本原则要做与时俱进的研究，还要做与时俱进的沟通和传播。其实，我们这方面的文章很多。《日本学刊》2015 年第 1 期发表的冯昭奎同志的文章，① 可以说是近期对日研究集大成者，其中就说到对中国舆论我们研究者应该给予影响，也提到对"中日必有一战"应该怎么看。文章的一些观点有较长的有效期，长期有效就具有战略意义。但这些看法刊登在《日本学刊》这样的专业性日本研究学术刊物上会发挥极致的效果吗？就看我们的传播功夫了！

所以，我希望我们的日本研究刊物和研究机构更有效地承担起"战略传播"的责任。

三　"战略传播"的四种形式

我以为，日本研究的"战略传播"有四种形式：

（一）参与协调政府、重要智库和对日民间组织的对日政策

这主要指协调本国政府和重要民间智库、民间组织的对日政策。所谓协调并不是"指挥"，无外乎是报告、说明、讨论、提炼，力求大家的论说能彼此补充，力求共识，不要在同时行进中"错步"。

---

① 冯昭奎：《中日关系的辩证解析》，《日本学刊》2015 年第 1 期。

一个著名的战略的"基本建设"例子，是 1946 年出版的本尼迪克特的《菊与刀》，被作为解读日本社会的一个文本和了解日本文化模式最重要的著作之一，颇具政治与学术张力，实际上这是为美国政府占领决策撰写的研究报告，并产生了作用。①

前面说到了我们战略沟通或传播不足的例子。在突发事件发生时本国各有关方能迅速协调，有时并不容易。但是基本问题及长期问题的"战略传播"还是有可能做得更好，这样突发事件的应对也就有了基础。

（二）对第三国的传播

我们的传播或者沟通，还应该有对第三国的传播或沟通。如对中日问题怎么看？其他国家的看法怎样？

2014 年在日本举行的一个关于亚洲和平的国际讨论会上，一个英国年轻教授上来就念一张日程表，说中国做了什么，说中日关系变坏全是中国的不对。我发言指名说，你这位教授太年轻了，说话要有根据，评论必须公道。你说中日关系不好，完全是中国造成的。不是！2013 年年底本来是有机会可以实现高层沟通的，后来是由于安倍突然参拜靖国神社而中断了。我说，你还是要多调研，多请教。休息的时候，他过来了，说对不起，我可能说得并不正确，我还需要学习。

所以，日本问题的"战略传播"还要面向美国人、欧洲人、韩国人、东南亚人，对他们要有影响力。这也是我们智库的任务。

这里还有一个比较典型的例子。新渡户稻造的《武士道》，1899 年在美国出版，是为日本民族之魂——武士道所作的"出色"辩护。当时，甲午战争已经结束，世人对日本很反感：日本侵占台湾，在中国旅顺口杀人，认为"日本是野蛮民族"。而新渡户稻造却在书中把武士道精神说得那么"漂亮"，又是儒教，又是神道，把武士道美化为具有可以和西方骑士并肩而立的理想化道德，连切腹都说得有声有色，残酷的事情说得很有故事性。它的目的是影响谁？不是影响日本人，是影响外国人，而这本书到现在中

---

① 参见鲁思·本尼迪克特《菊与刀：日本文化诸模式》，商务印书馆 1994 年版。

国还有中译本再版。①

我们日本研究刊物和研究机构，是不是也有可能产生这种对国际有影响的战略性作品呢？

国务院参事时殷弘 2014 年在《日本学刊》上发表了一篇评论日本政治右倾化和中日关系的文章②，新华网发表摘编，美国"国家利益"网站文章援引和发表评论，被认为是"可能正在酝酿的对日新方略"。时殷弘还指出，应该认识到，中国对日政策态势特别是对日批判的一类重要受众是中日两国以外的世界，特别是美国、欧洲和东亚太平洋邻国的政府和舆论。不应由着性子来，自说自话而不顾效果，说过头话而不顾影响。③ 我认为，这是对第三国有效发声的应有之义。

（三）发挥对中国民众的日本观的影响力，克服对日舆论的肤浅

我们的"战略传播"要发挥对中国民众的日本观的影响力。历史上，对中国国民的日本观发生较大影响的一本书，是 1928 年出版的戴季陶的《日本论》，它是关于中国的对日话语，纵论近代中日恩怨时的对日洞察，是政治家的手笔和观点。还有蒋百里的《日本人》也对中国有很大影响，时间是抗战初期，是作为一名中国军人和日本女婿写下的媒体文字，一向被视为抗日战略预言书。④

所以，我认为，今天在中国国内更需要有一批学者的高质量的日本研究成果，使我们国民的日本观站得更高。时殷弘在《日本学刊》的文章中

---

① 参见新渡户稻造《武士道》，张俊彦译，商务印书馆 1993 年版。另有译林出版社（2014年），北京联合出版公司（2013 年），新世界出版社、陕西人民出版社（2012 年），译林出版社、上海三联书店（2011 年），文汇出版社、吉林出版集团有限责任公司（2010 年），北京理工大学出版社、武汉出版社（2009 年），台北联合文学出版社有限公司（2008 年），上海三联书店（2007年），群言出版社、山东画报出版社（2006 年），企业管理出版社（2004 年），台北先觉出版股份有限公司（2003 年）等十数种版本。

② 时殷弘：《日本政治右倾化和中日关系的思维方式及战略策略问题》，《日本学刊》2014 年第 2 期。

③ 参见时殷弘《当前中美日关系的战略形势和任务》，《日本学刊》2015 年第 1 期。

④ 参见蒋百里、戴季陶《日本人与日本论：解析日本民族性的经典读本》，凤凰出版社 2009年版。

建议，我们需要以稳定局势、缓解对抗的精神影响、引导国内舆论，改善中国的公共教育。

我觉得，国际关系的"公共教育"的确很需要，启蒙者就是少数先觉者先向大家说话。我们的日本研究学者得把艰深的理论说得通俗点，只要有道理就会被公众所接受。

（四）对日本政府发话，也积极地对日本民众发声，增加对日本草根和有识之士两层的话语力

中美间有个"中美战略与经济对话"，中美双方就各自国内的经济增长和就业，支持强劲、可持续和平衡的全球增长，并为进一步的经济合作不断拓展机会，几年来已经做了多轮对话。可是在中日间没有建立这样高层对话机制的条件。

在目前对日本政界施以影响比较困难的情况下，要积极地对日本民众发出我们的声音，使日本国民能够正确认识中国和中国的对日政策。日本民众是我们有机会广泛接触的。这是"公共外交"的广大领域。本来"公共外交"，是国务院新闻办，还有国际广播电台、《北京周报》、《人民中国》，以及新华网、人民网、中国网等网络媒体承担的，但这些远远不够，智库的参与会大大增强我们"公共外交"的力量。

中日民间的交流已经有了一定的基础，人员往来也十分频繁。到日本的中国旅游者都要意识到，个人的行为举止会影响日本人对中国的印象。2014年国际旅游协会选了十例不受欢迎的旅行者，其中有两例是中国人。欧洲选最受欢迎的旅游者，往往第一位都是日本人。要表现出中国人应有的文明来，由于喜欢中国文化因而喜欢中国，而文化与人如影随形。所以，必须要提高中国公众的国际意识，要请大家意识到，在我们所置身的"地球村"时代，每一个民间人士，不管你有没有"公共外交"的概念，实际上也都是"公共外交"的担负者。

应该承认，这方面我们做得很不够，我们确实缺少这方面的引导工作。中国的日本研究刊物和研究机构能不能为这些做点儿普及教育的事呢？

我们对日本所谓的"世论"（一般公众的舆论）和"舆论"（精英层的

舆论）如何影响？我们的网络日文版应该更多地建立起来①，尽管得有很大的人才和资金投入。

　　中日关系比中美关系要复杂——我有一句话在日本也有所传播，福田康夫前首相说他同意我这句话——我说，中日关系很脆弱，相比较，中美关系比较皮实。中日关系政治基础不稳、很脆弱，有如"盆栽"，要精心服侍，浇点儿水，施点儿肥，就能见效果；但水浇多了、少了，肥施多了、少了，都不行，娇气得很！而中美关系像"庭栽"，种在院子里，有点儿风波还都能过得去。我驻南联盟大使馆被炸事件②，中美在南海发生撞机事件③，如果发生在中日之间会怎样？

　　当然，中日关系比中美关系复杂的另一个原因，是美国因素，美国对中日双方都发生着影响。虽然在文化上中日之间非常接近，本来应该更容易理解，中国人和日本人个人之间交朋友，比跟美国人更容易沟通，而且地理位置上也更接近。但是，在政治关系和军事关系上，美日是同盟，中国则在远远的一边。因此，我们在处理对日关系的时候，一定要考虑美国的因素。

　　所以，中日关系需要花气力、下功夫，才会见成效。有些日本人也容易受感动，你讲道理他们会明白你的意思。不能说日本人都不好，不好的是日本右翼，日本民众与他们不一样，但受他们的影响。

四　中国的日本研究任重道远

　　中日关系的重要性无需赘言。多次民意调查，中日两国公众各有 80% 的人认为中日关系很重要，两国民众现在都很关心对方的发展，而两国民

---

　　①　新华网、人民网、中国网和国际在线等中国全国性新闻媒体的网站已开设了日本频道和日文频道，有些地方的新闻媒体网站如四川新闻网等也开设了日文频道。
　　②　驻南联盟大使馆被炸事件，是 1999 年 5 月 8 日凌晨以美国为首的北约使用导弹袭击我驻南联盟大使馆，造成馆舍毁坏、人员死亡的严重事件。
　　③　中美南海撞机事件，是发生于 2001 年 4 月 1 日我国海南岛东南海域上空美国海军侦察机与我战斗机相撞，造成我飞机坠毁、飞行员失踪的重大事件。

众也从来没有像今天这样有着那么多种形式的可以进行交流的机会。

两国前辈政治家和有识之士为两国关系的发展，做出了很大的贡献。中国的政策是有继承性的，毛泽东、周恩来和邓小平的理念我们这一代还要理解和坚持。我在过去的工作中，真实感受到了当年老一辈外交家所具有的外交智慧和统战艺术。

中国的日本研究任重道远，需要政府和社会组织的支持。如开展二轨外交①，我们需要更好的条件。中国的日本研究刊物和研究机构，在已有的高水平基础上，要能够把我们的思想成果做"战略传播"。通过高质量的学术成果，为中国的现代化和中日关系发展提供助力、贡献智慧。进一步加强国际传播能力建设，加强与中日其他媒体、研究机构的合作与交流，特别是向两国年轻一代传递友好和相互理解的正能量。

---

　　① 二轨外交，是相对于政府间的"一轨外交"的一种特殊的非官方外交，在这里主要指退职政府官员和学者，以个人身份出席民间研究机构和大学的学者为主的讨论会等，以个人立场自由地交换意见的一种沟通形式，是"公共外交"的一种。

目　录

学术论文篇

时政评论篇

精神——纪念抗日战争胜利 70 周年

刘亚洲[*]

一

习近平主席指出："新的历史条件下，全党全国各族人民要大力弘扬伟大抗战精神，不断增强团结一心的精神纽带、自强不息的精神动力，继续朝着中华民族伟大复兴的中国梦奋勇前进，不断以坚持和发展中国特色社会主义的新成就告慰我们的前辈和英烈！"

精神是一个民族的文化气质和文化品格，它深刻地影响着民族的生存发展。抗日战争的胜利不仅是政治上的胜利，也不仅是军事上的胜利，而且还是精神的胜利，因此也是文化的胜利。文化的核心是精神。

二

中华文明曾经是世界上最优质的文明。中华文明的青春期在先秦。那时候，每一个中国人都活得神采飞扬，有滋有味。男人特别阳刚，女人特别妩媚。百家争鸣，思想茂盛。不料，一个叫嬴政的男人毅然斩断了中华文化的脐带，于是他以后的男人们都渐渐雌化了。秦代留给我们最坏的遗产，是把思想的对错交给权力评判。汉武帝走得更远。他真的把一个最优

---

* 作者系国防大学政委、空军上将。本文原载《参考消息》2015 年 7 月 1 日。

秀的中国男人阉割了。这一道深深的刀口，是中国历史特殊的符号，也是一个里程碑式的事件。自那以后，中国再也没有出现过伟大的思想家。至明清时情况更为恶化。龚自珍用"万马齐喑"形容中国明清之际的社会，真是再贴切不过了。他还说，今日中国，朝廷中见不到有才华的官员，街头见不到有才华的小偷，民间连有才华的强盗都没有。

中国人失去了原有的精神。千载以降，无论他们的身体呈现何种形态，灵魂都永远跪着。他们如蝼蚁般卑微地生活着。他们只会匍匐，无论在皇权面前，还是在外国侵略者面前。这一状况到中日甲午战争时达到了巅峰。日军进攻辽东，清军有 5 万人，日军比清军少，不到 10 天，辽东全线溃败。旅顺要塞，固若金汤，清军只守了一天，日俄战争中俄军守了近一年。日本军医检查清军伤口后提交的报告中写道："从清兵的创口来看，射入口大抵在背后，自前面中弹者极少。"显然这是逃走时中弹的。南京大屠杀时，十几个日本兵押解上万名俘虏去屠杀，竟无一人反抗，连逃跑都不敢。如果有人带个头，用脚踩也把日本人踩成肉饼了，可这个人永不出现。甲午战争后，甚至连清朝的属国朝鲜也做起了瓜分中国的美梦。朝鲜《独立新闻》1896 年发表文章称："但愿朝鲜也能打败清国，占领辽东和满洲，获得 8 亿元赔偿。朝鲜人应下大决心，争取数十年后占领辽东和满洲。"

三

中华文明有一个特点：中华民族一旦遭遇外侮，就会迸射出自强之光。中国总是在接近谷底时获得重生。甲午一役，中华民族走到了悬崖边。一个人只有站在悬崖边才会真正坚强起来。一个民族也一样。断了退路才有出路。最惨痛的沉沦造就了最辉煌的崛起。中国被日本打败后，一个奇怪的现象出现了：大批中国有识之士源源不断涌入日本，开始了向日本学习的过程。两千年来，一直是日本学习中国，什么都学，用过去的话说叫"唐化"，用现在的话说叫"全盘中化"。看看京都和奈良的建筑，给人一种宁静、沉稳的感觉。连房屋的颜色都以灰色调为主。那是唐朝的基调。日本人学中国太凶，以至于认为自己成了中国。1870 年中日两国进行谈判时，中方代表要求日本称清国为"中华"，日本坚决不答应，说：如果称你们为"华"，那我们不成"夷"了？谈判因此差点儿破裂。

对华战争的鼓吹者福泽谕吉在甲午当年撰文《日清战争是文明和野蛮的战争》，和他同一时期的植村正久则称："要把日清战争作为精神问题"，"这是新旧两种精神的冲突"。甲午以来，日本人看中国的眼光变了，说话的口气也异样了。中国当日本的老师两千年。日本当中国的老师近百年。今天我们的语言甚至都受日本影响极大。像"干部""路线""社会""民主"这些最常用的名词都来自日本。这些名词占了现代汉语社会名词的70%。如果删掉这些名词，很难写出一篇现代文件。不过，我认为这是日本对中国的反哺。

更重要的是，这批远赴东洋的志士在那里初识了"德先生"和"赛先生"。这两位先生让他们的精神为之焕然一新。他们当中最杰出的代表是秋瑾、陈天华、周恩来和鲁迅。有人说，近代中国历史的转换在两个女人手中完成，一个是秋瑾，一个是慈禧。1907 年 7 月，秋瑾在绍兴古轩亭口英勇就义，她喟叹："忍看眼底无馀子（男人），大好河山少主人。"而一年后，这片河山的真正主人慈禧也撒手人寰。陈天华则在写出了《猛回头》这篇呼唤中国人精神的檄文之后蹈海自尽。陈天华求死，是"恐同胞之不见听或忘之，故以身投东海，为诸君之纪念"。以一己之死，求国家兴隆，中国不灭。在这些辛亥革命党人身上，依稀可见日本武士的影子。

特别值得一提的是鲁迅。他到日本原本是学医的。在选择拯救中国人的精神还是拯救中国人的肉体上，他毫不犹豫地挑了前者。不过我认为他仍然是一个医生，他想的是如何医治一个国家的病。世界上，有些人专门留下脚印，有些人专门研究脚印。鲁迅就是专门研究脚印的。我觉得他说过的一句话可以成为他全部著作的概括："今索诸中国，为精神界之战士者安在？"鲁迅常常提到三个问题：第一，怎样才是理想的人性？第二，中国国民性最差的地方是什么？第三，为什么会产生这些病根？三个问题都指向精神层面。鲁迅看到，中国人最大的问题是：没有信仰正是有些人的信仰。毛泽东是激赏鲁迅的。他常常称鲁迅是"我们的鲁总司令"。他说我们有两支军队，一支拿枪，一支拿笔。拿枪的军队总司令是朱德，拿笔的军队总司令是鲁迅。毛泽东和鲁迅在精神上绝对是相通的。

四

在那之后，又是因为日本人的缘故，北京爆发了五四运动。这次运动，既是对日本的再批判，又是对日本的再学习。批判，是抵制它灭亡中国的狼子野心；学习，则是从一个民族的身上看到了另一个民族的背影，使中国在精神和文化层面上获得涅槃。至此，中国对由日本带来的灾难而进行的反思达到了最高峰。日本侵略过亚洲那么多国家，没有一个国家像中国这样进行过反思。韩国前总统卢武铉说："与日本这样的国家为邻，是韩国人的耻辱。"可惜韩国人的认知只走到这里就止步了。韩国离日本更近，但始终没有出现过大规模浮海求学的场景。五四运动是中国历史上规模最大、影响最深的思想战争。它差不多算是一场文艺复兴了。五四运动的真谛在于，只有人的站立，才有一个民族的站立。天地之间人为尊。尤其应指出的是，这场运动不仅仅是一场精神的启蒙，它还为民族主义革命和社会主义革命准备了一大批民族精英。毛泽东、周恩来、邓小平就是其中的佼佼者。这场运动的尾声，中国共产党应运而生。这是五四运动最伟大、最美丽的果实。五四运动告诉我们，只有伟大的民族才有自我反省的能力。只有意识到自己责任的民族才是伟大的民族。一个日本人也看到了这一点，他说："如果中国彻底覆亡，东方各国也就没有了希望。如果中国能够勃兴，东方各国救助有望。呜呼，中国问题实乃东方之大问题。"（宫崎滔天《三十三年之梦》）

五

甲午战争发生在五四运动前，抗日战争发生在五四运动后。这两场战争战场一致，对手一致，但结局迥异。在中华民族反抗外敌入侵的所有战争中，抗日战争最为惨烈。在第二次世界大战所有反法西斯的战争中，中国赢得最为悲壮。原因何在？就是因为中国人的精神面貌发生了根本改变。日本作家司马辽太郎认为，明治一代人是日本历史上最有声有色的一代人。在那之前没有这样的人，在那之后也没有。明治的荣光，至今是日本人挂在嘴边的荣耀。而在中国，"五四"一代人则是先秦以来最有朝气、最富生命力、最具品相的一代人。明治一代人和"五四"一代人发生了猛烈碰撞。这是两个精英集团的碰撞，这种碰撞才有了激情，也才有了世纪意味。甲午战争后期，日本人已经没有了激情。但抗日战争就不是这样。1945 年日本投降前一个月，它还一口气在江西等地攻占了十八座城镇。它的激情在燃烧，因为它面对的是一个伟大的对手。

读一读《田中奏折》中的那段话："欲征服世界，必先征服支那；欲征服支那，必先征服满蒙。"野心贲张，口气如天，倒也不失男子气概。癞蛤蟆想吃天鹅肉，有种，小东西有大志向。也只有明治一代人才说得出这样的话。反观中国近千年间，就无人敢讲这样的话。然而，到了"五四"一代人，情形大不同。看看毛泽东那个时期的文字，哪一篇不是激情澎湃，挥斥方遒？他的书法更是翻江倒海，呼啸着从纸上站立起来。千年来，小农经济是中国的主要社会形态。这种形态决定了中国军事的防御性。万里长城是防御的极致。中国的英雄，多是在防御战争中产生的。中国古代很少讴歌战争。纵是大唐盛世，描写征战的诗词也是凄苦的，哀怨的。有些虽然不失豪放，也摆脱不了悲凉无奈。然而你看看毛泽东的战争诗，哪有一点儿凄惨的音调？最典型的是《七律·长征》。困苦到那种非人的地步了，毛泽东还吟唱："三军过后尽开颜。"这是一种怎样的境界？

六

抗日战争的侵华日军，是日本明治维新以来最强盛也是野心最张扬的一代。日军在中国战场的高级将领冈村宁次、板垣征四郎、梅津美治郎等，都参加过奠定日本强国地位的"日俄战争"，年龄多在五十开外，正处于成熟和巅峰状态。与之相比，毛泽东和他的将领们则是小字辈。彭德怀举行平江起义时 30 岁。林彪被任命为军团长时年仅 24 岁。刘伯承参加南昌起义时 35 岁。1946 年粟裕赢得七战七捷的苏中战役时 39 岁。然而正是这些人，以前所未有的青春姿态投入抗日战场，创造了历史。青春具有无尽的冲击力。青春具有无比的想象力。林彪到抗大讲马列课，大家都准备记录，林彪只说了一句话："资本主义是少数人发财，共产主义是大家发财，讲完了。"众人目瞪口呆。关汉卿说："我是个蒸不烂、煮不熟、捶不扁、炒不爆、响当当一粒铜豌豆。"林彪可能读过关汉卿这句话。他爱吃炒黄豆。他在不断咀嚼中体验战争的硬度。平型关一战，正是林彪，改写了日本陆军不曾失败的历史。

彭德怀亲自指挥的"百团大战"，对民族精神的升华影响深远。这个战役的命名，豪情满怀，闪烁着英雄主义光芒。这是一个不因岁月流逝而褪色的极富有诗意的命名。当时参加战斗的有 105 个团（次），左权在听完汇报后脱口而出："好！这是百团大战，作战科再仔细把数字查对一下。"这个响亮的名词立即吸引了坐在一旁的彭德怀，他说："不管是一百多少个团，干脆就把这次战役叫做百团大战好了。"1950 年 12 月 1 日，朝鲜战争第二次战役后，彭德怀亲笔起草给 38 军嘉奖令："中国人民解放军万岁！38 军万岁！"称一个军"万岁"，这在我军历史上，不，在世界军事史上都是第一次。彭德怀的胆量和豪情淋漓尽致地表现出来。自那以后，中国人民解放军和 21 个国家军队交过手，未尝败绩，抗日战争就是最精彩的序幕。

七

日本格言中有这样一句话："花中樱为王，人中兵为贵。"樱花，当其灿烂盛开之日，也是它凋谢零落之时；武士，当其命殒疆场之时，也是他最荣光之时。日本人认为这二者都是美的极致。我曾在冬天去过日本，那年大雪，但日本小学生们一律都穿短裤，裸露着冻得发紫的小腿。孩子们都在奔跑。大阪人在全世界走路速度最快，平均每秒走 1.6 米。日本谚语道："快吃快拉是美德。"而中国人则总是劝人"慢走"，"你慢慢吃"。这种精神下培育出来的日本人是看轻生命的。世界公认西方最强悍的军队是德国国防军，但在斯大林格勒，保卢斯元帅率领 9 万名士兵集体投降。而日本军人在绝境中通常都战至最后一兵一卒，尸骸遍野，极少降服。

甲午战争中，中国人"如死猪卧地，任人宰割"（李鸿章幕僚罗丰禄语）的情景令世界耻笑。抗日战争中，日本人对中国人的屠杀比上一场战争更为酷烈。它是循清朝灭亡明朝的旧路这么做的。听父辈说，在我的家乡，日本人设哨卡，中国人经过时，日本兵伸手到人胸口摸一摸，发现心嘭嘭乱跳的，牵到一边，一刀砍掉。尤其是南京大屠杀，杀得天地为之改色。南京大屠杀之前，中日双方的战斗还是胜负之战；南京大屠杀之后，双方已是生死之战。日本军阀惊讶地发现，仅仅过去40年，这个大陆种群已经变得有些陌生了。甲午战争中，中国人只有两种情景，一种是悲惨，另一种是非常非常悲惨。抗日战争中，这两种情景改变了：一种是坚强，另一种是非常非常坚强。特别是共产党员，内心极其强大。起初日本人并不在意，在打了一段交道后才引起重视。史料表明，日军曾煞费苦心研究共产党和八路军、新四军。比如，凡听到别人说话就起立者，不是党员就是干部；询问出生年月，回答"公元某年"而不是"民国某年"者，多是党员，并受过教育。日本人对共产党越是了解，就越是敬重。日本武士有尊重伟大对手的传统。日军攻上狼牙山主峰，目睹了五位八路军战士跳下悬崖的壮举，肃然起敬。日军排成整齐的队形，随着一个军曹的号令，向五壮士跳崖处恭恭敬敬鞠了三个躬。杨靖宇将军生前和死后都受到日军的极大敬畏。他陷入绝境后，日军派叛徒向他劝降，他说："老乡，我们中国人都投降了，还有中国吗？"这句话至今在天地间回响。它让人触到了信仰的力量。杨靖宇将军牺牲后，日军解剖了他的尸体，胃里只有草根和棉絮，没有一点儿粮食，在场的日本人无不受到莫大震撼。日军头目岸谷隆一郎流了眼泪，长时间默默无语。史料载，这个屠杀中国人民的刽子手，"一天之内，苍老了许多"。此后，岸谷隆一郎穷毕生精力研究中国抗日将士的心理。研究越深入，他内心受到的折磨越大。最后，他毒死了自己的妻子儿女后自杀。他在遗嘱中写道："天皇陛下发动这次侵华战争或许是不合适的。中国拥有杨靖宇这样的铁血军人，一定不会亡。"

八

　　精神一变天地宽。中华文明浩瀚如海，一旦拨乱反正，它的大气象和大气魄就显现无遗。这一点，日本就显得局促多了。中国是日本的文化母国。就连最著名的右翼反华分子石原慎太郎也不得不承认，一翻开唐诗宋词，心中就涌起一缕乡愁。这是一缕文化的乡愁。中国人和日本人虽然语言不通，但可以通过笔谈沟通，而我们与很多少数民族就不行。这说明日本在文化上是中国的下游。抗日战争，中日两个民族除了在精神上对决外，就是在格局上对决。中国重新成为日本的老师。日本是个岛国，眼光不开阔。毛泽东的眼光则掠过千山万水。毛泽东看到，甲午战争时，日本始终是攥着拳头对付中国的，而中国却如张开的五指，极易折断。中国不能产生合力的深层原因有两个：一个是农耕文明，自给自足，只有个人，没有集体；二是精神世界封闭，不相信他人。民族的出路在于团结。《义勇军进行曲》就是团结的冲锋号。它至今仍是我们的国歌。诞生于延安的《黄河大合唱》是最华丽的乐章。毛泽东还摒弃前嫌，果断地建立统一战线，国共开始合作。中国团结之日，就是日本衰败之时。日本军阀此时认为不能再拖了，于是匆忙发动全面战争。当时，八路军的武器还不如甲午战争时的清军，但军事思想非常先进，连美军都派人到延安学习八路军的军事思想。毛泽东不仅是战争大师，更是战略大师。日本是一个强盛国家时，毛泽东坚决拒绝与其谈判，甚至不承认它是一个国家；日本战败后，成了非正常国家，毛泽东反而主动与其交往。抗日战争最艰苦时，毛泽东在《研究沦陷区》和《目前形势和当前的任务》中两次指出，日本妄图"消灭中国人的民族精神"。他对抗大学员说："我们'抗大'人，不能有一个是不抗战到底的！不能有一个是不反对投降的！"他提出"论持久战"，是精神上的长征，也是大战略。毛泽东是以思想家的眼光去把握战争风云大势的，能够高屋建瓴地抓住问题本质，而他手下将领如彭德怀、刘伯承等，则从另一个角度对待战争。他们的战争智慧，体现在对战争细致过程的见解上。刘伯承、彭德怀起自行伍，有很深的连排长情结。他们对局部细节的追求，完全是一种连排长的眼光。毛泽东善于把大仗当小仗打，他们善于把小仗当大仗打。理解一个士兵，懂得一个排长、一个连长，也能赢得一场伟大的战争。

　　我研究过日本陆军大学和海军大学。这两所大学成立于明治维新时期，一直特别重视对战役的研究，反而对战略不甚看重。日本军事院校至今还津津乐道甲午战争和日俄战争的某些战役。战略需要哲学。毛泽东指出，日本是没有哲学的。战略要有全局，日本则特别看重局部。造成的直接后果是，日本在第二次世界大战中几乎打赢了每一场战役（太平洋战争后期除外），可是输掉了整个战争。它太看重胜负，于是只有小胜，没有全胜。毛泽东从不看重胜负，他总是从事物的本质入手，时或举重若轻，时或举轻若重，格外大气。抗日战争胜利五年后，他就挥师入朝，对抗世界第一强的军队，就是战略大手笔。彭德怀掷地有声的那句名言"不过解放战争晚胜利了几年"，何尝不是毛泽东的精神写照？毛泽东还说：要把中国军队建成世界第二强的军队。他的胸怀比宇宙大，又幽默得紧。遍数日本，不要说没有毛泽东这样的大家，连刘伯承、彭德怀、邓小平这样出色的统帅也没有。山本五十六是日军的另类了。用航空母舰偷袭珍珠港是他的杰作。70 多年前，他就知道空中决定论，仿佛触摸到了现代战争的本质。其实，这个神来之笔只是他一时冲动的结果。他居然没有理解自己这一独创战法的划时代意义。他仍然把目光投向大炮巨舰。就在偷袭珍珠港后不久，日本造出了当时世界上最大的战列舰——7 万吨的"大和"号。仅这一艘舰的吨位就超过了中国海军全部舰船吨位的总和。反而是被他打得满地找牙的美国人从惨败中捕捉到了胜利之光。美国人把目光投向了天空。从此，美国人给战争插上了翅膀。

九

　　第二次世界大战后，中国成为废墟，"国在山河破"，但精神上获得重生。这个古老的民族开始了新的生命历程。战争没有在日本本土进行，因此，日本是"国破山河在"。这个"国破"不仅指一般意义上的国家灭亡，还指一个民族在精神上的死亡。日本民族的精神在这场战争中遭到重创，其完整性直到今天也无法恢复。美国占领日本，主要还不是军事意义上的占领，而更看重精神上的征服。麦克阿瑟飞往东京时，随从问他带不带枪，他说："什么也不带，就空手去，这样对日本人更有震撼力。"结果，日本人看见麦克阿瑟，就像看见神一样。日本外相重光葵到"密苏里"号签署投降书的前一天，裕仁天皇对他说："你要把明天当做日本新生的第一天，所以你要趾高气扬地去签这个字。"裕仁大大低估了美国人。美国战后对日本进行改造，主要是在精神上瓦解和压制这个民族。美国人把自己的价值观强加于这个东方民族头上。事实证明，东方民族西方化是不健康的。美国利用雅尔塔体系把日本打回到了明治时期的起点。它是不是想让大和民族也回到最初的起点呢？

70 年来，日本右翼政客每次参拜靖国神社，骨子里都有挑衅美国的意味，因为那些甲级战犯正是被美国人逮捕并处死的，但美国沉默如山。它在日本驻有重兵，而且都在战略要冲。70 年前两颗核弹爆炸的巨响声犹在耳边。美国根本不怕日本闹事。美国成功了。日本输得服服帖帖。美国占领世界那么多地方，无论在阿富汗，还是在伊拉克，袭击无日无之，只有在日本一次也没有发生过这种袭击。不错，日本是如裕仁期望般"新生"了，但这是在美国人强势主导下的"新生"。日本成了美国在太平洋地区的一枚棋子，再也没有了对弈者的身份和心态。明治时期的精气神一点儿也没有了。2011 年日本发生大地震，东京剧烈摇晃，一栋栋大楼都"吐出"滚滚人潮。一位中国作家写道："大街上全是人。他们都在一种异样的沉默中缓缓移动脚步。打个不恰当比方，好像遗体告别仪式时那种静默和步履。虽然没有哀乐，但所有人脚步移动的节奏都是一致的、有序的。上百万人在一步一步往家的方向走。"有人赞赏这种状态，认为日本人井然有序。我却不这么看。从这种举动中你难道看不出压抑和窒息吗？这是万众一心吗？这是万人一面。明朝人在扬州和嘉定不也都出现过类似情景吗？人一旦成了机器还叫人吗？恰恰是两个发动了第二次世界大战的民族都被人称为"机器民族"，难道其中有什么深奥之处吗？我经常研究日本人的名字。从日本人名字的变迁中可窥一二。明治时期，日本人的名字大都英气蓬勃，如伊藤博文（君子博学于文）、山县有朋（有朋自远方来）、夏目漱石（枕流漱石）、大隈重信（民无信不立）、宫崎滔天……20 世纪初，还是中学生的毛泽东给宫崎滔天写了一封信，上来就称呼道"白浪滔天先生"。我想毛泽东一定注意到了日本姓名的不凡之处，否则他不会这么叫。这些铿锵的名字已经离今天的日本人远去了。

抗日战争过去 70 年了，日本仍有些人对战胜了他们的中国人民耿耿在念，这是日本民族精神矮化的一个重要标志。哪有一个战败国，对彻底的战胜国——原谅并宽恕了自己的战胜国，这个战胜国还放弃了战争赔款和对日本的占领——过了 70 年，还充满了怨妇般的愤恨？中国人特别是中国共产党人，对日本人是宽宏大量的。抗日战争中，由于精神的转换，中华民族已成为精神的强者和巨人，所以才宽宏大量。对待历史的正确态度是：不能忘却，可以宽恕。新华社记者穆青曾是八路军 120 师的干部。一次，他随部队攻占了日寇的一个炮楼，在炮楼角落里发现了两个大木箱，打开后，竟是被日本鬼子剁下来的人手，有大人的，也有孩子的，满满两箱子。穆青所在连的连长是个身经百战的老红军，也禁不住捂住嘴蹲下身去。战士们都哭了。国民党远征军将领孙立人在缅甸作战，俘虏了不少日本兵，部下请示他如何处理，孙立人说："这些狗杂种，你再审一下，凡是到过中国的，一律就地枪毙。今后就这么办！"国民党军也同日本人打了不少仗，多是败仗。但败仗也是仗，至少是打了仗。不过在对待日本俘虏问题上，就远比不上共产党人了。在八路军的队伍里，有不少日本反战同盟的成员，他们大多数是被俘虏的日本士兵。后来，他们当中很多人随共产党从东北打到海南岛。在国民党军队中就没有听过这种事。华盛顿说："如果一个民族长久地仇恨和崇拜另一个民族而无法自拔，这个民族心理上就是奴隶之邦。"日本不对战争罪行道歉，继续仇恨中国人民，它在精神上就永远是侏儒，永远是心理上的弱者。1973 年，已经 80 岁的毛泽东曾评价日本："是个没有安全感的国家。"也许道理就在于此。

我看日本和中日关系

何 方[*]

2015 年是抗日战争胜利 70 周年。在"七七"纪念日之后一个多月，我收到中共中央、国务院、中央军委联署颁发的"中国人民抗日战争胜利 70 周年纪念章"。说明上指称，纪念章围绕"铭记历史、缅怀先烈、珍爱和平、开创未来的主题设计"。据此，我也算得上一个"抗日老兵"了，因而联想到大半生平，感慨良多。

一 从接受抗日启蒙到出任日本所所长

我开始上私塾学习的同一年就发生了"九一八"事变，当时就参加了国民党的县教育局组织的游行示威活动。我们打着小旗，在农村宣传抗日。上高小的时候开始接触新文化，还同那时驻扎在我老家临潼的东北军混得很熟，并且开始参加救亡运动。启蒙是普世性的历史进程。我一直认为，在中国，抗日救亡是一个时期启蒙的主要内容。当时到延安去的大小知青，都是既为抗日也为追求民主自由。我本人就是因此弃家奔赴延安，走上革命道路的。

在延安抗大的学习和工作，是我认识日本的起点。完全出乎意料，多年之后，既没专门研究过日本（当然，新中国成立后我一直从事国际问题研究，对日本问题并不生疏）、又不懂日语的我，竟当了九年日本研究所所长，

* 作者系中国社会科学院荣誉学部委员、日本研究所首任所长。

曾被一些媒体称为日本问题专家，还被日本一些报刊列为所谓"知日派"。

奉命筹办和主持日本所的工作后，我担任过全国日本学科规划组长，提出研究日本必须去日本进行实地考察和学习，并组织全国日本研究机构的领导人访日。

在我担任日本所所长期间，中日关系很好。中国学习、借鉴日本发展经济的经验，引进日本的技术，得到日本的帮助。中国对日本也是不念旧恶，友好相待。邓小平等领导人一直强调要向前看，"世世代代友好下去"成了两国交往的主旋律。其时，正值中国开始实行改革开放政策，并同日本缔结了和平友好条约，中国兴起学习日本发展经验的高潮与日本兴起的"中国热"交相辉映。在此背景下应运而生的中国社会科学院日本研究所，不但受到中国有关方面的重视和支持，也受到日本官方和民间的欢迎和帮助。中日友好的高潮一直持续了十来年。此后，我也离开了日本研究所。

90年代中期以后，我渐渐感到中日关系出现转折，开始走下坡路。一方面，日本政治在右倾，对中国的发展和强大感到不安；另一方面，中国又强调了历史问题，有些学者认为历史问题是"中日关系的前提"，"中日世代友好"提得越来越少，一些日本人则对多提历史问题感到厌烦。对此，我应约在《环球时报》发表《我们能同日本友好下去吗?》一文。我写这篇文章是遵照邓小平指示："考虑国与国之间的关系主要应该从国家自身的战略利益出发。着眼于自身长远的战略利益，同时也尊重对方的利益，而不去计较历史的恩怨，不去计较社会制度和意识形态的差别，并且国家不分大小强弱都相互尊重，平等对待。这样，什么问题都可以妥善解决。"①我的文章就是阐述这个思想的，文中提出中日关系应以友好合作、平等互惠为主轴。

二　怎样"以史为鉴"和"面向未来"

当然，中日关系要"以史为鉴"。但我以为，"以史为鉴"应扩大范围

---

① 《邓小平文选》第3卷，人民出版社1993年版，第330页。

来谈。不仅要以日本侵华 50 年的历史为鉴，也要拿两千年的友好来往，特别是战后历史（亦即当代史）为鉴，吸取正反两面的经验教训。对于战后70 年中日关系的历史，也应看到：前 20 多年，日本执行敌视中国的政策，双方尖锐对立，对谁也没好处；后 40 多年，中日走上友好共处的道路，不仅对双方有利，而且还对亚太地区的稳定和发展做出了贡献。所以，中国方面强调的"以史为鉴"（"九三"阅兵提出"铭记历史"），其结论就是"和则两利，斗则两伤"。那种认为中国强调历史问题是要算老账，甚至要报仇雪恨，应该说纯属误解。我们对日本少数右翼分子的居心叵测，当然不能漠然置之。但与此同时，我们也需要放眼世界，以西方史为鉴。为什么曾为世仇的德法两国，能在战后正确对待历史，捐弃前嫌，携手合作，成为推动欧洲团结与发展的主力，而作为亚洲两个伟大民族的中国和日本就做不到这一点呢？

　　至于"九三"阅兵提出的"开创未来"，更是中国"面向未来"一贯主张的伸展，中国领导人曾对此作过多次说明。还在复交前的 1961 年，周恩来总理就曾说过："有上万的日本朋友见到毛主席、刘主席和我，表示谢罪。我们说，这已经过去了……我们应该往前看，应该努力促进中日两国的友好关系。"[①] 1964 年，陈毅副总理还专门代表中国政府声明："中国政府和中国人民对待中日关系，从来是向前看，而不是向后看。"[②] 中方的这种态度是容易理解的，因为世界各国历史证明，一个斤斤计较算老账和只知向后看的民族，从来都是不会有出息的。

　　以战后 70 年历史为鉴，人们就应还记得，在中日友好的 20 世纪 80 年代，日本的资金、技术、经验对中国的现代化建设起到了很大作用。这里，我还想举人们多已忘记的正反两个例子：1952 年，在中国邀请下，日本众议员帆足计等"三勇士"冲破佐藤政府的阻挠毅然访华，签署了中日间的第一个民间贸易协定，两国才开始有了贸易往来；但到 1958 年，只因一个

---

　　① 周恩来：《接见嵯峨浩、溥杰、溥仪等人的谈话》，载《周恩来选集》下卷，人民出版社1984 年版，第 321 页。
　　② 《中华人民共和国国务院副总理陈毅一九六四年六月十九日答日本东京广播报道局长桥本博问》，《中华人民共和国公报》1964 年第 10 号。

孤立的"长崎国旗事件"①，中国就断绝同日本的一切贸易和人员往来，把好不容易建立起来的贸易关系又给弄没了，结果对两国都造成不小的损失，很多年也弥补和修复不过来。另外，对于战后日本走和平发展道路，中国改革开放后日方对中国现代化建设的支援，都宣传得不够，这也在日本人中造成一定隔膜。

历史问题，这是大国之间特别是邻国之间很难避免的，应当逐渐淡化，而不应受民族主义情绪的影响。这既与双方的政策有关，两国媒体也起着很大作用。中日关系友好的时候，什么东海问题、钓鱼岛问题，都没有成为妨碍两国关系的大事。后来国家关系不怎么好了，这些问题就都突出了起来。而被唤起的强烈国民情绪，反过来又成为制约政府决策和舆论动向的重要因素，特别是在今天的互联网时代。所以，关键在于两国政府就相互关系制定的政策主要倾向。

这就要求我们从国家的基本战略利益出发，来看待日本和中日关系。从小泉纯一郎内阁起，中日政治关系走低变冷已有十多年。如果双方都能从战后70年这段当代史中汲取一些经验教训，经过共同努力，中日友好关系还是能够逐步恢复起来的。既然自然地理环境把中日两国"安排"成一衣带水的近邻，我们就必须对日本执行睦邻友好政策。而且，正像邓小平所说，21世纪、22世纪、23世纪，要永远友好下去。② 更值得提到的是，直到1989年年底，邓小平还说："我虽然退休了，但还是关注着中日两国关系的发展。我们两国毕竟是近邻，我对中日友好有一种特殊的感情。"他表示，对于保证和实现中日友好的重要性应超过两国间的一切问题，他还留给我们一个重要的思想武器："对一小撮不甘心中日友好的人，唯一的办法就是用不断加强友好、发展合作来回答他们。"③ 老人对中日友好合作的拳拳之心，后人决不应忘记。

---

① 长崎国旗事件：1958年5月2日，在长崎中国邮票和剪纸展览会上，两名日本青年扯下了会场上悬挂的中国国旗。事后，中国政府提出抗议，并决定断绝同日本的一切进出口贸易，对已签合同停发信用证，未签合同一律停签；停止延长渔业协定；召回访华中国代表团，除根据需要酌情邀请日本进步人士和友好人士来华外，中断中日之间人员往来。

② 参见《邓小平文选》第3卷，人民出版社1993年版，第53页。

③ 《邓小平文选》第3卷，人民出版社1993年版，第349页。

进入 21 世纪以来，国际形势和中日两国国力对比都逐渐发生了一些变化，但我对日本的基本看法一直没有变。日本现在还是世界第三经济大国，政局稳定，社会和谐，国民素质高，作为综合国力基础的经济、技术、资金实力依然雄厚。虽然 20 世纪 50 年代日本经济总量只有我国的一半，后来很长一段时间它却远远超过我们，现在我们则又是它的两倍多。需要指出，由于地理、历史、自然灾害等原因，日本国民意识中常有一种很强的危机感和紧迫感，这"两感"用得好，就会发奋图强，努力发展自己；以往没有用好，就曾对外扩张，侵略别国。长期在亚洲称雄的日本，现在看到身旁一个过去长期落后的"庞然大物"中国竟然迅速发展起来了，就不免产生一定的逆反心理。但它忽视了两国人口和国土面积之悬殊。与此同时，中国特别是一些媒体也洋洋自得起来。对此，需要有一种客观冷静的态度。中国体量巨大，经济总量将来还会超过不可一世的美国，但计算人均产值我们就骄傲不起来了，目前只有日本的几分之一。中国的现代化水平与日本相比还有很大差距，在贫富差别、生态环境等方面差距也不小。中国今后首先是搞好自己的事，坚持和平发展。现在有些日本人谈什么"中国威胁论"，则不是杞人忧天就是别有用心了。

另一方面，我们也要以平常心看待日本，把它看作国际大家庭中的平等一员。这是毛泽东早就说过的。他在 1955 年 10 月 15 日同日本国会议员团的谈话中说道："我们两个民族现在是平等了，是两个伟大的民族。"[①]如果中日两大民族能够以平等相待，就定可做到和平共处，友好合作。这在中国方面不会成问题，因为"以和为贵，和而不同"是中国文化的精粹和中华民族的优良传统。还在日本军国主义疯狂侵略中国的时候，鲁迅即曾希望中日间总会有"历尽劫波兄弟在，相逢一笑泯恩仇"[②] 一天的到来。现在，尽管两国政治关系还不顺，但经济上早已密不可分，客观上已经有可能逐渐做到这一点了。

同时，对日本，我们也不可过高估计它军力的加强和对中国威胁的严

---

① 《毛泽东外交文选》，中央文献出版社、世界知识出版社 1994 年版，第 219 页。
② 鲁迅：《题三义塔》，载《鲁迅日记》下卷，人民文学出版社 1976 年版，第 836 页。

重性。我认为，日本军国主义永远也复活不了，安倍政府和自民党控制下的国会通过的新安保法案，也不可能使军国主义复活。因为旧军国主义的标志，是对内实行法西斯和经济统制，对外进行军事侵略。这些，日本都再也恢复不了了。前些年，日本急于想做"军事大国"，由于实际上很难办到，后来也就放松了。日本解禁行使"集体自卫权"，主要是想在美国支持下，增强军事实力和提高国际地位。现在，日本统治集团所提主要目标是做所谓"正常国家"，也就是求得和其他大国平起平坐的地位，这同复活军国主义是两回事。第二次世界大战后国际形势和日本国内发生的根本变化，已使"复活军国主义"变成历史用语，再也回不到现实中来了。

关于日本对侵略历史的认识，我认为，以"村山谈话"为标志，日本统治集团和广大国民的主流意识已经画上了句号。2015年的"安倍谈话"表明，要让日本再往前进已无可能。日本和德国不同。德国战后一直是反纳粹力量上台执政，盟国对纳粹也清算得彻底。战后日本的统治势力几乎没变，特别是后来又得到美国的包庇扶持，使日本的战争罪没有得到彻底清算。所以德国能很快融入欧洲社会，而日本却还想在东亚称雄。但日本已没有这个力量，因此只能投靠和依赖美国，做美国卵翼下的"东亚大国"，第二次世界大战失败后失去的世界大国地位，是永远拿不回来了。通过新安保法的大背景就是日益强大的中国让美、日都产生了焦虑，因而双方都希望加强同盟，新安保法案因此与美日新防卫指针是相互配套的关系。日本以为，矛头指向中国，会增强美日同盟对中国的"遏制力"。但由于美国是美日同盟的主角，日本的自主性有限，西太平洋的事情首先取决于中美之间的关系，日本现在没有能力改变时代发展的格局。

日本的发展终究得受战后世界已发生的变化和国内外形势的制约。实际上，第二次世界大战后的国际形势和东亚各国的情况都已发生根本变化。亚太地区和全世界一样，主要趋势是和平与发展，而不再是战争与革命。在今后相当长的时间里，太平洋都将是太平的，不会有大国之间的战争，也不会有影响大的暴力革命。经济科技的发展，使争取合作共赢已成为世界的主流。日本国内的情况是，已经历过70年的经济市场化和政治民主化，不可能再回到统制经济和法西斯专政。安倍以鹰派著称，但形势比人强。例如在钓鱼岛问题上，尽管日本不会完全收敛，但大约也不会和不敢再前进一步，进行大的冒险。只是它同邻国（中、韩、俄）在领土等问题上的摩擦将会长期持续下去。

三　调整对日本的认识

由于国际形势瞬息万变，我们对于日本的看法和估计曾经发生过某些偏差，这也需要调整。例如，我们就一直没有把日本的对外侵略看成属于民族犯罪，而总是用阶级分析的方法和阶级斗争的观点，把日本的军国主义分子（还强调他们只是"一小撮"）和支持并追随他们的群众严格区分开来。这就不如欧美人看德国。欧美人认为德国法西斯的胡作非为，既是希特勒等法西斯头子的罪行，也是整个德国民族的犯罪。

由于德国人自己也认识到希特勒发动的对外侵略战争属于民族犯罪，整个国家和民族勇于作出担当，所以才有了近乎全民的普遍反思；才有禁止军国主义和法西斯活动的法治（如规定各级教育必须讲法西斯罪行，对公开推崇和膜拜法西斯战犯及仿效纳粹聚会和礼仪等活动的人要追究刑事责任等）；才有战败后东部领土被割去一大片也一直没有再提领土问题；才有勃兰特总理访问波兰时在华沙犹太人死难者碑前的下跪。应该说，持同样认识的在德国人中占大多数。这就使德国比较容易同其他欧洲国家实现友好团结和合作发展。

这都和日本形成鲜明对照。淡化侵略战争历史和尽量减轻罪责、对各邻国挑起领土问题、参拜战犯和侵略战争参与者的亡魂等，越往后就越成为日本舆论的主流，更谈不上应有的民族负罪感了。

我们过去一直把日本对外侵略只归罪于一小撮军国主义分子，一再说日本人民也和我们一样，都是军国主义的受害者。这就混淆了是非。我们怎么能把跑到中国来进行抢劫、欺压和蹂躏中国老百姓的日本兵和遭受抢劫、欺压和蹂躏的中国老百姓相提并论呢？就是没有当兵来中国而留在日本从事生产劳动和其他工作的日本人，绝大多数也是忠于天皇、甘心为"大东亚圣战"做奉献的。战时真正反战的日本人恐怕是极少数。

汲取战争的惨痛教训，日本战后走了和平发展道路，但对过去侵略历史缺乏一以贯之的"认罪"态度。今天，我们应该致力于中日两国人民之间增进好感。事实证明，中日两国人民之间相互感情越不好（甚至相互厌恶和敌视），一些"不认罪"的日本人就越不会认罪，中日历史问题就越难以解决。通过扩大中日交流，加深两国人民的相互理解，有助于双方在历史问题上逐步取得较大共识。

这里还应该谈谈民族归属和国家认同问题。这在日本倒好解决，因为它是单一民族的国家。但国家认同还会带出对国家的责任和义务，以及对荣辱与共的担当。例如就国家认同而言，国家在对外所进行的正义战争中取得胜利，或做了其他大好事，国民自己当然可以也应当分享国家荣誉；但国家进行的是侵略战争或做的是坏事，即使自己没有参加甚至反对，有民族归属和国家认同感的人，也会自觉地承担起民族反省的责任。这种志士仁人，古今中外并不少见。中国汉朝的马援南征交趾支那，越南的二征姊妹因誓死抵抗被后人赞为民族英雄而修庙永祀，两千年后的中国总理周恩来在访问越南时，曾专门前去祭拜，并以汉人后裔身份向她们致敬。勃兰特是德国反法西斯人士，在希特勒执政时期被迫长年流亡在外，第二次世界大战后才得以回国。他以总理身份时访问波兰时请求恕罪的行为，当时就在全世界引起轰动，国际舆论普遍给予高度评价。只愿分享自己国家民族从事正义事业（如反对侵略和支援被压迫民族）的荣誉，却对国家的犯罪行为（对外侵略和对内镇压）视而不见或置身事外，力图脱身，就显得风格不高了。

昔读苏轼《前赤壁赋》，羡其为文做到戛然而止。今来效颦，就到此结束。

日本战略走向与中日关系定位

徐敦信[*]

2014 年是一个很特殊的年份，是第一次世界大战爆发 100 周年、日俄战争爆发 110 周年、甲午战争爆发 120 周年。2015 年则是中国人民抗日战争暨世界反法西斯战争胜利 70 周年。当今世界伴随力量对比的变化，国际关系正在出现大调整、大分化、大变革。有人在问，人类的和平与发展进程是否会发生逆转？战争与冲突的悲剧是否会重演？中日两国都是有重要影响的大国，特别对维护亚洲和平稳定负有重要责任，而当前中日关系又面临困境。在这样一个时点，讨论"日本战略走向与中日关系定位"这一主题，很有现实意义。

作为一个中日邦交正常化以来两国关系发展的参与者、见证者，我想从自己的体会出发，就上述主题谈一些看法，并就如何改善中日关系提一点儿个人建议，供大家参考。

一　关于日本战略走向

历史上，日本人民是崇尚和平的。日本首部成文法典《十七条宪法》，开宗明义就强调"以和为贵"。尤其值得珍视的是，日本在立国建制的进程中与中国保持密切交流，"和"是联系中日两大民族的价值纽带，也是缔造

　＊　作者系外交部前副部长、前驻日大使。本文原载人民网，http//world. people. com. cn/n/2014/0824/c1002－25527249. html，2014 年 8 月 24 日。

中日两千年友好交流史的思想根基。

进入近代，在西方冲击下，亚洲开"数千年未有之变局"，历史进程发生重大改变。日本在明治维新后，走上富国强兵的道路，对外侵略扩张，军国主义肆虐，给亚洲近邻造成空前灾难，日本人民也深受其害。日本这一段战略走向，可以说是国策有误，失道寡助，必败无疑。

第二次世界大战后，日本在美国占领下实施民主改革，颁布和平宪法，在反思战争的基础上走上了"重经济、轻军备"的和平发展道路。日本根据和平宪法的精神，提出了"无核三原则""武器出口三原则""专守防卫""不当军事大国"等一系列政策主张，受到国际社会的积极评价。和平发展给日本民族带来巨大福祉，日本迅速崛起为世界经济大国，人民生活水准、社会发展水平在世界上名列前茅，同时日本通过政府开发援助、日元贷款等为发展中国家尤其是亚洲国家的进步发挥了积极作用。

战后，受冷战形势影响，日本一度执行敌视中国的政策，拒不承认新生的中华人民共和国。1971 年中国恢复了在联合国的合法席位，1972 年尼克松访华，中美打开交往之门。当时的田中内阁顺应时代潮流和日本人民的愿望，应邀访华，实现了中日邦交正常化。中日关系走上快速发展轨道，展开全方位合作，给两国和两国人民带来了实实在在的利益。

历史是一面镜子。走侵略扩张之路无益于日本自身利益，无益于亚洲和平繁荣，更无益于中日关系，而走和平发展之路是日本之福、亚洲之福，也是中日关系之福。

然而，在第二次世界大战结束 70 周年之际，日本又走到了一个历史的十字路口。2012 年安倍政权问世以来，积极宣扬历史修正主义，政治加速右倾化，在涉及国家战略方向的一系列政策上密集采取了前所未有的重大举措。在历史观上，挑战战后形成的反省战争、珍视和平的观念，参拜供奉有甲级战犯的靖国神社，谋求推翻反省战争责任的"村山谈话""河野谈话""宫泽谈话"，在"安倍谈话"中有意模糊反省侵略责任的内容。在修宪问题上，谋求降低修宪门槛，修改包括第九条在内的宪法条款，并改变历届内阁坚持的宪法解释，解禁行使集体自卫权。在强军政策上，提升军费开支，调整军事部署，改变"武器出口三原则"，突破武器出口禁区。

日本是否还坚持"专守防卫"、是否迈向"军事大国"、日本领导人要将日本带向何方，成为各方关切的焦点。

更令人不安的是，日本安全战略针对中国的因素明显增多，近年来的《防卫白皮书》持续将中国定位为日本周边潜在的安全威胁。日本在与其他国家发展防卫合作和战略关系时，经常毫不掩饰地将"中国威胁论"作为理由和依据，称中国是秩序的挑战者和破坏者，是应当防范的对象。日本还公开插手南海问题，挑拨中国与有关国家关系。

中外不少学者认为，日本要改变和平发展道路需要拿中国说事，宣扬"中国威胁论"。有的学者认为，日本的国家战略，就是要遏制中国的崛起，不惜牺牲中日关系。

中日两国究竟是伙伴还是对手？中国发展对日本究竟是机遇还是威胁？中日两国是该共同走和平发展之路还是要对立对抗下去？这是摆在中日两国政治家面前的重大课题，也是讨论中日关系定位无法回避的问题。

二　关于中日关系定位

第一，明确中日关系定位，双方要确立正确的相互认知。

2008 年中日双方在第四个政治文件中确认，中日"互为合作伙伴、互不构成威胁"，"相互支持对方的和平发展"。这一重要政治共识能否真正转化为两国社会的广泛共识，指导双方的政策和行动，在当前形势下尤为具有重要意义。

中方始终视日本为重要合作伙伴，希望同日本共走和平发展道路，共谋亚洲振兴繁荣，在合作中实现互利共赢。我看这也是中日战略互惠关系的精髓。遗憾的是，现在日本国内谈论中国"机遇"的人少了，渲染"中国威胁"的杂音和妖魔化中国的动向多了。这是否符合客观实际、是否符合日本自身的利益，值得日本朋友深思。

如何同一个快速发展的中国打交道，是世界上很多国家都在认真思考的问题。越来越多的国家视中国的发展为机遇，越来越重视加强同中国的合作。中美作为当今世界上最大的发展中国家和发达国家，两国之间存在不少分歧、问题，但中美领导人经过认真探讨，决定致力于构建不冲突、不对抗、相互尊重、合作共赢的新型大国关系。美国领导人多次表示，美国欢迎一个成功、强大、稳定、繁荣的中国。国际社会对中国发展的态度，也值得日方深思。

第二，明确中日关系定位，双方要扩大共同利益。

当前中日关系有变的一面，比如中国经济总量超过了日本。但未变的一面可能更多，中国仍然是发展中国家，而日本仍然是经济发达国家，两国合作的互补性、重要性没有变化，双方加强互利共赢、扩大共同利益的潜力越来越大，空间越来越广。

中日应当在继续推进传统经贸合作的基础上，顺应世界经济发展潮流和各自发展需要，深化两国能源环境、财政金融和高新科技等多双边领域的合作，并在农业一体化、亚洲基础设施建设、应对国际金融危机、推进全球治理上开展合作，继续做大共同利益的蛋糕，使两国人民不断享受到合作的实际成果，吸引越来越多的两国民众支持中日关系的发展。

第三，明确中日关系定位，双方要重建政治安全互信。

有人说，中日之间存在"安全困境"，中日必有一争，甚至必有一战。这种观点是短视的，也是背离时代潮流的。当今世界大势是经济全球化和区域一体化，时代潮流是和平、发展、合作、共赢。世界各国日益成为一荣俱荣、一损俱损的利益和命运共同体。诚然，当今世界并不太平，地区热点和局部冲突层出不穷，各种传统和非传统安全威胁相互交织。世界上没有绝对的安全，中方倡导共同、综合、合作、可持续的亚洲安全观，主张尊重和保障每一个国家的安全，通过对话合作实现地区各国的共同安全。

历史经验教训反复证明，中日"和则两利、斗则俱伤"，两国决不能走对立对抗的老路，更不能重演兵戎相见的历史悲剧。中国将坚定不移走和平发展道路，这是我们从自身根本利益出发做出的战略抉择，也是对国际社会做出的郑重承诺。我们也希望世界各国都走和平发展道路。我们从维护国家安全的实际需要出发，根据经济发展水平，适度加强国防现代化建设，不针对包括日本在内的任何国家。我们希望日方同其他众多国家一样，以理性和善意的态度对待中国的发展，本着平等和相互尊重的精神同中方对话沟通，共同为维护地区和世界的和平稳定做出应有贡献。

三　如何改善中日关系

当前，中日政治关系陷入严峻局面，既有历史感情纠葛，也有现实利害冲突，高度敏感复杂，需要双方从思想认识到实际行动上都做出坚持不懈的努力。

打开僵局，实现转圜的出路何在？第一要回归中日关系原点，确认严格遵循中日间四个政治文件，恪守中日联合声明和中日和平友好条约确立的各项原则和精神。

中日关系的发展历程表明，只要严格遵循中日四个政治文件的原则精神行事，中日关系就能顺利发展；否则，两国关系就会出现波折。当前尤其需要两国政治家认真重温中日间四个政治文件，切实回到邦交正常化奠定的政治基础上来办一点实事。

第二要解决政治难题，不能回避影响两国关系的突出问题，当务之急是要妥善处理历史和钓鱼岛问题。

历史问题事关13亿中国人民的感情。日本领导人参拜靖国神社绝非日本国内问题，也不是所谓涉及宗教信仰的"心灵问题"，而是事关亚洲受害国的民族尊严、关系历史正义和人类良知的重大原则问题。中方强调牢记历史的目的不是为延续仇恨，而是要铭记战争教训，防止悲剧重演，更好地开创未来。我们希望日本领导人能从与亚洲邻国关系大局和日本自身利益出发，同军国主义划清界限，以实际行动取信于亚洲近邻。

钓鱼岛问题的由来和经纬是清楚的，在这里无需重复。多年来，基于两国老一代领导人达成的谅解共识，妥善处置这一问题，没有影响两国关系的发展。双方应珍惜这一宝贵经验，正视现实，相向而行，拿出超越立场分歧的智慧，努力找到重新管控危机和解决问题的办法。

第三要扩大交流合作。中日关系的根基在民间。多年来形成的多层次、全方位、宽领域的民间交流合作，是中日关系发展最坚实的基础和最重要的推动力。当前两国民众彼此好感度降至邦交正常化以来的最低点，在很大程度上缘于相互了解和认知方面出现偏差。但这并不意味着两国民众不重视中日关系。调查显示，超过七成的两国民众仍认为中日关系重要或十分重要，希望两国关系得以改善。我认为，越是在困难的时候，双方越要坚定中日友好信念，多做实事，多释放积极信息。在当前形势下，双方应排除干扰，大力推进新闻媒体、文化、地方、青少年等各领域交流，努力增进两国人民的相互了解和友好感情。

最后，希望通过我们的讨论，能够为中日关系的未来带来希望。

当今世界形势与中日关系

吴建民[*]

　　我们在回顾 2014 年的时候，可能需要从这一年发生的事情当中来吸取教益。我认为，2014 年是难忘的，有很多的教益值得我们汲取。为什么是难忘的？2014 年是第一次世界大战爆发 100 周年，甲午海战 120 周年。在 2014 年来临之前，2013 年，欧洲就传出一种声音，说 2014 年和 1914 年很相像。这话是很吓人的。因为 1914 年之前，当时的欧洲，包括英国和德国之间，经贸来往非常频繁，也不会想到打仗。当时英国作家诺曼写了一本书，里面一个基本的观点是：经贸往来如此频繁，战争不需要打。但是战争还是爆发了。说 1914 年和 2014 年很相像，这句话的潜台词很吓人，又赶上甲午海战 120 周年，他这一讲，我觉得有一种现象——不知道人们观察到没有——就是思潮。

　　我在复旦大学和他们聊天，他们问我，我们现在国家发展很快，外交也搞得很好，有什么不足？我说对思潮研究得不够。这股大讲战争的思潮，特别是安倍 2014 年 1 月 22 日讲今天的日中关系和当年的英德关系很像，各种媒体就跟着讲，然后形成了一种舆论：东亚地区是全球最危险的地区。我不知道这种舆论中国人听到有什么感觉，当时很奇怪，为什么就跟着讲起来了呢？说东亚这个地方最危险，对你有什么好处？这是一股潮流。所以形成这个东西之后，全国很多地方请我去讲话，他们竟然问我，吴大使，

---

* 作者系中国前驻法国大使、国家创新与发展战略研究会常务副会长。本文原载《SDRF – EADR 通讯》第 57 期，2015 年 1 月 8 日。

是不是要打仗了？对越自卫反击战之后，这是第一次我被问是不是要打仗了。我想 2014 年这种氛围是自改革开放以来，谈战争最为狂热的一年。大家都生活在这种现象里面，包括电视台上一些军事专家都在讲打起来怎么样，双方武器怎么样，好像战争一触即发，箭在弦上。我看到这个现象，心里很不舒服。

欧洲那些人说要打仗，到了年底都错了。什么原因？因为他们不懂亚洲。我们中国人是不是也应该对 2014 年的形势进行反思，看能得出何种教益？我想有三条教益。

第一条教益，邓小平发现了时代主题的变化。20 世纪 80 年代初，他反复讲一个观点：当今世界面临两大问题，一个是和平，一个是发展，两大问题一个也没有解决。这个观点在当时提出，是了不起的。因为在改革开放之前，毛主席挥之不去的忧虑就是战争，准备打仗，深挖洞、广积粮、不称霸。今天的人听这几句话，像耳边风一样过去了。我们是从那个时代过来，知道这九个字。因为那是战争与革命的时代，按照列宁 1916 年的论断，那个时代是帝国主义战争和无产阶级革命的时代，主题是战争与革命。邓小平后来发现，时代的主题是和平与发展。现在这句话因为讲多了，变成套话了。我在大学里面讲，千万不要把这个当成套话。时代主题是什么含义？就是一个时代，当时的世界面临各式各样的问题，时代主题指出了解决世界大问题的途径。在战争与革命的时代，谈判是没有用的，比如日本人打来了，怎么办？打出去啊，没有别的办法。再比如中国专制统治、改良都失败了，毛主席领导革命成功了。这就是时代主题。

今天是和平与发展的主题，什么意思？今天世界面临的问题，依靠战争解决不了。进入 21 世纪，美国打了两场半战争，阿富汗战争、伊拉克战争、利比亚战争，打的什么结果？"9·11" 10 周年前夕，《华盛顿邮报》驻北京记者跑到我办公室采访我，了解 "9·11" 10 周年中国人有什么反应。他坐在我办公室，第一句话就是：吴大使，你们这十年，发展得多好。这个话很对。下面一句话：我们美国人就顾打仗了。再下面一句话：中国是 "9·11" 的最大受益者。我一句句评论他。我说，你说中国发展得很好，很对。2001 年的时候中国的 GDP 是 1.15 万亿美元，2011 年的时候大概是

7.5 万亿美元；2001 年美国的 GDP 差不多 10 万亿美元，到了 2011 年时候是 15 万亿美元。原来美国是我们的 8 倍，到了这个时候，是我们的两倍左右。你说我们是"9·11"的最大受益者，这句话我不同意，我说是你们逆了和平发展共赢的世界潮流，我们顺了这个潮流，不是现在，而是从改革开放以来我们就顺了这股潮流。

不就是这样吗？有的研究国际问题的人说，乌克兰危机一出现，又为中国赢得了 10 年战略机遇期。我 2014 年年底参加一些会议，俄罗斯人也讲，乌克兰危机，中国是最大受益者。我说我听了这个话，很不舒服。我们怎么成了最大受益者？我们只是顺了这股潮流，关键是在这里。人家倒霉了，中国就好了？反过来，有一天人家好了，中国是不是就要倒霉呢？时代的主题是无法逆转的，我们顺应，就发展得好。战争还能解决问题吗？人类历史上多少年，国与国之间发生争端，通过外交途径解决不了的就通过打仗，打仗的后果双方也认了，多少年都是这样。甲午海战打完以后，割地、赔款等一系列不平等条约，我们把台湾、澎湖列岛割出来了，赔了 2 亿两白银，一开始日本还准备把辽东半岛割出去，结果这个消息一发布，列强向日本人抗议，日本人被迫说，辽东半岛不割了，再多赔 3000 万两白银。最后我们赔了 2.3 亿两白银，相当于他们七年的预算，日本占了大便宜啊。所以在那个时候，割地、赔款和不平等条约是惯例。21 世纪，美国打了这几场战争，阿富汗矿产资源非常丰富，喀布尔是全球第三大铜矿，美国人敢说都是我的？打了伊拉克，伊拉克的石油资源全球储量第三，美国人敢说石油都给我？还有利比亚，敢吗？不敢啊。这个世界变了。

2014 年一年很多人讲，钓鱼岛打一仗，就可以解决问题。能解决问题吗？这是不懂时代主题。邓小平应该是最懂得战争的，他打了一辈子仗。当年看他的文选，我在考虑一个问题，他说，国际争端不能通过武力的办法解决，南海诸岛，包括钓鱼岛，搁置争议，共同开发。邓小平不懂得通过战争把领土夺回来？他比谁都懂。但是他了不起的地方，是看到时代主题变了。《汉书·董仲舒传》里有："道之大原出于天，天不变，道亦不变。"道，就是反映事物规律的东西，它之所以很大，就是源于天——大的环境，天不变，道亦不变。时代主题变了，是天变了，道也得变。有些人鼓吹打一场战争就能解决问题，实际根本不能解决问题。

习近平就任总书记之后，多次引用孙中山先生的那句话："世界潮流浩浩荡荡，顺之则昌，逆之则亡。"2014 年年底，我去了孙中山故居，孙中山故居纪念馆的馆长告诉我说，习近平引用这个话，引用了七次。这是孙中山先生的至理名言。1916 年 9 月 16 日，他到浙江海宁看钱塘江大潮，大潮涌来，汹涌澎湃。孙中山先生这时候 50 岁，他看到钱塘江大潮，结合他对世界的观察、对中国的观察，提出这句话，太有道理了。

所以，潮流不能逆。中央很清楚。APEC 会议开得很好，习主席和奥巴马谈得很好。习主席见安倍，当时板着脸，最后谈得还可以，能达成四点共识很不简单。四点共识我们可以看得清楚，中国人该坚持的原则都坚持了。舆论对中国外交的反应是很好的。战争的狂热减退了。这种狂热错在什么地方？错在不懂得时代潮流。最后，中央为什么要和日本人谈？按照那时候的说法，不应该跟他谈，打起来才好呢。那行吗？

我觉得第一个给我们的启示是，时代主题的变化是国际关系中最大的变化，属于天的变化，道也跟着变。过去的道，战争能解决问题，那已经过去了。美国人打仗都不解决问题，中国人为什么还跟着？2013 年 10 月 1—16 日，美国政府关门 16 天，没有钱了。第一超级大国，怎么没有钱了？因为债务达到上限 16.7 万亿美元，如果再往上提，要国会开会通过。共和党控制国会，不批准，所以美国政府关门 16 天。美国如果不打这两场战争，那应当好过很多。两场战争花了多少钱？美国人自己讲是 6 万亿美元。打仗不解决问题，打仗之后碰了南墙，中国人还跟着撞南墙吗？这是非常重要的启示，就是要顺应潮流，潮流不能逆。

第二条教益，要胸有全局。要把世界放在心里来看。2014 年 12 月 8 日，首尔开了一个全球会议——世界政策会议，由法国人发起的。美国人去了对外关系委员会的主席。法国谁去的？这个人我认识，被称为法国的金牌外交家，是国际关系界公认的大家。第一场会，我坐在下面的，他们讲欧亚的安全形势，两个人差不多一个调子。美国人说，亚洲有领土争端，欧洲没有领土争端，欧洲有安全机制，亚洲没有安全机制，结论是亚洲比欧洲危险。法国发言人当过密特朗、希拉克、萨科奇三任总统的外事顾问，法国的外事顾问相当于美国的总统国家安全助理，在法国地位很高，然后又当过驻联合国大使、驻美国大使，外交上最重要的职务他全干过。他在会议上发表了一个观点：现在亚洲的问题，是出现了新门罗主义。影射谁呢？影射习近平主席2014年在亚信峰会的时候有一句话，亚洲的事务归根结底要由亚洲人拿主意。他们说，这是新版的门罗主义出来了。

当时我几乎是会场上唯一的中国人，他讲完之后，我就举手了。我这样驳斥他们：你们看问题，就局限在一个点上，世界全局你们要不要看？世界全局是什么？世界全局有三个中心：第一个中心，就是局部战争、冲突、仇恨的中心在中东和北非。现在伊拉克战争，叙利亚打得一塌糊涂，全球大国在这里争夺，地区大国在这里搅局。教派冲突，什叶派和逊尼派仇杀，伊斯兰教里的两大教派仇杀起来很残酷。阿拉伯、以色列冲突在这里延续。全世界各种矛盾集中爆发地在中东北非地区，这个地区吸引了国际社会外交上的注意。因为这个地区动荡，又是全球石油出口量最大的地方和油气资源最丰富的地方。在全球化的今天，有这样一个中心还不够吗？

第二个中心，全球金融危机的中心在欧洲。2008年经济危机是从美国开始爆发的，但后来转移到欧洲。为什么转移到欧洲？因为欧洲爆发了主权债务危机。我退休之后，参加了很多国际会议，和欧洲政界人士接触很多，我问他们怎么会爆发危机？他们说欧洲代议民主制度陷入了危机，主权债务危机是制度造成的。原来欧共体、后来的欧盟，有一个条约，规定每年政府的预算赤字不能超过3%，公共债务总量不能超过GDP的60%，这很好。但是主权债务危机一爆发，大家发现很多政府都超过了这个规定。因为竞选的时候，各方政客、政党领袖要选民投票，就允诺上台后给大家办什么好事，上台之后，发现没有那么多钱，怎么办？借债，反正在台上就四五年，还债是后人的事情。所以金融危机就转移到欧洲去了。你看现在欧洲领导人的注意力向内转了，欧洲原来在国际舞台上是很活跃的，但是现在大部分精力是搞欧洲内部的事。

第三个中心，全球经济增长的中心在亚洲，特别是东亚。过去几十年，东亚这个地方，包括中国在内，发展最快、最有活力，这个地方拉动了全球GDP的增长。

　　把这三个中心联系起来看，会得出什么结论？第一个结论，就是亚洲地区特别是东亚地区，是全球经济增长中心。东亚没有一个国家想破坏这个地位。要破坏，这不是发疯吗？我想没有一个国家不珍惜这个地位。第二个结论，全世界没有一个国家，没有一个大国，没有一个国家集团，把破坏亚洲为全球经济增长中心的地位作为自己的政策。为什么？亚洲的增长是全球的需要。美国要进一步克服危机造成的影响，要靠经济增长；欧洲要摆脱危机的阴影，要靠经济增长；全球现在 28 亿贫困人口，要靠经济增长，这是一个明摆着的事实。把亚洲的增长势头打断，对谁都没有好处。第三个结论是，我们亚洲，特别是中国，面临的战略机遇期依然存在。中央做的论断是，21 世纪头 20 年，乃至更长的时间，是中国的战略机遇期。

　　我在会上讲了这三条后，我就问美国人，你说亚洲比欧洲危险，我们亚洲这个地方是有紧张，但是没有打起仗，欧洲打起仗来了，乌克兰那里尽管规模不大，但是打起仗来了。他一句话没有说。我又针对法国人提问：你说亚洲出现新门罗主义，我说你犯了时代的错误。门罗主义是什么时候？是 19 世纪上半叶，现在是什么时候？是 21 世纪。19 世纪是列强瓜分世界的时候。现在是什么时候？是相互依存的时候。他也说不出来。所以我说，这三个中心要全局看，胸有全局，才能看清局部。

　　第三条教益，中国人现在一定要明确，我们最大的利益是什么。2014年 11 月，我在一个会上讲了个观点，我说我们的外交工作，一定要围绕中国最大的利益。21 世纪中国最大的利益是什么？明确了这个，其他就好办，大道理是和大利益联系在一起的。中国最大的利益是什么？邓小平做了论断，发展是硬道理。21 世纪，就是要保持发展的势头。我们大概是鸦片战争以来第一次出现这么好的势头。保持这个发展势头，是我们的最大利益。保持发展势头意味着什么？必须保持开放的势头，中国一关门，就完了。

　　我们不能低估封闭的惯性。每个人都生活在惯性之中，因为惯性是多年形成的，不知不觉的。中国有这种封闭的惯性。按照邓小平的说法，在明成祖之后，中国走向了封闭。明成祖在位是 1402—1424 年，中国封闭了快 600 年，这 30 多年开放是新的事情，600 年比 30 年，600 年会形成一种更为强大的惯性。为什么封闭？封闭可以讲出 100 条好处，封闭好控制，封闭有助于稳定，封闭之后外来力量难以渗透，等等。这些观点，改革开放初期都批过，今天有些人思想有回潮，说封闭好。改革开放初期，中央明确讲了，开放后苍蝇蚊子会进来，但新鲜空气也进来了。但是为了封闭，有时候会出现一种舆论，就是夸大外来威胁。我到美国去，见了鲍威尔。这个人很有本事，第一次海湾战争时他是参谋长联席会议主席，打得好，见好就收。1989 年 7 月，老布什派他到中国来，然后 12 月又来一次，小平同志亲自跟他谈。鲍威尔跟我说，你们讲日本军国主义复活，你们没有搞清楚军国主义是什么意思。日本军国主义当道的时候，军费占财政预算的 80%，军人说了算；日本现在的军费占预算大约 5%，你说它复活了？这个有问题。我认为，对日本最近通过安保法案和军事方面的一些动向我们必须提高警惕。

我觉得中央对这个非常清楚，历代领导人都有自己的表述。邓小平、江泽民说，和平发展是时代的潮流；胡锦涛加了一个合作的时代潮流；习近平主席说，和平发展、合作共赢是我们时代的潮流。共赢这两个字出现在中国领导人的讲话中，没有很长的历史。现在对"共赢"这个词用得很多了。我前不久还见到 WTO 美方首席代表，他说他一辈子干成的最大的事，就是和中国谈成了 WTO，中国加入 WTO 很了不起，这肯定是一个共赢的协议。龙永图曾经对我说，吴大使你不知道，加入 WTO 最困难的谈判，不是跟外国人谈，是跟中国人谈，涉及各个部门的利益，他们从维护部门利益出发，高举爱国主义旗帜，帽子很大。有一次谈判中，美国人做了一点儿让步，龙永图提出是不是我们也让一点儿，实现共赢？龙永图一说共赢，中方一位同志马上严肃起来，拉长了脸，很严肃地对龙永图说："龙部长，我们和美帝国主义能共赢吗？"这句话很厉害。但是想想，时代不变化，能共赢吗？战场上能共赢吗？革命能共赢吗？不可能！时代主题变化了，才能共赢。

中央很清楚，发展是硬道理，保持发展势头是中华民族在 21 世纪最大的利益，其他都是第二位的。我在 APEC 会议前后去了国外好几次，大家对中国外交，到了年底的反应相当好，美国人甚至说，你们和奥巴马谈得这么好,出乎意料。过去有各式各样的批评,这次很好。回过头来看,还是要跟上中央的步伐,跟上小平的步伐,跟上习主席的步伐。我们要摆脱惯性思维,以前几十年以阶级斗争为纲,改革开放之后,我们还要清理以阶级斗争为纲给我们带来的影响。

2014 年这一年,给我们的启示是深刻的。王毅同志讲了,2014 年是中国外交丰硕的一年。这个话我觉得不过分。看各个领域,大国外交成果丰富,周边关系降温了。习主席提出一个口号,很正确,结伴不结盟。我们现在正在编织一切伙伴关系网,和中国有战略伙伴关系的 61 国,和中国有合作伙伴关系的 17 国,加起来 78 国,伙伴关系网很厉害。我的看法是,中国正面临一个大潮的前夜。前不久我跟赵启正聊天,他说中国企业面临第二次大的生长期,就是走向世界。我希望企业家们看准这个趋势,今天是中国走向世界的一个很好的机会。第一,我们有钱了。1978 年,我们的外汇是多少?才 1.7 亿美元。现在光国家的外汇储备就将近 4 万亿了,还不算老百姓的。第二,世界的需要。第三,中国发展的需要。我们现在的发展是了不起的,但代价是很大的。有一位民营大企业家,到拉丁美洲购买土地。他跟我讲,中国租一亩土地,一年的代价是 1200 元人民币;到拉丁美洲买断一亩地,是 3600 元人民币。我们不休耕,田不断地在耕,地的腐殖质很低,只有 0.1%。褚时健改良土壤,花了很大的力气,腐殖质增加了,变成 3%。拉丁美洲的地一般腐殖质为 7%—8%,好的地是 15%。我们公布说,我们农耕地 20% 被污染,那个地种出来的东西还能吃吗?我有点儿怀疑。中国的出路就是两种资源、两个市场用起来,中国关起门来就完了。中国的发展也是一样。今天世界需要中国的资金,中国企业走向世界是非常好的机会。

当然,走向世界要有好的理念。你们听说没有?有一个华坚集团,做鞋的,在埃塞俄比亚非常成功。是怎么一个过程呢?2010 年,当时世界银行副行长林毅夫见埃塞俄比亚总理时说,埃塞俄比亚需要的是引进劳动密集型而不是高精尖的东西,那个总理听进去了。2011 年,他去了深圳大运会,他跟汪洋讲,你能不能给我推荐一个劳动密集型的公司?汪洋就推荐了华坚集团。民营企业动作很快,10 月份,老总张华荣就带人去埃塞俄比亚考察，然后带回 80 人来中国培训。2012 年 1 月份工厂投产了，2012 年 3 月埃塞俄比亚造的鞋到了美国市场，美国人弄不清楚怎么埃塞俄比亚出口鞋到我们这里来了。听说那里 2014 年是埃塞俄比亚出口最大的企业，工资只有中国工人的八分之一。华坚集团是两头在外，很多半成品从这里运去，然后在那里组装，市场也在外面，做得很成功。张华荣 1958 年生，当过兵。他总结经验说：以人为本，服务人类。我很钦佩。我的看法是，中国人走向世界，光讲爱国主义不够，要爱祖国，还有爱人类。中国走向世界，没有一个好的观念不行。中国人走向世界，要高举服务人类的旗帜，就是习主席讲的"共赢"。千万不要低估"共赢"这两个字的分量，"共赢"这两个字是新生事物，几千年的人类历史都是零和游戏，我胜你败，我赢你输，我得你失。今天世界变了，"共赢"是非常强大的武器，也是非常重要的方针。当然，公司也得盈利，不盈利就倒闭了，为你公司盈利，为当地老百姓谋福利，你就能够经久不衰。

最后，谈谈中日关系的走势，应该说预测走势很困难，只能讲大的趋势。大的趋势是什么？说到底，怎么看中日两国之间的共同利益和分歧。我认为共同利益是大于分歧的。中日两国，从邓小平到习近平，一直都说，中日之间有分歧，也有共同利益，但是我们的共同利益远大于分歧。这是一个事实。安倍上台之后，最大的问题是什么？最大的问题是经济。安倍的三支箭，前两支箭还有些效果，第三支箭的作用好像不是很明显，2014 年日本经济又陷入了衰退。中国是日本的最大贸易伙伴，怎么办呢？中国何尝不需要日本呢？我们现在一些短板，都是日本的长项，比如治理空气污染，它很有办法。另外就是对比中日间的贸易，2005 年紧张的时候，中日搞贸易战，究竟谁吃亏大？2005 年，我们的经济总量还比它小，双方都吃亏，一定要说谁吃亏更大，可能是我们更大一点。现在来看，我们出口到它那里去的都是在价值链比较低端的，它出口到中国的都是高精尖的东西，你能都不要它吗？再想一个问题，为什么 2014 年 11 月 10 日，习近平要会见安倍？为什么安倍一定想见呢？双方都觉得关系再坏下去，对双方都没有好处，走到一起来是共同利益的需要。而且我们的方针不是要跟它打仗，现在双方分歧管控也谈起来了。2012 年之前，两国军方已经达成协议，后来由于钓鱼岛"国有化"就对抗了。现在双方谈管控分歧，防止擦枪走火，擦枪走火对双方都没有好处。小泉纯一郎在任上的几年，两国关系比较僵。从 2012 年到现在，比上次僵得还厉害。以后当然会有一些摩擦，但是我觉得，决定两国关系的是两国之间共同利益的多寡。我认为历史问题的斗争会长期存在，这也是历史形成的。但是，习近平主席 2014 年9 月 3 日的讲话非常清楚，历史不能忘记，仇恨不能延续。

我们还是要高举世代友好旗帜，任何时候民间的工作都不能放松。两国友好相处，这是我们国家利益的需要，也是日本利益的需要。再回头看，我们当年处理与日本关系的时候，有利机会我们没有抓住，日本出现过舆论，就是脱欧入亚。那是鸠山由纪夫在台上的时候，小泽一郎带了 100 多个议员到中国来，当时美国是很紧张的，我想中央的方针是保持中日世代友好，这既符合双方的共同利益，也能够赢得人心，还能孤立一小撮右翼分子。中央现在依然是这个方针。当年从毛主席开始，周总理、廖承志、陈毅，做日本工作做得多好！1972 年邦交正常化的时候，日本老百姓的民意测验，多数支持邦交正常化。现在因为各种原因，日本方面对中国恶感上升了，当然其原因和责任主要在日本，但民意是可以引导的，民意不是一成不变的，特别是要做日本民间的工作、做日本企业的工作，日本企业界还是愿意发展中日关系的。

关于和日本钓鱼岛的争端，作为一辈子搞外交的人，我回头看这件事情的时候，不能不感到一些遗憾。因为"购岛"，最早是石原慎太郎在美国提出来的。据说是美国人给他出的点子，他在访问美国的时候提出来的。可以说是近年来破坏中日关系的罪魁祸首。

现在有些同志说，我们要为资源而战。我们每年进口 2.8 亿吨石油，可以在国际市场上买到的，我们一年进口大概 8000 万吨粮食，也可以买到的，你还需要为资源而战吗？不需要。全球化了，我们在国际市场上可以买到。有些同志为什么还这样想，还处于战争与革命时代的观念？他认为中国被封锁死了。其实远远不是这个局面，因为今天中国和世界的利益连在一起。当然，"害人之心不可有，防人之心不可无"，最坏的情况我们得考虑到，包括马六甲海峡，我们将来要采取一定措施，万一出现什么情况，我们还有一条路。这是必要的，这是另外一种估计。我认为，对安全形势的客观估计非常重要。颜色革命，国际上比较流行的看法，包括我的看法，没有一个成功的。哪一个成功了？为什么不成功？时代过去了。这一点，我们中国人要有信心。索罗斯都承认，他是惯于搞颜色革命的，但是没有一个成功的。这是时代的问题，也是最大的变化。现在我们中国很少从时代主题变化考虑，小平同志认为时代主题变了，这对中国影响很大。当时准备打仗，沿海不发展，改革开放以来，我们首先发展这个地方。改革开放前，靠近香港、澳门、台湾的地方都是前线。改革开放之后，那里成立了四个经济特区，前线变成了地利。最大的例子就是1992年，小平南方谈话的时候，苏联垮掉了，东欧发生了剧变，照理说，这是敌人大举进攻的时候，如果思想停留在过去，关上大门固守阵地，那是不行的。所以邓小平说，胆子再大一点，步子再快一点。中国的大发展，证明邓小平的决断是多么的英明！根据是什么？时代变了。但我们旧时代的阴影挥之不去。我长期搞国际问题的研究，这个问题也是一个现实，能够一挥就去吗？去不了。

我讲的是一家之言。我讲一些看法，目的是供大家参考，促进思考，最后正确与否看实践，实践证明对就是对的，实践证明错就是错的。

从历史记忆和相互认知出发：
避免中日冲突

［美］傅高义*

中日两国能否寻找到方法降低冲突风险，阻止持续数十年的敌对延续下去？在新的时代，两国能否同时作为强大的现代化国家而和平共处？

如果不能直面源自日本率先实现现代化的 19 世纪末、目前仍未解决的历史问题所激发出的强烈情绪，现在两国间围绕领土争端并因安倍首相参拜靖国神社而进一步升级的紧张局势是无法化解的。很多中国人由于本国曾被小小的岛国日本超越而一直深感耻辱，也因为遭受日本侵略带来的深重苦难而愤怒，这种愤怒帮助毛泽东在 1949 年统一了中国。日本依然在努力，希望将对本国历史的骄傲，与因过去给邻国带来劫难而做出的追悔结合在一起。现在，中国领导人要应对尚未解决的中日历史问题，以及关于日本军国主义复苏的忧虑，而日本领导人则面对着一个反日情绪上升、经济和军事规模已经超过日本，且还在快速发展的中国。

目前，中日关系的难题集中在岛屿领土争议，即日本所称的"尖阁列岛"或中国所称的"钓鱼岛"上。发生意外和冲突的危险确实存在。一旦意外情况发生，中日之间要再次和解可能要推迟数十年，甚至更长时间。这对于日本、中国以及世界其他国家都是不利的。一些理由可以解释为什么这些荒凉的岛礁成为紧张局势的焦点：周边海域的海洋资源有一定价值，两国渔民为满足全球渔业市场的需求，已将本国近海捕捞殆尽，转而将目

---

* 作者系美国哈佛大学教授、费正清东亚研究中心前主任。

标投向远洋，因此就产生了利益争夺。在中国大陆联手台湾地区、方便舰船进出太平洋的背景下，这些岛礁的地理位置具有了军事战略价值。但是，这些理由都不足以解释北京和东京之间情绪化的、充斥着历史记忆因素的相互反应。

两国各有将近九成的民众都对对方国家持负面看法。在中国，电视台经常播放关于第二次世界大战中日本士兵暴行的影视节目，互联网上则有很多对日本人的仇恨言论。一些中国军方将领公开放出自信言论，称如果爆发战争，中方会成为胜利者。在日本，电视节目中敌视中国的言论稍少一些，但是中方飞机和舰船逼近日本、威胁尖阁列岛（钓鱼岛），以及中国一些民众由于愤怒而攻击在华日本人、打砸日货的报道画面也会反复出现，刺激日本民众加深恐惧和厌恶感。日方的军方高官们不会公开提及日本对中国的军事优势，但私下里他们相信，如果发生冲突，日本会取得胜利，而且必要的时候，美国也会向日本施以援手。

中国领导人确实担忧日本军国主义会死灰复燃。美国人在第二次世界大战期间也和日本人打过仗，但和日本人之间建立最为紧密的联系不是源自发动侵略的日本军人，而是第二次世界大战后与日本平民建立的私人交往。1958—1960年，我首次访日并居住在那里，此后每年我都要访日。我和其他1945年后在日本居住过的美国人都了解到日本人民是如何彻底抛弃了军国主义的。中国和日本打交道最密切的时候是第二次世界大战时期，而且中国媒体一直渲染这段历史记忆。中国领导人警告日本不要复活军国主义，但与此同时，中国增强军备，对日本施压，这使得日本更加坚信应该解除对扩张军备的自我限制。

20世纪80年代，由于邓小平领导下的中国采取了积极行动，中日两国间似乎可能建立起面向21世纪的和睦关系。邓小平1978年访日时曾说，中日之间有2500年的交往历史，其中仅有50年是不幸的时期。他主张重新发展中日关系，使其达到前所未有的高度。在日本，邓小平会见了天皇、福田赳夫首相和日本经济界领袖，会谈进行得相当顺利。邓小平后来说，天皇就第二次世界大战时日本的行为进行了道歉，表示不会让这样的事情重演。邓小平在东京记者俱乐部演讲时，现场听众的掌声响亮而经久不息。

在日本，中国领导人还历史第一次登上了高速列车。在邓小平访日后，日本经济界的领袖们纷纷协助中国建设起电子、钢铁、汽车等行业的现代化工厂。为发展两国关系，邓小平将日本的小说、电影和电视剧带回中国。在邓小平主政时期，中日之间的青年交流项目也得以启动。

邓小平的努力在中日两国都得到了非常积极的回应。在 20 世纪 80 年代，日本提供给中国的经济援助远超过其他所有国家给予中国的。日本企业帮助中国建立起现代化的工厂，日本游客大量涌入中国，遍及日本各地的数百个地方团体与中国的地方团体结成姐妹友好关系。日方民间团体前往中国，就第二次世界大战时给中国带来的苦难表示道歉。进入 90 年代，中国领导人大力开展爱国主义教育，而在中国，没有比讨论日本在第二次世界大战时的暴行更能够刺激爱国主义情感的了。

在中国，批评日本没有详细记述自己侵略历史的声音非常普遍，而且不仅在中国，在西方也有这样的声音。很多中国人担忧，如果日本的年轻一代对日本过去侵略其他国家，给它们带来苦难的历史缺乏了解，会导致日本重新走上军国主义之路。当日本青年们访问中国时，中方东道主看到他们对日本过去制造的灾难所知甚少，因而感到不满。他们质问道：为什么日本的教科书不向本国年轻人讲授这些内容？为什么日本的纪念馆不能多展示一些过去战争的恐怖？为什么日本人要去参拜那些颂扬美化自己战争历史的纪念设施？不仅是中国人，连西方人也有疑问，为什么日本不能像德国一样继续表达自己的忏悔。

日本人清楚，在第二次世界大战结束后，当时蒋介石的国民政府签署和约，放弃了对日赔款要求。而 20 世纪 80 年代，相比其他国家，日本给予了中国更多的经济援助。对于很多日本人来说，这是他们反省第二次世界大战历史的一种方式。日本人不满的是，现在很少有中国人知道日本的领导人和日本民众在会见中国领导人时曾经道过歉，也很少知道日本在 80 年代时给予中国的巨大援助。很多日本年轻人则质疑说，为什么他们要为了自己出生之前就发生了的事情道歉。一些日本历史学家在研究了有关日方暴行的中方文献后坚称，其中很多内容被夸大了。同时，中国却对本国内战和"文革"期间对自己人的残酷行为采取了忽略态度。

　　但是事实是，不仅中国人，而且西方人也认为，日本某个派别、个别领导人的道歉不足以体现一直延续下去的反省。为了维持与其他国家的友好关系，对于日本人而言，继续对过去几代日本人所制造的问题表示悔恨是明智之举。

　　所有国家的领导人都希望以自己的国家为骄傲。因自己的国家在19世纪现代化步履缓慢而羞耻的中国人，现在有足够的理由因他们近年来非凡的经济发展而自豪。因自己的国家在第二次世界大战中的暴行而羞耻的日本人，现在也可以因自己在战后对和平的卓越贡献而自豪——他们为世界各国的和平发展提供了援助，将自己的军费压低到国民生产总值的1%，维持小规模的军事力量，拒绝发展核武器。

　　所有国家的领导人都必须对外显示自己的强力。对于习近平主席和安倍首相来说，他们都很难主动行动以争取对方的合作。日本领导人坚信，对中国软弱只会导致中方要求升级并继续发展军备，因此，他们坚决表示日本绝不会被胁迫。

　　改善中日关系会非常艰难，但也没有比现在更好的时候去启动这一进程。习近平已经巩固了执政权力基础，他将在接下来的八年时间里领导这个国家。安倍也是近年来第一位能够连续执政至少三年甚至更长时间的日本首相。习近平和安倍都被认为是坚定的民族主义者，有着强大的支持基础，可以在改善两国关系方面采取难度更大的举措。

　　作为一个研究了中日两国半个世纪、在两国都结交了好朋友的人，我深切地希望这两个伟大的国家可以和平共处、相互合作。我的建议是，如果两国领导人希望改善关系，可以考虑以下的做法。

一　现在开始行动

　　日本应当避免采取在中国看来富有挑衅性的举动。日本的政治领袖们不应当参拜靖国神社，应当为日本过去侵略所制造的悲剧重申道歉。

　　中国不以武力施压、尝试控制日本声称拥有主权的领土，并重申决心避免国内出现反日游行。

中日两国代表应当寻求一种方案，使得双方能够体面地从关于尖阁列岛（钓鱼岛）领土争端的对峙中后退，并且确认双方决心在稍后时间以和平的方式解决这些问题。

中日双方应当选定一小部分高级别的、在将来数年可能在各自政府扮演重要角色的领导人，这些领导人分别代表自己的国家，经常性地会面，就一系列广泛议题进行全面的讨论，以增强相互理解与合作。日本方面应选派代表主要政党的领导人，这样无论任何党派执政，都可以保证这一联系不会中断。

二　在以后几年里

日本领导人应准备一份公开声明（篇幅大约几十页），重点阐述他们战后以来在和平方面的贡献。日本可以强调，他们放弃了战争行动，对发展中国家、联合国和其他国际组织均提供了援助，将军费限制在国民生产总值的 1% 以内，放弃生产核武器并拒绝向海外派遣军队参与军事行动。日本还应当准备一份相似篇幅的声明，总结日本自明治时代以来对亚洲其他国家产生的影响，包括对第二次世界大战时侵略中国台湾、朝鲜以及中国大陆，给当地造成的劫难进行客观陈述。日本应增加学校关于明治时代以来历史必修课的课时，为必修课所用的历史教科书编撰教学指导，使得日本的学生们在了解日本战前和战后现代化的成就，以及对亚洲其他国家贡献的同时，也能够全面地理解来自亚洲其他国家的批评声。

中国应当减少本国电影、书刊和电视节目中会招致对日敌视情绪的文化表演，使民众更多地了解日本自 1978 年以来对中国经济发展提供的援助，宣传日本自 1945 年以来做出的和平承诺。中国应当回到 20 世纪 80 年代邓小平时代的做法，大规模地将日本文学、电影、电视节目和其他日本文化产品引介到国内。

中日两国民众之间的交流项目应当得到广泛的扩大。

（卢　昊译）

战争加害者不容抵赖！

刘德有[*]

谁是那场战争的加害者，谁是被害者，这是不容模糊的一条界线。任何模糊这一界线的企图或百般抵赖的尝试，都是枉然的。历史是最好的见证，而且早已做出了任何人都无法推翻的公正结论。

在中国人民迎来抗日战争暨世界反法西斯战争胜利70周年的这些日子里，不由地联想到当前的中日关系，令人感慨万千。

我本人出生于84年前——1931年"九一八"事变的一个月前。第二次世界大战的战火，最早就是从"九一八"事变起，由日本军国主义者在世界东方——中国点燃的，中国人民举起了第一面世界反对法西斯战争的伟大旗帜，对日寇的侵略奋起反抗，使中国成为第二次世界大战的东方主战场。我本人经历了第二次世界大战的全过程——中国人民的全面抗战、太平洋战争以及德国法西斯在欧洲战场的土崩瓦解、日本军国主义的无条件投降。

在第二次世界大战中，中国所做的伟大贡献和付出的巨大牺牲，是有目共睹的。日本的侵华战争，使中国军民伤亡3500万人，包括日军制造灭绝人性的南京大屠杀惨案在内。除此更有几千万人流离失所，无家可归，在战争中造成的直接经济损失竟达1000多亿美元，间接损失达5000多亿美元，真是罪行累累、罄竹难书。不仅如此，日本侵略军还野蛮毁灭了大量中国文化名城和历史古迹；掠夺了数目可观的中国古籍、字画、碑帖、古物、艺术品等稀世文物；摧毁了大批各类文化教育机构；迫害了众多的中

---

* 作者系文化部前副部长、中华日本学会前名誉会长。

国文化名人和科学家。一句话，给中国文化造成的损失极其严重，而且有些是永远无法弥补的。

对于日本军国主义发动的那场侵略战争，现今的日本政府首脑却不肯痛痛快快地承认，而吞吞吐吐地说什么"学术界至今对于'侵略'还没有定义"，等等。这种扭扭捏捏而实际上是予以否认的态度，与日本绝大多数有良心的人的态度截然相反，两者形成了鲜明的对照。这使我想起了一件事。

那是 1960 年的 6 月 6 日，陈毅副总理在中南海会见日本著名作家野间宏率领的文学代表团一行。陈毅副总理一向被人们认为豪放、磊落。我有幸担任了那天会见的翻译。这里，不妨再现一下当时双方的对话：

陈毅副总理说："你们是文学家，我想坦率地说，你们日本人过去很长时间对中国人是盛气凌人的。这些都已经过去。过去的事就让它过去吧。"

话音刚落，野间团长表示："尽管陈毅副总理说'过去的事就让它过去吧'，但我们日本人对于过去日本的侵略战争负有责任，我们是不能忘记过去的，不能把它付诸东流。"

陈毅副总理听罢，当即表示："说得好！谢谢你们。我们说过去的事就让它过去，你们说日本人不忘记过去的事。这样，两国人民才能真正友好。如果我们总是恨日本，而你们日本人把伤害中国的事忘得一干二净，中日两国就永远不能友好。"

陈毅副总理的话，讲得多深刻啊！在那场战争中，是日军的铁蹄蹂躏了大片中国国土，是中国的无辜百姓遭受日本侵略者的烧杀、抢掠和奸淫。这是铁的事实！谁是加害者，谁是受害者，不是一清二楚吗？我知道，绝大多数善良的日本人民也是那场战争的受害者，而且他们主张日本应当老老实实地承认自己是加害者，应当向受害者悔罪、道歉。然而，日本当局总是有那么一些人生怕别人说日本是加害者，闭口不谈当年日本在中国和亚洲其他国家干的那些不光彩的事，对"反省"过去的"侵略"和"殖民统治"讳莫如深，不仅不肯认罪，反而热心于把自己打扮成"受害者"。对此，长年从事日中文化交流的白土吾夫先生在第二次世界大战结束 50 周年——1995 年来北京时，曾当面语重心长地对我说过这样一段话："日本发动了对中国的侵略战争……日本人对不起中国人，日本应当向中国道歉，但日本政界有极少数人企图翻案，美化侵略历史。这是令人遗憾的。我们应当同这些人进行斗争。日本人首先应当认识自己是加害者。不错，日本人曾经遭受过原子弹的灾难，是原子弹的受害者，但我们要想一想日本人为什么被害？因为日本首先发动了那场战争，要承认自己是加害者。我认为这是前提。"

是的，只有加害者自己不忘加害于人的责任，受害者才有可能平复曾经受到的伤害。应当说，这是人与人的交往之道，也是对待历史问题的正确态度。

说到加害者和受害者，我想起一件事：日本政府首脑（包括一些国会议员）参拜靖国神社时常常搬出种种"日本文化特殊论"，以混淆视听，模糊加害者和受害者的界线。日本政要参拜靖国神社这一举动，绝不是基于什么"日本文化特殊"。我认为，身为一国首相去参拜靖国神社，绝不是"文化习俗的差异"和"生死观不同"所能解释和搪塞得了的。同时，这也绝不能等同于普通老百姓的一般行为，而是不折不扣的政治行动，是事关日本政府如何看待日本的侵略历史和第二次世界大战战犯的重大原则问题，它关乎中日两国间建立相互信赖关系的基础。说到底，是日本在战后没有彻底总结和清算过去的侵略历史。第二次世界大战结束以后，虽然以东条英机为首的甲级战犯被处以极刑，但还是有一大批对发动侵略战争负有不可推卸责任的军国主义骨干分子，受到了美国战后冷战政策的保护。因此，什么是正义战争、什么是非正义战争，谁是加害者、谁是受害者这个问题，在日本至今未获彻底解决，那种企图重温旧梦的思想温床并没有从根本上铲除。

这种"日本文化特殊论"，还说什么"依照日本人的国民感情"，不管"善人恶人，死了都变佛。那些甲级战犯已被处以死刑，他们今世已经受了刑法"，因此，"成佛"无疑。然而，这种"特殊"的日本文化论是不能自圆其说的。大家都知道，那个臭名昭著的"沙林事件"的元凶曾指使同伙在电车里杀了那么多无辜的人，被判了死刑（尚未执行），一旦他被执行死刑，请问那些无辜受害者的家属会把他当做"佛"吗？

日本在20世纪90年代初泡沫经济崩溃后，政局一直动荡，经济长期低迷，从而加速了右翼思潮的抬头。我们看到日本社会现在仍然存在着一小撮右翼势力，尽管他们不是日本社会的主流，但右翼思潮有时呈蔓延的趋势。对于如何认识那场战争的问题，在日本一直拖了一个很长的尾巴。日本首相坚持去参拜靖国神社，是有它深层次的政治、经济、思想、文化和社会背景的，不能孤立地去看这个问题。对于那一段不幸的历史，应该怎样来对待？正确的态度应该是"前事不忘，后事之师"，"以史为鉴，面向未来"！

最近一个时期以来，日本政府首脑违背民意，大谈要"改变战后体制"，即彻底"改变战后日本的和平体制"，"改变战后国际秩序"。而且，我们还听到，从日本不断传来借口"外部威胁"要"修改日本和平宪法""修改宪法第九条""解禁集体自卫权""制定向海外派兵和出口武器的法律"等不和谐音。难怪日本人说："好像在耳边又响起战前曾在日本流行的那首童谣的第一句歌词：'这条路，是过去曾走过的路（この道は、いつか来た道）'。"是的，这是一条日本曾经走过的军国主义老路，是给亚洲和日本人民带来无穷灾难、最后宣告失败的那条不归路。历史证明，此路不通！不仅当时不通，而且现在和将来永远不通！

我们衷心希望日本能在和平发展的道路上继续走下去。日本唯一的出路，就是走和平发展之路。战后几十年来，日本虽然经历了曲曲折折，但走了和平发展之路，这使日本在经济上得以飞速发展。第二次世界大战后日本广大人民顺应时代潮流，通过各种形式一直反对战争，要求和平。

说到这里，有一件事使我难以忘怀：那是 2007 年 10 月中日韩三国文化交流论坛第三次会议在东京举行时，日本画界巨匠平山郁夫先生提议在日本广播协会东京千代田广播会馆举办一次座谈会。平山先生在会上所做的强调和平重要性的发言，给我留下了极为深刻的印象。他说："日本必须从过去的历史中汲取教训。现在，在日本有人要修改宪法，而日本宪法明确规定作为解决国际纷争的手段不能使用武力，不能参战，要用和平方式为国际社会做贡献。日本已经宣布放弃战争，这一诺言是必须恪守的。"他呼吁"日本青年再也不要把枪口对向亚洲，日本的母亲们要教育自己的儿子不要再拿起枪来，和平才是世界的趋势"。八年前平山先生的发言仍有很强的现实意义，它代表了日本千千万万普通人的心声。

我们看到，自从安倍内阁凭借执政党在国会占据多数席位的优势，加紧步伐修改宪法第九条的解释，解禁所谓"集体自卫权"，强行通过一系列"安全保障法案"以后，理所当然地激起了日本北自北海道、南至冲绳的各地各阶层人民的坚决反对。人民群众包括大批妇女（有不少家庭主妇带着自己的孩子）和青年学生举行集会或游行示威。学者、作家、大学教授、律师、新闻工作者等文化人通过举行记者会或写文章等各种形式，明确指出日本政府的这一行径违反日本和平宪法，所谓"安全保障法案"是明目张胆的战争法案。不少地方议会还通过决议，反对日本国会"通过"违反和平宪法的"战争法案"。一些主流媒体进行的舆论调查，也表明绝大多数被采访者认为安倍向国会提出的"安保法案"违宪。值得注意的是，就连前日本政府法制局的一些高官也从法理上反对这一违背日本和平宪法的"法案"。但是，安倍内阁为了配合美国的战略要求，于2015年7月16日不顾广大日本人民的坚决反对，在所有在野党抵制表决的情况下，悍然在众议院通过了推动日本走向危险道路的所谓"安保法案"。

安倍内阁之所以迫不及待地在国会强行通过披着和平外衣的"安保法案"，原因之一，是要兑现2015年4月安倍首相访美时夸下的海口：2015年夏天一定要在日本国会上通过这一法案。不言而喻，其真实目的，是要争得日本自卫队向海外作战的"权利"，从而实现所谓日本的"正常化"。舆论指出，不管日本的当政者怎样闪烁其词，日本真正的假想敌是中国。这就暴露了日本要进一步屈从于美国，在美国的"亚洲再平衡"战略中充当小伙计的本质。与此同时，安倍内阁此举的更深层次的企图，则是在战略上借帮助美国制华，来曲线实现对美国控制的摆脱。

安倍政府的这一行径，激起了广大日本人民更加强烈的愤怒。日本全国反对新"安保法案"的群众斗争此起彼伏，不断升级，持续高涨。2015年8月30日，日本全国近500处、约100万人举行了集会或示威游行，其中东京约12万人冒着小雨包围国会大厦和首相官邸，男女老少举着标语牌，高喊口号："反对战争！""反对解禁'集体自卫权'！""反对战争法案！""反对修改宪法！""捍卫宪法第九条！""我们决不把孩子送上战场！""要求安倍首相立即下台！"出现这种情况，在战后的日本历史上也是罕见的。我认为，这就是爱好和平的日本人民的有力回答！

战争加害者是客观事实，不容抵赖。任何抵赖都意味着篡改历史。而历史是不容篡改的。历史也不能忘记，忘记历史就意味着背叛。但，历史是可以学习的，可以从中汲取必要的教训。

加害国要先表现出诚实的态度

[日] 小原博雅*

正确认识历史必须由加害国与受害国双方共同作出努力，否则无法实现，这一道理除了欧洲以外，其他地区同样是适用的。而作为共同的事业，加害国要先表现出诚实的态度，才能使受害国拥有宽容的态度，反过来则是不可能的。对日本来说，在与政治有关的人士如1995年"村山谈话"拥有正确的历史认识的同时，在国民层次上也有必要坚持学习正确的历史。在这个意义上，超越历史应当首先由作为加害者的日本主动建立正确的历史认识，回避引起近邻国家担忧或不信任感的言行，这是前提条件。只要日本能够对过去的历史拥有正确的认识，中国也不会一味纠缠于历史问题不放。

冷战后，日本遇到了一度隐藏在意识形态对立之后的"总结历史"的问题。宫泽首相对于"因日本的行为而遭受悲痛的"亚洲各国，曾"表示深刻的反省和遗憾"，同时表示"正视过去的事实，正确传播历史，再也不犯同样的错误"。在第二次世界大战结束50周年的1995年，村山富市首相发表讲话，表达了与宫泽首相同样的立场："我国在不久的过去一段时期，国策有错误，走了战争的道路，使国民陷入存亡的危机，殖民统治和侵略给许多国家，特别是给亚洲各国人民带来了巨大的伤害和痛苦。为了避免未来有错误，我就谦虚地对待这一毫无疑问的事实，谨此再次表示深刻的反省和由衷的歉意。同时，谨向在这段历史中受到灾难的所有国内外人士

---

* 作者系日本外务省亚洲及大洋洲局前参事。本文原载《世界知识》2009年第9期。

表示沉痛的哀悼。"他明确表示:"我国立足于过去的深刻反省,排除自以为是的国家主义,作为负责任的国际社会成员,促进国际协调,来推广和平的理念和民主主义。与此同时,非常重要的是,我国作为唯一经历过原子弹轰炸的国家,包括追求彻底摧毁核武器以及加强核不扩散体制等在内,要积极推进国际裁军。我相信,只有这样才能弥补过去的错误,才能安慰遇难者的灵魂。"

然而,即便政府表达了上述立场,内阁成员的"不规则"发言或历史教科书问题却时常发生,并引起周边国家的批判。日本首相参拜靖国神社问题,不仅在日中、日韩关系中成为交锋的外交问题,也在国内引起了赞同与否定的对立,国际舆论也给予了高度关注。在中国、韩国对日感情恶化的过程中,日本依然没能很好地克服亚洲外交的难点——历史问题。围绕历史问题的矛盾,对于高举重视亚洲外交,并把它当做对外政策的支柱,一直致力于为亚洲的和平与繁荣做出贡献的日本来说,不仅损害了自身形象,而且成为在经济相互依存基础上发展日益深化的对华关系的障碍。

一个国家的兴衰,归根结底取决于如何界定国家利益,并在此基础上采取适当的手段予以实现。相反,如果不能正确界定自身的国家利益,国家注定会衰败。战前的日本就是最典型的例子。战后,由于日本有深刻反省历史的和平宪法的存在,被禁止使用武力解决国际争端。因此在世界舞台上,日本的国家利益只能依靠国际协调来实现。

从理想主义的视角看,优先照顾本国的立场或利益,忽视或无视照顾国际社会的声音、利益或他国的主张,这是很危险的。然而,持相反立场的国家利益"积极论者"则把理想主义的立场视为"软弱",他们往往超越国家利益而把"对外姿态"当做问题之所在,他们是以赢或输来判断事物的"零和博弈"论者。如果这种思维模式与狭隘的民族主义结合一起,日本外交就会失去选择的余地,没法做出让双方都能得到利益的积极让步,最终使自己陷于紧张而孤立的境地,导致过度的防卫意识和短视的情绪化反应。

狭隘的民族主义或对外强硬论,在一定程度上确实可以给国民带来一种愉悦。经济或社会发展越是停滞不前,政治或媒体就越是把国民不满的发泄口转向国外。可是，这样浅薄而情绪化的舆论会阻碍长期性的国家利益。而且，搞排外的民族主义也往往容易变为针对其煽动者的"双刃剑"。

重要的是，要对具体的国家利益设定优先顺序，也就是说，至少需要区分"核心利益"和"二次性利益"，并且需要谨慎防止后者因前者而被牺牲或忽视。当今日本的国家核心利益可概括为六点：（1）东亚的稳定；（2）防止日本周边出现敌对国家；（3）打击威胁日本国民生命财产安全的恐怖主义；（4）维持和加强自由、开放的国际经济体系；（5）维护中东地区的稳定；（6）海上航线的安全。目前，日本每天进口的石油相当于三艘巨型油轮的运载量，其渠道大部分是从中东经过马六甲海峡，再从南中国海往北，最后到达日本的航道。假如这条航道的安全受到威胁，日本的经济活动将会停滞，并受到致命的打击。

我们在探讨日本的国家利益时，也必须考虑地理远近、地缘政治的因素。而从地缘政治的角度讲，日本周边出现敌对的国家或政权，对日本的安全来说必然是负面的，假如它是类似中国的大国，就有可能对日本的安全与繁荣产生重大影响。不言而喻，如果中国政府愿意跟日本建立友好关系，中国人民也对日本抱着友好的感情，那么日本所面临的周边环境将比中国与日本敌对的情况好得多。中国前国家主席胡锦涛曾说过："中日和则两利，斗则俱损。"

日本经济确确实实是从中国经济增长中获得了很大利益的。中国开放的巨大市场，给日本企业提供了巨大的商业机遇，同时形成了日中相互依存的双赢关系。日本与一个稳定发展、日益大国化的中国的关系，对日本的和平与繁荣是不可缺少的。

在讨论国家利益之际，要认识到，他国也有自身的国家利益，它有可能与日本的国家利益相冲突。在与他国存在分歧的外交中，百分之百实现本国的国家利益是很难的，这就需要相互让步。今天的信息化社会使国民能够通过媒体的商业化报道，及时收集各种信息，并在政府还没公开做出反应之前，就形成情绪化的反应，并立刻形成舆论，政治家越来越难以说服国民让其承受短期的痛苦或代价而追求长期性的国家利益。外交从业者为追求可持续的国家利益，应当不怕批判和孤立，耐心地面对国民，说服国民。媒体也好，国民也好，大家不要只把眼光投放在两国之间的差异或对立面上，而应该主动寻找双方共享的目标，多方面推进合作关系。

　　明治时代日本的安全战略，主要集中于山县首相提出的所谓"外交政略论"中"主权线"（国境线）的防卫与设定，以及在其外侧的"利益线"（势力圈）的防卫。日中甲午战争的胜利使日本得以用武力保护朝鲜半岛这一"利益线"，但随着受到俄国威胁，日本又走向日俄战争。日本战胜俄国，吞并朝鲜半岛后，朝鲜变成"主权线"，位于其外侧的南满洲地区则成为"利益线"。日本在忙于确立在南满洲的影响力的同时，也不得不直接面临美国的"门户开放"政策和中国的民族主义的压力。于是，日本试图以军事力量保护南满洲的"利益线"（当时称之为"生命线"），发动"九一八"事变，下一步，中国华北地区成为"利益线"。如此，日本的"利益线"一个接一个地扩张，最终发动了全面的日中战争。由此可见，战前的日本始终纠缠于自己设定的安全保障战略——"主权线"与"利益线"，"利益线"的防卫造成新的战争和新的"利益线"，"确保利益线"这一国家利益超过可控的综合国力，并不断膨胀，其结果是国家的瓦解。

　　　　　　　　　　　　　　　　　　　　　　　　　　　　（加藤嘉一 译）

日本的三个 70 年

武　寅*

中国人民抗日战争暨世界反法西斯战争胜利已经 70 周年了。

这 70 年，对日本，对中日关系，对亚洲乃至全世界和平意味着什么？要弄清这个问题，仅仅回顾 70 年是不够的，因为日本 70 年前以失败告终的侵华战争和太平洋战争并不是一个孤立的、偶然的事件，它是日本明治以来构筑的整个战争链条上的最后一个环节，是这个链条上此前已经发生的那些侵略战争的延续和升级。

因此，要想深刻地领悟这场战争带给我们的历史启示，就必须把视野放到一个更加广阔的时空范围内，以这个 70 年为基点，再往前和往后各推 70 年，通过连续考察这个贯通了历史、现实与未来的大视域，我们的思考就会得到更多的启发。

一　第一个 70 年：确立国家未来发展目标、选择发展路径

第一个 70 年是第二次世界大战结束前的 70 年，也是日本明治维新后确立国家未来发展目标，并选择和实施具体发展路径和发展模式的 70 年。明治维新是一场带有资产阶级革命性质的大变革，它在日本爆发，并不是日本的社会生产力已经发展到一定阶段后自然产生的结果，而是在内患外

---

* 作者系中国社会科学院前副院长、中华日本学会前会长。

压的严峻形势下发生的一场突变。正因为如此，维新政权诞生后需要解决的问题很多，也很复杂。其中，有些是属于民族、民主革命的问题，比如废除与西方列强签订的不平等条约、维护民族独立主权完整等；也有些是属于资产阶级革命的问题，比如建立统一的资产阶级近代民族国家，实现近代化等。那么，如何完成这些属于不同发展阶段的问题，使日本能够尽快摆脱贫穷落后，成为一个富国强国呢？或者说，为了实现这些目标，日本应该采取什么样的发展路径和发展手段呢？

日本统治集团给出的答案是，要以西方列强为榜样，成为一个扬国威于海外的"大日本帝国"。对于一个后发的小国来说，这等于是，要把欧洲资本主义列强经过几百年时间才走完的资本原始积累、自由资本主义和帝国主义三个发展阶段，三步并作一步，在短短几十年内赶上来。在19世纪末20世纪初，帝国主义列强为争夺世界市场而展开的激烈角逐中，日本很快就为自己找到了一条超常规发展的捷径。那就是，搞武力扩张。

通过发动战争，既可以向世界展示日本的国威，又可以直接掠夺别人的财富来快速养肥自己。日本资本主义内在的特殊性，使它的武力扩张表现出两个十分突出的特点：一个是残忍性，一个是欺骗性。

第一个特点是它的残忍性。先天不足的日本资本主义为了尽快补上自己的短板，缩小与西方列强之间的差距，在发动一次次侵略战争的过程中，一边大肆掠夺劳工、掠夺资源、掠夺金钱、掠夺领土，一边把自己身上的不平等条约和殖民枷锁强加给被侵略国。通过极端残忍的侵略暴行和敲骨吸髓般的殖民掠夺，日本得以加快脱贫致富、赶超列强的速度，它的资本原始积累和产业革命几乎实现了无缝对接。甲午战争后，日本掀起了后期产业革命的高潮；日俄战争后，日本被西方列强刮目相看；第一次世界大战后，日本成为世界五大海军强国之一，迈进了帝国主义列强的行列。

第二个特点是它的欺骗性。日本资本主义的先天落后与后天的超常规发展，构成了一种合理因素与非合理因素的复杂混合体。它使日本统治集团建构的一整套思想理论体系和主流价值观念具有极大的欺骗性。

首先是日本资本主义的先天落后性被反向利用。日本资本主义的起点的确很低，不仅在经济方面与英国等自由资本主义的产生和发展不可同日而语，而且在政治方面还带有许多与亚洲殖民地、半殖民地国家相似的地方。直到1894年，也就是日本发动甲午战争的那一年，日本才初步恢复了关税自主权。直到1911年，也就是日俄战争之后、第一次世界大战前，日本才最后废除了与西方列强间达半个多世纪之久的不平等条约。第一次世界大战后，当列强从总体战的角度出发，开始考虑适当承认劳工权利的时候，日本还处于连《劳工法》都没有的阶段，因为日本的工业生产还远没有达到大规模集约化、组织化生产的阶段。因此，在巴黎和会上讨论到有关问题时，日本不得不要求把自己列为"特殊国"，也就是执行相关条款时，日本可以享受与殖民地国家同样的"特殊待遇"。

日本统治集团正是有意识地利用了后发国家这种要求发展的正当愿望，把国家发展目标与发展路径这两个本不相同的概念混淆在一起，用发展目标中的合理因素去掩盖和装饰发展路径与发展手段的非合理性。比如，把"争取民族独立主权平等"的正义性目标，与"弘扬国威""大和民族优越论"等蛊惑性言论嫁接在一起；把"富国强兵"的积极目标与侵略掠夺的战争手段相互置换，混为一谈，编造出种种似是而非的概念和观点。把在这套理论指导下进行的武力扩张史，说成是日本国家民族的光荣奋斗史，是日本走向现代化的成功范例。这套理论及其指导下的实践，被上升到"国家意志"的层面，成为统治集团代代传承的信念和立场。第二次世界大战期间日本发动的大规模侵华战争和太平洋战争，正是这种"国家意志"的再次显现。如果说这一次与甲午战争以来的历次侵略战争有什么不同的话，那就是，这一次以彻底失败而告终，从而宣告了70年武力扩张政策的破产。

二　第二个70年：走和平发展道路

第二个70年是第二次世界大战结束后的70年。战后，日本的保守势力继承了战前日本统治集团建构的所谓"国家意志"，也继承了其中蕴含的价值观和立场，他们在战后日本的重建与发展中，继续用这种理念去指导自己的思想和行动。但是，战后围绕保守势力的国内外环境和形势却已经发生了巨大而深刻的变化。

国际方面，对战犯的审判，对日本军国主义及其发动的侵略战争的否定，以及包括《波茨坦公告》在内的一系列国际条约对战后国际秩序的安排，这一切都给了右倾保守势力沉重的打击。在日本国内，美国主导的非军事化与民主化改革，以及和平宪法的颁布，给和平民主势力的发展壮大提供了广阔的空间与活动的舞台。日本战后爆发的声势浩大、波及全国的群众性反对修改安保条约的斗争，革新政党的上台组阁，以及保守派修宪企图的始终无法得逞等，这一切都说明，战前那种"国家意志"一边倒地控制整个社会、整个国家的极端状态，已经被战后两种力量的长期博弈所取代。日本是要重蹈战争覆辙还是要和平发展，成为右倾保守势力与和平民主力量博弈的实质内容。

正是战后国内外形势的巨大变化，使日本迄今为止走的是一条与战前截然相反的、和平发展的道路。同样是国土狭小、资源贫乏、需要外向型发展的基本国情，但日本在和平发展的道路上，不是靠枪炮，而是充分调动自然条件中优势的一面，比如发挥狭长岛国海岸线长、天然良港多的优势，最大限度地构建沿海交通运输网、国际贸易网，做到资源配置、生产经营、国内外市场的最佳组合。日本充分发挥了好学的国民特性和重视教育的传统做法，派遣留学生去美国和欧洲学习，积极引进先进技术和生产手段，实现了经济的高速发展。

战后日本通过和平发展，实现了战前靠侵略战争没能达到的发展水平，赶超了欧美，开拓了全球性的世界市场，成了名列前茅的世界性经济强国。

但是，对于抱着战前遗产的右倾保守势力来说，战后的和平发展只是一种不得已的被动选择，并不代表他们价值观和立场的转变。他们追踪战后国际、国内大气候不断发生的种种变化，始终或明或暗、或强或弱地通过各种言论和行为，顽固地贯彻他们继承的那套理论和立场，使日本在战后和平发展的主流下，始终是暗流涌动，起伏动荡。进入 21 世纪以来，右倾保守势力的活动更是急剧升级。他们凭借手中把持的政权，在政治、军事、外交领域，接连不断地抛出各种挑战和平底线的政策法规，采取各种违背宪法和民意的危险行动。不但让国内，而且让周边国家和国际社会感到极大的不信任感，对地区及国际安全构成难以预测的不稳定因素。

但是，另一方面，与右倾保守势力的频频挑战形成鲜明对比的是，和平民主力量的遏制作用也在越来越顽强、越来越大规模和持久地表现出来。他们通过各种方式，对违背和平底线的法案和行为坚决说"不"。和平民主力量的行动和作用对政权的影响力，以及对日本未来发展方向的影响力，已经变得越来越不可轻视。

三　第三个70年：日本走向何方？

第三个70年是展望未来的70年。到那时，21世纪已接近尾声，许多现在的疑虑、困惑和推测都将有清晰的答案。包括日本在内的世界将会看到，中国的发展的确不但不是对周边的威胁，反而是维护地区和世界和平不可缺少的正面力量。中国所积极倡导的和平合作、互利共赢的外交理念和新型大国关系，通过自己的不懈解读和身体力行，将得到国际社会越来越多的理解和认同。

中国有句古话，叫做"七十而从心所欲，不逾矩"。在经历了前面两个70年正反两方面的历史经验和教训之后，日本能否做到"从心所欲，不逾矩"呢？也就是说，日本能否真正看清了，在已经过去的两个70年的历史中，到底有哪些东西是可以继承的，又有哪些是必须扬弃的？不能自欺欺人，更不能误判形势，误导国家，误导民族，把国家再一次引到危险的道路上去。中国的这种担心并不是没有道理的。中国为纪念中国人民抗日战争暨世界反法西斯战争胜利70周年而举行的大阅兵刚刚结束，日本内阁官房长官菅义伟就评论说："第二次世界大战结束已经70年，我们不应将焦点过度集中于过去不幸的历史，我们希望中国能以面向未来的态度应对国际社会的共同挑战。我们已向中国政府表达了这一看法。"①

这番评论似乎想表达，中国总是揪住过去的历史不放，而日本更注重翻过历史，面向未来。那么，日本想要怎样翻过历史、面向未来呢？只要

---

①　转引自腾讯新闻，http://news.qq.com/a/20150903/029319.htm? qqcom_pgv_from = aio。

看一看日本首相安倍晋三在 2015 年 8 月 14 日发表的讲话①　就一清二楚了。

这篇代表日本政府态度和立场的讲话，究竟向中国乃至整个世界传递了什么样的信息呢？"听话听音"，我们不仅听到他说了些什么，而且听出了他话里有话，听懂了他的话外音。安倍在这篇讲话的结尾部分，联系历史展望未来，说出了战争的原因、责任以及对未来的思考和打算等一系列代表日本政府立场和观点的重要问题。

安倍说，日本能有今天，是美、澳等"许多国家超越恩仇提供善意和支援的结果"。他有意不提中国，是想暗示，中国不能像这些国家一样超越恩仇，而总是揪住历史不放。

安倍说："我们继续将区域经济集团化促发纠纷萌芽的过去铭刻在心，正因为如此，我国努力发展不受任何国家恣意影响的自由、公正、开放的国际经济体制。"这是在借题发挥，借 1929—1933 年世界经济危机打破了自由贸易的原则，形成了美元集团、英镑集团等催生战争的贸易保护主义现象，抨击今天中国倡议的亚投行等促进世界经济发展的重大举措。

安倍说："我们继续将我国曾经当过国际秩序挑战者的过去铭刻在心，正因为如此，我们坚定不移地坚持自由、民主主义、人权这些基本价值，与共享该价值的国家携手并进。"这是一方面在暗示国际社会要警惕今天的国际秩序挑战者，一方面宣誓日本要把"价值观外交"进行到底。

这些话外音才是日本的心里话，也正是这些心里话所代表的日本政府的本意，令日本的邻国、东亚乃至世界感到一种不信任和担忧。说"七十而从心所欲，不逾矩"，就是希望在未来的 70 年，或者像安倍讲话所展望的"战后 80 年、90 年以及 100 年"，日本能够真正看懂，究竟怎样做才是真正有利于国家和民族的根本利益，发自内心地主动选择一个既对本国富强也对世界和平具有积极贡献的发展路径和发展模式。这不仅是日本人民所期待的，也是亚洲地区和国际社会所欢迎的。历史将证明，这一选择将成为不可阻挡的历史潮流，不论是什么人，如果坚持逆流而动，最终只能被代表历史潮流前进方向的正面力量所取代。这是历史留给我们的一个重要启示。

---

① 转引自人民网，http://world.people.com.cn/n/2015/0815/c1002-27465833.html。

战后70年：日本的困顿与歧途

李　薇[*]

2015年是中国人民抗日战争胜利、世界反法西斯战争胜利和日本战败投降70周年，是重要的历史节点。在70周年这个敏感的年份，如同前两个十年那样，日本首相需要面向世界做出政治表态。凡涉及对过去所发动的战争性质的表述，日本政府的每次讲话都出台得非常艰难，2015年更是表现得扭扭捏捏，在是否继承和使用"村山谈话""小泉谈话"所使用的"侵略""殖民统治""沉痛的反省"等表述上，显露出极大的不情愿。虽然日本政府为了首相70周年"谈话"专门成立了专家小组，做出广泛征求精英意见的姿态，但现任首相在任期间执意参拜靖国神社和放言"侵略定义未定"的事实，已经令世人对2015年"谈话"内容的真意不抱期待，本该成为促进和解的历史谈话成了一篇暗含历史修正意味的宣言，成为阻碍东亚和解的一次风险试探。

一　未能实现精神超越

70年过去了，日本还是没有实现精神上的自我超越，仍在历史问题的困顿中徘徊不前。长期以来，日本国内在历史认识问题上没有达成全社会普遍的共识，一直存在巨大分歧。一方面，有官方的正式表态，如1972年的田中道歉、1982年的"宫泽谈话"、对侵略战争做出深刻反省的1993年

＊　作者系中国社会科学院日本研究所所长、中华日本学会会长。

的"河野谈话"、1995 年的"村山谈话"、1995 年日本众议院的《以历史为教训重申和平决心的决议》、2001 年小泉在卢沟桥的道歉和 2005 年的"小泉谈话"等；也有包括大学教授、律师等在内的进步知识精英在追究战争责任、战争性质等问题上的正义呼声以及他们所领导的社会运动。而另一方面，日本政坛否认侵略战争历史的思想根深蒂固，部分政要在对历史问题的认罪反省上一直口是心非、出尔反尔，右倾政治家和右倾文人为加害性质进行的辩解不绝于耳。尽管右翼、右倾言行并不代表日本国民整体的意志，但是在日本国内，否认侵略事实和侵略性质的言行既不会引起政治上的信任危机，也很少受到道德谴责，更不会受到法律制裁。

我们看到，战前曾经象征军国主义的文化符号——国旗"日之丸"、国歌"君之代"、军旗"旭日"得以延续，其隐藏的心灵意识继续得到传承；雕有皇家"菊花纹章"的靖国神社仍旧表征着国家与宗教未切断的关系；甲级战犯被作为"忠魂"和"英灵"供奉于靖国神社，日本政治家以去道德化和去正义化的"国民感情""遗族感情"为"正当性"，堂而皇之进行参拜并愈演愈烈；很多书籍和一些教科书中对中国的侵略战争、侵略行为以"事件""进入"等毫无贬义的词汇加以表述，"无条件投降"和"战败"被描述为"战争结束"。战后，由于政治家们的反复无常，使得日本政府对东亚受害国的形式上的"多次"道歉变得越来越单薄与苍白，越来越失去信誉。也正因为如此，日本与其他东亚国家的关系在"历史和解"与"民族主义"之间徘徊往复，形成"历史问题现实化"和"现实问题历史化"的恶性循环。这样的日本，不仅使其自身不能彻底走出战败的阴影，不能真正实现战后精神的升华，反而背负的历史包袱越发复杂和沉重。

近来，日本政府似乎意识到历史和解问题已经成为其外交上的沉重负担，试图寻找一个一了百了的说法和形式，以便从历史问题的困顿中"解放"自己。经常会听到一些日本官员在试探中国方面的底线，希望得到一个可以获得谅解的红线，寻找到得以过关的最低"说法"。这样的做法恰恰把日本式思维"晒"了出来，表明日本在解决战后和解问题上所期待的是一种外交上最低成本的边际效益、一种技术处理，而非追求自身精神层面的蜕变。在这里，德日之间的差距显而易见。

二　历史清算内外乏力

相比之下，战后的德国不仅接受了战败，更接受了道德的高度和后现代文明的真理。德国不仅废弃了当年纳粹的旗帜和歌曲，更在法律上保证了对纳粹的清算和追讨，几十年来从未松懈。德意志民族的行动让世人相信，它的反思是绝对意义上真诚而深刻的。德国因此获得受害国的尊重，成为欧盟乃至世界事务的中坚力量。德国历任总理在历年利用历次机会不间断地对那场战争做出反省与道歉，追求的是一个无止境的过程，显示出一个政治强国的勇气与智慧。日本则只是认命般地接受一个结果，并没有显示出德国那样的志向和自觉。

导致日本70年来在历史认识问题上依旧不能自拔的重要原因之一，是对日战后处理的不彻底性。日本与德国相比，"历史清算"的外力结构明显不同。德国被盟军共同占领，东西两个阵营以及受害的犹太民族在国际社会对纳粹的清算中都发挥了重要政治影响，把德国法西斯的罪犯角色推到了全世界集体记忆的最前端。而日本被美国单独占领，不仅保持了国体完整，且很快在美国的远东战略设计中成为可利用的对象。美国对天皇的免罪战略，导致日本的战时最高统帅没有被碰触，除了甲级战犯受刑外，被捕的战犯或与战争有瓜葛的官僚大都陆续被释放并回到社会政治生活中，而中国等主要受害国在战后却经历了自身国家分裂的命运并由此导致外交政治上的孱弱，未能及时、有力、系统完整地把日本军国主义的罪行推到世界集体记忆特别是日本历史记忆的最前面。

在战后的日本，历史清算的内力明显不足。首先，日本发动的对外侵略战争是在举国体制下进行的，战后任何人、任何家庭都不会因参与战争而受到歧视或对他人的参与进行批判，形成了"谁都不担责任的结构"；其次，皇国史观和与之相关联的国家神道生死观因天皇制和靖国神社的保留依旧发挥着对战死者家属的精神抚慰作用；再次，日本军国主义对外侵略的罪行及其欺骗性在被日本国民充分认清之前，就被长期遮掩在广岛和长崎的蘑菇云背后，原子弹受害成为广大日本人关于战争的主要历史记忆。

因此，相对于德国社会整体持续的、自我批判性的讨论，日本战后的"历史清算"在一个谁都不负责任的短暂过程中草草收场结束，日本的政党政治从未成为深刻反省的推动力量，左翼知识精英曾经倡导的"由日本人民亲手进行"对侵略战争的审判——对侵略行为进行复杂而艰难的精神忏悔——在日本一直未能真正实现。

三　一个不确定的日本

虽然战后日本实现了经济的快速增长，对地区经济发展做出了积极的贡献，在和平宪法第九条的原则下，日本走上了和平发展道路，但是，全世界都注意到一个现象，那就是近年来日本国内日益放肆的罔顾历史的右倾言行与安全防务的战略转型并驾齐驱。一部分政治家甚至首相越来越堂而皇之地参拜靖国神社，日本社会对右派政治家的言行日渐宽容，一些日本民众与右派政治家在对日本当年发动侵略战争的历史反省上认同感日趋增强。与此同时，近几年来，日本抓住了美国的"反恐"和"亚太再平衡"的战略"机遇"，以"首要同盟国"身份实现安全防务政策的彻底转型，放弃了"专守防卫""武器出口三原则"，为"行使集体自卫权"松绑，为日本军事走向世界提供了法律保障。非常明显，安倍力推的"新安保"法已经突破了宪法第九条第一款的精神，也颠覆了日本政府自身曾经的相关法律解释。

在迎来中国人民抗日战争胜利暨世界反法西斯战争胜利 70 周年的今天，世界面对的是一个处在历史认识困顿和国家发展歧途的日本。日本长期执政的自民党和主流政治家、战略精英的夙愿，是让日本成为"正常国家"。按前首相中曾根康弘的话就是"战后政治总决算"，按现首相安倍晋三的话就是"找回强大的日本"。在"正常化"过程中，战败初期的非军事化和民主化理想正随着战后体系的变化被逐渐丢弃，战败的教训已经被涂抹得千差万别，更为严重的是军事安全政策的蜕变。日本官方的报告显示，日本确定了 21 世纪进一步发展和利用日美同盟体制，让军事与外交、经济同等地为拓展国际空间发挥作用的外交安全基本战略。这个战略的实现，是一个"大国化""正常化""外向化"的过程，在操作上会更加显示出主动性、系统性。

今天的日本面对三个不确定性，即"摆脱战后体制"是否以否定战后和平发展路线为前提？日本"正常国家化"和军事发展将以何种方式推进？引领这种"摆脱"和"发展"的政治思潮是否以历史修正主义为依托、以右倾民族保守主义为主流？站在歧途边缘的日本还没有给出明确的答案。今后很长时期内，一个现实且重要的问题摆在国际社会特别是中国等东亚国家面前，那就是如何面对一个在历史认识问题上未能实现民族精神蜕变却再次把其军事力量推向世界的日本。

中日关系与中美关系

王缉思[*]

　　佛经有"一沙一世界"之说。对中日两国而言，东海上那座宛如水中细沙一样的钓鱼岛却成了两个国家改善关系的最大障碍。在中国人眼中，钓鱼岛象征着国力上升时期的民族尊严和领土主权，没有妥协的余地。经济停滞多年的日本，民族主义也被激发出来，担心对中国的任何让步都可能令中国提出进一步要求（例如琉球群岛归属问题），日本"输不起"，因此顽固坚持既定立场。同时，美国因素在中日关系中再次突出。日本为牵制中国而在军事和安全方面进一步向美国靠拢，中国则认为美国为了防止中国崛起而挑动中日矛盾。于是，一个奇怪的局面形成了：中国最重要的两个经济合作伙伴——美国和日本，恰恰成为中国最大的地缘政治挑战。

　　如果跳出当前博弈看历史，中日关系本不应是今天的样子。周恩来总理曾形容中日关系是"两千年友好，五十年不幸"。更不幸的是，这50年的不幸压倒了过去的两千年和中日邦交正常化后的42年。而今，靖国神社、教科书和慰安妇等历史问题，同日美安全关系强化、钓鱼岛争端等现实问题交织在一起，让人无法对短期内化解矛盾抱有信心。此外，一些中国人认为全球唯一的超级大国美国无法容忍中国的崛起，日本不过是美国在亚洲全面制衡中国的棋子，中美关系才是中日关系的根本。在探讨中日关系时，这个偏见应当得到纠正。

---

　　* 作者系北京大学国际关系学院教授、国际战略研究院院长。本文原载《环球财经》2014年8月号。

一　美国是中日关系中的重要因素，但非主导因素

新中国成立以来，中国一直认为美国企图颠覆共产党的领导，因此在大部分时间里，美国被认为是对中国政治稳定的最大外部威胁。在冷战初期和20世纪90年代中期以后，美国又对中国构成安全挑战。战后日本一直是美国的政治、军事同盟，在外交上基本追随美国。因此，中国对美国的警惕和防范，必然包括对日本的警惕和防范。

1972年中日实现邦交正常化的国际大背景，是尼克松访华和中美关系初步解冻。其实，此前的十几年里，中日民间交往和小范围的贸易交流早已超越官方关系，同完全隔绝的中美关系形成对照。中日交往有其自身动力，中美关系解冻只是给中日邦交正常化提供了一个必要条件。中日复交的另一个条件是共同对付苏联扩张的战略需要，其"战略性"体现在双方1972年《中日联合声明》和1978年《中日友好和平条约》中的"反霸权条款"上。在这一时期，中日关系发展顺畅，中美关系却"卡"在台湾等问题上，直到1979年才正式建交。

20世纪90年代初，中国经历了美国等西方国家的联合制裁，面临"人权"问题的压力，中美"最惠国待遇"等问题层出不穷。在中日双方共同努力下，中日合作很快恢复正常，1992年实现了江泽民总书记访日和日本明仁天皇访华。1992年10月23日晚，明仁天皇在中国国家主席杨尚昆举行的欢迎宴会上郑重表示："在两国关系悠久的历史上，曾经有过一段我国给中国国民带来深重苦难的不幸时期。我对此深感痛心。战争结束后，我国国民基于不再重演这种战争的深刻反省，下定决心，一定要走和平国家的道路，并开始了国家的复兴。"与中日关系的"热络"相比，中美首脑互访到1997—1998年才得以实现，其中还经历了李登辉访美等严重危机。许多历史事实证明，中日关系同中美关系经常是不同步的。中美关系陷入僵局不一定会造成中日关系恶化，反而可能促使中日拉近距离。一些日本观察家过去甚至抱怨中国对中美关系的重视程度要显著地强于中日关系，后者更像是前者的一个"备胎"，"只有在同美国发生冲突时，中国才想起日本"。

在当前的亚太大棋局中，美国对日本的态度确实是利用多于警惕，美国的一批保守派战略家甚至认为日本右倾化正合其意，因为对手中国的崛起显然比盟友日本的右倾化更令人不安。美国从中日矛盾中渔利甚多。不过，美国加强对日关系，敦促日本加入跨太平洋伙伴关系协定（TPP），欢迎日本解禁集体自卫权，并非完全出于制约中国的考虑，而是希望日本在全球安全和国际经济问题上协助美国。美国担心中日关系失控，使美国卷入一场得不偿失的军事冲突。日本从美国借力应对崛起的中国，不等于美日在美军基地等问题上的矛盾会烟消云散。因此，将中日目前的纠结问题主要归因为美国因素的干扰，不但有失偏颇，而且不利于我们处理复杂的对日双边关系。只要中日两国都决心排除障碍，恢复正常交往，美国是难以从中作梗的。

近年来，在多方面因素的交织下，中美关系和中日关系同时滑坡的现象已经出现，这对中国绝非有利的战略局面。要扭转这个局面，中国有很多工作要做。中美两国首脑的经常沟通，一年一度的中美战略与经济对话，以及多渠道、多层次的中美官方、智库、企业对话和人文交流，有效遏止了中美关系的下滑趋势。中日关系也应如此。中日官方政治关系的恢复有待时日，但应坚持让民间往来少受政治影响，经济、技术、文化、教育、卫生、环保、新能源等领域的交流合作应受到鼓励。

二 国际政治绝非仅仅是权力政治

今天的中国是一个独特的大国。我们是国力最雄厚的发展中国家，却在许多方面还与发达国家相距甚远；我们的影响正在迅速传遍全球，却还没有在亚洲获得主导地位；我们拥有独特的政治体制和意识形态，却还不具备足以影响外部世界的价值体系；我们是现存国际政治经济秩序的受益者，却又受到西方的制约，需要努力推动国际秩序的改革。在中国化解这些矛盾的过程中，如何解决与日本相关的历史遗留问题和地缘政治问题，将直接影响外界如何看待和应对中国的崛起。

国际上弥漫着这样一种思路——一个新兴大国必然会走上与现存霸权

国家争夺权力的道路，因此强大起来的中国势必想在亚洲称霸并将美国排挤出亚洲。这种思维模式在美国和日本都有相当的市场，并因中国的"强势"而使两国的保守势力相互呼应。这一思维逻辑是成立的，但又是可以通过人们的努力而打破的。如今世界经济的融合程度前所未有，社交网络冲破一切障碍，是对战争和国际冲突的巨大制约，也使"换一种方式看待世界"成为可能。

我们应当克服这样一种想法：只要中国的经济实力和军事实力发展到足以压制对手，我们就可以让日本甚至美国服气，我们今天遇到的这些问题就可以迎刃而解。不过，当代国际关系的历史，没有提供什么大国成功"压服"其他国家的先例。美国的硬实力曾经是越南的几十倍，后来又是伊拉克和阿富汗的几十倍甚至几百倍，但这些国家无一例外地让各个时期的美国泥足深陷而无法自拔。苏联曾经压服过自己在东欧的"卫星国"，还企图压服相对弱小的南斯拉夫，也占领过阿富汗，其结局早已成为历史。

德国的历史也很说明问题。近百年前，德国的经济和军事实力在第一次世界大战期间受到严重打击，但它没有被"打服"，仅仅用了20年就重新崛起，又发动了第二次世界大战。结果德国又一次被"打趴下"。但这一次，德国人深入反思，认识到希特勒时期的种族灭绝、军国主义、领土扩张政策是错误的，不允许国家重蹈覆辙，不寻求用军事手段报复。这样，德国才取得了令当今世界钦佩的成就。

诸多历史事实说明，压服和征服他国不能带来持久和平。要使曾经发动战争的国家改弦更张，走和平道路，不能靠实力压服，而是要树立道德典范，启发它自省反思。国人须知，国际政治不仅仅遵循丛林法则，也不单纯是弱肉强食。一个国家的强大确实会改变国家之间的力量对比，但未必意味着其他国家的绝对衰落，因为这种强大也会带来机遇：我们可以和美国合作修建高铁，可以和日本合作治理环境污染，可以和欧洲一起发展先进的制造业……合作共赢，对于中国和其他国家而言，都不应只是外交口号、政策宣誓，而是利己利他，造福世界。

三　风物长宜放眼量

中日关系也不仅仅是力量对比的问题，它还牵扯到文化和价值观，牵扯到体制和软实力，牵扯到两国社会的相互理解。我们的政策中有很多值得宣示的内容。例如，中国政府发布的《中国的和平发展》白皮书，强调中国坚持和平发展道路，强调中国文化中倡导和平、和谐的内容。2008 年发表的《中日关于全面推进战略互惠关系的联合声明》指出："日本在战后 60 多年来，坚持走作为和平国家的道路，通过和平手段为世界和平与稳定作出贡献，中方对此表示积极评价。"现在才过了六年，时过境迁，日本领导人做了一些令人反感、遭受谴责的事情，但上述基本评价是否需要完全否定，如何防止日本走向对抗国际社会的道路，值得我们认真思考。

中国外交中好的基调必须继续坚持。如果我们只是因为在外交中遇到暂时困难，就修改甚至放弃正确的主张，会向国内外传递错误的信号：中国今天之所以强调和平发展，只是因为国力还不够强大；一旦中国足够强盛，必然还会走强权政治的老路，想把美国、日本和其他对手踩在脚下。倘若我们给国际社会留下这样的印象，那就真的得不偿失了。

尽管历史充满不快，但中日之间不是只有战争和敌意。即便在中日关系最紧张的时候，也有很多故事让两国人民心生温暖，很多瞬间让两国人民心怀感激，很多点滴让两国人民心存希望。也正因为这些，中日关系走到今天这样的地步才令人尤为痛心；但也正因为痛心，我们才需要通过努力让它回归正常。日本的战争罪行不能遗忘，中日人民之间的友好感情也同样不能付诸东流。

这是考验中国人战略智慧的时候。我们能不能在中日争端的表象之下看到民间的良性互动，能不能在政治僵局的困顿之中推动社会的正常交流，能不能在历史长河中看到人性善良的根基，能不能在日本右翼势力的喧嚣之外听到有利于中日关系改善的声音并且主动去弘扬积极因素？能不能在危局中看到良机，能不能在迷惘中找到希望，能不能化解仇恨，实现共赢？如果我们做出肯定的回答，就去做出实际努力吧！

　　1935 年长征结束后，毛泽东在《念奴娇·昆仑》中这样吟道："而今我谓昆仑：不要这高，不要这多雪。安得倚天抽宝剑，把汝裁为三截？一截遗欧，一截赠美，一截留中国。太平世界，环球同此凉热。"到了1958年，毛泽东对这首词做出重要修改："改一句：一截留中国，改为'一截还东国'。忘记日本人民是不对的。这样，英、美、日都涉及了。"如果在中国处于同西方世界和日本相互隔绝的时期，毛泽东尚怀"风物长宜放眼量"的诗意想象力，对日本人民寄予厚望，那么半个多世纪后的今天，中国人就更应该具有胸怀全人类的气魄。让我们牢记毛泽东的警句："忘记日本人民是不对的。"

从甲午到甲午：日本人的中国观之变

徐　焰[*]

作为又一个甲午年，2014 年国内举行了前所未有的历史纪念活动，同时通过决定，将 1937 年 12 月 13 日南京陷落日作为悼念日军屠杀死难同胞的国家公祭日。

多少年来，中国人不断揭露和声讨日军制造南京大屠杀的暴行，这自然有必要，但不能陷入简单的悲情意识。对当年侵华日军的暴行，应摆脱固定的"脸谱"式描绘，从民族文化的维度，探索当年东洋武士乃至民间的对外扩张思潮是怎样形成的。

在中国制造屠杀暴行的日本人，参加"皇军"前大都是老实的下层工人、农民，到了中国大地上却成了凶神恶煞，其思想根源除了"皇国至上"的教育，也在于日本社会上长期流行的蔑华、辱华风气。

一　仰视、平视和俯视

笔者小时候对日本人的印象，主要来自于抗日题材电影中那些"鬼子"的狰狞形象。后来接触到一些在华工作生活的日本人，看到他们总是弯腰行礼的样子，观感虽有改变，不过认为他们毕竟不是军人。在 20 世纪 80 年代中日政治关系比较好的时候，笔者又参加接待过一些日本来华的访问者，包括昔日曾当过"皇军"军官、士兵的旧军人。90 年代初我到日本的

　　*　作者系国防大学教授、少将。本文原载《中国新闻周刊》总第 692 期，2015 年 1 月 8 日。

时候，也曾会见过参加侵华的老兵和"帝国军官"。这些人彬彬有礼，看上去大都是本分忠厚的老头，很难想象他们参与过骇人听闻的暴行。

那些日本老军人见到我这样兼有学者和军官双重身份的中国人，一般都回避谈自己在中国打仗的事，反而愿意谈在军营中受的虐待和战时遭受的痛苦，意思是自己也是受害者。我一提到日军在中国的侵略罪行时，他们大都马上沉默，或简单地说那是上司的命令。这种态度，其实也反映出大多数经历过战争的老一代日本人的共同心态。

据一些专门采访老兵的日本学者统计，只有两成左右的老兵能反思战争罪行并表示对不起中国，一成左右的人还坚持"大东亚战争"有理，七成的人虽对侵华战争表示遗憾却又认为"当年打仗是没法子，打起仗来军纪也难保证，难免有施暴的事"。这种比例清楚地表明，战后日本社会并没有清算发动侵华战争的思想根源。至于年轻一代日本人，多数对侵华战争历史不了解也不感兴趣，大都笼统地认为"战争就是不好"而没有是非观。

正是利用了这种社会心理，日本右翼势力几十年来一直鼓吹"大东亚战争正义论"。为此，自然要否认南京大屠杀等众多在华暴行，面对无可辩驳的犯罪铁证也只称为下级官兵的"军纪"问题。这种右翼思潮的兴起，自然会使多数日本人不能正视过去的侵略罪责。

追溯起来，中国过去曾是日本人崇拜的文化母国，不过其对华态度却经历了仰视、平视和俯视三个阶段。

在中国的唐朝至宋朝，日本对华基本是仰视，通过学习中国文化走出了蒙昧落后时代。从元代到甲午战争前，日本对华转为平视。日军借所谓"神风"（即台风）击败了忽必烈的舰队，后来出现百年倭寇之患和丰臣秀吉侵朝，幸亏明朝军队在朝鲜打败日军，才使其收敛了野心和傲气。甲午战争中日本将清军打得一败涂地，自此以后的半个世纪里，日本人傲慢地自居于中国之上，形成了俯视。

宋明两朝相继被北方游牧民族灭亡后，日本的上层和文化界便认为"崖山之后无中国，明亡之后无华夏"。他们认为，过去的文化母国已沦为蛮夷之地，东方的文化精粹已转移到他们这个所谓的"日出之国"。在幕府后期和明治维新后，"皇国是世界的中心"成为日本的基本教育理念。甲午战争期间，日本社会上流行的观点是"文明与野蛮之战"，认为对"落伍民族"就应该毫不留情地征服，旅顺大屠杀等暴行就是在此种观念下制造出来。此后几十年，随着两国经济和文化水平的差异越拉越大，日本社会上蔑视中国的观念日益强烈，其军人在华挥舞屠刀也就如宰猪羊。

设在哈尔滨的日军731细菌部队，集中了日本一些文化水平很高的医学界精英人物，他们在中国人身上搞活体试验的凶残行径骇人听闻。据统计，参加这一部队的3000多人中，战后只有十分之一左右的人出来揭露并反思罪行。他们都说，当年进行那种血淋淋的试验时，只将受害者看成"马鲁太"（即木头），部队中"同情中国人的几乎一个也没有"。

二 "豚尾奴"到"支那人"

多年来，中国影视作品中的日本侵略者的台词中往往使用"中国人"一词，这其实不符合历史事实。因为，那时东洋社会上只轻蔑地使用"支那人"之称。这一词汇对于现在中日两国的多数人来说已经很陌生，然而在日本侵华的年代，这是一个带有国耻烙印的称呼，让中国人感到刺耳痛心。翻阅当年日本的出版物，随处可见"支那驻屯军""支那派遣军""日支关系""北支治安战"之类用语，而根本不以"中国"相称。

20多年前，笔者曾访问过日本最大的华人居住区——横滨中华街，了解到了"支那"这一称呼在当地的出现和消亡。

自古以来，日本就是一个几乎由单一民族构成的岛国，除大和族以外的其他民族很难在此立足，更不易形成区域性的社团。在海外以擅长开拓著称的华侨，从明代以后虽不断有人东渡经商或定居，却也仅仅在横滨城内只有几亩地大的唐人街上多少开创了一点局面。至19世纪末，横滨的华侨约有2万余人，主要经营中国土特产杂货贸易和"中华料理"。甲午战争之前，一般日本人对作为自己文化源头的中国还持有某种尊敬，横滨的华侨尽管也受到一些排挤却不至于公开受辱。自从"日清战争爆发"的售报铃声响起后，"猪尾巴""豚尾奴"就成为日本社会上称呼中国人的绰号。唐人街上的华侨男子一走出街区，就有日本小孩在后面追逐，有时还肆意扯其辫子，口里喊着"清国奴！豚尾奴！"路边身着黑制服的警察看到，不仅不加制止，还往往放声大笑。

随着日本人在中国大地日益横行，东洋三岛上华侨的地位日低，留日学生也愈受蔑视。1912 年清王朝被推翻，不能再称中国为"清国"，中国人也都剪去了辫子，没有"猪尾巴"了。日本人从此轻蔑地称其为"支那人"。那时，大批中国留学生东渡求学，横滨唐人街上的华侨同日本人也经常来往，他们都经常听到这样一些言语："这个东西怎么做得这么糟糕，好像是支那式的。""那儿怎么不打扫干净，脏得像支那人一样。"甚至日本小孩子吵架也常这样骂道："你怎么这样笨，你父母肯定是支那人！"

当年留学日本的郭沫若在自传小说《行路难》中曾经痛心地感叹道："日本人哟！你忘恩负义的日本人哟！我们中国究竟何负于你们，你们要这样把我们轻视？你们单在说这'支那人'三字的时候就已经表现尽了你们极端的恶意。你们说'支'字的时候故意要把鼻头皱起来，你们说'那'的时候要把鼻音拉作一个长顿。"曾留学日本的著名作家郁达夫在小说《沉沦》中也写道："原来日本人轻视中国人，同我们轻视猪狗一样。日本人都叫中国人作'支那人'，这'支那人'三字，在日本，比我们骂'贱贼'还难听。"

其实，侵华时期的日本上层人物中也有人意识到，公开辱华会刺激中国留学生的反日意识。荒木五郎在日本众议院演说时就提出："我辈日本人平素对彼等之态度，实多值得遗憾。连宿舍之女佣及商店之伙计，亦持冷骂冷笑态度……是以彼等学成归国之后，殆成排日之急先锋，是亦不得已者也。"话虽这样说，扩大侵华的需要使日本当权者仍在社会上煽动辱华风气。30 年代中国知识界有一种说法是"留美亲美，留日反日"，前者虽未必准确，后者却大致不差。

以卢沟桥事变为发端的全面侵华战争开始后，一些狂热的日本军国主义分子不满足于"支那"这一贬词，还在社会上蔑称中国人为"强克猡"（"猪猡"之意）。在日本的华人外出时，经常可以听到这种辱骂。

鼓吹本民族地位至上，夺取他国领土作为"生存空间"，并视被征服国人民如草芥任意杀戮，是 20 世纪兴起的法西斯主义的主要特征。德国纳粹自诩日耳曼民族是"优秀民族",理应消灭"劣等民族",这也是其党卫军、国防军乃至冲锋队犯下反人类的集体屠杀罪的思想基础。在东方,日本军国主义者"大和民族"的优越感和对东方其他民族的轻蔑,同样是驱动其侵略扩张和制造无数暴行的思想基础。

三　战胜国终于被称为"中国"

1945 年"八一五"投降之后,当日本人大都垂头丧气不知前景如何时,在日本的华人感到真是变天了。他们走在街上不再听到辱骂声,面对在日本登陆的美军先头部队,日本年轻妇女纷纷剪了头发换上男装四处躲避,横滨的华侨却自豪地走上街头欢迎前来的"盟军",同时还将街名"南京町"堂堂正正地改为"中华街"。

日本战败后百业萧条,海外的数百万军民又遣返归来,饥饿和失业像两条鞭子抽打着大多数日本家庭。城市街头,大批穿着破旧军装的男人终日徘徊,为生活所迫的女人则在美军驻地附近公开拉客,通常一次索价仅 1 美元。此时,华人作为战胜国的侨民,却享受着"联合国人"的供应待遇。美国占领军不许普通日本人经营粮、油、糖、肉生意,华人却不在限制之列。华侨们利用这一良机,大开餐馆和杂货、洋服店铺,积累了资金,中华街就此成为横滨的繁华区。中华街周围的不少日本人一改过去的鄙夷态度,对华人投来羡慕的目光。反观旅日的朝鲜人,其国家已独立,因此被取消了日本国籍,同时又不能享受战胜国居民的待遇,多数人生活反而更加困窘。相形之下,华人由衷地感到身为中国人的骄傲。

战后国民党政府因忙于内战,放弃了向日本派遣占领军。不过,经过中国派驻日本的军事代表团的强烈要求,美国占领当局命令日本政府不得再使用"支那"一词。在中国抗战胜利九个多月后,1946 年 6 月 6 日,日本外务省正式向国内各新闻出版单位发出了《关于避免支那称呼事宜》的通知。7 月 3 日,日本教育次官也正式向国内各学校发出通知:"查'支那'之称素为中华民国所极度厌恶者。鉴于战后该国代表曾多次正式及非正式要求停止使用该词,故今后不必细问根由,一律不得使用该国所憎恶之名称。"通知里虽然带着战败后无可奈何的口气，"支那"这一令中国人极感屈辱的名词毕竟从此从日本公开出版物中消失了。

第二次世界大战后中国成为战胜国，但战时国民党政府的许多表现令许多日本人轻蔑，战争结束时中国战场上日强中弱的形势又没有改变，在战败者心中并没有真正确立起应有的尊重。日本人普遍认为"我们是被美国打败的，并没有败给中国"，民间相互之间谈论中国时还习惯使用"支那"一词。

"支那"一词真正得以从日语中消失，关键在于新中国成立后取得的抗美援朝战争的胜利。中国敢于出兵朝鲜，美国舆论惊呼遭到"美国陆军史上最大的败绩"，战后普遍对美国顶礼膜拜的日本人震惊了。一再看到和听到"中国人""中共军队"取得胜利的新闻报道，许多日本人在感叹之余，对中国产生了真正的敬佩之感。抗美援朝的战报传到东北的日本战犯管理所时，那些由苏联递解过来、一向表示不服的战犯们，重新认识到自己老对手的强大力量，多数都低下了脑袋表示服罪并愿意接受改造。在日本的老一代华人从切身的体验中也大都深深地感受到，抗日战争的胜利使他们挺起了腰杆，朝鲜战争才使他们的祖国被承认为强国。

"中国"一词，就此才真正成为日本人平时的口头语言。战后出生和长大的日本人大都只有查字典才知道，"支那——系以往对中国的称呼"。

四　国力对比转换带来心理不适

新中国成立后，由于美国将日本作为东方冷战的重要基地，中日关系又受制于中美关系。1951 年美国片面主持了对日媾和，将对日抗战时间最长的中国排除在外。此后，根据美国的安排，日本吉田茂政府同台湾当局建立了外交关系，拒不承认中华人民共和国。横滨等地的华人社团也受制于台湾派来的"大使馆"。

不过，此时新中国的力量已让日本人刮目相看，加上岛内左翼力量很强，日本社会要求恢复日中邦交的呼声很强烈。1952 年以后，两国的民间贸易和往来逐步开展起来，日益扩大，在日华人又成了沟通民间贸易的重要渠道。

　　战后初期日本民众多数生活在贫困饥饿中，面临着俄式社会革命和美式社会改良两种选择。1945—1949 年，美国对以天皇为首的日本皇族的战争责任免于追究，对日本实行社会改造，制定和平宪法，推行土地改革，推动了日本社会的民主进程，也消除了革命条件。1949 年日本共产党曾开始"城市暴动"的准备，结果美军和吉田政府宣布日共为"非法"。由于看到日本革命的条件不具备，自 1952 年以后，中国的对日方针转为争取日本中立并实现国家关系正常化。

　　20 世纪 50—60 年代，日本政府跟随美国敌视中国，不过当时日本社会上左翼力量也比较强，揭露侵华战争罪行和主张日中友好的呼声很强烈。在官方不能复交的情况下，中国领导人采取了民间外交即争取日本人民的政策。"两弹一星"的成功又增强了军事震慑力，加上当时实行联合美国、西欧和日本对抗苏联的"一条线"战略，这种形势终于促成了 1972 年中日恢复邦交。

　　据中日恢复邦交时的新闻调查，日本社会上多数人表示过去"对不起"中国，尤其是老年人的这种态度更强烈。1978 年《中日和平友好条约》签约后，日本社会进行的民意调查显示，对中国"有好感"的人多达八成。在这种大气候下，日本政府通过了相当于 300 亿美元的长期日元贷款，作为中国放弃战争赔款要求的一种补偿。

　　20 世纪 70—80 年代，访日的中国人为数很少，大都受到满脸笑容的热情对待。我注意到，当时日本媒体的报道大都带有居高临下的心态，都讲中国"穷"，应该给一些援助。90 年代以后，苏联解体、冷战结束，日本和美国不再有联华抗苏的需求，并感到中华崛起是一种威胁，官方和媒体对中国的态度日益逆转，并影响到民间。加上赴日留学、工作和定居的中国人在 90 年代末达到 60 万，成为日本的第一大外来族群，直接交往扩大的同时也出现了不满和摩擦的升级。

　　90 年代初笔者到日本时，只能在低档商店看到一些廉价中国产品，2000 年再到日本时，商场中已充满了"中国制造"。有些右翼分子就此煽动称，本国已成了中国产品的殖民地。由于日本经济的增长率 20 多年来几乎陷入停滞，普通老百姓也容易听信宣传，认为中国人抢了他们的饭碗。

　　近些年来，由于在钓鱼岛问题上的冲突，"中国威胁论"在日本甚嚣尘上，日本要求美国提供保护。偏激民族情绪在社会上蔓延，也使主张日中友好的声音很难发出。在日本，有过战争责任的老年人差不多都已不在世，对中国仍不断声讨日本过去侵华的罪行，战后新生代感到不满，认为是打压他们成为"正常国家"。据近年来的日本民意测验，对中国有"好感"的人降到不足一成。

　　仔细观察，除细川护熙首相在1993年使用过"侵略"一词以外，日本政府在村山富市首相1995年发表著名的承认侵华的讲话之前，从来没有用过对华"侵略"一词，而是采取"过去的事就让它过去"的不讲是非的态度，其根源也在于战后对天皇制军国主义的罪行没有做过清算。

　　从日本侵华时期和战后的社会情况看，彻底清算侵略罪行的最好时机是战争结束后的战犯审判之时。当时因为美国扶植日本、建立东亚反共基地，错过了这一历史机会，才导致后来几十年间日本否认侵略罪行，让中国人愤慨不已。

　　人们也应看到，如今日本社会上对华态度的变化，在很大程度上是中国崛起引发其心理不适的结果，与侵华年代蔑视"支那"的傲慢心态完全不同。回想1990年时，中国的GDP只及日本的八分之一，2000年达到四分之一，2010年终于超过，到2014年达到日本的两倍（这与日元近期贬值也有关系），中日关系由"日强中弱"转变为"两强并立"，再转变为"中强日弱"。对习惯于崇拜强者而傲视弱者的日本社会而言，现在的心理不适应恰恰是这一角色转换时期的表现。

　　邓小平有句名言："发展是硬道理。"待到中国真正强大、富裕起来时，日本社会上对华尊敬和好感的心态肯定会重新占主流。过去因为落后而挨打，自己实力不济时又不能让战败国认罪，想让中日关系走向健康轨道，只有靠中国的发展。这也是人们回顾历史应该得出的结论。

日本外交精英战略思考中的对华观

吴怀中[*]

近年，日本外交官纷纷著书立说的现象引起了海内外的关注。[①]这种现象以前在日本也有，但远没有达到今天的"繁盛"程度。这反映出，在当今世界大变革、大调整的转折时期，日本的外交精英对国家的对外战略和政策，一有不满、二感焦躁，所以要打破官僚慎言、务实、中庸的传统，以激扬文字的形式来建言献策，表达诉求。

在西方国家，一般是政治家制定大政方针，官僚负责执行。[②] 但在日本，历来"官高政低"——往往是官僚主导政策的制定，政治家给予追认。为改变这一状况，日本进行了多年的相关改革，试图强化内阁的政治主导权和顶层运筹。然而，由于政局不稳、人事更迭频繁等原因，日本外交政策的很大一部分仍由外务省等中央涉外官僚机构的中高级官员居中策划和操控。所以，通过外交精英们的著述来梳理日本官方的主流对外战略思考，不失为一种便捷有效的途径。

一 精英们撰写的对外战略著述

第二次世界大战后，在冷战两极格局下，日本的外交严重受制于美国，

---

[*] 作者系中国社会科学院日本研究所政治研究室主任。

① 这些外交官，包括退休的与在职的、高级官员与一般官员。

② 在日本，政治家是指国会议员以及议员出身的首相、大臣、副大臣等特定人群，官僚是指经国家或地方两级考试录用的公务员。

只能以日美同盟为前提来考虑对外战略，无法独立作为。这个时期，日本的外交官们，至多也就是冈崎久彦那样的"战略派"在20世纪80年代提出过"军事现实主义"的"联美强军论"。冷战结束后，一段时间内，日美之间出现"日盛美衰"现象，日本推展自主外交和战略思维总算有了一定的发挥余地。于是，对日本的国际地位和日美关系有所思考的外交官们，陆续在自己的著述中提出了一些新思维，例如，栗山尚一提出了"日美欧三极"构想，松浦晃一郎主张自主外交推进论，小仓和夫发表了带有泛亚情结的亚洲文化论等。不过，随着美国经济强劲复苏和日美同盟"再定义"的展开，从20世纪90年代中期迄今，日本的对外战略路线基本没有离开过同盟强化的轨道。①

尽管如此，由于2008年前后世界金融危机的爆发，美国的实力和影响相对下降，全球格局渐变，国际权力转移趋势显现，日本外交精英认为国际大环境正经历百年不遇之变，国家的对外战略也应随势应变，遂纷纷著书献策，指点江山。这些书中，在宏观性和战略性方面比较引人注目的，首推近年退休的三位副部级高官的著述，即田中均所著《外交的力量》（2009年）、《日本外交的挑战》（2014年），谷内正太郎所著《外交的战略和志向》（2009年）及其编著的《日本的外交与综合安全保障》（2011年）、《日本的安全保障与防卫政策》（2013年），薮中三十二所著《国家的命运》（2010年）②。其次，还有在职的几位中高级外交官的"理论作品"：神余隆博所著《多极化世界的日本外交战略》（2010年）、兼原信克所著《战略外交原论》（2012年，英文书名为《21世纪日本的大战略》）等。其实，在金融危机初现端倪之时，小原雅博所著《国家利益与外

---

①　本段言及的四名外交官任职情况如下：冈崎时任外务省情报局局长，后任驻泰国等国大使；栗山时任外务省次官，后任驻美大使；松浦时任外务省北美局局长，后任日本驻联合国教科文组织大使；小仓时任外务省文化交流部部长，后任驻法大使。其中，冈崎一直为现任日本首相安倍晋三所倚重，被称为安倍的"师爷"。

②　田中曾担任外务省审议官（部长助理），谷内和薮中曾担任外务省次官。其中，田中曾是小泉首相的心腹，谷内退休后再次出山，充当安倍首相的核心智囊，现担任安倍内阁特别顾问、国家安全保障局局长。众所周知，为推动中日领导人见面，谷内在2014年曾多次访华，11月7日访华与杨洁篪国务委员达成中日"四点原则共识"后，中国国家主席习近平应约会见了来华出席APEC会议的安倍首相，中日政治关系由此开始初步解冻。

交——世界体系与日本的外交》（2007 年）、大江博所著《外交和国家利益》（2007 年）、星山隆所著《21 世纪日本外交的课题》（2008 年）等同类作品就已经问世了。①

以上诸书，总体上具有以下三个共同特点：

第一，鲜明的现实主义立场及国家利益论。由于战前侵略历史的原因，日本外交官慎言敏感的"国家利益"问题，这种现象直到冷战结束后才有所改变。以上诸书，则不但开始对国家利益进行了明确的论述和界定，而且一再直白地强调维护国家利益是日本外交战略的根本目的。

第二，始具宏观眼光和战略视野。即不再把日美同盟作为日本外交的唯一必然前提，而是以金融危机后的国际及地区格局变动为立论出发点，试图以全局的、相对的、战略的、系统的眼光，来审视日本外交的成败得失及未来景象。

第三，具备理论框架和逻辑设计。不少著书的学术涵养已经不逊于专业论著的水准，且篇幅厚实者居多，内容往往涵盖全球治理、日美同盟、日中关系、朝核问题、东亚及亚太地区合作等多个领域。

可以看到，这些书的观点与过去的同类作品相比，在思维定势和价值取向上已经产生了某种深刻的范式转换。这也从一个侧面反映出，日本的政治生态和言论环境已非昔日可比。② 日本追求"外交大国化"和"国防正常化"的理论土壤和战略设计已经具有了相当的铺垫和准备。

---

① 本段中其他外交官的任职情况如下：神余时任驻德国大使；兼原时任驻韩国公使，之后任"内阁调查室"副主任，现升任内阁官房副长官助理，负责在内阁协调统筹外交事务；小原时任外务省亚洲及大洋洲局参事，现任驻悉尼总领事；大江时任外务省国际合作局参事，现任驻巴基斯坦大使；星山时任驻马来西亚公使。

② 本文主要着眼于后金融危机时代的日本主流外交精英的著述。实际上，孙崎享、谷口诚、东乡和彦、天木直人、佐藤优等昔日的外交官在现当代也有不菲的著书，只是他们的观点比较另类而未必能代表外务省的主流。栗山尚一、冈本行夫、冈崎久彦、伊藤宪一、宫家邦彦等昔日曾在外务省供职的意见领袖们相对而言比较接近主流，但近年少有著书问世。其他，如村田良平、松永信雄、中江要介等知名高级外交官的著述主要是"回忆体"，而前驻法国大使小仓和夫、前驻联合国教科文组织大使近藤诚一、前驻乌兹别克斯坦大使河东哲夫等高级外交官的著书主要只是涉及文化外交、中亚外交等局部问题，难以上升到战略高度加以解读。相比之下，浅井基文等老一代"亲亚派"外交官的著论虽含真知灼见，但在当今日本已处于边缘化位置。

二　对日本外交战略的共性认识

以上著书均为世界金融危机前后出版，不啻解读日本外交的鲜活材料。外交精英们在书中显示的如下公约数观点，一定程度上反映出后金融危机时代日本外交的特质和趋向，对于系统考察日本对外战略及思想具有现实的参考意义。

首先，对金融危机前后的国际局势变动——日本对外战略的前提，精英们提出了大致相同的宏观看法。这些看法，总体上带有清醒和理性的成分。主要包括以下两大点：（1）以西方发达国家为中心的国际体系正经历前所未有的变动和挑战，新兴国家群体崛起，世界真正开启多极化进程，（2）美国霸权相对衰落，单纯依靠美国已难以解决所有问题，日本的实力和地位也在下降，需要以战略筹谋和积极主动的外交来开创局面，确保日本安全及繁荣的系数。

其次，对日本的国家定位和前景都有相同的认知。即具有高度一致的"大国志向"，主张日本要有信心成为政治大国，不应自我定位为"中等国家"；认为在未来10—20年内，日本在全球仍然拥有名列前茅的技术、资金及软实力优势，仍然是世界性大国。当然，精英们还没有主张日本要成为"完全正常大国"——比如拥有核武器和弹道导弹等战略进攻武器、彻底抛弃"和平宪法"并拥有单独对外动武的权力等。其理由，是这种"准正常大国"的形式，被认为更符合当前日本的国家利益，实现起来也更具有可能性。

再次，就日本对外大战略的实施开出了几乎相同的处方。这些处方，围绕实现日本的三大国家战略目标——确保安全、维持繁荣、增进地位（政治大国）展开，可以概括为如下几点。

（1）主动参与塑造对日本有利的国际体系和秩序。这个秩序是含有"安全、繁荣和价值"的三大内容：市场经济及自由贸易体制、西方民主主义价值体系、以美国为主导的同盟安全架构。这一西方主导的综合国际体系及其规则，被精英们认为更能确保日本的国家利益。携手西方发达国家、鼎力协助力不从心的美国，来维持西方主导的国际体系和规则，被认为是今后相当长一段时期日本外交的全局性课题；其最终目标，则被设定在把新兴国家吸收融合进来并使之按"体系规则"行动、在体系内崛起而不是颠覆体系。

（2）对日美同盟应采取巩固强化与主动利用并重的策略。精英们认为，这包括两个方面：首先必须加强和深化同盟。美国虽然相对衰落但仍将是全球唯一的超级大国，日美战略利益和价值观一致，日本要实现以上三大国家战略目标，必须依靠和借重日美同盟。其次，单单依靠或无条件地追随美国，既不能完全确保、也未必全部符合日本的综合国家利益。日本需要在同盟范围内尽量提升自己的自主性和对等性，要学会主动利用和引导同盟来为日本国家利益服务。

（3）大幅改造安全防务政策。精英们认为，为实现以上三大国家战略目标，就需要让日本介入国际安全事务并发挥更大的作用，以军事外交手段来扩大影响力和提升地位。为此，应该重新审视日本的安全防务政策，部分实现"国防正常化"，包括在推进局部修宪、允许行使"集体自卫权"、放宽武器出口限制等问题上尽早取得进展。可以看到，正是有赖于包括精英们在内的日本主流政治势力的推动，近年，日本政府已经在部分解禁行使"集体自卫权"、大幅放宽武器出口限制上取得了很大的突破。

（4）大力强化和改善外交工作。精英们提出在国力下降、时不我待的情况下，日本要主动进取"拼外交"——筹谋全球战略外交，以外交软实力来弥补硬实力的衰退，围绕促安全、保经济、扩影响、升地位，以多边和地区外交为舞台，在全球治理、经济发展、国际和平合作、裁军及军控、反恐及防扩散、地区一体化、危机管理及救灾减灾等议题上发挥主导作用，积极履行大国职责，树立大国形象。

（5）用好用足亚洲发展带来的经济机遇。精英们提出，日本的希望在亚洲。应以日本的技术、标准、规则、原创等优势，汲取地区发展的巨大红利，提振日本经济。他们原则上都主张要推动地区自由贸易和经济合作，认为包括TPP和FTAAP在内的亚太经合、东亚经济一体化、中日韩FTA三个进程，可以并行不悖并最终实现统一。然而，其中也能看出，他们对中国越来越占主导地位的东亚共同体目标的建设，心存疑虑地持有某种保留态度，认为应采取循序渐进、开放务实的功能主义合作路线。

（6）重点防范地区安全"威胁"。这主要是指朝鲜半岛和台海两大问题，尤其是防范中国崛起带来的"不确定性"。由于是外交官出身，谨言慎行的职业习惯使得他们在描述"中国威胁"上显得笔调相对柔和与克制，多使用"不确定性""不稳定因素"这一类留有余地的措辞。

三　对华基本战略主张

中国及中日关系是当前日本外交中的超级热点和重点问题，被认为是日本在 21 世纪需要面对的首要对外课题。近年，与中国打过交道的老外交官们，例如中江要介、小川平四、栗山尚一、小仓和夫等纷纷以回忆录的形式回首往昔，温故思今。而宫本雄二刚从驻华大使职位上离任便写下了《今后如何与中国相处》（2011 年）一书，道上尚史甫一卸任驻华公使① 也出版了《外交官所见的中国人对日观》（2010 年）一书。这些"专业书籍"，再算上前面的 10 本战略论著，可以说基本展示了日本外务精英们的对华战略认识轮廓。

精英们在书中对两国关系大局总体上有比较理性的认识和判断，大致指出了如下几点：（1）中国崛起的趋势不可避免，中国在经济总量上具有优势，中日的综合国力对比正发生有利于中国的变化，日本应该承认中国崛起的现实；（2）日本今后最大的战略问题是中日关系，这是日本最重要的对外关系之一，已进入复杂的磨合期和调整期；（3）中国经济发展对日本来说极为重要，日本经济在中短期内要想有所起色，就需要利用中国发展的机遇和红利；（4）总体上要设法保持中日关系的稳定性和可预见性，应加强沟通和磋商，确立相处规则，建立应对突发事件的危机管控机制；（5）中日关系已经超出双边意义，应加强协调合作，为地区及国际和平与繁荣做出大国应有的贡献。

然而，不少精英在书中也流露出对中国挥之不去的误解和偏见。例如：

---

① 道上现供职于日本内阁官房，担任外事官员。

（1）质疑中国随着国力的增强会挑战现存的国际秩序并谋求霸权，在领土和海洋权益等问题上已经流露出这些倾向；（2）始终倾向于认为中国的将来具有不确定性，存在着一定的"潜在威胁"；（3）疑虑中国抱有根深蒂固的"华夷秩序"观，总想雪耻近代并恢复昔日梦想；（4）认为中日价值观、意识形态和社会制度不一样，而且中国仍执著于近现代的民族主义和国家主权，相关差异妨碍了两国达成相互理解和战略互信；（5）主张钓鱼岛是日本固有领土，日中之间不存在领土争端问题，认为"中间线划分法"是东海问题谈判的前提；（6）声言历史认识问题不属于政治问题，中方不应该将此政治化、扩大化并作为"外交牌"来打。

在以上基本认识的基础上，精英们列出的对华战略方针，总体上仍然是旧套的"接触"加"防范"这两大选项，具体又可分为四点策略，即"一稳、二用、三防、四融"的组合。

"稳"是指加强沟通交流，保持两国政治关系的稳定性和可预期性，维护"战略互惠"基本格局①，使矛盾和摩擦大致可控。精英们一致的看法是，中日发生正面冲突、关系长期紧张或过于动荡，并不符合日本的国家利益。应该说，没有相对稳定的中日关系，日本自身的利益也会受到不利影响，这已是日本主流阶层对华战略的基本认识。说到底，这不是一个喜欢与愿意的问题，而是一个只能客观面对并必须解决的事实。

"用"是用足中国经济发展给日本带来的机会，分享红利，提振日本经济，确保日本的实力基础。中国10年前已取代美国成为日本最大的贸易伙伴，借中国之力来保持日本经济活力的基本框架，至少在若干年内将是一种定局。这种趋势，在日本老龄少子化和内需问题日益严重的当今日益明显，无法回避。

"防"是广义的防范战略，指做好防备——使中国难以"威胁"日本或万一成为威胁后又能加以应对的战略，内容包括威慑（日本军力＋日美同盟）、制衡（合纵连横之术，尤其是构筑所谓的"民主国家联盟"和"友好战略伙伴网"等）、制度制约（地区多边机制和机构）等举措。

----

① 日方定义的"战略互惠"关系，着眼点往往在于互惠互利而不是战略友好和安全互信，这与中方的理解与希望存在较大差距。

　　以上三条，总结起来其实分别就是"维稳、趋利、避害"三策。在此之上，精英们普遍主张日本不应放弃短期看似无效却是最根本长远的"融"策，即广义上的"接触"和"融合"政策：一是劝诱及促推中国向"负责任的大国"演变；二是对中国"不循规蹈矩"和"不负责任"的行为采用顶、压、围、堵等压制性的措施加以推挡和阻止。[①] 通过这两种拉压结合的软硬兼施之法，防止中国颠覆西方主导的所谓民主主义国际体系，逐步将中国吸纳和融合到这种体系及秩序中去，最终塑造出符合日本利益的中日关系格局。上述精英中的兼原信克和谷内正太郎，即安倍首相的两位重要外交智囊，在其著述中所言"能否将中国转变为对现存国际社会和亚太负责任的领导国家，是这个世纪日本外交的最大课题，也是日美同盟和民主国家全体的无法回避的课题"，说的就是这个意思。

　　就这"四策"而言，应该说，日本的外务精英们充分认识到了中日关系的重要性和利害性，也表明两国关系自有其可以稳定下来的主观基础。但是，从他们的观点中也可以看到，除了在对国际格局和秩序、地区合作路线及前景的认识上具有战略分歧外，在领土、历史认识、安全保障、海洋权益等具体领域，这些精英对客观事实和中国政策的认知，仍与中方有着很大的差异和隔阂。这在某种程度上意味着，中日关系的发展，即使在双方邦交正常化 40 多年后的今天，也很难是一帆风顺的，更多的将是在曲折中演化、在困难中前行。

---

　　① 可以看到，2010 年中日 GDP 逆转之后，经过 2010 年和 2012 年两次"钓鱼岛事件"的发酵，外加美国"亚太再平衡"战略实施的作用，日本越来越倾向于第二种方法的运用。

冷静看待中日经济实力的变化

马成三[*]

中日两国虽有长达两千多年的交往史,但是真正平等交往的经验则几近阙如。从 7 世纪至 19 世纪,日本"主动摄取中国的技术、文字和文化","从一个没有文字的社会变成了有历史记载的东亚文明国家"。对于日本来说,这是"与先进的文明的碰撞"。[①]

但是,明治维新以后,日本在谋求"殖产兴业"和"富国强兵"的同时,疯狂实行对外扩张侵略,包括昔日的"先生"在内的邻国成为它的"刀下鱼肉"。甲午一战,使中日两国的地位完全逆转。这种形势,也促使了包括周恩来、鲁迅在内的众多志士文人纷纷东渡求强国之道。

真可谓"三十年河东,三十年河西"。物转星移,在 21 世纪的第一个十年里,日本保持了 40 余年的世界第二经济大国的地位被中国所取代,中日整体经济规模发生逆转。对于中日两国以及世界来说,这一变化可能是 21 世纪以来最具影响的事件之一。

中国的重新崛起,对两国民众的心理和中日关系正在产生广泛的影响。正如王毅外长所说:"中日关系的问题从根本上讲,在于日本能不能真心接受和欢迎最大的邻国中国重新发展和崛起。就现实意义而言,中国的发展已经给日本带来了重要利益,但从心态上讲,似乎日本还没有为此做好充分的准备。中日之间目前的问题追根溯源,都与此有关。"[②]

---

* 作者系日本福山大学经济学部教授、中国国际贸易学会理事。

① 参见阿尔伯特·克雷格《哈佛日本文明简史(插图修订版)》,世界图书出版公司 2014 年版,第 4 页。

② 《王毅:中日关系的根本问题是日本能否真心接受中国发展和崛起》,外交部网站,http://www.fmprc.gov.cn/mfa_chn/zyxw_602251/t1276590.shtml,2015 年 6 月 27 日。

　　中国的重新崛起，对民众的心理的影响，不仅包括对日本民众心理的影响，也包括对中国民众心理的影响。对于中国人来说，在对祖国取得的成绩感到自豪的同时，还应该保持冷静的态度，特别要正视依然存在的与日本的差距。这种态度，是我们不断前进以真正实现民族复兴所必不可少的。

　　本文拟以具体数据考察中日经济实力的变化以及我们应该正视的差距，进而探讨一下在新形势下重视"日本经济"的几个问题。

一　中日整体经济规模的逆转

　　根据英国人安格斯·麦迪逊教授的推算，从两千年前到19世纪中叶，中国在世界国内生产总值（GDP）中一直占1/4—1/3的比重。1820年时中国的GDP规模比包括英、法、德、意、葡在内的西欧国家的总和还多40%，相当于日本的11倍（参见表1）。19世纪后半期以后，中国在世界经济中的地位明显下降，但在日本明治初期的1870年（明治三年），中国的GDP规模仍然相当于日本的7倍以上。[①]

　　第二次世界大战特别是20世纪60年代以后，日本实现了高速增长，其经济规模迅速扩大，1968年超过联邦德国成为仅次于美国的第二经济大国，相对于中国的优势也愈趋明显。据国际货币基金组织（IMF）统计，在"十年动乱"结束不到五年的1980年，中国的名义GDP仅为3091亿美元，而日本则达1.087万亿美元，相当于中国的3.5倍。20世纪90年代初期，由于日元大幅度升值，日本的名义GDP一度达到中国的8.7倍。

　　20世纪80年代以后，由于实行改革开放政策，中国经济实现了长达30余年的高速增长，而日本经济则因泡沫破灭而陷入了长期停滞，中日经济规模的差距急剧缩小。据IMF统计，2009年中日的名义GDP规模终于发生逆转。[②]据IMF统计，2009年中国的名义GDP达5.1058万亿美元，比日

---

　　① 安格斯·麦迪森：《世界经济千年史》，北京大学出版社2003年版，第261页。
　　② 根据国际货币基金组织及世界银行最初发表的统计，中日名义GDP在2010年发生逆转，但是最新的统计（2015年）表明，在2009年就已经实现逆转。

本（5.035 万亿美元）高出 1.4%。五年后的 2014 年，中国的名义 GDP 进而增至 10.3804 万亿美元，约为日本的 2.25 倍（参见表 2）。①

日本的人口只有中国的 1/10，中日在人均 GDP 方面的差距曾经更为突出。1980 年中国的人均 GDP 只有 313 美元，仅相当于日本（9313 美元）的 1/30。受日元升值的影响，1991 年日本的名义 GDP 接近中国的 9 倍，按人均计算大约相当于中国的 80 余倍（1991 年中国的人口为日本的 9.3 倍）。

2005 年以后，随着中国经济的增长以及人民币升值（日元贬值），中国的人均 GDP 与日本的差距加速缩小。据 IMF 统计，2014 年中国的人均 GDP 接近 7600 美元，与日本的差距已缩小到 5 倍以下，2015 年可能将进一步缩小到 4.1 倍。

中日人均 GDP 差距的急剧缩小，也反映在彼此世界排名的变化上。据 IMF 统计，2000 年和 2010 年中国的排名分别为第 119 位和第 96 位，2014 年升至第 80 位；日本的排名则从 2000 年和 2010 年的第 4 位和第 17 位，降至 2014 年的第 27 位。

表 1　　　　　　主要国家在世界 GDP 中的比重（1500—1973 年）

单位：世界 = 100.0

年 份	1500	1600	1700	1820	1870	1913	1950	1973
中 国	25.1	29.2	22.3	32.9	17.2	8.9	4.5	4.6
日 本	3.1	2.9	4.1	3.0	2.3	2.6	3.0	7.7
美 国	0.3	0.2	0.1	1.8	8.9	19.1	27.3	22.0

资料来源：［英］安格斯·麦迪森（Angus Maddison）：《世界经济千年史》，北京大学出版社 2003 年版，第 261 页。

———————————

① 据 IMF 的报告，如按购买力平价计算，2014 年中国的 GDP 为 17.6 万亿美元，约为日本（4.8 万亿美元）的 3.7 倍，超过美国（17.4 万亿美元）而居世界第一位。IMF 的上述数字是基于世界银行提供的 3.506 元人民币 = 1 美元的购买力平价计算出来的，而世界银行的统计数据则来自 2010 年。2010 年以后，人民币对美元有相当幅度的升值，中国物价水平的上涨率也超过美国。2015 年以来 IMF 承认，人民币的购买力平价与实际汇率之间已经没有差距，人民币不再被低估。

| 表 2 | 中日名义 GDP 规模及人均 GDP 的比较 |

单位：GDP 规模为亿美元，人均 GDP 为美元

年 份	中 国		日 本	
	GDP 规模	人均 GDP	GDP 规模	人均 GDP
1980	3091（0.28）	313（0.03）	10870	9313
1985	3128（0.23）	296（0.03）	13845	11464
1990	4045（0.13）	354（0.01）	31037	25140
1995	75710（0.14）	625（0.01）	53339	42517
2000	11929（0.25）	941（0.03）	47312	37304
2005	22873（0.50）	1749（0.05）	45719	35781
2010	59497（1.08）	4437（0.10）	54954	42917
2011	73145（1.24）	5429（0.12）	59056	46175
2012	83867（1.41）	6194（0.13）	59545	46661
2013	94691（1.93）	6959（0.18）	49196	38633
2014	103804（2.25）	7589（0.21）	46163	36331
2015	112119（2.66）	8154（0.25）	42104	33223

注：括号内数字为中国对日本之比（中国/日本）。

资料来源：国际货币基金组织（IMF），2015 年为预测（2015 年 4 月）。

包括日本内阁府和亚洲开发银行在内的著名机构都预测，随着中国经济的发展，中国的经济规模将越来越领先于日本。日本内阁府的预测（2010 年 5 月），到 2030 年中国在世界 GDP 中的比重按市场汇率计算将超过美国而相当于日本的 4 倍；亚洲开发银行则预测（2011 年 8 月），如果中国经济能够保持持续增长，2050 年中国的 GDP 规模将达日本的近 7 倍。由于中国的经济增长率放缓，上述预测可能需要调整，但是大趋势是不会改变的。

中日总体经济规模的逆转，主要由中日经济增长率与物价变动率之差带来的。20 世纪 90 年代以后（1990—2014），中国 GDP 的年均实际增长率达 12% 以上，日本则几乎没有增长；从包括物价变动因素在内的名义增长率看，中国高达 19.3%，长期处于通货紧缩状态的日本则只有 0.4%（参见表 3）。

表3 　　　　　　　　　　　中日年均经济增长率的比较　　　　　　　　　单位:%

年　份	中　国	日　本
1980—1990	9.3 (15.2)	3.8 (6.1)
1990—2000	10.4 (18.2)	1.0 (1.1)
2000—2010	10.5 (15.1)	0.2 (-0.6)
2011	9.5 (18.4)	-0.5 (-1.3)
2012	7.7 (10.3)	1.8 (0.1)
2013	7.7 (10.1)	1.6 (1.8)
2014	7.4 (8.2)	-0.1 (1.6)

注: 2011—2014 年为同比增长率, 括号内数字为包括物价变动因素在内的名义 GDP 的增长率。

资料来源: 中国为国家统计局统计, 日本为内阁府统计。

　　但是 2010 年以后对日优势的扩大明显与日元贬值和人民币升值有密切关系。在 2010 年至 2014 年期间, 日元对美元贬值 20% 以上, 人民币对美元则升值 10% 以上, 日元对人民币贬值 30% 以上。如果扣除汇率变化的因素, 2014 年中国的名义 GDP 不是相当于日本的 2.25 倍, 而是相当于日本的 1.6 倍左右。

　　其次, 我们还需看到中日在人均收入方面的差距。习近平主席在 2015 年 9 月访问美国时强调, "中国的人均国内生产总值仅相当于全球平均水平的三分之二、美国的七分之一"。这一观点也适用于中日经济比较。中国的 GDP 总量虽然两倍于日本, 但人均 GDP 依然约为日本的五分之一。根据世界银行的分类, 日本属于高收入经济体, 2014 年居世界第 27 位 (2000 年曾居第 4 位); 中国为中等收入经济体, 居世界第 80 位 (2000 年居第 119 位)。

　　中共十八届三中全会通过的《关于全面深化改革若干重大问题的决定》强调, "让发展成果更多更公平惠及全体人民", 认为"城乡二元结构是制约城乡发展一体化的主要障碍"。日本经过 30 年的高速增长, 解决了城乡收入差距问题, 20 世纪 70 年代以后农民家庭收入与城市工薪阶层家庭收入甚至出现逆转。

根据中国国家统计局的数字，2014 年中国城市居民的可支配收入与农民纯收入仍然有三倍以上的差距，如果考虑到社会保险和教育等方面的差别，实际差距可能更大。包括城市居民在内的居民间的收入差距，日本也比中国小。从反映收入分配差异的基尼系数（介于 0—1 之间，数字越小收入分配越平均，一般把 0.4 视为安全警戒线）看，2013 年日本为 0.33，而中国则为 0.47。考虑到上述收入差距问题，中日间的"收入中位数"的差距可能更大。

二 从重要产业和进出口贸易看中日经济实力的变化

从若干重要产业的生产量来看，中日经济实力的变化也非常明显。钢铁被称为"工业的食粮"，自产业革命以来日本坚持"钢铁即国家"的方针，非常重视发展钢铁工业，继英、德、美之后曾经跃居钢铁产量世界第一的宝座。1980 年日本粗钢产量达 11140 万吨，相当于同年中国产量（3712 万吨）的 3 倍。

20 世纪 80 年代以后，中国大力引进技术和设备，钢铁工业迅速发展。1996 年中国的粗钢产量达 10894 万吨，首次超过日本跃居世界第一；2014 年则进一步增至 82270 万吨，为日本的 7.4 倍（参见表 4）。1980 年中国粗钢产量占世界的比重只有 5%，2014 年提高到 49.4%；而同一时期日本粗钢产量的比重则由 15.5% 降至 6.6%。

电力工业是重要的基础产业之一，中国在电力工业方面的赶超也表现非凡。1980 年中国的发电量仅有 3006 亿千瓦时，相当于日本的一半；20 世纪 90 年代末，中国的发电量超过日本，2014 年达 56500 亿千瓦时，相当于日本的 5.3 倍。

1980—2014 年的 34 年间，中国的发电量近扩大 18 倍，而日本仅增加 84%。1980 年中国在世界发电量中的排名为第 6 位，2014 年上升为第 1 位；同期日本则由仅次于美、苏的第 3 位降至低于中、美、印、俄的第 5 位。

汽车产业在许多国家特别是在日本等发达国家属于支柱产业。战后日本从战略上重视发展汽车产业，并且夺得"汽车王国"的桂冠。中国的汽车产业发展曲折，20 世纪 90 年代以后才开始进入快车道。1990 年中国的汽车产量为 47 万辆，约相当于日本的 1/29（1980 年为 22 万辆，相当于日本的 1/50）。但是，2009 年中国的汽车产量超过日本跃居世界第一位，2014 年达 2372 万辆，相当于日本的 2.4 倍。

国内汽车市场的急剧扩大，是中国汽车产业发展迅速的最大背景。20 世纪 90 年代初，中国全国的汽车市场规模尚不及日本的千叶县，但是到 2005 年中国的汽车销售量已与日本并驾齐驱，2009 年则超过美国而跃居世界第一。2014 年中国的汽车销售量达 2349 万辆，为日本（556 万辆）的 4 倍以上。

日本从 20 世纪 70 年代开始就被称为"家电王国"，20 世纪 80 年代初，彩电、洗衣机和电冰箱等日本的家用电器曾经风靡中国市场。经过 30 年的较量，中国企业在包括彩电、洗衣机、电冰箱和微波炉等主要家电部门都夺得首位，其中彩电产量的世界比率达 48%；日本家电企业则节节败退，被迫撤退或缩小生产规模或投靠中国企业。

表 4　　　　　　　　　　中日主要工业生产及经济指标的比较

年份		1980	1990	2000	2010	2014
粗钢产量（万吨）	中国	3712	6635	12850	63873	82270
	日本	11140	11034	10644	10960	11067
发电量（亿千瓦时）	中国	3006	6212	13562	42081	56500
	日本	5775	8573	10915	11569	10610
汽车产量（万辆）	中国	22	47	207	1827	2372
	日本	1104	1349	1014	963	977
出口额（亿美元）	中国	181.2	620.9	2492.0	15777.5	23427.5
	日本	1298.1	2869.5	4807.0	7670.3	6942.7
进口额（亿美元）	中国	200.2	533.5	2250.9	13962.4	19602.9
	日本	1405.3	2348.0	3811.0	6914.5	8171.0
外汇储备（亿美元）	中国	100.9	344.8	1717.6	29137.1	39000.4
	日本	389.2	878.3	3616.4	10960.7	12606.8

资料来源：粗钢产量、发电量和汽车产量取自矢野恒太纪念会编辑发行《世界国势图会 2015—2016》；出口额与进口额取自中日海关统计；外汇储备（包括黄金储备）取自世界银行数据库。

中日经济实力的变化在进出口贸易等方面也有明显反映。20 世纪 80 年代初，中国的进出口贸易规模还不到"贸易大国"日本的 1/7，20 世纪 90 年代初也仅相当于日本的 1/4 左右。但是，加入世界贸易组织（WTO）后，中国的进出口贸易出现了飞跃式发展，进口额与出口额于 2003 年和 2004 年相继超过日本，2014 年分别达 2.3428 亿和 1.9603 亿美元，相当于日本的 3.4 倍和 2.4 倍。

外汇储备是各国为应付国际支付的需要集中掌握的外汇资产，对于维持本国货币汇率的稳定也有重要意义。长期以来，日本拥有的外汇储备雄居世界之最，20 世纪 80 年代中国外汇储备平均只有日本的 1/3 左右。但是，从 90 年代后期起，中国的外汇储备迅速增加，2006 年超过日本；2014 年年底中国的外汇储备达 3.9 万亿美元，反为日本（1.2607 万亿美元）的 3 倍。

中国的钢铁、电力、汽车等重要产业部门以及进出口贸易虽然在量的方面超过了日本，但是在质的方面与日本的差距依然很大。中日两国先后成为"世界工厂"，但是中国的工业发展在相当大的程度上依靠引进外资，日本则是重点引进技术，引进外资很少。按人均工业附加价值额计算（2013 年数字，2005 年价格），日本约为中国的七倍。[1]

中国在许多领域尚未摆脱"加工基地"的地位，低附加价值的产品多，技术开发能力比较弱。亚洲开发银行研究所在 2010 年发表的报告中指出，一部苹果手机的批发价格估算为 178.96 美元，其中中国组装工程的价值仅有 6.5 美元，占制造成本大部分的精密部件都是在日本和韩国等地生产的。[2]

与日本相比，中国的钢铁工业也有许多问题，包括技术水平落后、产业集中度低、产品结构不合理、产能过剩严重等。2014 年日本粗钢生产的 73% 集中于两家最大的企业，而中国前七位企业的集中度只有 30%。[3]

再如汽车工业，中国与日本的最大区别是中国严重依赖外资企业，民

---

① 矢野恒太纪念会编辑发行《世界国势图会 2015—2016》，第 269 页。

② http：//business. nikkeibp. co. jp/article/report/20140508/264160/？ rt = nocnt.

③ 日本经济新闻社编《日经业界地图 2016 年版》，日本经济新闻出版社 2015 年版，第 139 页。

族品牌还比较弱。2014 年中国轿车销量的前 10 家公司都与外国公司有密切的合作关系，其中 9 家公司直接冠以大众（德国）、通用（美国）、福特（美国）、丰田（日本）、日产（日本）和现代（韩国）等外国企业名字的的中外合资企业。

中国的对外贸易特别是出口贸易在规模上虽然远超日本，但是在质的方面问题很多，还不能称为"贸易强国"。出口的"四个过度依赖"（对加工贸易、外资企业、劳动密集型产品和特定市场的过度依赖）问题依然严重；机电产品在出口商品构成中的比重虽有很大提高，但低附加价值的劳动密集型产品居多，自有品牌特别是名牌产品的比例低。

更重要的是，中日在技术水平及技术开发能力的差距。中日在工业及对外贸易等领域的差距，在相当大的程度上源自于技术水平和技术创新能力的差距。日本依靠技术力量，产生了一大批如丰田、三菱、日产、索尼、东芝、松下等世界著名的企业和品牌。

一国的技术水平可以从技术出口以及技术贸易收支上看出来。据联合国贸易和发展会议（UNCTAD）按国际收支细目统计，2014 年日本的技术出口（包括技术专利、版权、商标和特许权等）为 368.32 亿美元，仅次于美国居世界第二位；同年中国的技术出口只有 6.76 亿美元，居世界第 21 位，排在韩国（51.51 亿美元，世界第 9 位）之后。

再从技术贸易收支上看，2014 年日本有 159.16 亿美元的顺差，顺差规模仅次于美国为世界第二位；同年中国的技术贸易则有 219.37 亿美元的逆差。根据日方统计，2013 财政年度（2013 年 4 月至 2014 年 3 月）日本对中国技术出口额为 5075.56 亿日元，相当于从中国技术进口额（56.87 亿日元）的 89 倍。[①]

研究人员数和研究经费是衡量科技发展的潜力的重要指标。中国的研究人员总数虽然多于日本，但是每万人中研究人员的比率不到日本的 1/6（2012 年中国为 10.4 人、日本为 65.6 人）。从研究经费对 GDP 之比而言，

---

① 日本总务省统计局编《世界统计》，2015 年，第 176 页。

日本为 3.67% ，中国为 1.98%①，日本平均每个研究人员的研究费相当于中国的两倍以上。②

从以上分析中可以看到，中国的经济与产业虽然发展迅猛，名义 GDP 规模所代表的经济总量实现了中日逆转，但是这并不等于中日经济实力已经发生逆转。因为经济实力不但要看量的指标，还要看质的指标，特别是要看作为"第一生产力"（邓小平语）的科学技术。从科学技术水平看，日本在许多方面依然领先于中国，一些差距还很巨大。除了经济和科技方面的差距以外，中日在社会发展方面的差距也不容忽视。由于中国是个发展中国家，底子薄，因此在平均寿命、教育水平、医疗水平与社会保障等方面与日本的差距还相当大。据世界卫生组织（WHO）统计，2013 年日本人的平均寿命为 84 岁（其中女性为 87 岁、男性为 80 岁），居世界第 1 位；中国的平均寿命虽然提高幅度很大，但依然低于日本，2013 年为 75 岁（其中女性为 77 岁、男性为 74 岁），居世界第 68 位。

三　以"大国心态"重视"日本经验"

对于中国的 GDP 规模可能赶超日本，日本也有人预测到了。前首相福田康夫就是其中的代表。2004 年 2 月，时任小泉内阁官房长官的福田在日本众议院预算委员会上指出，"中国的国内生产总值可能在六七年或者七八年后要达到与日本并驾齐驱的规模"。福田认为，"考虑到人民币要大幅度升值，按美元计算，中国政府提出的到 2020 年 GDP 比 2000 年翻两番的目标可能提前 8—10 年实现"。③

但是，在日本社会里像福田那样具有远见的人士属于少数，唱衰中国的论调似乎更有市场。20 世纪 90 年代后半期以来，鼓吹"中国崩溃论"

---

① 2006 年公布的"国家中长期科学和技术发展规划"提出的目标是"到 2020 年，全社会研究开发投入占国内生产总值的比重提高到 2.5% 以上"。

② 矢野恒太纪念会编辑发行《世界国势图会 2015—2016》，第 428 页（转引自日本文部科学省《科学技术要览》，2014 年版）。

③ 《日本经济新闻》2004 年 2 月 17 日。

的书刊在日本的畅销就是一个例证。2001 年 10 月出版的《中国即将开始崩溃》是"中国崩溃论"的代表，该书作者美籍华人张家敦预测，中国加入世贸组织后将出现巨额贸易逆差，人民币随之暴跌。但是，10 年过去后中国经济的现实走向则完全相反，这期间中国的贸易顺差扩大了 6.6 倍，人民币不但没有暴跌，还有相当大幅度的升值。

日本社会对中国经济的"误判"，并非偶然，是有复杂的社会背景的。其背景之一，是对中国的偏见，这种偏见也有意识形态的影响，但更与日本社会长期以"亚洲老大"自居的优越感有关，部分日本人甚至还有鄙视中国及韩国的情绪。近年来，在日本以"对抗中国、牵制中国"为纲的政策走向肆行无忌，以"厌华咒华"以及"厌韩咒韩"为能事的书刊充斥坊间，部分民众对中韩的蔑视心理就是其存在的土壤。

日本社会对中国经济的"误判"，还与日本人的"意识构造"有关。已故京都大学教授京会田雄次在其所著《日本人的意识构造》中分析到，"对于日本人来说，有一种为邻人的不幸而感到高兴的心理，这种心理尤其比欧洲人强烈"（《日本人的意识构造》，讲谈社 1972 年版）。以此种心态看邻人的"成功"，自然不会开心。

在一些日本人看来，中日逆转已经不仅仅局限在经济总量方面。庆应大学教授国分良成分析说，"中国的国防费也已达到日本的两倍"，"中国成为美国国债的最大持有国，在世界所有经济舞台上中国的存在感越来越大"，"考虑到其势头以及政治发言权，甚至可以说两国的地位已经发生逆转"。[①]

日本社会的部分势力对中国重新崛起不快，甚至感到焦躁不安，其实是缺乏自信的表现。中国正处于重新崛起过程中，我们在为取得的成绩感到自豪的同时，还应该保持冷静的态度，正视差距，继续重视"日本经验"（包括教训）。这是"大国心态"，是自信的表现。

日本是亚洲最先步入发达国家行列的国家，战后日本的高速增长曾经被称为"日本奇迹"。20 世纪 60 年代特别是 70 年代以后，"日本奇迹"引

---

① 国分良成编《日本的外交》第 4 卷，岩波书店 2013 年版，第 139—140 页。

起包括欧美发达国家在内的各国的注目。20 世纪 70 年代末，随着工作重点向经济建设的转移和实行改革开放政策，"日本经验"特别是高速增长的经验，在中国也成为研究和学习的对象。进入 21 世纪以后，受日本经济停滞、中国经济迅速发展以及中日关系恶化的影响，中国社会对"日本经验"的关心和"学习日本"的声音明显变得微弱了。

改革开放以来的 30 余年，中国的变革之深、影响之广前所未有，取得的成就举世瞩目。与此同时，中国经济以及社会各方面也出现了许多新问题，有些问题可能会成为进一步发展的阻力。正是在这一背景下，中共第十八届三中全会通过了《关于全面深化改革若干重大问题的决定》，指出了深化改革开放、进一步谋求经济与社会进步的方向。

笔者认为，在中国面临转变经济增长方式、跨越"中等收入陷阱"、完善现代市场体系等诸多挑战的情况下，我们还有必要研究"日本经验"（包括反面经验），其中，社会治理的经验和包括环境保护、人口老龄化对策、高速增长时期建设的基础设施的维修改造等"后高速增长时期"的经验，特别值得重视。

第一，社会治理与维持社会和谐。中共第十八届三中全会提出了被称为"第五个现代化"的、"推进国家治理体系和治理能力现代化"的课题。许多访问过日本的中国人，都对日本社会的秩序井然、和谐以及管理精细有效留下了深刻的印象。实际上，日本从中央到地方自治体在社会治理方面都积累了丰富的经验。

20 世纪 90 年代初以后的大约 20 年时间，日本人称之为"失去的 20 年"。这一期间，日本经济发展停滞，平均收入几乎没有增加（由于通货紧缩，名义收入还有所下降）。但是，日本依然保持了社会稳定，几乎没有发生混乱，这反映出了日本社会的"底力"。这一现象及其背景值得我们研究。

在市场经济条件下，再分配是政府宏观调控的重要组成部分，也是保持社会稳定、维护社会公正的不可缺少的手段。日本属于亚洲较早实行市场经济的国家，在收入再分配方面积累了不少经验。日本的基尼系数在实行再分配之前高达 0.55（2011 财政年度），但是经过再分配后降至 0.38，改善度为 31.5%。

中共第十八届三中全会提出了"完善以税收、社会保障、转移支付为主要手段的再分配调节机制","建立个人收入和财产信息系统"的目标。在实行再分配方面，日本除了所采取的税收和社会保险等主要手段以外，作为进行再分配前提的确切掌握个人收入状况的制度，对于中国也有借鉴意义。

第二，环境保护和生态文明建设。日本在经济高速增长时期，由于能源消耗剧增、企业以及整个社会的环境意识薄弱，公害问题十分严重，曾经出现多种闻名世界的"公害病"。但是，20 世纪 60 年代以后，在民众要求保护环境运动的压力下，日本政府相继制定了一系列有关环保的法律，企业也采取了许多具体措施。20 世纪 70 年代初爆发的石油危机"转祸为福"，促进了节能技术的开发和产业结构的升级，使日本从"公害大国"变成了生态文明建设先进国。

中共第十八届三中全会明确提出"建立系统完整的生态文明制度体系，实行最严格的源头保护制度、损害赔偿制度、责任追究制度，完善环境治理和生态修复制度，用制度保护生态环境"的目标，日本积累的经验以及开发出来的有关技术，很值得我们认真研究和利用。中日两国在环保方面的合作，可以在政府（包括地方自治体）、企业和个人（科技人员等）等多层面推进。

第三，人口老龄化对策。日本是亚洲最早进入老龄化社会的国家，65 岁以上的人口在总人口中的比重达 25%（2013 年 9 月），即四个人之中就有一个老龄者。老龄化问题成为日本最大的经济与社会问题，日本政府（包括地方自治体）与企业都在认真研究和采取应对措施，已经积累了一定的经验。

65 岁以上的人口在中国总人口中的比重为 9.7%（2013 年年底），这一数字虽然大大低于日本，但是由于人口基数大，老龄人口的绝对数约达 1.32 亿，相当于日本（3186 万人）的四倍以上。在"积极应对人口老龄化，加快建立社会养老服务体系和发展老年服务产业"的过程中，日本的经验（包括教训）值得中国研究借鉴。

第四，高速增长时期建设的基础设施的维修改造。日本在经济高速增长时期，集中建设了大量公路、桥梁、隧道以及上下水道等社会基础设施。这些设施的使用年限多为50年，许多设施已经或者即将迎来更新期。据日本国土交通省统计，到2031年，建后超过50年以上的公路桥将达53%（2011年度为9%），水闸等将达62%（2011年度为24%）。基础设施的老化极可能引发重大事故，2012年发生的山梨县高速公路隧道棚板掉落（造成9人伤亡）、大阪堺市自来水管破裂（造成3万户人家断水）等事故，在日本社会引起巨大反响。

为了解决基础设施老化问题，日本国土交通省专门成立"社会资本老化对策会议"，制定了《基础设施长寿化计划（行动计划）》。为了促进有关省厅（相当于中国的部委）交换信息和意见，由国土交通省牵头成立了"推进基础设施老化对策有关省厅联络会议"。但日本面临的问题是，经济增长缓慢，从中央到地方的政府部门普遍财政吃紧，不但新建设施有困难，有的地方连维修改造的经费都不能保证。

改革开放以来，中国的基础设施建设突飞猛进，与日本相比，中国的工程量更大、更集中。另一方面，中国的工程质量和保养维修等与日本也有相当大的差距，所谓"豆腐渣工程"的存在就是例证。若干年后，中国的许多基础设施所面临的保养维修问题极可能比日本更为突出。随着经济由高速增长向中速增长转换，届时中国的财政收支问题可能比现在紧张。为此，中国应该密切关注日本解决基础设施老化问题的动向和经验，这一问题可以列为中日经济技术交流的内容之一。

用数据批判"中国威胁论"

[日] 村田忠禧*

安倍政府企图利用在国会的压倒性优势，不顾日本民众的反对，强行通过所谓的安保法案。正如 2015 年 7 月 15 日安倍首相本人在众议院特别委员会陈述时所指出的那样，"与我之前的观点一致，从舆论调查等结果来看，十分遗憾广大国民还是未能充分理解当下的情况"。安倍政府岂止是没能得到国民的理解，事实上，社会各界反对安保法案的声音正日益高涨。《日本国宪法》反省日本军国主义犯下的罪行、规范了日本本国的行为，其第九条规定"日本永远放弃以国权发动的战争、武力威胁或武力行使作为解决国际争端的手段"。但是，安倍政府使这一珍贵的精神化为空文，意欲摆脱专守防卫框架，更进一步明确对美从属地位，从而建构可向全球派遣军队的体制。日本为了实现这一政治目的，借口"中国威胁论"，尤其有意识地煽动中国加大军费投入以及海洋活动可能造成的威胁。

一　用事实说话的必要性

中国军费开支的实际情况如何呢？斯德哥尔摩国际和平研究所（Stockholm International Peace Research Institute，SIPRI）是瑞典研究国际和平的机构。该机构拥有研究世界各国军费开支的数据库，可自由使用。①

---

* 作者系日本横滨国立大学教授。

① http：//www. sipri. org/research/armaments/milex/milex_database.

SIPRI 的数据显示，2014 年世界主要国家军费开支情况依次为美国 6099、中国 2164、俄罗斯 845、沙特阿拉伯 808、法国 623、英国 605、印度 500、德国 465、日本 458（单位：亿美元）。其中，美国是全球军费开支的头号大国，远远高于其他国家，中国位列第二。中美两国的军费开支，大幅高于其他各国。日本排在第九位，但也绝不是军事小国。2013 年，日本排名第八。美国、中国、日本及德国的军费开支情况，如表1 所示。

表1　　　　　　　　　美、中、日、德四国的军费开支　　　　　　单位：亿美元

年份	1990	1995	2000	2005	2010	2011	2012	2013	2014
美国	3062	2789	3017	5034	6982	7113	6848	6397	6099
中国	102	125	222	463	1233	1473	1696	1912	2164
日本	250	489	460	447	538	605	600	487	458
德国	423	412	282	381	463	481	465	477	465
美国	100	91	99	164	228	232	224	209	199
中国	100	122	217	452	1204	1438	1656	1867	2112
日本	100	196	184	179	215	242	240	195	183
德国	100	97	67	90	109	114	110	113	110

注：以 1990 年数据为基准。

资料来源：根据 SIPRI 相关数据制作。

世界银行（World Bank）从不同角度公布全球各国军费开支状况。其数据是以 SIPRI 提供的统计数据（按本国货币计算）为基础，按照购买力平价（PPP）计算再换算成美元的数值。笔者所用数据取自 Global Note 网站。[①]

———————————

① http：//www. globalnote. jp/post - 3871. html.

表2　　　　　　　世界银行按照 PPP 计算的美、中、日、德四国军费开支

单位：亿美元

年份	1990	1995	2000	2005	2010	2011	2012	2013	2014
美国	3062	2789	3017	5034	6982	7113	6848	6397	6099
中国	290	383	678	1344	2524	2714	3036	3336	3767
日本	191	264	320	380	423	449	458	457	461
德国	363	300	316	353	438	442	460	452	445
美国	100	91	99	164	228	232	224	209	199
中国	100	132	233	463	869	935	1046	1149	1297
日本	100	138	167	199	221	235	239	239	241
德国	100	83	87	97	121	122	127	125	123

注：以 1990 年数据为基准。

对比表1和表2数据得出，美国军费开支数值一致，中国、日本及德国却有所变化。尤其是中国，按购买力平价进行计算时，军费开支数值大幅增加。1990 年，中国的军费开支为 102 亿美元，然而按 PPP 计算的结果是 290 亿美元。同理，2014 年中国 2164 亿美元的军费开支却被评价成 3767 亿美元。以 1990 年数据为基准时，2014 年指数为 2112（约 21 倍，参见表1），按购买力平价估值为 1297（约 13 倍，参见表2）。与此相对，两种条件下的 2014 年日本指数分别为 183（约 1.8 倍，参见表1）、241（约 2.4 倍，参见表2）。可见，货币换算汇率不同，军费开支数值会发生大幅变化。

为此，论及中国军费开支时，应当加入人民币汇率变动情况。

表3　　　　　　中国的国防支出和 SIRRI 测算的军费开支　　　　单位：亿元

年份	1990	1995	2000	2005	2010	2011	2012	2013	2014
中国公布	290	637	1208	2475	5333	6028	6692	7411	8290
SIPRI	490	1046	1837	3793	8350	9515	10706	11848	13296
中国公布	100	219	416	853	1837	2076	2305	2553	2855
SIPRI	100	213	375	774	1704	1942	2185	2418	2713

注：以 1990 年数据为基准。

中国公布的数据收录于《中国统计年鉴》。SIPRI 发布的数据包含"不在政府官方预算内的军费开支",具体包括维和部队、准军事组织、军事航空、国防官僚组织、军属待遇、军事相关人员的抚恤金及社会保障、军事研发、采购费用、运营和维修费用、对外军事援助。SIPRI 数据比《中国统计年鉴》公布的数据约高 60%。比较世界各国的军费开支时,普遍采用 SIPRI 提供的数据。

按照中国官方数据,以 1990 年数据为基准时,2014 年指数为 2855(约 29 倍)。SIPRI 基于人民币汇率变动情况测算的 2014 年指数是 2713(约 27 倍)。对比表 1、2、3 可得,中国新增军费按购买力平价测算时是全球最低(13 倍),基于中国公布的数据测算则最高(29 倍)。

二　中国加大军费投入不正常吗?

军队的任务在于确保一国领土完整和国民生命安全。受军事保护对象大小的不同,军费开支也相应发生变化。因此,大国的军费支出区别于小国,也就不足为怪了。

一国军费开支与人口规模相关。为此,笔者根据 SIPRI 公布的人均军费开支,提取美国、中国、日本、德国的数据,制作成表 4。

表4　　　　　　　　　　美、中、日、德四国的人均军费情况　　　　　单位:美元

年份	1990	1995	2000	2005	2010	2011	2012	2013	2014
美国	1227	1047	1069	1703	2257	2283	2182	2024	1891
中国	9	10	18	36	92	110	126	141	155
日本	202	390	362	350	422	473	470	383	360
德国	533	504	342	461	566	589	578	591	562

资料来源:根据 SIPRI 相关数据制作。

　　分析表 4 可以发现，美国的人均军费相当多。中国人均军费开支甚至不及日本、德国。中国只是军事投入势头显著，1990 年中国人均军费仅 9 美元，2014 年升至 155 美元，增加了 17 倍。但从人均军费开支情况，就能判断出中国尚处于发展中国家。与 1990 年相比，2014 年美国人均军费开支增加了 54%，日本增幅高达 78%。对比美、日两国，德国仅增加了 5%，基本没有变化。

　　如果以 2014 年中国人均军费开支为基准，那么美国、日本、德国分别是 12.2、2.3、3.6。假设日本人均军费支出情况"正常"，由此中国人均军费即使是 2014 年的 2.3 倍也依旧在"正常"范围内，故在讨论中国加大军费投入时，也就不需要小题大做。

　　军费开支还与一国的国土面积大小相关联。2014 年军费开支按各国国土面积（每千公顷）均摊的计算结果如下：美国 62、中国 23、日本 121、德国 130。

　　如果以中国每千公顷国土面积的军费开支为基准，那么美国、日本、德国分别是 2.7、5.3、5.7。虽然中国的国土面积与美国基本相同，但是人均军费开支仅相当于美国的 37%。反而是国土面积仅相当于中国 1/25 的日本，军费开支之多，引人注目。当然，如果把领海面积纳入进来，数据会相应有所变化，但应当不至于出现大幅出入。

三　应当与经济发展同步考虑

　　只是观察军费开支的变化情况，还不足以发现真相。经济高增长期，任何统计数据都会加大，因此有必要同时考察国内生产总值（GDP）的变化与军费开支的关联性。

　　1990—2014 年，中国 GDP 的增幅最大，25 年间约增加 26 倍。从表 1 可得，中国军费开支在同等时间内增加了 21 倍，GDP 增幅大于军费投入。也就是说，中国并非仅军费开支一项明显增多。另外，还应该注意到表 5 中日本的 GDP 数值。2000 年以来，日本 GDP 失去增长势头，尤其是日元贬值导致 2013—2014 年间 GDP 下降。美国和德国虽没有大幅增加，但并非等同于日本的下降趋势。

表5				美、中、日、德四国的名义GDP				单位：万亿美元
年份	1990	1995	2000	2005	2010	2011	2012	2013	2014
美国	5.98	7.66	10.29	13.09	14.96	15.52	16.16	16.77	17.42
中国	0.40	0.75	1.19	2.29	5.95	7.31	8.39	9.47	10.38
日本	3.10	5.33	4.73	4.57	5.50	5.91	5.95	4.92	4.62
德国	1.59	2.59	1.95	2.86	3.42	3.76	3.54	3.73	3.86
美国	100	128	172	219	250	260	270	280	291
中国	100	187	295	565	1471	1808	2073	2341	2566
日本	100	172	152	147	177	190	192	159	149
德国	100	163	123	180	215	236	222	235	243

注：以1990年数据为基准。

资料来源：根据IMF统计数据制作。

便于参考，笔者按照PPP对四国的GDP进行了测算（参见表6）。

表6				购买力平价下的美、日、中、德四国GDP				单位：万亿美元
年份	1990	1995	2000	2005	2010	2011	2012	2013	2014
美国	5.98	7.66	10.29	13.09	14.96	15.52	16.16	16.77	17.42
中国	1.09	2.17	3.61	6.46	12.09	13.48	14.79	16.17	17.62
日本	2.36	2.86	3.24	3.86	4.32	4.39	4.54	4.69	4.75
德国	1.64	2.03	2.43	2.80	3.28	3.47	3.55	3.61	3.72
美国	100	128	172	219	250	260	270	280	291
中国	100	201	331	592	1108	1236	1355	1482	1615
日本	100	121	137	164	183	186	193	199	201
德国	100	124	148	171	200	212	217	221	227

注：以1990年数据为基准。

按PPP换算之后，2014年中国GDP将超过美国。同等测算条件下，2014年中国军费开支约是1990年的13倍（参见表2），GDP涨幅约16倍。也就是说，GDP增幅远远大于军费开支。日本的GDP表现为缓慢上升，而不是下降。

观察本国货币基准下的指数，涨幅更加明显。

表7 　　　　　美、中、日、德四国本国货币基准下的 GDP 指数

年份	1990	1995	2000	2005	2010	2011	2012	2013	2014
美国	100	128	172	219	250	260	270	280	291
中国	100	327	510	969	2082	2443	2736	3032	3295
日本	100	145	161	175	196	206	210	214	221
德国	100	112	113	112	107	105	106	107	109

注：以 1990 年数据为基准。

资料来源：根据 IMF 统计数据制作。

按照人民币计算得出的中国 GDP 指数，2014 年是 1990 年的 33 倍。如前所述，军费开支增加 27 倍，因此中国军费开支增长低于 GDP 的增长。

根据国际货币基金组织（IMF）数据（名义 GDP）计算美国、中国、日本、德国的 GDP 在全球所占比重情况，如表 8 的上半部分所示。

由于全球军费总开支的确切数字不明，因此笔者将 SIPRI 数据加总后得到的数值作为全球总额。在此基础上，计算四国军费开支在全世界所占比重，如表 8 的下半部分所示。

分析表 8 的上半部分，从 GDP 的占比变化应当注意以下事项：第一，美国 GDP 占比位居世界第一，这是不争的事实，然而美国今后未必能一直稳居世界头号交椅。1990 年中国 GDP 仅占全球的 1.8%，2011 年为 10.1%，首次超过两位数占比，随后中国 GDP 在全世界占比逐年稳步增加，2014 年达 13.4%。今后中国的 GDP 增长可能有所放缓，但上升趋势应当维持不变。与此相对，20 世纪 90 年代，日本的 GDP 占比一直保持两位数增长，步入 21 世纪以来，表现出缓慢的下降趋势。德国的 GDP 占比也是逐年下降，但不如日本显著。

表 8 的下半部分是四国军费开支全球占比情况，美国在全球军费开支占比中位列第一。并且，各个年份美国的军费开支均比 GDP 全球占比高出 10 个百分点。同时，应该看到美国军费开支占比正逐年下降。与此相对，中国的军费开支全球占比虽呈上升趋势，但并没有超过中国 GDP 在全球的占比。这点与美国并不相同。

表 8　美、中、日、德四国 GDP（上半部分）、军费开支（下半部分）的全球占比情况

单位:%

年份	1990	1995	2000	2005	2010	2011	2012	2013	2014
美国	26.3	25.0	31.0	27.8	22.9	21.5	22.0	22.2	22.5
中国	1.8	2.5	3.6	4.9	9.1	10.1	11.4	12.5	13.4
日本	13.6	17.4	14.3	9.7	8.4	8.2	8.1	6.5	6.0
德国	7.0	8.4	5.9	6.1	5.2	5.2	4.8	4.9	5.0
美国	32.8	38.9	41.4	43.9	42.7	40.9	39.1	36.8	34.9
中国	1.1	1.7	3.0	4.0	7.5	8.5	9.7	11.0	12.4
日本	2.7	6.8	6.3	3.9	3.3	3.5	3.4	2.8	2.6
德国	4.5	5.7	3.9	3.3	2.8	2.8	2.7	2.7	2.7

资料来源：根据 IMF、SIPRI 相关数据制作。

接下来分析四国人均 GDP 占比情况。

2014 年，美国人均 GDP 达 54597 美元，居全球首位。德国为 47590 美元，日本仅为 36332 美元，人均比德国低 1 万美元。中国的人均 GDP 远远低于日本，仅 7589 美元。对比 1990 年的 354 美元，尽管 2014 年中国人均 GDP 大幅增加了 21 倍，若假设以美国数据为基准，中国人均 GDP 只有其 13.9%。

改革开放以来，中国取得显著发展成绩，但中国依然处于发展中阶段，与各发达国家之间的差距还很大。换言之，中国还有很大的发展余地及空间。

表9			美、中、日、德四国人均名义 GDP 占比情况						单位：美元
年份	1990	1995	2000	2005	2010	2011	2012	2013	2014
美国	23914	28763	36433	44218	48309	49725	51409	52939	54597
中国	354	625	941	1749	4437	5429	6194	6959	7589
日本	25140	42516	37304	35781	42917	46175	46661	38633	36332
德国	20056	31689	23741	34723	41814	46753	43903	46200	47590
以1990年数据为基准	1990	1995	2000	2005	2010	2011	2012	2013	2014
美国	100	120	152	185	202	208	215	221	228
中国	100	177	266	494	1254	1534	1751	1967	2145
日本	100	169	148	142	171	184	186	154	145
德国	100	158	118	173	208	233	219	230	237
以美国当年数据为基准	1990	1995	2000	2005	2010	2011	2012	2013	2014
美国	100.0	100.0	100.0	100.0	100.0	100.0	100.0	100.0	100.0
中国	1.5	2.2	2.6	4.0	9.2	10.9	12.0	13.1	13.9
日本	105.1	147.8	102.4	80.9	88.8	92.9	90.8	73.0	66.5
德国	83.9	110.2	65.2	78.5	86.6	94.0	85.4	87.3	87.2

资料来源：根据 IMF 相关数据制作。

四 日本 2015 年《防卫白皮书》恣意"解析"中国

2015 年 9 月 1 日《朝日新闻》报道："安倍晋三首相于参议院安保相关法案审议特别委员会称，'中国正在急速扩军。27 年间中国军费开支增加了 41 倍'。"如前所述，1990—2014 年，中国军费开支约增加了 21 倍。因此，最初笔者一度认为"27 年间增加了 41 倍"是安倍首相误读造成的结果。然而，仔细查证发现，安倍首相发言依据的是日本 2015 年《防卫白皮书》。书中有如下记载："中国公布的国防费持续高速增长，从 1989 年起至今，几乎每年都保持两位数增长。官方国防费用的名义规模，自 1988 年起 27 年间约增加 41 倍，自 2005 年起 10 年间约增加 3.6 倍。"

《中国统计年鉴》（1998 年，第 277 页）公布了 1970—1996 年的中国国防支出情况，1988、1989 年的国防支出分别为 218.00 亿、251.47 亿元。2014 年中国国防支出为 8290 亿元，对比 1988 年，增加了 38 倍，而不是 41 倍。2015 年中国国防预算约 8869 亿元，加上对地方转移支付后，合计约 8896 亿元。41 倍是以该合计值除以 1988 年的 218 亿元才得出的数字。

日本政府公开发言表示中国公布的国防费不透明。此外，2015 年《防卫白皮书》中还有如下表述：

"中国公布的国防费，仅仅是中国实际用于军事支出的一小部分，这应当引起关注。例如，设备购置费和研发费用等，就没有全部计入国防费中。"

IMF 按人民币计算的 1988 年中国 GDP 为 1.53 万亿元，预估 2015 年为 68.97 万亿元。与 1988 年相比，中国 GDP 增长了 45 倍。按照《中国统计年鉴》中的数据，1988 年中国 GDP 为 1.50 万亿元，由此 IMF 预测下 2015 年中国 GDP 将增长 46 倍。从前述数据可以得出，中国经济总量扩大，进而加大了军费投入，而不是仅军费一项显著增加。

更进一步，既然日本政府公开声称"中国公布的国防费，仅仅是实际用于军事支出的一小部分"，那么 2015 年《防卫白皮书》为何不依据 SIPRI 的统计分析数据，却使用中国公开发表的数据，并且是 1988 年的数据呢？

事实上，SIPRI 关于中国的统计数据始于 1989 年。据记载，同年中国军费开支是 440 亿元，2014 年为 13296 亿元，增加了 30 倍。安倍政府采用 1988 年的中国官方数据为验证对象，恰恰是由于 1988 年 SIPRI 还未对中国数据加以统计，这便于夸大中国军费开支，称中国增加了 41 倍。这是缺乏客观态度、极其恣意妄为的信息操控，充分表现出安倍政府煽动中国威胁论的本质。

富泽晖曾任陆上自卫队参谋长，他在近作《逆说军事论》（巴塞利出版社 2015 年版）中，针对日本国内大肆宣传的"中国威胁论"的错误之处，做出如下表述："依据片面信息加以判断，没能综合评价中国的军事力量。例如，消息称中国的军费开支在近 20 年一直保持两位数以上的增长，仅这则消息就使国内动摇，失去冷静的判断能力。自 1960 年我加入自卫队起，至 1978 年间，日本的防卫支出也以两位数以上的增长率持续增加（1968 年为 9.6%，按四舍五入计算，为 10%）。作为自卫队的一员，我从来没有体会到自卫队在进行扩军。记忆当中，国际社会也从来没有因此批评‘日本在扩军，岂有此理’。1982 年起此后数年，才开始感觉到‘自卫队预算有所好转’，当时的防卫支出增长率约为 5%—7% 左右。在经济高速增长期，任何数值都会扩大。只有确认数字的产生背景以及内容之后的讨论，才能了解事实的真实情况。”（第 126—127 页）

安倍首相以及宣传“中国威胁论”的各方人士，难道不应该听听军事专家的建议吗？

五　今后中国会走上军事大国的道路吗？

1978 年 12 月，中共第十一届三中全会召开，“以经济建设为中心”的“四个现代化”政策取代了“以阶级斗争为纲”，自此中国走上了“改革开放”的道路。1978 年中国 GDP 为 3650 亿元，人均 GDP 仅 382 元。截至 2014 年，中国 GDP 和人均 GDP 都大幅增加，分别达到 636463 亿元、46652 元，比 1978 年增加 174 倍和 122 倍。2014 年中国经济增长率为 7.4%，比上述期间的年均增长率（15.6%）下降了 8.2%，显示增速下滑，中国经济步入了“新常态”的发展阶段。

随着中国 GDP 总量的不断增长，军费开支也相应地与经济发展同步得到提升。将来，中国是否会成为美国那样的军事大国呢？为此，笔者比较了四国军费开支在各国 GDP 中的占比情况（参见表 10）。

从表 10 可得，1990—2014 年，美国军费占 GDP 比重的平均值是 3.86%，保持高水准。2012 年以后，呈减少趋势。日本的平均占比为 0.95%，近年来日本军费占 GDP 比重最大限度接近 1%，可见安倍政府正试图突破占比 1% 的“框架束缚”。德国军费占 GDP 比重不断下降，趋近 1%。其中，中国仿佛取了各国的中间值，军费开支占比略高于 2%。据

SIPRI 估值，中国的实际军费比中国公开的国防支出多六成。2014 年中国军费占 GDP 比重为 2.08%，当采用官方国防支出进行测算时占比为 1.30%，与表 11 的计算结果一致。

表 10　　　　　　　　美、中、日、德四国军费占 GDP 比重　　　　单位:%

年份	1990	1995	2000	2005	2010	2011	2012	2013	2014	平均
美国	5.12	3.64	2.93	3.84	4.67	4.58	4.24	3.82	3.50	3.86
中国	2.53	1.65	1.86	2.02	2.07	2.01	2.02	2.02	2.08	2.02
日本	0.80	0.92	0.97	0.98	0.98	1.02	1.01	0.99	0.99	0.95
德国	2.66	1.59	1.44	1.33	1.35	1.28	1.31	1.28	1.20	1.51

资料来源：军费开支、GDP 的数据来源分别取自 SIPRI、IMF。

总之，今后还要冷静观望中国军费占比情况是要接近美国，还是要接近日本、德国。

根据中国国家统计局公布的官方数据，分析得出国防支出与 GDP 的占比情况（参见表 11）。关于数据来源，中国国家统计局网站① 公布了 2007 年以后的国防支出数据。2007 年以前数据，根据《中国统计年鉴》整理而来。在信息公开方面，中国还处于"发展中"阶段。

表 11　　　　　　　按照中国官方数据测算国防支出占 GDP 比重　　　单位：亿元,%

年份	1990	1995	2000	2005	2010	2011	2012	2013	2014
GDP	18774	61130	99776	185896	408903	484124	534123	588019	636463
国防支出	290	637	1208	2475	5333	6028	6692	7411	8290
占 GDP 比重	1.33	0.89	1.10	1.14	1.10	1.13	1.14	1.16	1.30

---

① http：//data.stats.gov.cn/.

从表 11 可知，1990—2014 年，中国军费占 GDP 比重的平均值为
1.11%。这与日本军费占 GDP 比重相比，并不存在大的差别。前已述及，
日本 2015 年《防卫白皮书》中选用的是中国公布的国防支出数据，那么该
如何说明解释本文在此测算得出的中国军费占 GDP 比重呢？本文已屡次论
及，中国加大军费开支是 GDP 总量扩大的结果，而不是军备扩张，因此不
需要小题大做。

六　和平与发展才是时代潮流

本文对比中国与美国、日本、德国得出，中国方面在加大军费开支。
但是如果简单地把加大军费投入等同于军备扩张及海外进军，将是重大的
判断失误。

人类都惯于用已有的知识和经验来判断当下的事情。如果事情发生在
自己身边，或者本国国内，还有可能做出相应正确的判断。也就是说，这
是自己知识体系范围内的事情。然而，当用自身标准来判定超过个人认知
范围的全球问题时，则容易产生误解，从而做出错误的判断。为了避免错
误判断，需要尽可能地进行多元化、多层次、客观且综合的分析，得出客
观论断。拙论基于多方公开发表的数据，针对日本国内大肆盛行的"中国
军事威胁论"一说是否成立加以分析验证。虽是初级水平的作品，但本文
经研究得出如下结论。

（1）中国的军费开支急速增长是事实，然而 GDP 增长明显表明中国综
合国力得到提升。因此讨论军费开支问题时，应当同步考虑这两个方面。

（2）中国的军费开支从 1990 年起至 2014 年，增长了 21 倍。对比美
国、日本、德国分别增长的 1.9 倍、1.8 倍、1.1 倍，中国方面令人吃惊。
但是，中国 GDP 增长了 26 倍，美国、日本、德国分别增长 2.9 倍、1.5
倍、2.4 倍。随着中国 GDP 总量的不断增长，军费开支相应增加，而不是
仅军费开支一项突出增多。

（3）人均军费方面，2014 年美国为 1891 美元、日本为 360 美元、德国
为 562 美元，中国仅为 155 美元。中国人均军费仅相当于美国的 8%，日本

的43%。2014年美国人均GDP为54597美元、日本为36332美元、德国为47590美元。与此相对，2014年中国人均GDP为7589美元，仅相当于美国的14%、日本的21%。必须牢记，中国依然是发展中的大国。

（4）中国经济实现超过两位数高速增长的时代已经宣告结束。今后，中国经济增长速度势必会相应放缓，但有朝一日中国GDP一定会超过美国。GDP总量扩大后，军费开支也会相应加大。应当关注今后中国军费占GDP比重，是维持2%（SIPRI数据）的现状，还是随着GDP进一步扩大，军费开支占比降至1%，又或者为了与美国竞争将其提高至3%。

（5）安倍政府在日本巨额财政赤字的情况下，正试图摆脱军费占GDP比重1%的框架约束。为此，安倍政府以夸大中国军费的投入势头为借口。假设中国在发展GDP的同时，再提出削减军费增长的目标，对邻国日本来说将具有重要意义。

（6）裁军30万可以认为中国是以"和平大国"为发展方向。但是，削减军费不是单方面就能实现的。有关国家如不采取同一步调，中国不可能达成目标。借此机会，日本也应当显示出积极态度，拿出利于恢复中日两国相互信赖关系的具体措施。

（7）问题的本质在于中国的发展。中国的发展是改革开放政策的产物，又恰巧赶上了科技革命与经济全球化在全世界开展的时代。中国积极顺应时代潮流，成为世界经济重要的牵引力和发动机。现在的中国是一个大国，日本作为中国的邻国，很大程度上受到中国变化及发展的影响。对日本而言，是将中国的发展视作"威胁"还是"良机"呢？不要轻易被"军事威胁论"所蛊惑，应当顺应时代潮流，实事求是做出冷静且客观的判断。

（周晓娜　译）

评 "恳谈会报告书" 和 "安倍谈话"

凌星光[*]

安倍晋三首相于 2015 年 2 月成立 "回顾 20 世纪、构想 21 世纪世界秩序和日本作用" 有识之士恳谈会（简称 21 世纪构想恳谈会，会长为日本邮政公司社长西室泰三、副会长为国际大学校长北冈伸一）。经过半年研讨，在同年 8 月 6 日向安倍首相提交了报告书。其内容由（1）20 世纪的历程和教训，（2）战后历程及其评价，（3）与美、澳、欧和解之路，（4）与亚洲和解之路，（5）21 世纪展望和贡献，（6）日本应采取的措施六部分组成。

这是首相个人设立的恳谈会，其目的是从 "否定村山谈话" 调整到 "大体上继承谈话"，以便为 "安倍谈话" 下台阶。笔者通过分别对 "恳谈会报告书" 和 "安倍谈话" 进行解读，可以发现两者有很大的不同。

一 评 "恳谈会报告书"

恳谈会报告书，有以下四点可加以肯定：

1. 明确承认侵略，并特别提到让中国付出了重大牺牲。报告书写道："满洲事变（九一八事变）后，日本在大陆的侵略进一步扩大……迷失世界大势的方向"，挑起战争，"给以亚洲为中心的各国造成重大损失"，"特别是在中国广大地区招致了巨大牺牲"。这里既提到了侵略，而且 "主语" 明确：是日本的侵略。

---

* 作者系日本福井县立大学名誉教授、中国社会科学院世界经济与政治研究所研究员。

在这里，笔者需要插入一句：其实，当时日本军国主义的最终目标不仅仅是侵略亚洲，而是征服世界，成为世界的霸主，当战争初期军事上进展顺利的时候，在日本坊间流传"在日德获得胜利后日德必有一战"之说就是证明。

2. 否定了解放亚洲殖民地国家的"美化侵略"论。报告书写道："多数决定是在自存自卫的名义下作出的，几乎没有为解放亚洲而作出决定的。"长期以来，日本统治集团的一般看法是：上次战争有三种情况，日美之间是列强之间的战争、对中国是侵略行为、对亚洲殖民地国家是帮助解放的战争，而报告承认在亚洲的那场战争"几乎没有为解放亚洲而作出决定的"，相对于日本统治集团的一般看法，应该说是一个进步，但相对于日本社会对那段历史的主流看法——日本对亚洲各国发动了侵略战争，则有所退步。

3. 提到了和平宪法第九条对战后和平发展的作用。报告书写道："日本在战后是最忠实地遵守了《联合国宪章》关于不战条款的国家。拥有宪法第九条第一项的战后日本从未有过采取军事行动来追求本国利益的历史。"这句话的意思，就是宪法第九条保证了战后日本走和平道路。报告书还写道："美军占领时期，日本并不是由美国来引进民主主义，而是日本国民将在30年代被军部和部分政治家夺去的民主主义价值，借助美国力量重新夺回来的。"这些话，间接地批评了和平宪法是美国强加于日本的说法。实际上，根据国际形势的变化，美国多次想让日本修改宪法，使日本自卫队到海外去协助美军，但日本人民反对修改宪法，日本政府则以受和平宪法限制为由拒绝出兵。如今，安倍想改变这一现状，而报告书这一说法与安倍修改宪法的意图背道而驰。

4. 两次提到前首相大平正芳的战略外交。报告书第二部分提到："将持续增长的亚太地区转变为自由贸易圈的政策来自于80年代大平正芳首相提倡的环太平洋合作构想，而跨太平洋伙伴关系协定（TPP）与此有联系。"尽管将大平构想与TPP联系起来是错误的，但提到大平的长远战略是值得肯定的。第四部分还提到："大平首相1979年访华之后开始对中国的经济合作，其总额达到3万亿日元。"尽管提出对华政府低息贷款有强调日本“做出国际贡献”之意，但报告书提及大平首相的对华战略还是值得肯定的。大平首相 1979 年在北京政协礼堂的演讲中，早就预料到中国会迅速发展，并提出了中日两国合作，与世界其他国家一道建设 21 世纪新世界的愿望。他的外交哲学，给中国人民留下了深刻印象。

报告书的问题也不少。除上面提到的之外，还有：（1）报告书虽然写入了“侵略”和“殖民统治”，提到了“反省”，但没有触及是否应该“道歉”；（2）胡说中国“为了加强共产党的正统性宣传，将日本历史问题置于爱国主义教育的中心”；（3）尽管报告书认为“日本解放亚洲”的历史观不正确，却声称日本在日俄战争中的胜利，“激励”了亚洲和非洲的被殖民地人民，导致了诸多亚洲国家的独立，这种观点迎合了日本国内的历史修正主义势力；（4）在日本就历史问题上没有真正反省的情况下，却要求受害国对加害国有宽容之心，显然是本末倒置；（5）大力宣扬歪曲真正和平主义的所谓“积极和平主义”，并认为满足美国对日本的军事合作要求是合理的；（6）尽管在报告书正文中写入了“侵略”，但却在脚注中补充说，“恳谈会”一些成员对采用“侵略”一词有异议，其狡辩的“理由”包括侵略没有国际法上的明确定义、“满洲事变”后日本的行径无法断定为“侵略”、日本当时干的事情与其他一些国家无异，凭什么只说日本“侵略”，等等。

二　评“安倍谈话”

笔者认为，总的来说，“安倍谈话”比恳谈会报告书带有更大的欺骗性：（1）安倍谈话虽然使用了村山谈话中的几个关键词——“殖民统治”、“侵略”、“反省”和“道歉”，但内容暧昧，主语不明确。谈话原文说：“决不能再次出现战争的惨祸。事变、侵略、战争……绝不应再使用或威胁使用武力，作为解决国际争端的手段。必须建设一个永远告别殖民统治、尊重所有民族自决权的世界。”反映安倍要了滑头，玩弄文字游戏，有明显的“蒙混过关”意图。正如日本国内舆论所说，尽管“安倍谈话”否定了作为解决国际纷争手段的“侵略”，但并没有写明在中国等地的行为是侵略,而是使用"苦难历史"一笔带过。(2)虽然有"反省"和"道歉"的字样,却依然语焉不详,内容暧昧。谈话原文说:"对于在此前大战中的所为,我国已经多次表达过痛切反省和由衷歉意。为将此付诸实际行动,战后日本一直在与亚洲的印尼、菲律宾等东南亚国家,以及台湾、韩国、中国等邻居共同铭记苦难历史,为和平及繁荣而尽力。"与"村山谈话"相比,村山明确说的是日本对"侵略和殖民统治"(及受害国)表示反省和道歉。而"安倍谈话"中,道歉的对象是谁?又是为何而道歉?都不清楚。更重要的是,安倍说"我国已经多次表达⋯⋯",与村山以自己的口吻对日本在二战中对亚洲国家的殖民和侵略表示衷心地道歉相比,安倍采用了引述的方式,实际上回避了他作为当届日本首相做出应有的道歉。(3)为了安抚右派支持者,安倍表示"如今,80%的日本人出生于战后。我们的儿辈、孙辈,以及他们之后的子孙——这些人与战争没有任何关系,不能让他们背负一直谢罪下去的宿命。"笔者认为,虽然出生于战后的日本普通民众"与战争没有任何关系",但作为日本的政治领导人却必须道歉,直到受害国认可为止,而安倍这句话无非是想说,作为日本的政治领导人,以后就不用道歉了,为迄今为止的"道歉"打上休止符。(4)安倍将"恳谈会报告书"中的错误史观进行了进一步的阐述,声称"一百多年前的世界,以西洋各国为中心,各国占有并扩张广阔的殖民地⋯⋯无疑,对此局势的危机感,成为日本近代化的原动力。日本在亚洲最早建立了立宪政治,保护了自身独立。日俄战争还给予在殖民统治下的众多亚非人民以勇气。"这句话的意思是,那个年代搞殖民统治不是我一家,西方都这么搞,日本也不例外,不要就盯着我,这让人们看到了"同罪论"的影子。(5)与"恳谈会报告书"一样,迫于国内外的压力和世界反法西斯战争70周年的敏感时刻,安倍虽然如村山前首相所说的那样"根本没有继承他的谈话",引起了中韩等受害国对其谈话的不满,但总算是在最后关头选择了避免公然开历史倒车的"最终文本"。

三　安倍谈话与村山谈话的不同思想基础

"安倍谈话"与"村山谈话"比较，有不少退步，如反省主体暧昧、道歉对象暧昧、加害责任轻、受害意识重等。但我们必须注意到，安倍和村山的政治思想基础不一样，在各方压力之下，安倍接受四个关键词是一个进步，在表述上搞文字游戏或搞小动作不足为奇。如果以"村山谈话"为标准，人们必然得出"安倍谈话""不及格"的结论。村山是原社会党党首，对中国一贯友好，一直认为日本必须清算军国主义，就殖民统治和侵略战争，日本必须向朝鲜、韩国和中国道歉。1995 年因为分裂一时下台的自民党为了重新获得政权，与社会党联合，将首相位子让给社会党党首村山，而村山借当首相之机，想与韩国和中国实现历史性和解，于 1995 年在国会通过《战后 50 周年决议》，但联合执政的自民党议员一半以上拒绝出席，致使决议未经国会通过，只能以"内阁决议"方式发表了村山的"8·15 谈话"。安倍是极为保守的历史修正主义和民族主义者，众议院表决《战后 50 周年决议》时，他就缺席表决以示抗议，原因是反对决议中提到"殖民统治和侵略"。2005 年，日本国会表决通过《战后 60 周年决议》时，时任自民党代理干事长要职的安倍再次在国会表决中退席。由此可见，安倍是想方设法对抗"村山谈话"的。

尽管自民党和民主党内有不少议员反对"村山谈话"，但日本历届政府都在历史问题上继承"村山谈话"的立场，其中的"侵略"、"殖民统治"、"深刻反省"和"道歉"等关键用词也已成为日本与邻国互信的基础。但安倍再次上台之后，抛出"侵略未定义论""战犯无责任论""慰安妇人口贩卖论"等历史倒退言论，并公开宣称"不会原封不动地继承村山谈话"，包括不再写入"侵略"、"殖民统治"、"道歉"等关键词，大有要颠覆村山、小泉谈话基调之意。但迫于国际社会的压力增大、针对中国的"包围圈外交"失败、日本有识之士和一般民众反安倍运动高涨、自民党内不同意见升温、在野党反安倍政府的团结趋于加强、安倍政权的民意支持率下降等形势，安倍被迫在 8 月 14 日谈话中用极为隐晦的表述采用了四个关键词。不过，他在谈话中提到了"遗留在中国的大约三千多名日本遗孤平安长大，再次踏上祖国的土地"，并称饱尝战争痛苦的中国人民，做得如此宽容，他们内心的纠葛究竟多么大，付出的努力又是多么大。这些话还是值得我们给予肯定评价的。可以认为，尽管"安倍谈话"比"村山谈话"退了一大步，但比他个人原来的历史表态则有所进步，尽管这只是他被动的策略性妥协，并非其历史观的变化。

四　设定对日策略要注意对日本国内政治力量进行分析

日本国内的政治力量可分为三种，一是亲美派，二是知华派，三是民族主义派。还有约占一半的"无色派"。安倍是民族主义派的代表人物，其政治志向是做所谓"正常国家"。战后，日本长期处于从属美国的状态，一直希望有朝一日摆脱这一处境。但70年来美国对日控制得很严，而且很巧妙。在硬的方面，利用军事同盟条约控制日本；在软的方面，善于控制日本舆论。战后历史上，日本多次有过摆脱美国控制、独立自主的尝试，如石桥湛山、田中角荣、大平正芳、细川护熙、鸠山由纪夫等，但受美国的高超的政治渗透和控制艺术所阻，始终未能获得成功。如今，中国强大起来了，在中美超级大国的峡谷之中，日本觉得战略空间越来越缩小，有些着急。当然，在今后相当长时期，如果要日本在中美两国中选择其一，则必然选择美国，只能走加强日美安全条约的道路。这就是现实。然而，这是日本权宜之计，而不是长远之计。我们的策略应该是促使日本的对美关系与对华关系从目前这种极度不平衡状态逐渐朝向比较平衡的状态改变。具体做法就是，在做好中日战略对话的基础上，建立中美日三方战略会议机制，来讨论亚洲安全等战略性问题。

中国提出了构筑亚洲命运共同体和人类命运共同体的概念，并提出了东方文明与西方文明及其他文明共同繁荣的伟大目标。在这方面我们与日本合作的余地很大。在安全保障方面，如果中日合作，可以避免亚洲内部的分化，使亚洲的安全有保障。日本作为亚洲最发达的国家，在东方文明和西方文明的结合上走在前头。如果中日合作，就可以加快东方文明向世界推广。如今，中国在国际上的地位上升，必须加强软实力。从我国全球战略来看，必须搞好大国关系和周边国家关系，而日本就是双关的重要国家，在我国的全球战略中，具有重要战略地位，应是我们争取的对象。

五　真正解决中日间历史认识问题至少尚需 10 年

中日两国围绕历史认识问题的摩擦始于邦交正常化的 1972 年，直到今日已经有 40 余年之久。由于种种原因，该在 20 世纪内解决的历史认识问题拖到 21 世纪，导致由未曾经历战争的一代人来解决战争遗留问题，大大增加了解决问题的难度。尽管安倍在 2015 年 8 月 14 日发表了谈话，但次日就派人到靖国神社献纳玉串料（香火钱），也没有下令不让阁僚参拜靖国神社。这意味着在谈话中提出道歉的安倍言行不一，言而无信。看来，中日之间真正的历史和解恐怕还需要 10 年，能否争取使抗战胜利 80 周年成为真正实现和解之年？对此我们要有思想准备。总之，中日围绕历史认识问题的摩擦还会持续下去，有时还可能尖锐化，但这不能影响到民众交流、经济交流、地方政府间交流。安倍政权耍两面手法，我们就要采取两手策略，以促使安倍继续往现实主义外交转化。"安倍谈话"之后，日本国内批评"安倍谈话比村山谈话后退"的声音非常强烈，来自国外的批评亦不少。可以肯定，时间对我们有利，只要与日本及世界的朋友团结在一起，应该有可能在今后十年内基本解决历史认识问题。

"九三"抗战纪念背景下的
日本对华政策与中日关系

卢 昊[*]

2015 年的中日关系承接上年后半期关系调整、政府及政党间政治对话、经贸文化交流逐步"解冻"的趋势,但中日间现实矛盾与战略互疑并未发生质的改变,同时还要面临"历史年"敏感时期的考验。从中日关系大趋势看,2015 年夏秋时期"基于历史问题的互动",包括中方开展抗战胜利 70 周年纪念活动等,并不构成决定或改变中日关系走向的关键节点,但毫无疑问,它提供了透视日本当前对华政策思路的契机,也再度彰显了中日在历史问题上"涉及价值观与思维方式"的基本分歧。

一 "回避风险"与"借势反击"

以"在历史问题上避免持续地、被动地承受压力"为前提,日本政府特别是外务省围绕"历史年"做了一系列相应预案。在 2015 年 3 月中方正式宣布举行"九三"抗战纪念活动后,日本也展开了几个阶段的外交应对:第一阶段即中方宣布的初期,日方以模糊态度应对,"静观其变",并在其他历史问题场合继续与中方坚持对峙;第二阶段,在中方明确有意邀请日方的情况下,日方试探性放出安倍"九三"期间访华的"信号",以及各种

---

* 作者系中国社会科学院日本研究所助理研究员。

"选择性参与"方案，与中方接触商议并展开"心理战"，包括7月中旬派遣谷内正太郎前往北京，就纪念活动与中方"互通声音"等；第三阶段，8月中下旬经过反复考虑后，日方确定安倍不访华且"全面不参与"中方纪念活动的方针，政府与主流舆论同时加强了对中方纪念活动特别是阅兵式的"集中批判"；第四阶段，在纪念活动结束后，针对活动的"余波"与国际反应，日本政府继续对中方的相关立场进行批判，如官房长官指责中国"不谈对日和解"，防卫相不提中国发表裁军计划而专谈"公开新型导弹以展示军事实力"，还与出席中方纪念活动的联合国秘书长潘基文展开"隔空论战"，要求联合国在历史问题上"中立"等。

安倍及日本政府、执政党人士"全面缺席"中方纪念活动，从日本角度做事后考虑，有"错失良机"之嫌。安倍如出席活动，不仅可制造与中国及其他国家的外交机会，还可以在历史问题上"抢占道德高点"。但需要看到，日方的决策是在认识到这些"机会成本"的基础上，基于"回避风险"和"借势反击"的思路而做出的选择。在"回避风险"方面，日方认为对华政策的首要目标是"避免给外界与国内舆论对中国软弱外交的印象"。

8月14日"安倍谈话"后，日方认为中方态度"比较克制"，但同时认识到中方的不满态度，而且对中方是否会在"九三"时还对日方如此"客气"抱有相当疑虑，日本的判断反映出中日间相互信任的缺乏，以及日方对中方行为逻辑的固定看法。共同社等媒体指出，"在民族主义性格强烈的领导人影响下"，中国"始终保持着对日本打历史牌的强硬姿态"，"将宣传日本军国主义复活的威胁视为遏制国内不满情绪、抹销国际社会关于'中国威胁论'的手段"，因此不会放过在"九三"纪念活动中"大做文章"，向日方施压的机会。有前外务省官员指出，在听取汇报后，安倍首相认为前往中国"面临较大政治风险"，"如以稳定日中关系为目的来首脑会谈，今年内还有其他场合可供利用"。至于是否派遣其他政府代表（包括驻华外交人员）或政党代表，政府决策层内部最终认为"既然认识到中方在将历史问题外交问题化，（日本）就应作出决然反对的统一态度"，"（首相不出席等）其他折中方式，并不能回避风险"，因此彻底排除了其他选项。

而在"借势反击"方面，日方结合对中方及国际舆论的综合观察，认为在历史问题上应对中国不可"正面应对"，但可以采取所谓的"反制"来化解中国的"攻势"。日本的决策智囊们早就提出利用舆论战、心理战等方式，"将中方的纪念活动反过来利用并制约中国"的思路。具体方式包括：（1）公开渲染中国纪念"利用民族主义巩固内政"，"专门针对日本"，是出于"私利"或"私怨"而非"公心"，削弱中方道德立场，并将关系紧张责任推给中国；（2）主动解读并扭曲纪念活动中的"阅兵因素"，将中方阅兵等同于"扩军与强权姿态"，进一步抹黑中国形象；（3）在看到西方对中国纪念活动"态度复杂"的情况下，积极影响、拉拢"对日友好国家"进行抵制或质疑，制造中国"受到质疑和孤立的形象"。同时，支持修宪派的日本国内舆论强调，中国的纪念活动如被放在"中国崛起和强力改变国际秩序"的背景下，则"可促进日本国民的危机感"，这对于安保法制改革"获得民众普遍理解"会有重大帮助。

可以看到，面对中方"九三"纪念活动，日本坚持与中国的历史立场"划清界线"，同时利用"民族主义论"与"中国威胁论"等既有工具，"以退为进"的引导舆论焦点，影响国际社会态度，强化对中国的牵制。

二　日本应对历史问题的思路与中日分歧

日本的态度与应对证明，在历史问题上，中日间的分歧和斗争将是长期化的。"安倍谈话"发表后，美国对日研究者有观点认为，这反映出安倍在历史问题上一方面考虑兼顾多方，另一方面寻求"建构话语"和摆脱"谢罪螺旋"，反映出在历史问题上"转守为攻"的趋势。8月底在自民党内部的干部会议上，主导性的声音是："如果面对（中韩及国际社会的）批评不做辩驳，日本的道德立场和国家形象会被削弱。"在此情况下，日本一个核心的应对策略是继续强调"未来志向"，将对过去的反省与对未来的建设强行分割，将日本国内否认侵略、歪曲历史的逆流"降低"为与邻国"特定历史问题上的分歧"，主张将其"超越"。如安倍在批评潘基文访华时指出，联合国"应敦促成员国采取面向未来的积极姿态，而非使特定的历史成为焦点"。与此策略相对应，日本继续强调"既已道歉论"与"和平贡献论"，论证中、韩等国对日本的历史问题指责"欠缺道理"而是"出于策略"，即所谓的"历史问题外交问题化"，并抓住可能的机会对中国进行"反击"。9月9日，前防相小野寺五典在华盛顿访问时公开宣称"中国（大陆）在篡改抗战历史"。日本在台湾通过民间渠道发挥影响力，挑动事端，扩大两岸在历史问题的分歧，作为对华进行"对冲"的手段。这均反映出日本在历史问题上不愿"被动挨打"，希望"争取主动"的心态。

历史问题作为关联基本正义的价值观问题，以及牵涉各国国民感情的国际性问题，是不能用来作为"交易筹码"或所谓"杠杆工具"的。中国在历史问题上的观点是一贯而坚定的，而且中方需要坚持这样的观点，以及稳定而持久的（而不是运动性的）宣传与教育，来证明中方言行的一致性。事实上，与日本指责中国"历史问题外交问题化"相反，日本自身才是以功利化与工具化态度对待历史问题的那一方。中日在历史问题上"存在价值观及思维方式的分歧"，特别是，近期围绕日本道歉问题，中日政界和社会民间的认识鸿沟正进一步扩大。日方典型性的观点与理由是：一方面，日本进行了官方道歉；另一方面，既已做出道歉，则关于对日本的历史问题指责可以告一段落。这一观点的实质是：反省对于日本是一个具有负面价值的负担（liability），做出一次道歉，就是"承担责任"的终点，是"甩掉包袱"的手段；而并未将其作为具有积极价值，继续指导国家和平发展的遗产（asset），作为一种长期的思想过程。事实上，中方一再指出，真正的问题并非"日本是否道了歉"，而是日本政府不能以坦率而持续的态度承认历史真相、坚持反省姿态，实现言行一致。

考虑到日本保守势力积极推进"正常国家化"，主导意识形态继续偏向历史修正主义，国内右翼史观难以被清除。中国要做好在历史问题上与日本"长期斗争""频繁互动"的准备。一方面，在应对日本官方时"掌握节奏""明确底线"，在维持外交灵活性的同时，重视历史问题的原则性；另一方面，即使面临困难，也要积极努力，加强与日本社会的接触与交流。日本官方在历史问题上的价值观扭曲，不能作为放弃对日民间工作的理由。现今，在历史问题方面，日本国内存在责任承担的"错位"：应该道歉的拒不道歉，而不应道歉的却在一再道歉，长此以往反而会形成不利于中国的"负面连锁"，日本社会内部对于中日历史、现实认识的多样性，需要中方予以清楚认识与区别对待。由于官方宣传的刻意误导，日本民众中存在"中国拒不承认日本的和平贡献"，"中国刻意忽视日本对中国的援助与善意"等误解，造成中日国民感情的进一步割裂。在民间交往中，需要针对这些误解具体展开工作。

三　日本对华政策与中日关系的前景

日本对于中方"九三"抗战纪念活动的外交应对，再次反映出日本当前对华政策在全盘上的两面性：在改善对华关系方面"作出姿态"，而在现实矛盾问题方面"不做妥协"，其实质是一种风险最小化、利益最大化、具有投机性的对冲战术。

日本对华政策的两面性，是由日本国内政治与国际环境（特别是中、日、美三边互动的形势）所决定的。国内政治方面，安倍政府正面临"前所未有的、来自多方面的"的考验与压力，围绕安保法制改革、经济振兴计划、核能政策方面的政策争论正冲击着执政集团的政治共识与民意支持，在此情况下"适时地抓住机会改善邻国关系"有助于缓和安倍政府的压力。但与此同时，日本"正常国家化"及政治、军事大国目标的实现，依然受到冷战思维的牵引，依然需要将"作为威胁的中国"作为重要理由和借口，这决定了日本将中国设定为零和博弈环境中的战略竞争者而非合作者。中、日、美三边互动方面，美国对于中日关系的设计，是在维持动态平衡的基础上，具有"确保稳定"和"遏制强者"的两面性，这也使得日本对华政策的两面性更趋突出。

2014 年到 2015 年，中日关系从紧张到相对缓和的趋势明显，但关于中日关系的前景，目前两国均持相对悲观的看法。8 月，一项来自中日两国社会阶层的调查显示，近 35% 的受访者认为中日关系"无法正常化"，还有 20% 左右的受访者认为即使可以"正常化"，也要花费相当漫长的时间。这里，"无法正常化"或"难以正常化"指中日很难解决现实矛盾，甚至难以缩小立场差距，关系摩擦乃至急转恶化的可能性随时存在。

不过，从另一角度看，这也证明中日关系将进入与过去不同的、以长期战略博弈为核心特征的"新常态"。从默契性的相互谅解妥协，到明文化的竞争合作并存，在中日各自国内、国际形势较 10 年、20 年前发生重大变化的情况下，中日关系的"正常化"已经不可能"回到历史"，而只可能呈现新的局面。但即使如此，如果以维持中日关系的"可预期性"与"可持续性"为目标，推进关系改善、危机管控乃至战略互信的恢复，则不应在思想理念上"另起炉灶"，而应在尊重历史共识、借鉴历史经验、信守历史承诺的基础上展开。

中日关系研究的"热点"

冯昭奎*

中日关系研究是日本研究的一个重要领域，特别是对于作为"智库"的日本研究机构更是如此。中日关系在我国外交大棋盘上是一个非常关键的"棋眼"。研究中日关系问题，不仅对中日关系未来发展，而且对我国整体外交战略，都可望产生一定的参考价值。本文主要围绕中日关系，提出几个值得深入研究的"热点"，并就相关研究工作提出建议。

一 研究"习近平对日外交思想"

国防大学政治委员刘亚洲在《当代世界》杂志撰文指出："对待日本这样的国家，领袖个人的力量显得特别巨大。"[1]笔者认为，这个道理不仅适用于毛泽东、周恩来时代，也同样适用于当今。为此，我们需要认真学习习近平主席八年来关于中日关系的 27 次重要论述、他最近在联合国大会的讲话以及他一再强调的"人类命运共同体"思想等，并结合学习和研究邓小平、江泽民、胡锦涛等领导人的对日外交思想。也许我们需要花一段时间先认真研读习近平主席对日外交思想的核心、方法论、理论与实践等，并力争在 2016 年发表一项"中期成果"。

* 作者系中国社会科学院荣誉学部委员、日本研究所研究员。本文原载《当代世界》2015 年第 11 期。

[1] 刘亚洲：《从钓鱼岛问题看中日关系》，《当代世界》2015 年第 10 期。

二　研究"如何对待日本"

20 多年前，钱学森曾说："所谓'日本研究'就是研究如何对付日本。"① 笔者觉得"对付"一词口气"硬"了一些，宜改为"对待"。其实，日本研究，既要研究我们如何对待日本，也要研究日本如何对待中国。钱学森强调"日本研究"就是研究如何对付日本，是要突出"研究如何对待日本"的重要性。然而，我们实际的情况是，更多研究"日本如何对待中国"，而对研究"我们如何对待日本"似乎比较薄弱，缺乏深度。因此，研究中日关系需要强调要研究"两个'对待'"的重要性。这两个"对待"，是彼此互动、相互影响的，必须将这两个"对待"的互动机制搞清楚。正如一位美国学者所说："在安全问题上，美中两国实际上都有所行动，但当彼此缺乏信任时，一方有所行动，另一方就会说，'看，他又在行动了'，而完全忽视了自己其实也在行动的事实。"② 这个问题在中日之间同样存在，就是只注意对方的行动，而忽视了自己其实也在行动的事实。

所以，研究中日关系，重要的问题是要搞清楚中日之间的"互动"。对此，国内研究者已经推出一些很好的研究成果，比如对导致"中日两国民众相互好感度降至复交以来最低点"的双方因素的分析（而不是只指责日方的原因）。尽管如此，我们还是期待更多有深度、有应用价值的研究成果问世。比如，当我们要维护自己国家利益的时候，需要考虑他国也有自身的国家利益，它有可能与我们的国家利益相冲突，这里就需要"互动"，仔细考虑在与他国存在分歧的外交中，有没有可能实现"互利双赢"？当对方坚持"我赢你输"的玩法时，我们该如何应对？还有就是，日本方面所称的"国家利益"到底是"谁的国家利益"或"谁定义的国家利益"等等。

此外，中日历史问题与中日关系状态这两者之间是否存在着一定的相

---

① 冯昭奎：《钱学森谈日本研究》，中国社会科学院日本研究所资料。
② 《专家：中国看日是过去噩梦　日看中国是未来噩梦》，http://mil. huanqiu. com/observation/2015 –09/7403960. html。

互影响？是否存在如果中日关系处于良好状态、两国文化交流活跃，就比较有利于历史问题的缓解；中日关系越紧张、两国文化交流中断，历史问题就越难解？例如，在2007年4月第一届安倍内阁期间，时任中国国务院总理温家宝在日本国会发表演说："众所周知……日本发动的侵华战争，使中国人民遭受了深重灾难，人员伤亡惨重，财产损失巨大，给中国人民心灵造成的创伤难以用语言来形容。那场战争也给日本人民带来了巨大苦难和创痛，对此上了年纪的人们至今记忆犹新。沉思历史，使我们更加深刻地体会到：中日和平友好，关乎两个国家的命运和人民的福祉。"① 温家宝总理的演说，居然在日本国会赢得了热烈掌声，以致主持演讲会的安倍首相说："我在这里的讲话只能赢得大约一半人的鼓掌，而温总理的讲话却赢得了全场鼓掌！"种种事例表明，中日之间要真正解决历史问题，只有依靠努力改善两国关系，依靠持久深入的民间文化交流和感情交流。可以设想，一个民族即便过去对另一个民族做了伤天害理的事，而如果现在两个民族处于"大多数人都相互厌恶甚至对立"的状态，那么，做了伤天害理事情的民族的很多人就可能非常不愿意向厌恶自己甚至与自己对立的民族表示"反省"和"道歉"，认为决不能向一个与自己对立的民族"示弱"、"低头"。由此可见，只有通过努力扩大中日两大民族之间的广泛交流，消除部分民众的相互厌恶和对立情绪，增进两国人民之间的相互理解和相互好感，才能有助于双方在历史问题上逐步取得较大共识。然而，为什么现在中日在历史问题上陷入了"两国关系越差，历史问题越难解决；历史矛盾越尖锐，导致两国关系越差"的恶性循环当中？我们在历史问题上的对日政策是否需要改进？

　　总的来说，中日之间出现问题，责任在日本方面，但作为研究者，就不能"完全忽视自己其实也在行动的事实"，我们需要在全面分析事实真相的基础上，搞清楚中日之间在每一个具体问题上的"互动机制"，这样的研究更可能对我国对日政策提出有参考价值的见解。

---

　　① 温家宝在日本国会的演讲，http：//news. xinhuanet. com/world/2007 – 04/12/content _ 5968135. htm。

在如何对待日本问题上，我们应该继承毛泽东、周恩来在对日外交方面"化敌为友"的宝贵经验，防止出现"化友为敌"的局面。最近，王毅外长说："中日关系的问题从根本上讲，在于日本能不能真心接受和欢迎最大邻国中国的重新发展和崛起。就现实意义而言，中国的发展已经给日本带来了重要利益，但从心态上讲，似乎日本还没有为此做好充分的准备。中日之间目前的问题追根溯源，都与此有关。"① 那么，中国有无可能让日本人真心接受和欢迎中国重新发展和崛起？如果有可能的话，中国如何让日本人接受和欢迎中国重新发展和崛起？有人说，日本人只相信实力，当中国的军事力量和国内生产总值（GDP）超过日本多少倍，日本人就会接受中国重新发展和崛起，至少它会服中国。应该说，这有一定道理，但还是缺了什么。因为明治维新前夕，欧洲让日本服气，战后美国让日本服气，并非仅凭强大实力就让日本服气的。基辛格说："作为一个地处亚洲本土之外的岛国，特殊的地理位置使日本'进可攻，退可守'，在战略选择上具有足够的灵活性。1853 年，美国开着炮舰跑到日本人门口，说咱俩搞贸易吧，日本一看打不过，干脆放进来——学习！在保留主权的前提下，日本几乎全盘接受了西方的文化和制度，体现了日本的'服从—学习—超越'的传统是非常强大的。"② 那么，中国要让日本服气或服从，是不是也应该像欧美那样，不仅靠强大的军事力量，而且也要靠先进的文明力量？当中国真正实现了现代化，真正拥有了先进的文明力量，应该就有可能像王毅外长说的那样，"让日本人真心接受和欢迎中国重新发展和崛起"。

三　研究如何解决中日历史问题

长期以来，在我国大国外交中，对美对日外交成为所谓"重中之重"。近年来有些变化，对美对俄外交成为"重中之重"。1981 年，在中国社会

---

① 《王毅：中日关系的根本问题是日本能否真心接受中国发展和崛起》，http：//news. xinhuanet. com/2015 - 06/27/c_127958137htm。

② 《92 岁的老爷子到底说了些啥？》，http：//book. douban. com/review/7558329/。

科学院只成立了两个国别研究所——美国研究所和日本研究所，这充分反映了在当时国际形势下中国高度重视的是对美对日外交。

那么，今天日本是否还是中国大国外交中的"重中之重"，是否还是大国外交与周边外交交叠的特殊国家？中日关系是否还是在中国对外关系中极具特殊性和重要性的一对双边关系？这个问题很值得思考。应该说，从毛泽东、周恩来时代开始，我们就对日本特别地"在乎"，其主要原因不外是周恩来所说的"两千年"与"五十年"——"两千年友好，五十年对立"。当然，这是带有比喻性的外交语言。其实，"两千年"当中也有长期的对立。中日之间这种恩恩怨怨、"剪不断，理还乱"的关系成为我们长期以来对"一衣带水"邻国日本特别重视的一个重要原因。

20世纪90年代中后期以来，日本右翼势力及其政治代表在历史问题上不断挑事。日本一挑事，中国就强烈反应，而中国的反应越强烈，日本右翼的影响就越扩大，靖国神社就越兴旺。因为一个小小的神社居然能在13亿人口的邻国惹出这么大的动静来，正是日本右翼及政客求之不得的捞取政治资本和扩大影响力的手段。记得2005年小泉参拜靖国神社后，日本右翼甚至期待被激怒的中国民众做出过激反应，从而影响中国社会稳定。

今后，中国反对日本主要政治领导人参拜靖国神社的原则立场决不会改变，与此同时，是否需要研究一下，我们能不能采取更有效的斗争方式，改变一下习惯性的思维模式。对日本右翼这群"历史无赖"的频频挑衅，我们不要给它做"扩音器"，不能形成一种似乎全世界的人都要盯住日本领导人迈向靖国神社的脚步，以此来丈量中日两国关系甚至东亚地区形势。现在，一些日本人常说中国在"打历史牌"，其实真正在"打历史牌"的是日本。他们就是要利用"打历史牌"来故意激怒中国，伤害中国人民的感情，左右中日关系的走向，扩大自己的市场和影响力，打压日本国内的和平主义力量，而我们的义正词严的抗议和说理，对日本这群右翼"历史无赖"来说完全是"对牛弹琴"。

至于如何采取更有效的斗争方式，既要真正打痛活跃在日本政坛和论坛上的右翼，又要得到广大中国民众的理解和认可，确实是一个需要以高度政治智慧和勇气、依靠专业团队参与来进行顶层设计的问题。笔者认为，南京大屠杀档案成功"申遗",就是一个可以真正打痛日本右翼的举措。今后,我们要以一种藐视和鄙视的态度来对待日本右翼的历史修正主义言行,尽量避免满足日本右翼历史无赖"扩大影响"的预期,至少不要动不动就给它上某些报纸的头版头条,做某些电视频道的评论焦点。我们要让中国老百姓知道,日本右翼就是要故意激怒中国甚至引发中国人的"内斗",比如让一些民众怀疑甚至反对政府立足于国家利益制定的正确对日外交方针。

四　研究"中日国力国情的比较"

从经济角度看,长期以来中国重视中日关系还因为日本是我们邻国当中唯一的经济大国和发达国家。特别是改革开放以来,邓小平强调要学习日本发展的经验。1979—2008 年,日本向中国提供了大约 3 万亿日元的贷款和其他无偿援助和技术援助。据英国经济学家安格斯·麦迪森整理的数据,1820 年时中国 GDP 规模相当于日本的 11 倍,在日本明治初期的 1870 年中国 GDP 规模仍相当于日本的 7—8 倍。20 世纪 60 年代以后,日本实现了高速增长,而中国陷入了"十年动乱",到 1980 年,日本的名义 GDP 相当于中国的 3.5 倍。20 世纪 90 年代初,由于日元大幅升值,日本的名义 GDP 一度达到中国的 8.7 倍。[①] 可以说,当时中国重视对日关系恐怕也与中日经济实力的巨大差距有关。

然而,20 世纪 80 年代以后,中国经济实现了长达 30 余年的高速增长。2014 年中国 GDP 是 1978 年的 293.6 倍,也就是近 300 倍! 而日本经济则因泡沫破灭而陷入了长期停滞,中日经济规模的差距急剧缩小。2010 年中日名义 GDP 规模发生逆转,同年中国名义 GDP 超过日本,2014 年中国名义 GDP 进一步增加到约为日本的 2.25 倍。今后,中国的经济规模超过日本的幅度和倍数将继续扩大。日本内阁府 2010 年预测,到 2030 年中国在世界 GDP 中的比重按市场汇率计算将相当于日本的 4 倍。据亚洲开发银行2011 年预测,2050 年中国 GDP 规模将达日本的近 7 倍。这意味着中日经济

---

① 安格斯·麦迪森:《世界经济千年史》,北京大学出版社 2003 年版,第 216 页。

实力变化两次发生逆转，从 1870 年相当于中国 1/7 到 1/8 反转为 1980 年相当于中国的 8 倍多，又反转为 2050 年再次仅相当于中国的 1/7。

这意味着今后一二十年日本在经济上与中国相比的"相对小国化"进程完全可以预期。尽管今后相当长时期日本仍是大国，但在事实上中国似乎已经不再把它当做"重中之重"的大国看待了。然而，对这个问题我们也需要仔细斟酌，不宜过早下结论。日本不仅在 GDP 上居世界第三，而且从综合国力上看也依然是大国。因为除去 GDP 数字，我们判断日本是不是"大国"，还要看日本其他方面的实力，特别是日本的科技实力。据联合国贸易和发展会议统计，2014 年日本的技术出口为 368.32 亿美元，仅次于美国居世界第二位；同年中国的技术出口只有 6.76 亿美元，居世界第 21 位，日本的技术出口相当于中国的 54.4 倍。这个差距不可小觑。今后日本通过武器出口，有可能释放其军工技术和军民两用技术的巨大潜力，很可能成为需要我们认真对付的军事上的对手，而且武器出口也可能缓解日本经济规模缩水的进程。这些都是需要进行深入研究的课题。

五　研究"安倍强推安保法案以后的东亚地区形势"

在日本经济规模趋于"相对小国化"的同时，安倍政府为实现"强大的日本"而采取强推安保法案、松绑武器出口等举措，正在推动日本军事上的"相对大国化"。所谓军事上"相对大国化"，是指安倍为了落实安保法案，行使集体自卫权，正在扩大自卫队海外军事活动的内容和范围。这项行动必然要求扩充自卫队的兵力，增强武器装备，并与武器出口一起，刺激日本军工产业的发展。但由于受美国控制等因素影响，日本尚不可能像安理会五大常任理事国那样拥有陆基洲际核弹道导弹、潜射核弹道导弹和携带核弹的战略轰炸机等战略攻击性核力量。这种力量是日本可以用来对付美国的力量，美国当然不会允许日本发展。美国似乎只允许日本拥有在美国核保护伞之下用于攻击朝鲜和中国的军事力量，以及自卫队充当"美军替补"所需的常规武器装备、武器技术和武装力量。

安倍落实安保法案需要过两"关"：财政关和"流血关"。据 2015 年 4

月 IMF 统计，2014 年日本国家债务总额对国内生产总值之比在列入统计对象的 183 个国家中名列第一，为 246.42%，比陷入财政危机的希腊（177.19%）还要高。从历史上看，二战后英国债务余额对 GDP 比例也仅为 240%，日本在二战末期为 204%，而现在的日本竟然是 246% 多。因此，目前日本财政困难之严重可谓"史上罕见"。然而，背负着如此财政重担的安倍却还要将日本变成一个"能够进行战争的国家"，真是太不自量力。可以预见，以强推安保法案为主旨的"安倍军事学"与步履蹒跚的"安倍经济学"之间的矛盾终将爆发。另一方面，依据安保法案，日本可以向全球出兵，这使"少子老龄化"问题日趋严重、特别是年轻人减少很快的日本社会对不断扩大的兵源需求难以承受。在海湾战争中日本被美国批评说"只出钱、不流血"，实施安保法案后，日本再也不能回避在海外流血。而从日本国民对安保法案的强烈反对浪潮看，这个"流血关"不那么好过。从美国的角度看来，日本要与美国结盟，不能只出钱、不流血，美国的想法显然是"美国人为日本流血，日本人也要为美国献出生命，这才叫同盟"。

走向"正常国家"是日本统治阶层的长期战略目标。早在 1955 年，自民党成立之初就将修改和平宪法、走向"正常国家"作为其奋斗目标。几乎每一届要"有所作为"的自民党内阁、包括民主党的中间偏右内阁，都要在走向"正常国家"道路上立下自己的里程碑。例如，小泉纯一郎内阁制定的"有事法案"；民主党的菅直人和野田佳彦内阁相继上台后，将他们在安全战略方面做的事情与安倍现在做的事情对照一下，就会发现他们与安倍完全是"志同道合"，如出一辙；野田内阁竖立的里程碑就是将钓鱼岛"国有化"；如今安倍内阁竖立的里程碑就是安保法案，估计他在实现这个以"修宪"为最终目标的"阶段性成果"之后，很可能会"消停"一个时期，从而把主要精力放在经济方面。这正好与中国正在狠抓的经济转型相契合。因此，2014 年 11 月习近平会见安倍以来中日关系趋向缓和的势头在今后一个时期很可能会持续下去。随着中日双方更多关注两国国家利益的交汇点即"共同利益"，中日战略互惠关系或可能得到进一步发展。

但是，这不意味着今后几年日本右翼不会利用安保法案来对付中国。笔者认为，今后安保法案的第一步"重棋"可能是在南海和台海。日本防卫省长官已经在 2015 年 9 月 15 日表示，"在安保法案成立后，如何参与在南海的活动是防卫省需要研究探讨的课题"。这已经在暗示南海问题将可能是日本落实安保法案的第一个重大行动的对象。但这当然是有条件的，不至于很快采取行动，日本至少需要等待两个时机。

第一个时机是美国在南海挑起重大事端，中美发生冲突。南海问题是中美之间难以调和的结构性矛盾的一个集中体现。尽管不久前习近平主席访美，中美领导人都表示要避免"修昔底德陷阱"。然而，事态总是处于发展变化之中。奥巴马当政的最后几个月里，美国恐怕不会有太过激的挑衅行为。然而，2016 年大选后新上任的美国总统不管是民主党人还是共和党人，可能就不会那么"缩手缩脚"了。记得小布什时期的国务卿赖斯曾说过"南海是美国的核心利益所在"，这或许代表了美国共和党的观点。而且，2016 年不仅有美国大选，还有台湾地区领导人选举，这有可能会使中国周边形势变得更加严峻。在此背景下，南海、台海乃至东海，都可能成为中美或中美日的潜在的战略冲突点。

作为美国的铁杆同盟国，日本会迫不及待地参与到中美之间有可能发生的军事冲突中来。除了有意配合美国重返亚洲战略之外，其实日本也在考虑自身的战略利益。日本有媒体报道说，现在每天有 350 艘轮船从新加坡穿过马六甲海峡，其中 1/4 属于日本企业。有学者认为，如果日本海上通道安全受到威胁，导致日本的运输船舶都需要军事护卫，那么，日本的经济规模将可能缩小到现在的 1/7。这意味着即便日本没有遭到敌国的直接攻击，日本经济也会受到致命打击。与此同时，日本认为当今世界在实力和意志上具备为日本海上生命线提供保护的只有美国。因此，加强日美在南海问题上的军事合作，是日本维护其最根本的国家利益——日本生存的需要。

此外，以史为鉴，一旦中美在南海或东海发生武装冲突，日本右翼将可能很难抑制住像当年甲午战争那样通过战争手段再次打断中国和平发展与现代化进程的冲动。总之，日本很可能是在期盼中美在南海问题上犯颠覆性错误，以便自己从中渔利。安倍政府如此急切地强推安保法案的理由之一，就是为"合法地"参与可能发生的中美在南海的军事较量做准备。

　　然而，美国当然不会轻易采取战争手段来对付中国。因为美国和中国相互是最重要的经贸伙伴，中国实行"互利双赢"的外交政策，中国经济增长也给美国带来重要利益。日本右翼力量瞄准的是，如果未来中国经济趋于停滞甚至陷入麻烦，中国经济增长不再可能给美国带来重要利益的情况下，美或可能不惜采取军事手段从根本上消除中国挑战美国的能力，一旦这种情形成为美国现实的战略选择，日本正好可以此作为落实安保法案联美制华的第二种时机。日本右翼瞄准的就是中华民族伟大复兴遭到挫折和失败的可能性，哪怕这种可能性只有1%。

　　我们需要清醒地看到，一方面是美国期待中日对抗以便美国从中渔利，另一方面是日本期待中美对抗以便日本从中渔利。我们要想阻止任何企图在亚洲挑起战争的一方得逞，最有力的手段就是"搞好自己的事情"，不让美日利用我们内部的问题趁火打劫，与此同时在周边尽量减少乃至消除"敌国"的存在。然而，要防止美国利用亚洲国家之间的矛盾趁火打劫，在外交上最好的办法当然就是真正实现与美国之间建立"新型大国关系"。换句话说，要使美国真心接受同中国确立"新型大国关系"。

结　语

　　除以上关于中日关系的五大研究领域外，笔者认为研究中日关系还必须注重研究方法的学习。具体来讲，主要体现在以下几个方面：

（一）要选择好研究对象和题目

　　日本问题研究要为实现"两个百年"目标、为实现中国的可持续发展和全面现代化服务。而为了达到这个目的，日本研究应该促使中日关系朝有利于形成我国实现"百年目标"所必需的稳定的周边环境的方向发展，而非相反；日本研究应该促使中日经贸关系朝有利于我国经济转型和科技进步的方向发展，而非相反；日本研究应该发扬求真务实精神，为我国经济社会发展和全面现代化事业的顺利发展，继续切实吸取日本经济社会发展的经验和教训。

（二）要不断学习新东西，扩大知识面

国际问题研究是一个不断涌现新问题、产生新事物、形成新知识的研究领域，国际问题研究者必须不断跟踪新问题、追求新知识、接受新事物。比如，福岛核事故、日本武器出口等等，研究这些问题都需要我们努力学习和掌握新知识、新信息，注意吸取现代自然科学知识的营养。美国重要的战略研究机构，就巧妙地召集社会科学研究人员与自然科技人员一起来研究战略问题，因为战略问题必然是结合社会科学与自然科技的跨学科研究领域。习近平主席在 2014 年三次提到"新一轮科技革命正在孕育兴起"。我们正处在一个科技革命时代，如果研究战略问题的学者缺乏现代科技知识素养，那么，这种战略研究往往会流于肤浅。

（三）将研究日本问题与思考中国问题结合起来

日本问题与中国问题存在着深刻联系、相互影响和可比之处。早在 20世纪 80 年代，我国的日本研究特别是日本经济研究就十分注意带着中国改革开放中的问题意识来"研究"日本发展经验。通过 80—90 年代对日本经济的研究，使笔者养成了一种习惯，就是注意将研究日本问题与思考中国问题结合起来，形成了一种积极"建言献策"的热情。比如，2008 年北京奥林匹克运动会之后，笔者曾向上级领导提出过在中国的某城市主办一次号称"技能奥林匹克"的世界技能大赛（从 1950 年在西班牙举办第一届以来，每两年举办一次），提出重视培养技能工人的日本已经举办过两届世界技能大赛，对鼓舞年轻人学习生产技能，发扬"工匠精神"，与世界各国开展生产技术交流很有好处。这个报告递上去后，曾经得到有关领导的高度重视。此后，笔者从各种渠道多次提出中国应该重视生产技能，提高工程师和技术工人的社会地位，发扬"工匠"精神的建言。例如，2008 年 9 月在《环球时报》上发表了《不要忘记技能奥林匹克》等文章，在 2015 年 3月又提交了题为《防止对"万众创新大众创业"的片面理解》的报告，提出"中国的可持续发展迫切需要'创客理念'与'工匠精神'比翼齐飞"。

最后，还想提及前述刘亚洲文章中的一段话。他说："中日这场斗争是战略竞争，决胜的关键不仅取决于硬实力的比拼，也要看软实力，看谁在

战略指导上更胜一筹，看谁在实现国家目标的道路上走得更稳，看谁在战略判断、战略指导上更少犯错误。从这个意义上看，中日对抗是一场综合国力的较量。"最近，通览五中全会公报，令人印象最深刻的六个字就是"坚持协调发展"，在增强国家硬实力的同时注重提升国家软实力，不断增强发展整体性，这意味着我们要注意各个领域的发展速度之间的协调，防止有的领域的发展速度过慢（导致出现所谓"短板"），有的领域的发展速度过快，有的领域的发展速度过于突出。这样，我们的前进步伐才能更加稳健，行稳致远。只有"坚持协调发展"，国家才能可持续发展，综合国力才能不断增强。古语说："木秀于林，风必摧之；堆出于岸，流必湍之。""坚持协调发展"，也有利于获得我国实现两个"百年目标"和"中国梦"所必需的稳定的周边国际环境。

学术论文篇

中国周边地区局势和中日关系

张蕴岭[*]

我国有众多的周邻国家，构成独特的周边地缘格局和周边关系。周边地区对于中国极其重要，与周边邻国的关系如何，直接关系到中国崛起的成败。习近平在2013年召开的周边外交工作座谈会上指出，周边对我国具有极为重要的战略意义。思考周边问题、开展周边外交要有立体、多元、跨越时空的视角，要谋大势、讲战略、重运筹，把周边外交工作做得更好。[①]

从中国周边地区局势看，这里是当今世界矛盾的交汇热点之一，新旧矛盾、发展与安全的矛盾、合作与争夺的矛盾交织并存。其中，最突出的是周边地区各种力量异常活跃，战略与利益博弈加强，一些争端升温。与近代历史上我国周边局势变化相比，如今，特点和性质大有不同。以往，周边的变局都与中国的衰落有关：一则，中国的势力退缩，周边地区被分割；二则，中国本身成为强国猎食的对象，被侵占，被瓜分。如今，周边的变局则是与中国的崛起有关：一则，中国实力上升，对周边关系和格局影响力增强；二则，周边国家在与中国发展关系的同时，也"两面下注"，做各种应对"强中国"的布局。因此，当今分析和认识中国周边的关系和格局形势与变化，一是要有历史的视角，即把它放在一个历史的大转变的方位来认识；二是要有整体的观点，即把中国周边看成一个整体的区域，从

---

　*　作者系中国社会科学院学部委员、国际研究学部主任。

　①　参见《习近平在周边外交工作座谈会上发表重要讲话》，人民网，http://politics.people.com.cn/n/2013/1025/c1024-23332318.html，2013年10月25日。

内在的联系透视各种变化之间的联系；三是要有中国的视角，即把中国作为地区一员，作为一个对周边局势和关系变化具有重大影响的因素。如果不是这样，而是就事论事地看问题，分散地看问题，不把中国摆进去看问题，那就会得出不同的结论、采取不同的对策。

因此，应对中国周边局势的变化，既考验中国的战略、中国的耐心，也考验中国的智慧。实现"中国梦"是一个具有历史意义的大战略，会使中国与周边邻国的关系和周边地区格局产生历史性的转变。目前的诸多矛盾都与这种转变有关。[①]

中日是近邻，常说是"一衣带水"，关系割舍不断，利益交互相依。近代，日本率先实现现代化，但其提升实力成为侵犯中国的利器，使中国陷入灾难。从根本上说，中国的衰败固然起于其制度内部，但日本的加害无疑大大拖延了中国复兴的时间和进程。第二次世界大战后，中国与日本走出冷战阴影，恢复邦交，双方的关系一度得到迅速发展。但是，中国快速崛起所引起的双方力量对比变化，使两国关系发生新的转变。日本国内右翼势力升位，当政者视中国为战略威胁和竞争对手，使两国争端升温，关系陷入困境。破解中日关系困局，还需要大的战略，寻求新的历史定位。[②]

一　中国与周邻关系定位

中国是世界上邻国最多的国家。中国的邻国有陆地的、海洋的，有接邻的和近邻的。[③] 实际上，中国与邻国构成一个很大的地缘区域，既包括陆地，也包括海洋。从历史上看，鉴于中国历经转变，邻国复杂多样，因此，中国与周邻的关系出现反复波折，既有稳定的时期，也有战乱的时期，在

[①] 中国现在走向民族复兴之路，对周边的关系和环境有新的需要，因此，需要有新的视角、新的理念。参见张蕴岭《如何认识周边关系变局》，《东方早报》2012 年 9 月 18 日。

[②] 参见张蕴岭《把握周边环境新变化的大局》，《国际经济评论》2012 年第 1 期。

[③] 中国周边邻国包括越南、老挝、缅甸、印度、不丹、尼泊尔、巴基斯坦、阿富汗、塔吉克斯坦、吉尔吉斯斯坦、哈萨克斯坦、俄罗斯、蒙古、朝鲜 14 个陆上邻国，以及日本、菲律宾、韩国、马来西亚、印度尼西亚、文莱 6 个海上邻国。

很多情况下，中国被迫陷入矛盾甚至是战争的漩涡。长期以来，如何处理好与周邻的关系，一直是中国对外关系的重点。

分析和认识周边的关系和局势，大体可以从四个维度：（1）地缘维度，即把周边作为一个大的地缘区域。这样，中国与周邻国家就连接在一起，共处一个区域，相存相依。（2）关系维度，即中国与各周邻的各种不同的关系，具有多样性和多变性的特征。（3）利益维度，即中国与周邻各国形成不同的和共同的利益基础和架构。（4）博弈维度，即中国与邻国之间，邻国之间，外部势力与周邻之间，以及外部势力之间，形成多层次的战略和利益博弈。

一般地说，鉴于中国是一个大国，中国强大时期，往往形成一种稳定的关系与格局秩序。历史上，在很长的时期，曾经形成一种以主从为特征的"华夷秩序"，在此情况下，中国与周邻的关系、周邻之间的关系以及外部势力的博弈都比较稳定。中国衰落，"华夷秩序"解体，各种关系就变得复杂了，多变了。近代以来，周邻国家被各种势力肢解，大多数国家变成了殖民地，中国和周邻的直接交往中断。周边地区很多历史遗留的问题都与近代这种关系的反转有关。

中华人民共和国的成立，标志着中国衰落趋势的终止。但是，中国与周邻国家的关系走向正常还是经历了一个艰难的调整期。一则，冷战格局难以让中国与周邻发展全面的和正常的关系；二则，周邻国家获得独立和自主也经历了艰难的历程。

事实上，在很长时间内，包括改革开放前的一段时间，中国在周边地区都处于被动应对的地位。冷战时期如此，中苏分裂时期也是如此。改革开放是中国第一次主动开始改变外部环境。改革开放本身就是最大的战略性转变，即由完全被动应对到主动创建发展环境。中国以改善中美关系为契机，先后同日本、新加坡、马来西亚、泰国等一批周邻国家改善了关系。

冷战结束后，中国捐弃前嫌与俄罗斯建立了新关系，与从原苏联分立出来的新生国家建立了正常的外交关系，并且通过谈判和平解决了边界划界问题。对于原来与苏联关系走得近的国家，如老挝、越南，也先后实现了关系的正常化。到20世纪90年代末，中国与所有的周邻国家实现了外交关系的正常化。这是中国百年衰败后发生的第一个重大变化，即与周邻国家都建立了正常的国家间关系。

以此为基础，随着中国经济的快速发展，综合实力提升，周边关系和格局开始向新的方向转变。主要体现在：

（一）中国逐步成为周邻国家的主要市场、贸易伙伴和外资来源

中国逐步成为周邻国家最重要的市场，最大的或者是主要的贸易伙伴，进而逐步成为周邻国家重要的外来投资来源，成为基础设施工程最主要的承包者。中国成为支持周边地区经济增长的发动机。

（二）中国积极参与周边地区的合作，推动构建区域合作框架

在周边地区先后发展起了中国—东盟自贸区与综合对话合作框架，东盟 + 3（中日韩）对话合作框架，中日韩对话合作框架，东亚峰会对话合作框架，以及上海合作组织等。周边地区合作框架的构建，丰富了中国与周邻国家间的关系，改变了双边关系定格的地区关系特征。

（三）中国与所有周邻国家构建了伙伴关系

构建伙伴关系是中国对外关系的创造。伙伴关系的核心是对话与合作，而不是对抗与冲突。这就从性质上对中国与周邻的关系明确了定位，拓展了新的发展空间。①

新中国成立后，中国与印度和缅甸共同倡导了"和平共处五项原则"。"和平共处五项原则"的基本精神是"和平"与"共处"，出发点是不干涉、不对抗，和平相处。后来，中国又先后提出了"与邻为善、以邻为伴"，"睦邻、安邻、富邻"，"周边是首要"，"亲、诚、惠、容"，"命运共同体"、"利益共同体"等许多原则与政策。这些原则与政策所体现的，是中国在新时代、新形势下发展与周邻新关系的新理念和新思想。与历史

---

① 钟飞腾认为，中国对周边的关系和环境以发展利益来界定，实现共同构建。参见钟飞腾《中国周边安全环境：分析框架、指标体系与评估》，《国际安全研究》2013 年第 4 期。

上的等级理念和思想不同，当今中国所提倡的是平等、和平、发展与共赢。世界上，没有一个大国提出过这样的新关系原则。①

二　周边地区的新变局

如今，中国与周邻国家的关系，以及周边地区的格局正在经历大的历史性反转。中国正在由大变强，民族复兴之梦更为接近，中国成为周边地区实力最强、影响最大的国家。随着中国的进一步发展，周边关系与秩序的新百年重构进程将会进一步加深。我们现在处于一个历史的重构长进程中。看待中国与周边关系，要放在这个百年重构的长进程中，要有长视野，要有战略耐心。

如今，人们议论最多的问题是中国周边地区出现新的紧张，东海、南海地区似乎有些剑拔弩张，大有发生战争的风险。

其实，固然一些矛盾存在很大的风险，对中国所处的周边环境产生很大的影响，但总的形势还是好的。从大的局势来看，甚至可以说是新中国成立以来国家安全威胁最小、中国掌控周边大局能力最强的时期。尽管出现了许多新的矛盾，但中国并没有陷入崛起的"困境"。中国具备更强的开拓和创造环境的能力。②

中国由弱变强本身会引起多重复杂的反应，会导致地区关系的重大而深刻的调整。就地区关系来说，调整的基调是由弱势中国下的关系转变成强势中国下的关系。"强中国"下的关系会使一些争端升温。为什么？因为在中国不强的时候，对于争端，一则自己没有力量去管，二则人家也不太在乎你，可以先搁置。但"强中国"下就不一样了。"强中国"带来了双向的反应：一是中国对自身利益的诉求必然增强。中国曾经历百年衰落，失去很多，当自己变强的时候自然会想到把失去的拿回来，对于不合理的

---

① 冯绍雷等认为，中国对周边有自己独特的视角和定位，主导的战略是通过合作摆脱危机。参见冯绍雷、封帅《中国周边安全的新认知：特点、功能与趋势》，《国际安全研究》2013 年第 2 期。

② 有人认为，中国存在"崛起的困境"，现在走入"困境期"。参见高程《周边环境变动对中国崛起的挑战》，《国际问题研究》2013 年第 5 期。

秩序，难以再忍耐；对于被迫吞下的苦果，要吐出来。在中国看来，这样做理所当然，不是要复仇，而是要正位。中国自身扩大利益的诉求也必然增加，也即要拓展自己的利益空间。二是相关国家特别是周邻国家，也会采取对策。在如何应对一个"强中国"上，尽管各方对策不尽相同，但大都是两手，即一手是发展关系，另一手是防中国。特别是那些与中国有争端的国家，必然会做多手应对，包括拉其他国家为伍，推动"准结盟"联合。

美国不是中国的周邻国家，但是一个地缘和战略邻国。所谓地缘，是说它近在咫尺，在中国的邻国有驻军，布有可以直达的高新武器；所谓战略，是说它是地区霸权国家，中国崛起会对它形成直接的挑战。进入21世纪后的前十年，美国的战略重点主要是反恐。当中国的经济总量跃升为世界第二，被认定在改变秩序格局的时候，美国就忍耐不住了，不得不调整大战略，把重点转向应对中国的挑战。为此，美国调动资源，拉拢势力，力图压制中国拓展空间，遏制中国影响力的上升，防止中国替代或者削减美国的存在与影响力。这就是美国"重返亚洲"战略提出的背景。

日本也在进行大调整。中国经济总量超过日本，使其感到巨大压力，也感到紧张。日本开始认真考虑如何与一个"强中国"相处。搁置钓鱼岛问题本来是两国恢复外交关系时的共识，但在中国综合实力大幅度提升的情况下，日本政府把钓鱼岛问题推到了前沿。安倍再次上台执政后，把"中国威胁"作为推动国内改革、解禁行使集体自卫权的标靶，不惜恶化与中国的关系。这使得两国关系进一步倒退。

菲律宾、越南为了维护在南海所占的岛礁利益，公开向中国叫板，拉美国助威……

很多媒体也把中国描绘成一个耀武扬威、力图扩大权势的国家。

如果就事论事看问题，的确让人有点头疼，为何突然冒出来这么多的问题，形势为何"急转直下"？似乎中国周边地区一下子变天了。但如果我们把周边看成一个整体，把变化放在中国由大变强的大历史发展进程中看，那就可以有一个客观的大局分析，即"强中国"下的格局和关系重构，新的百年大变局进程。

地区关系和格局的大变局是一个渐进的过程，变化本身具有不确定性。尽管中国一再宣称坚持走和平发展的道路，与周邻国家相处要体现"亲、诚、惠、容"，实现共赢，但中国综合实力的快速提升，中华民族实现复兴，毕竟是一个新进程，中国还没有取得周邻国家的充分信任。当然，也应看到，周邻国家对中国的"防"和一些国家的"抗"也是相对的，因为它们并不会放弃与中国发展关系。

尽管新形势增加了中国被动应对的一面，但也要看到，因为中国综合实力增强，也提升了主动应对和构建新关系的能动性。中国的主动性至少体现在两个方面：（1）对不希望做的可以去施加影响；（2）对希望做的可以去着力推动。从总体上看，中国能够制约变局升级，能够发挥自己的影响力。中国要坚持把周边作为实现民族复兴的战略依托带。①

在所有这些变化中，把握中美关系的大局仍然是核心。美国有它的战略，这就是防止中国排斥美国，替代美国的地位，损害美国的核心利益。避免对抗是中国应对美国战略的底线，但这个底线是不损害中国的核心利益。中国提出要与美国构建新型大国关系，这是主动型战略，不是被动性措施。②

对于中国关于构建新型大国关系的倡议，美国可能不太情愿接受，但也难以拒绝。许多人猜测中国的真实意图，有的认为，接受中国的倡议意味着承认美国和中国平起平坐，也有的认为中国是要与美国寻求共治（G2）。习近平形象地说，太平洋足够大，可以容下中美两国。显然，中国提倡与美国构建新型大国关系不是为了寻求共治，而是为了寻求共存。所谓规避"修昔底德陷阱"，就是一个崛起的中国和一个守成的霸权有竞争，不打仗，实现和平发展。事实上，如果这样做，中美就是在创造历史，创

---

① 参见张蕴岭《构建中国的周边战略依托》，《国家人文历史》2013年第3期。

② 不发生大的对抗，实际上是中美双方的战略底线。参见张蕴岭《把握周边环境新变化大局》，《国际经济评论》2012年第1期。

造大国崛起不发生战争的历史，创建新型国际关系的历史。①

三　认识中日关系

在中国与周边国家的关系中，与日本的关系最为错综复杂。在中日长期的历史交往中，大部分时间是中国强，但是，近代大部分时间是日本强。自19世纪后期，日本就是亚洲的老大，凭借其实力进犯中国，八年抗战，最后还是借助国际反法西斯力量实现胜利。日本战败，摧垮了其经济，但第二次世界大战后日本又迅速实现经济恢复，成为经济总量居世界第二的经济强国。

2010年是一个转折，中国的总体经济实力超过日本，此后继续以很快的速度把总量差距拉大。包括军事力量在内的中国综合实力继续提升，如果此趋势延续，中国的经济总量将超过美国。从中日关系的角度来说，这是一个大的反转，必定会对中日关系产生深远的影响。

从日本方面来说，核心的问题是在中国迅速发展、综合实力提升的情况下，究竟该如何与中国相处？第二次世界大战后，中国还很弱，日本同情中国，做了不少好事，例如提供政府发展援助（ODA）、支持中国加入世贸组织、承认中国的市场经济地位，等等。但是，日本人也有一个心结，就是担心中国成为竞争者。比如，在改革开放的前期，日本企业很担心在中国投资会让中国学走技术。只是在其他资本大举进入中国市场的情况下，日本大企业才开始下决心进入。

进入21世纪，中国的综合实力提升很快。而日本经济的长期停滞对日本任何党政领导人来说都是一块心病。本来，日本靠上中国这个不断增长的大市场，与中国一起推动东亚区域一体化，是可以为其创造经济增长的新动力的，但是，出于对中国竞争力和影响力的担心，日本对中国的政策

---

① 余万里认为，中美合作之利压倒冲突之弊，这是一个大共识。新型大国关系包含三层：一是确立相容的大国关系，二是确立相互尊重的新型大国关系，三是确立探索构建的途径。参见余万里《中美新型大国关系的内涵与现实》，载《北京论坛（2013）文明的和谐与共同繁荣——回顾与展望："构建新型大国关系：机遇与挑战"分论坛论文及摘要集》，2013年11月。

总是摇摆，而最后又走向制约中国，甚至把中国作为对手的方向。小泉执政时期，他用对中国表示强硬、坚持参拜靖国神社来拉动国内的人气，靠加强与美国的合作来制约中国，结果导致中日关系急剧恶化。安倍短暂执政，与中国建立战略互惠关系，但是，他深藏内心的复兴日本之梦决定了他是要把中国作为对手的。其后，福田当政时期，他推行与中国发展友好合作的政策，中日关系出现改善。麻生执政时期，他试图通过搞"价值观同盟"，创建"民主之弧"来孤立中国，并没有奏效。鸠山当政时期，他试图推行"融入亚洲"的政策，加强与中国的双边和区域合作。他触怒了美国，导致他很快下台。

中国经济总量超越日本，对日本政坛和民众对华情绪来说，无疑像点了一把火。如何应对比日本强大的中国，成为关注的主题。在民主党里，有一批对华强硬派，他们倡导实施对华强硬的政策。2011 年野田上台执政，他一方面表示要与中国发展关系，但又越来越担心中国的威胁，把应对"强中国"作为重要对策。2012 年，野田政府决定对钓鱼岛实行"国有化"，尽管公开的说辞是为了防止石原团伙购岛制造事端，真正的考虑是阻止中国占岛。结果，中日关系又一次陷入僵局。安倍重新执政，他把应对"中国威胁"作为调动日本人心气、拉拢美国支持其"正常国家化"的利器。他坚持参拜靖国神社，否认侵略历史，大幅度提升军事力量，积极推动解禁集体自卫权，并到处宣扬"中国威胁"，与中国争夺影响力。自中日恢复邦交以来，还没有一位日本领导人采取这样的全面对华政策。尽管中日没有拉开对抗的架势，但是相互间仇视的程度在不断加深。

其实，日本政治家很清楚，中国的崛起和民族复兴是难以阻挡的，与中国为敌，于日本无益。在发展上，真正使日本力量衰落的是内因，比如超大的政府、过度的老龄化、综合竞争力优势下降等，真正束捆其做"正常国家"的是美国。因此，日本政府把应对"中国威胁"作为复兴日本的主导战略显然是定位错了，非但不能实现日本的复兴，反而会使日本陷入困境，付出更大的成本。在经济上，日本对中国市场的依赖程度很高，与 20 世纪 80 年代相比，正好是一个反转，原来中国严重依赖日本市场（原来是 18% 以上，现在不到 10%），而现在是日本严重依赖中国市场（原来是不到 10%，现在是 18% 以上），在可预见的时期内，没有一个国家能够为日本提供这样大的市场份额。

日本要做"正常国家"需要两个条件：（1）正确认识历史，获得受害国家和国际社会的谅解；（2）摆脱美国的控制，坚守独立、自主与和平。这两个条件并存，交互作用。前者涉及中国，一个崛起的大国，而后者涉及守成霸权美国。

不管出于什么原因，只要日本不能正视历史，中国就不会认可日本的"正常国家"地位。中国不是要抓住历史不放，而是历史不会被忘记。这是中日关系正常发展的底线。以往的事实表明，每当日本政治家特别是领导人在否认历史上搞动作，中日关系就会出现大问题。可以说，中国越强大，对日本否认历史的抗力就越大。①

至于摆脱美国控制，可能更为复杂，难度更大。长期以来，特别是冷战结束以来，日本一直利用加强与美国的同盟关系，来提升自己的军事能力。对日本的这种"体制内"成长战略，美国心知肚明，出于减轻自己负担、借力日本的战略考虑，美国实际上纵容其这样做。如今，安倍在这个方向上迈的步子更大，力图建立更为强大的军力，通过解禁集体自卫权获得更大的军事活动空间。对此，美国给予了明确的支持，原因是想让日本成为其遏制中国战略的力量。但鉴于中美构建新型大国关系，美国也不希望日本在中国问题上单独闹事，更不会让日本独自行动。不管怎么说，日本是被放在美国的战略笼子里。至于日本冲在前面，围堵中国，这无助于日本变成"正常国家"，只会损害中日关系。

中日关系没有走出历史的阴影，现在又陷入战略性对局的漩涡。因此，目前中日关系要走出困局，需要更大的努力。放在中日关系历史性反转和区域格局大调整的大视野来看，中日关系力量结构和利益结构的落定迟早要明晰，只是需要时间。

---

① 刘江永认为，中日关系恶化的原因不是因为中国的经济总量超过日本，使日本对中国做出强硬反应，而是因为日本国内右倾化的结果。因此，中日关系回转取决于日本国内政治的变化，将来出现"对话合作型"政府。参见刘江永《钓鱼岛之争的历史脉络与中日关系》，《东北亚论坛》2014 年第 3 期。

尽管如此，把握转变进程中的矛盾，尽可能减少发生冲突的因素，使两国关系走向"正常发展"的轨道，还是既需要谋划又需要行动的。如果说中美构建新型大国关系是在创造历史，打破崛起大国与守成大国必战的铁律，那么，中日两国也负有创造历史的责任，那就是化解历史积怨，走向合作共赢之路。欧洲的法德这样做了，难道亚洲的中日做不到么？不过，法德做到了，是基于两个条件：一是德国真正对侵略历史反省认罪，二是两国共同参与和推进欧洲合作，前一个是后一个的基础。中日要和解与合作，也离不开两条：一是日本真诚反省历史，二是中日两国协力推动亚洲合作。① 障碍首先在第一条。当然，在亚洲创造这样的环境，除了中日两国努力外，也需要其他国家的努力，其中自然也包括美国。

四　钓鱼岛问题大局

钓鱼岛问题有大利益、大背景和大格局。大利益就是中国要恢复对钓鱼岛的主权，而日本则极力维护现有的治权，并进而拒绝承认存在主权争端；大背景是中日综合实力对比向有利于中国方向倾斜，日本"以攻（国有化）为守"；大格局则是钓鱼岛交由日本管理是第二次世界大战后在中国没有参加的情况下进行的区域秩序安排，中国力量上升对这种秩序形成挑战，改变这种损害中国利益的秩序是迟早的事情。

日本政府对钓鱼岛进行"国有化"的举动和坚持不存在主权争端的立场，把钓鱼岛问题推向死角。日本政府人士声称，日本从来没有在钓鱼岛问题上与中国达成默契，对其"国有化"只是国内政策的调整，是基于日本国内政治的原因（石原派借机施压争权），从私人手里购买所有权以便于政府管理。

但在中国看来，这样的解释只是自欺欺人。中国方面认为，如果没有

---

① 安倍在德国讲话说，日本不能像德国那样道歉。参见《安倍访问欧洲对抗中国 称不会效仿德国就二战历史问题道歉》，http://www.guancha.cn/Neighbors/2014_05_02_226073.shtml。这种说法出自日本领导人之口，让人感到惊异。笔者认为，日本以后的领导人能这样讲的不会多，不然，日本会永远被钉在历史的耻辱柱上。

当年的搁置默契，两国关系正常化是不可能实现的，"国有化"是日本政府应对中国力量提升的准备，是出于对中国战略判定的考虑。因此，"国有化"一则破坏了两国关于搁置的共识基础，二则把中国推向别无他择的境地而必须采取强烈反制的措施。显然，如果中国不做出反制，那就等于是默认了日本国家对钓鱼岛的主权，这对于中国来说，显然是不可接受的。①

尽管让钓鱼岛主权回归是中国实现国家强盛、民族复兴的一个当然结局，但是，一则，中国并不急于恢复对钓鱼岛的主权，可以接受继续维持先前两国达成的关于搁置的默契；二则，对于如何处理与日本的钓鱼岛主权争端，实现钓鱼岛的主权回归，中国并没有明晰方案，留出了协商与谈判的空间。

日本政府把钓鱼岛"国有化"，也为中国政府采取措施宣示钓鱼岛主权提供了契机。作为应对，中国政府公布了钓鱼岛领海基线，开始了对钓鱼岛海域的巡航。中国并没有去抢占钓鱼岛，而是采取了进一步确立主权和宣示主权的方式。日本方面一再宣称，中国要占据钓鱼岛，并且进行夺岛军事演习。中国方面很清楚，抢占岛屿不是解决问题的出路，那样不仅会引发战争，而且也不会有期望的结局。

钓鱼岛问题显然是中日关系中的一个长历史遗留问题。在中国看来，钓鱼岛为日本管辖，所联系的，一是日本近代侵犯中国的历史，即日本借甲午战争取胜自行把钓鱼岛划归己有；二是第二次世界大战后美国主导的不合理秩序安排，私相授受，把本该归还中国的交给日本管理（尽管不包括主权）。中国对这两个所谓的事实从来都不认可和不接受。

显然，考虑到钓鱼岛问题的复杂性，如果双方同意，把它搁置起来是可以的，将来视条件再寻求最终的解决方案。但是，在中国实力上升、力量对比向中国一方倾斜的情况下，日本断然否认存在主权争端，这就堵死了协商和谈判解决的路子。因此，尽管中国不希望通过战争的方式解决钓鱼岛主权问题，但是，如果日本在进行"国有化"的基础上继续坚持不存

---

① 翟新认为，对钓鱼岛"国有化"是日本挑战中国，成为中日关系的一个转折点。参见翟新《日本民主党政权"国有化"钓鱼岛的动因》，《国际问题研究》2012 年第 5 期。

在主权争端，那么，发生冲突的风险就大大提升。

其实，中国已经公布了钓鱼岛的领海基线，制定了法律文件，实现了对其海域的正常巡航，巡航的意义就在于宣示主权，这实际上改变了钓鱼岛只由日本实际控制的状况。在此情况下，中国不需要再要求日本承认钓鱼岛主权存在争议，而是应继续坚持对钓鱼岛地区的巡航行动，在必要的情况下，也可以加大行动力度。事实上，让安倍政府承认存在钓鱼岛主权争端是不现实的，今后，日本的领导人也很难公开承认争端，不过，中国坚持巡航，在宣示主权问题上不退让，日本不承认存在争端也无妨。[①]

在钓鱼岛问题上，日本政府要拉美国的大旗，因为是美国作为礼物送给了日本。美国在玩两手：一手是不涉及主权，只涉及管理权，主权问题让中日双方解决，目的就是让中日对立和冲突下去；另一手是捍卫管理权，把钓鱼岛置于《美日安全条约》之下，目的是不让中国改变现状。[②] 据说，钓鱼岛问题就是美国人设下的一个套，让中日永久对立，这样美国才可以坐收渔翁之利。

对中国来说，钓鱼岛问题具有双重的战略含义：（1）要打破现状，突破甲午战争以后钓鱼岛被日本占领的状况，不再默认日本的实际控制，凸显中国的崛起和复兴。当然，最终如何解决，还要看条件。（2）打破区域秩序现状，涉及第二次世界大战后美国在亚洲地区的布局，钓鱼岛的施政权是美国给日本的，是战后美国主导的亚太地区秩序的一个组成部分，所以，美国强调的是维护秩序的责任。中国多次发表声明，不接受美国这样的安排，也不认可美国的这种责任。不过，破解这种地区秩序结构需要时

---

① 2014 年政协会议期间，笔者在接受中国日报网记者专访时提出，在钓鱼岛问题上，我国已经划定了钓鱼岛及其附属岛屿的领海基点基线，已经突破了日本对钓鱼岛的单方"管控"，开始了正常的巡逻、维权。所以，在这种情况下，就没必要再要求安倍政府承认存在领土争端。参见《政协委员张蕴岭：中日并非"必有一战"》，中国日报网，2014 年 3 月 7 日。

② 2014 年 4 月 24 日，美国总统奥巴马在访问日本时表示，钓鱼岛在日本施政之下，适用于《美日安全条约》，这是美国总统首次明确表明态度。日本多年来要求美国公开表明态度，这次如愿以偿。不过，美国在主权问题上，仍然坚持不介入、鼓励双方谈判解决的立场。美国的这个立场实际上是阻止中国采取让主权回归的行动。不过，有的日本人认为，这是美国人的一个空口承诺，没有实质性的内容。参见桥本隆则《奥巴马的钓鱼岛发言的文字游戏》，http://blog.sina.com.cn/s/blog_6011cb260102e4zx.html? tj = 2。

间，未来建立一种什么样的地区秩序取决于多种因素。

因此，从大局来说，钓鱼岛问题反映的是重构秩序问题，涉及中日两国的实力对比，涉及战后旧金山秩序的解体，涉及中美战略的博弈。这既需要时间，也需要大局观，不能无动于衷，也不能太着急，"斗而不止，攻而不破"。

中国社会科学院学部委员张海鹏和中国边疆史地研究中心研究员李国强在《人民日报》上发表的关于钓鱼岛的文章①，提到"冲绳再议"的问题，这对日本和美国都震动很大。什么叫"冲绳再议"？那就是依托《旧金山和约》形成的整个东亚秩序的重构，这比钓鱼岛问题涉及的问题更多。以中国崛起和民族复兴为引领的地区秩序调整和重构是一个必然的过程，但需要经过长时期的渐进、渐变。将来，这个区域的关系和秩序会如何，取决于各种复杂因素的调和。

五 "强中国"下的中日关系

中日关系现在处于邦交正常化以来的最低点。那么，"强中国"下的中日关系究竟出路何在？能否走出对立、对抗的局面？②

如前所述，中日关系当前和今后一个时期是历史性重构，这是一个长过程。从目前来看，中日关系完全破裂、变成两个敌对国家，发生大规模战争，几无可能。打一大仗，一是日本没有这个能力，二是中国并不准备这样做。中国需要和平发展的环境，要维护中国发展战略机遇期。而日本人民的反战深入人心，几乎成为"国规"。有以往的教训，有第二次世界大战后的和平主义基础，像安倍这样的政治家要把日本引向战争，看来是行不通的。

从某种意义上讲，战争没有胜者。崛起的大国并不必然与守成大国有一

---

① 张海鹏、李国强：《论〈马关条约〉与钓鱼岛问题》，《人民日报》2013 年 5 月 8 日。
② 冯昭奎认为，从历史来观察，中日关系结构曾由"强弱型"关系（早期）转到"弱强型"关系（近代），现在是转向"强强型"关系。"强强型"关系有延伸为政策上的"强强对抗"风险。参见冯昭奎《中日关系：历史的回顾与展望》，《外交评论》2012 年第 5 期。

战，更何况是一个处在美国压制之下的日本。这样，中日两国之间的领土争端、实际利益竞争，就还是可以通过政治层面去操作的。问题是，安倍走得太远，靠言语急转弯，难以取得中国的信任，中国要的是行动。日本政治家迟早会明白，把中国作为对手，借"中国威胁"来推动日本国内的改革，解禁集体自卫权，把日本变成为"正常国家"，不是一个好的战略，所付出的成本太大。①

中日力量对比还在变，中日关系还会进行艰难的调整。中日关系转向良性调整至少需要三个基本条件：（1）中国综合实力提升的趋势可持续，坚守和平发展道路的承诺不动摇；（2）日本调整对中国的认知定位，以理性的态度面对中国的崛起和不断增大的影响力；（3）中美新型大国关系构建取得进展，为中日两国关系提供更大的空间。中日双方都需要理性、智慧和有决断的领导人，都需要有大视野和大局意识的社会公民力量，更需要为两国实现和解与合作创建更多有利的环境。中国新一代领导人肩负实现"中国梦"的重大责任，取得了较长时间执政（十年）的保证，中国综合实力稳步提升具备条件，中国需要一个非敌对和开展合作大邻居，改变中日关系反转必战的"规律"。反观日本，其领导人也肩负把日本拖出经济停滞泥潭，让日本保持稳定发展的责任。安倍不会有这么长的执政机会，他本人，特别是后续的领导人可能会深入思考。扭转与中国关系恶化的局面，让日本从中国的崛起中得到好处，对日本来说是代价最小、获利最大的选择。

---

① 冯昭奎还认为，日本总有一天会走向重返亚洲之路，在此情况下，中日关系会出现新的转变。参见冯昭奎《中日关系：历史的回顾与展望》，《外交评论》2012 年第 5 期。

国际战略格局的演变与中日关系

朱　锋[*]

什么因素在主导中日关系的走向？这是国内外学术界长期争论不休的问题。基本观点可以概括为"三论"——"中国扩张论"、"日本右翼论"和"美国阴谋论"。国际东亚研究学术界的主流观点认为，中国的崛起造成了日本对华战略焦虑的上升，进而日本不得不调整其外交、安全与战略选择。近年来中国经济力、军事力和国际影响的急速上升与中日关系的恶化同时存在，似乎为这种观点提供了佐证。中国国内学术界更多地把中日关系的恶化，视为日本右翼势力在后冷战时代逐步成为日本政治主流的结果。与此同时，美国利用美日同盟对日本的施压、利用和怂恿，也是日本对华逐步采取对抗政策的重要原因。[①] 然而，这三种观点都忽视了中日关系在当代亚洲政治中的特殊性。

中日关系是东亚地缘战略格局中一种非常具有特殊性的关系。这一关系的特殊意义在于，从这一关系中可以寻找到国际体系中导致大国对抗的几乎所有因素。这些因素包括：地理位置的相邻与彼此的大国意识而必然

* 作者系南京大学中国南海研究协同创新中心执行主任。

① 有关后冷战时代中日关系变化研究的代表性观点，参见：Bong Youngshik and T. J. Pempel, eds. , *Japan in Crisis: What Will It Takes for Japan to Rise Again?*, Seoul: Asan Institute for Policy Studies, 2011; Richard C. Bush, *The Perils of Proximity: China – Japan Security Relations*, Washington D. C. : The Brookings Institution, 2010; Christopher W. Hughes, *Japan's Remilitarization*, London: The International Institute for Strategic Studies, 2009; Ming Wan, *Sino – Japanese Relations: Interaction, Logic and Transformation*, Washington D. C. : Woodrow Wilson Center Press, 2006; Gerald L. Curtis, ed. , *New Perspectives on U. S. – Japan Relations*, Tokyo: Japan Center for International Exchange, 2000.

产生的地缘政治竞争，未能解决的领土争议，权力变更后深化的安全困境，意识形态和政治制度上的相互排斥，历史问题争议所引发的认同对立，国民情绪的相互嫌弃，结盟政治所深化的威胁意识，以及国际关系历史上常常出现的"陆地大国"与"海洋大国"之间的对立，等等。①

　　然而，从1972年到后冷战时代的友好关系的延续，直到2012年9月因为野田政府钓鱼岛"国有化"所引发的中日钓鱼岛海域安全危机，中日关系从"大国友好"转向"大国对抗"，其根本原因并非上述因素在某个环节或者某个层面恶化的产物。更准确地说，中日关系的下滑，除日本右倾化的重大因素，是中日两国实力对比的变化和中日关系本身互动的结果，也是中日两国国内政治与国际战略格局互动的结果。这一结果在冷战结束以来的20多年间，如此深刻、全面地影响到了两国的国内政治和各自的政策，使得隐藏在两国关系背后的诸多冲突因素不是受到应该有的抑制，而是要么没有得到抑制，要么以泛滥的形式发作了。其结果是，中日政治和安全关系在面对其贸易依存度不断飙升的同时越发紧张和脆弱。改变中日关系的当前局面，更多需要的是两国的政治和社会精英，对管控两国争议、防止危机升级以及重塑中日友好合作表现出足够的政治责任和历史担当。

一　国际战略格局与中日关系的相互影响

　　中日两国都曾是深受第二次世界大战后国际体系影响的国家，都曾是冷战时期亚洲地缘政治分裂所形成的对抗阵营的重要国家。不同的阵营选择，开启了战后两国不同的历史发展进程。但共同点是，从第二次世界大战结束到今天，两国都从一度国际体系的"边缘"，先后走到了国际体系的"中心"。不管我们曾经用什么样的定义来描述日本，经历了战败到战后复兴成功的日本，都是一个标准意义上的"大国"。② 中日关系今天已经成为

---

　　① 有关国家间安全关系紧张的深入分析，参见 Ken Booth and Nicholas J. Wheeler, *The Security Dilemma: Fear, Cooperation and Trust in world Politics*, London: Palgrave - Macmillan, 2006。

　　② 后冷战时代，日本曾被普遍称为"民事强国"（civilian power），或者"和平主义强国"（pacifist power），但日本具备标准意义上突出军事能力的"强国"的潜质。

国际关系理论到历史真正意义上的"大国关系",并且是当今国际体系中的主要大国之间的关系。而"大国"在国际关系中的标准定义,是具有"体系性影响能力"的国家。① 中美关系和中日关系的不同点是,中美关系具有全球体系的影响能力,而中日关系更可能影响亚太地区的国际秩序。

(一)中日关系的演变曾深受二战后国际战略格局和国际体系变迁的影响

第二次世界大战结束以来,中日关系的演变受到国际战略格局和国际体系变迁的深刻影响。二战结束之后,中日关系很快被在亚太地区的美苏冷战所绑架。美国为了在亚洲和苏联争夺势力范围、围堵社会主义势力的扩张,不仅放松对日本军国主义势力和战争罪犯的惩罚,甚至有意保留天皇制来扶持战后日本迅速成为其在远东新的战略盟友。② 朝鲜战争在给战后日本经济输血打气的同时,让中美、中日关系迅速变成敌对关系。1951 年旧金山对日和会,新中国没有收到邀请,重建战后东亚秩序的"旧金山体系"既忽视了新中国的利益和声音,也将遏制新中国的发展作为这一体系的目标之一。

二战后的中日交往,深受亚洲冷战秩序的影响。中日关系中的"以民促官""以经促政",从 20 世纪 50 年代以来的很长时期只是维持了中日之间低水平的经贸关系,而对改变两国政治关系难以发挥实质性的作用。1951 年签订的《日美安全条约》、1952 年签约的《日美行政协定》和 1960 年修改的《日美安全条约》,使日本成为美国在远东遏制社会主义国家的重要工具。东亚持续的冷战状态,让中国无法在对日条约安排中拥有维护自己利益的声音。1971 年美国在向日本归还冲绳时,刻意模糊了本该在钓鱼岛主权归属问题上采取的公正立场,承认日本对钓鱼岛的治权。这是今天钓鱼岛领土争议始终在中日之间无法得以解决的国际根源之一。

---

① David A. Baldwin, "Power and International Relations", Walter Carlsnaes, Thomas Risse, and Beth A. Simmons, eds., *Handbook of International Relations*, London: Sage Publications, p. 178.

② 有关美国战后保留天皇制的政治与战略目的的研究,参见 John W. Dower, *Embracing Defeat: Japan in the Wake of World War II*, New York: W. W. Norton & Company, 1999, pp. 319 – 45。

1969 年尼克松政府上台以后，美国开始大幅度地调整其亚洲战略，寻求从越南战争的泥潭中脱身，转而重视因为中苏对立和世界社会主义阵营分裂而游离出来的"中国角色"，利用中国因素来牵制与制衡苏联。1972年 2 月尼克松访华，中美开始了历史性的接近历程。中、美、苏三角关系的时代性转变，让日本也转而追求"联华反苏"的安保政策。1972 年 9月，田中角荣访华，中日为了对付共同的敌人苏联而摒弃前嫌。中日关系的正常化，客观上成了 20 世纪 70 年代初期亚洲战略格局变化的产物。即便如此，70 年代中日关系取得历史性突破的主导性因素，并非只是尼克松政府对华政策的调整。一方面，是新中国的发展让日本意识到了承认新中国的现实性压力，另一方面则是日本国内的和平主义倾向，推动日本外交要为降低冷战的对峙做出努力。① 中日关系随后的发展，则是 70 年代末中国历史性的改革开放进程的启动、邓小平为代表的中国第二代领导集体在"对日学习"问题上的真诚，以及为中国经济发展积极引入"日本贡献"的战略眼光，使得中日关系的国内政治因素对两国关系及时做出时代性调整，注入了强大的政治热情和政治动力。

20 世纪 80 年代是中日关系的蜜月期，中日关系开始具有推动亚洲合作和走出冷战阴影的战略内涵。其中的原因，不仅是两国经贸合作的迅速扩大，更重要的是，两国高层比较顺畅的沟通、两国人民的亲近感以及中国政府与社会在历史、领土等问题上的务实和冷静立场也都扮演了重要角色。即便 1989 年政治风波和冷战结束给中日关系带来了重大冲击，但后冷战初期的中日关系依然维持了友好合作的基调，日本是西方国家中最早走出对华制裁的国家。中日在细川—村山时代实现了两国关系向后冷战时代的平稳过渡。后冷战时代的前十年，中日关系并没有被亚洲战略格局的演变所左右。当美国认为中国正在替代原苏联成为最主要的战略盯防对象时，日本的政策仍然在有意拉开和美国的距离，中日关系在 90 年代依然保持比较

---

① 　参见保阪正康《田中角荣的昭和时代》，林祥瑜、汪平译，南京大学出版社 2013 年版，第135—136 页。

好的一种状态。①

1996 年《桥本—克林顿宣言》，结束了日美同盟后冷战时代的"漂流"，日美安保同盟有了新的发展。与此同时，美国开始在台湾问题上加大对中国的战略牵制，台湾问题有可能将中美两国拖入直接的军事冲突。但日本的战略选择是，在依靠日美同盟防范包括中国台湾在内的亚太安全挑战的同时，依然保持在中国和美国之间一定程度的战略平衡，1997 年的《周边事态法》强调周边的定义不是"地理概念"就是一个例子。

然而，90 年代末以来，中日关系一路下滑，从 2001 年小泉上台后的"政冷经热"到今天甚至可能出现"政冷经冷"的局面，很大程度上不是亚洲地缘战略环境在主导，而是随着中国崛起、中日力量对比的变化这一历史性进程出现的同时，两国国内政治和社会经济深刻变化的结果。这一方面是因为中国国力上升和"走向世界"热潮的启动，必然导致中国国内民族主义情绪的高涨——中国需要在新的力量发展和国家意识的高度上重新认识历史与现实的许多问题，民族意识和国家情结都比 70 年代有了巨大的提升。这是一种随着中国开放和发展程度的提升，必然出现的更加深厚的爱国主义和民族自豪感。虽然改革开放时代中国民族主义情绪高涨，本质上是中国和世界关系深刻改变必然带来的民族主义觉醒进程加速的结果，然而，中国自 80 年代以来加剧的社会转型又必然为中国的民族主义添加政治动员的重大源泉。②

另一方面，后冷战时代的日本，也不断走出冷战时期被压抑的国家意识，寻求在"和平主义"和"正常国家化"之间有新选择，这同样是日本国内的民族主义情绪开始苏醒并迅速变得炙热的时代。正如万民教授所言，中日关系在后冷战时代的恶化，很大程度上是两国国内政治和社会结构的后冷战时代转型进程，将彼此的相互埋怨、嫌弃与敌对的互动进程，变成

---

① William W. Grimes, "Japan, the Global Financial Crisis, and the Stability of East Asia", Ashley J. Tellis, Andrew Marble, and Travis Tanner, eds. , *Strategic Asia*: *Economic Meltdown and Geopolitical Stability*, *2009 - 2010*, Seattle and *Washington D. C.*: The National Bureau of Asian Research, 2011, pp. 105 - 30.

② Peter H. Gries, *China's New Nationalism*: *Pride*, *Politics*, *and Diplomacy*, Berkeley: University of California Press, 2004.

各自的认知逻辑的过程。这种埋怨、嫌弃和在价值观以及行为上的敌对，加深了双方对彼此的忧虑，使得任何军事能力的变化甚至政治性的声明，都可能被解读为威胁。中日的"对手关系"（rivaling relations）开始形成。①

（二）中日关系的演变正在成为改变亚太国际战略格局的重要因素之一

时至今日，国际体系的变化对中日关系的影响继续减弱，国际战略格局的变化并不必然影响到中日关系。相反，中日关系的演变却正在成为改变亚太国际战略格局的重要因素之一。

究其原因，是因为今天的中国和日本都不再是冷战时代的中国和日本。随着中国的崛起和日本活跃的外交、军事与安全角色的发展，中日未来的互动进程本身可能将导致国际战略格局和地区秩序的深刻变化。冷战时代，中日两国关系之所以会不断受到国际战略格局变化的影响，是因为两国在冷战时代的国际体系中与美国和苏联相比，都只能算作世界地缘战略格局中的"从属性角色"或者"次级角色"。然而，今天的中国已经成为世界第二大经济体，安倍主政下的日本也在维持世界第三大经济体的同时经历着国内经济、外交和安保战略的深刻变化。中日两国都有可能成为未来国际体系中的"主要大国"，中日关系已经成为今天东亚区域战略格局中最重要的变量关系之一。未来对东亚安全秩序和国际体系的预测与分析，必须走出中日关系在权力结构中依然是从属性次要关系的认识。未来究竟是世界战略格局在影响中日关系，还是中日关系正在重新塑造和改变国际战略格局？对这一问题回答的战略迫切性，已经前所未有地摆到了人们面前。未来更可能出现的趋势是，世界战略格局影响中日关系，中日关系同时又在重新塑造和改变国际战略格局。这更可能是两个并行不悖、互相影响的进程。②

---

① Ming Wan, *Sino - Japanese Relations：Interaction，Logic，and Transformation*, Chapter 13.

② 有关国际体系权力结构和大国关系之间的互动过程的近期理论解释，参见 John J. Mearsheimer, *The Tragedy of Great Power Politics*, Updated Edition, New York and London：W. W. Norton & Company, 2014；Aaron Friedbery, *Contest for the Supremacy：China，America and the Struggle for Mastery in Asia*, New York：W. W. Norton & Company, 2012。

指出东亚政治新的历史事实，并非为了削弱我们在历史问题、钓鱼岛主权争议、亚太区域安全以及未来两国经贸联系等诸多方面对中国利益与立场的追求。恰恰相反，认识到中日关系的未来有可能独立塑造东亚区域安全与经济秩序，是为了让我们更好地面对中国今天正在面对的第二次世界大战后前所未有的来自日本的战略压力。这种压力是综合的、多样化的和长远的。2011 年 11 月，美国提出"亚太再平衡"战略。从那时以来，美国"亚太再平衡"战略的最大收益，正是 2012 年 12 月 26 日安倍政府上台以来日本经济、外交和安全战略所出现的深刻变化。这些变化，既有"安倍经济学"为代表的日本经济振兴战略，有安倍提出"俯瞰地球仪外交"时公然强调"制衡中国"的露骨挑衅，也有日本 2013 年 12 月推出新的国家安全战略报告时所打造的新安全战略理念，更有通过"重新解释"获取部分战争权利时的日本政治决心。"安倍时代"日本的这些变化，不仅实质性地拓展了美国在面对一个崛起的中国时的亚太战略空间，同时也为美国在应对中国的竞争中增加了众多可选择的外交、经济和战略手段。

我们传统认识中国的周边环境和安全利益的时候，总是将对美、对俄关系放在突出的位置，中美、中俄关系似乎总是比中日关系具有更为深远和全局性的战略含义。今天，我们已经开始面对一个"全新的日本"——一个以国内社会动员为基础、以经济和军事能力升级为导向、以强化日美同盟合作为基础、以牺牲宪政主义为代价的日本。

许多亚洲问题的观察者认为，中美关系的性质和状态将决定中日关系。中国国内也有不少人轻视中日关系对中国外交和安全战略的重要性，特别是在中日两国实力对比和经济结构发生变化的今天。然而，未来我们很可能已经经不起这种"轻视"，更不能简单地认为"搞定美国"就能"搞定日本"。今后，我们可能长期面临的局面是，中日关系不能稳定与缓解，中美关系同样不能稳定与缓和。"日本因素"很可能正在成为影响中美关系未来战略走向的重要变量。原因之一，就是美国正在越来越倾向于将中国的对日政策视为测试和挑战美国在亚太战略意志和战略能力的"关键"。面对中国不断崛起的势头，美日同盟的战略关联性是在上升而不是在下降。原因之二，则是美国和许多区域国家，正在有意地放纵日本的"重新武装"。国际体系对日本的制衡因素降到了第二次世界大战后的最低点。日本的大国转型和军事发展正在享有重要的"中国红利"。

二　影响中日关系的三个因素

中日关系已经成为塑造地区安全秩序的重要变量之一。要稳定、改善和缓和中日关系，更多地不是依赖地区安全秩序的调整和变化，而是需要更多地依赖从改善两国政治和社会的互动关系入手。

国际关系中的体系因素或者结构因素的作用，说到底，是通过国内政治变量的发酵来影响外交政策的思考和制定的。无法准确了解和把握国内政治层面变量关系对中日关系的作用，单纯从国际战略格局层面审视中日关系，难以寻找到真正可靠的解释。诚如美国外交关系学会主席哈斯（Richard N. Haass）所言："外交政策都是从国内开始的。"[1] 中日关系中的领土争议、历史问题、竞争性的价值观、安全困境的作用等因素，都具有结构性的特征，并非短期内可以解决。但这并不意味着中日关系不能稳定和改善。回顾冷战结束以来的中日关系，有三个因素值得关注。

（一）中日之间的话语因素

中日双方在看待对方时所使用的话语体系（discourse）存在对立，缺乏更新和发展。其结果，中日双方对思考自己的国际利益和希望实现这些利益的规则、秩序和价值的认识，有着明显的、深刻的冲突。

冷战结束以来，中日两国一直在努力寻求稳定和改善两国关系，也曾经做出了诸多努力。为什么中日之间还是难以挽回似的陷入了冲突的边缘？究其原因，首先不是两国的大战略或者两国的安全政策出现了难以避免的敌意和冲突，而是两国之间的观念与话语体系出现了直接的、不更新就难以调和的对抗。其结果，两国要么在传统的话语体系中"打转"、忽视彼此

---

① Richard N. Haass, *Foreign Policy Begins at Home*：*Case for Putting America's House in Order*，New York：Basic Books，2013.

变化的现实，要么受制于话语体系的传统逻辑，面对新的变化缺乏探讨新的解决方式应有的战略敏锐。更为重要的是，民族主义情绪往往同特定的话语体系结合在一起。话语体系不更新，就不能真正减少相互认知中的情绪化甚至错觉。[①]

过去 20 年中，中日两国都有了很大发展。日本经济遭遇"失去的 20 年"，GDP 增长乏力，但日本的国民财富却依然稳定上升。中国也越来越走向世界，经济生活有了重大突破。但不幸的是，两国的观念体系和政策话语体系却越来越对立。日本的问题是不愿承认、不能面对中国的崛起，总是对于中国的政治、经济和社会发展做出自以为是、依然充满日本优越论的"日本式判断"。中国对日本右倾化保持警惕，但日本国内的防务和政治动向常常被解读成日本军国主义卷土重来。中国过去有一个时期就曾判断日本"军国主义正在复活"。且不说日本今天的政治体制和依然强大的社会"良心资源"不会允许军国主义复活，即便日本今后想走军国主义的老路，也不足以对中国构成重大的战略威胁。军国主义复活苗头出现的日本，也将激发国际社会共同的警惕和反对。[②] 客观来说，一个坚持奉行和平主义、继续展示成熟社会与发达经济的日本，才是对发展中的中国重大的战略挑战。

安倍政府是在竭力利用"中国威胁"作为改变日本外交和防务政策、呼喊"日本回来了"的政治资源。即便如此，安倍想要利用"中国威胁论"同时推行"防务修正主义"和"历史修正主义"，这样的日本真的对中国很可怕吗？无论是安倍政府还是未来的日本，事实上是没有能力同时推行这两种政策的。中国不需要单方面陷入对日本未来的过分解读。同样，日本政府和社会如果总是自以为是地以西方自由主义的价值判断来看待今

---

①　有关话语体系对外交政策的作用，参见 Chengxin Pan, *Knowledge, Desire and Power in Global Politics: Western Representations of China's Rise*, Cheltenham: Edward Elgar Publishing Limited, 2012; J. J. Suh, Perter J. Katzenstein, and Allen Charlson, eds., *Rethinking Security in East Asia: Identity, Power, and Efficiency*, Singapore: NUS Press, 2008。

②　有关中国的话语体系对中国对日政策和民族主义情绪影响的分析，参见 Zheng Wang, *Never Forget Historic Humiliation: Historical Memory in Chinese Politics and Foreign Policy*, Columbia University Press, 2014。

天中国的变化，其结果是危险的。因为日本这样的"中国观"不仅过于黑暗，同样也过于消极，甚至让人感受到日本面对中国崛起时内心的虚弱和阴暗。目前，不少日本学者把今天的中国视为 20 世纪 30 年代初期的日本，认为中国将可能重蹈日本军国主义扩张的老路。这种"日本式"的自以为是，是束缚日本积极看待中国崛起的重要原因，同样也是中日关系恶化背后的话语因素之一。因此，中日两国在如何建设基调积极、真正面向未来而不是拘泥于陈旧的话语体系和观念系统上，应进行反思和改进。

（二）中日之间的沟通因素

在中国对日外交中，最难沟通的对象或许永远是日本政治家。日本政治人物则也常常埋怨和中国对话的艰难。双方对话所使用的观点、想表达的意思及各自政治话语背后的合理性，都在变得越来越难以产生交集和共鸣。今天中日关系的紧张，很大程度上是由于双方缺乏共同语言、无法形成有效的沟通和交集的结果。这其中的原因同样是多样化的。例如，日本媒体对中国大量的负面报道，右翼势力对中国的刻意指责和中伤及中日关系中常常出现的争议和煽动性事件。其结果，对华政策强硬、对中国坚持说"不"，成了日本右翼政客竭力争取的政治资本和政治资源。卜睿哲（Richard C. Bush）尖锐地指出，中日两国的国内政治对立，使得两国关系的政治交往和沟通方式常常变得十分脆弱。[①]

然而，无论两国之间的沟通多么不易，事实是中日之间仍然具有巨大的共同利益，这个共同利益伴随着中国崛起、全球化进程深化以及 21 世纪技术手段的新飞跃而正在变得更加宽广和深厚。在这个事实面前，两国的沟通也有务实和积极的一面。安倍尽管是一个意识形态性的保守派，但这并不意味着安倍就一定不是一个务实主义者。2006—2007 年安倍第一任期内中日关系的改善，说明安倍在国际社会四处挑衅中国时，仍然是一个可以变化的对象。

中日两国为什么不能拥有"共同语言"？这是一个中日双方需要反思的

---

① Richard C. Bush, *The Perils of Proximity*: *China – Japan Security Relations*, Washington D. C. : the Brookings Institution, 2011, p. 211.

问题。这个问题的核心，在于日本总是用 20 世纪 80—90 年代开始习惯了的对中国的认识来"要求中国""衡量中国"。这些认识，让日本主流意识宁愿选择对中国未来的悲观论，宁愿相信中国今天的繁荣难以为继，宁愿自以为是地认为日本的民主和法治体制不仅比中国有更大的价值和制度的"优越感"，缺乏出现"日本式变化"的中国仍然并永远"比不上日本"。① 而中国过去在很长一段时间里由于历史和两国的巨大差距而很难客观对待日本，今天崛起的中国又有些情绪化地看待日本。这难以避免地在日本社会和政治中产生反弹甚至逆反。中日两国都需要促进政府和社会之间的沟通，需要彼此重视各自的利益，关注背后的合理性。

（三）中日之间的战略因素

中日两国在思考和处理相互关系时，似乎都不缺乏彼此的战略警觉和战略意志，却缺乏足够的战略重视和战略投入。

今天的中日关系已经走到了历史的转折点。两国间的"战略对抗"局面已然形成。承认和接受这个现实，不是惧怕日本或者一味口号式地警惕日本。在一个战略武器和快速精确打击力量主导大国军事力量对比的时代，国土面积狭小、缺乏战略纵深的日本，想要重新构成对中国实质性威胁甚至侵略的时代已经永远结束了。接受中日"战略对抗"的事实，说到底，是要让中国有决心、有准备地在未来长期的中日战略博弈中减少日本牵制中国、伤害中国的机会。在观念上、战略上"矮化日本"的做法，很可能会让我们付出难以承受的战略代价。从近代以来，日本已经证明了其超越于许多国家的生存与发展进程中的敏捷、坚韧和内在的凝聚性。②

从东亚战略格局未来演变和能否持续坚持和平发展的"双重角度"来看，中日两国能否管控争议和危机，已经前所未有地变得真实而又迫切。

---

① 有关日本战后对亚洲社会性认识演变进程的分析，参见 John W. Dower, *Ways of Forgetting, Ways of Remembering*, New York: the New Press, 2012; Karel van Wolferen, *The Enigma of Japanese Power: People and Politics in a Stateless Nation*, Tokyo: Charles E. Tuttle Company, 1993。

② David Pilling, *Bending Adversity: Japan and the Art of Survival*, New York: the Penguin Press, 2014.

然而，即便中日关系已经成为真正意义上战略的对手关系，也并不必然意味着中日两国已经成为"敌人"。北京和东京都必须回答一个问题，那就是两国和两个社会都想让中日关系由"战略对手"变成"战略敌对"？两国人民是否真的从这样一种战略对抗中感到内心舒服？觉得这样的关系才符合各自的国家利益？答案显然是否定的。中日友好21世纪委员会中方首席委员唐家璇指出，"改善两国关系不仅要治标，更要治本"，"近年来中日关系问题频发，绝非偶然。深层次原因是彼此认知和定位出了问题"。① 具体来说，日本从小泉内阁起，就开始公开将中国崛起视为战略威胁，但又在观念上充满了形形色色的"中国崩溃论"。面对安倍政府领导下日本所出现的咄咄逼人的势头，中国需要实时的战略警醒。但由于日本在领土问题、历史问题上频繁挑衅，中国维护自己的原则立场，国内在对日关系上的民族主义情绪上升，以致很难"正视日本"。作为世界第二和第三大经济体，中日两国的关系走到今天这样一种局面，不禁让人扼腕叹息。

中国有足够的信心。倘若日本政客坚持认为，只有美化侵略历史、只有将第二次世界大战时期的日本侵略军视作为国捐躯的"烈士"来纪念才能让今天的日本重新获得所谓对抗中国的民族意志，这样的日本不仅无法得到中国和亚洲国家的尊重，即便欧美国家也会增加对日本的忌惮。在21世纪的今天，仍然美化侵略历史的日本，恰恰不值得我们在战略上担心和忧虑。

三　管控争议和危机，建设"面向未来"的中日关系

尽管今天已经降到1972年关系正常化以来最低点的中日关系开始出现回升迹象，但寄希望于安倍的政策调整就能带来中日关系的迅速升温，给两国关系戏剧性地带来"利好"，是不现实的。由于缺乏国内政治竞争对

---

① 参见唐家璇《正本清源　标本兼治　推动中日关系改善发展——在第五届中日友好21世纪委员会中日关系研讨会上的主旨发言》，新华网，http：//news. sina. com. cn/c/2014 – 06 – 05/225330302094. shtml，2014年6月5日。

手，安倍的经济、外交和安全政策尽管在日本国内遭受诸多批评，2014 年 10 月末安倍内阁的民意支持率下降了九个百分点①，但安倍政府长期执政几成定局。稳定和管控中日关系，需要的是战略意志和政治智慧。正如中国国家主席习近平 2013 年 1 月 25 日会见日本公明党党首山口那津男时所指出的，"中日两国领导人要像老一辈领导人那样，体现出国家责任、政治智慧和历史担当"，推动中日关系克服困难、继续向前发展。②

　　未来要稳定和改善中日关系，以下几个方面值得思考。

（一）客观、理性、真实地探讨和定位中日关系

　　我们需要客观、理性和真实地探讨中日关系恶化的根源，在探索解决之道的同时，展示出管控危机和缓和紧张关系的决心与勇气。中日两国都需要认真研究彼此的关切，而不是简单地抱怨和指责。面对钓鱼岛领土争议，安倍政府曾一味拒绝承认争议存在，加剧两国的紧张关系，也构成了自 2012 年 9 月日本"国有化"错误做法以来两国在钓鱼岛海域执法公务船对峙局面迟迟无法改变的根本原因。安倍政府拒绝承认中国 2013 年 11 月 23 日划设东海防空识别区的顽固做法，也无助于缓和东海紧张局势。中日双方需要摸索在东海争议海域和空域建立危机管控机制，避免出现事故性的撞船或者撞机事件不测事态。在目前两国国民对中日关系的看法和心态存在情绪化的现实面前，中日东海海域或者空域出现的事故性冲突，都可能引发两国的军事冲突。中日之间一旦发生军事性流血事件，或者发生直接的军事对抗，将使得两国关系的伤口进一步撕裂。这一伤口很可能在未来几十年间都难以弥合。2014 年 9 月末，中日两国已经恢复了海上沟通机制谈判，两国政府部门之间的海上事务级磋商也得到了重新启动，二轨对话也渐趋活跃。2014 年 11 月，中日双方就处理和改善两国关系达成四点原则共识。北京亚太经合组织领导人非正式会议期间两国首脑进行了会晤。这些积极态势应该得到巩固和发展。中日关系恰恰由于巨大分歧和争议而

---

① 参见《安倍内阁支持率大幅下降》，光明网，http：//economy. gmw. cn/newspaper/2014-10/29/content_101710357. htm，2014 年 10 月 29 日。

② 参见《习近平会见日本公明党党首山口那津男》，《人民日报》2013 年 1 月 26 日。

需要继续发展、提升对话和沟通的管道。

（二）重建支持和承纳两国关系未来稳定的新的社会基础和政治资源

我们需要重建中日关系的社会基础，中日两国政府和民间都有责任、有意识、有步骤和有计划地开展接触与交流，重新培养国民之间的认同感和亲近感。中日两国历史上有过两千年的交流史，两国的文化曾经相互浸润。更重要的是，这两千年的中日交往历史，共同促进了东亚文明的进步、繁荣和发展。中日历史有着巨大伤痛，而中日文化互惠也有悠久的渊源。中日两国社会必须培育起共同的信念，不是简单的"永不再战"，而是中日的合作将决定亚洲的未来。如果中日走向冲突，则将是两国人民和亚太地区无法承受的灾难。

（三）调整观念和心态，积极、务实地直面两国新变化

我们要调整观念和心态，升级政策话语体系，更加积极和务实地"研究日本"。日本是近代以来对中国造成最大伤痛的国家。对于这样的国家，情绪性的爱国主义只会误导和坏事。只有积极、务实地正视日本的存在和关切，更加全面、深入和准确地认识日本，才能真正做到在战略上重视日本。

中日两国的政策精英和知识精英必须从观念到心态进行调整，从容和谦虚地直面两国内部所出现的诸多新变化。从经济上来讲，20 世纪 80 年代日本在中国的投资一年就会收回，今天这种情况已不复存在。这是中国的市场发展决定的，不能简单地说两国的政治关系恶化而经济关系受影响。当然，政治关系对经济关系有很大的影响。以前讲中日"政经分离"，可以"政冷经热"，但今天需要　系列新的概念。今天中日"政冷经热"，面对的现实不仅仅是政治和安全的紧张，还有中日两国以及整个亚太地区甚至全球市场分化和竞争的上升，2014 年 8 月中国对 12 家日本企业的反垄断罚

款①，是非常重要的市场行为。深入把握中日关系，需要我们在东亚地缘经济和地缘战略新趋势、新变化的准确分析和认识的基础上，才能真正做得到。

　　未来若干年，中日关系的发展将不会一帆风顺，将在合作和斗争中前行。今后较长时间内，中日两国作为战略对手的特点也将难以改变。但是，中日关系也到了需要深刻反思、客观认识和冷静应对的时候。冷战结束以来，东亚区域政治正在进入新一波战略性大调整的时代，区域主要国家之间的关系也在经历冷战后前所未有的战略性变化。稳定和改善中日关系，已经真正到了需要我们"正视历史，但要走出历史""面向未来，更需要主动塑造未来"的时刻。

---

　　① 《十二家日企因价格垄断被罚款 12.35 亿元》，新华网，http：//news. xinhuanet. com/2014
－08/20/c_1112150615. htm，2014 年 8 月 20 日。

甲午战争以来东亚战略格局演变及启示

——兼论 120 年来的中日关系及未来

刘江永[*]

2014 年是第一次世界大战爆发 100 周年，也是日本发动甲午战争（日本称"日清战争"）120 周年和日本首次入侵台湾 140 周年。近代日本殖民统治朝鲜半岛和中国的台湾省，都与日本伊藤博文内阁发动的甲午战争直接相关。中日之间悬而未决的钓鱼岛问题的产生也始于甲午战争。值此中日甲午战争 120 年之际，抚今思昔、回顾历史，对认识现实、展望未来具有重要意义。

本文的目的主要是，提供一个"东亚战略格局演变史"的研究视角和分析范式，即从 1894 年甲午战争以来 120 年历史的纵轴线与不同时期东亚战略格局的横切面，探讨中日关系，以便总结历史的经验教训，提出未来的努力方向。本文所述"东亚战略格局"，是指由东亚地区国际力量特别是大国力量对比、相互关系、主要矛盾等所构成的国际战略态势。

一 120 年来两个甲子提出的问题

从甲午战争至今，如果用关键词来概括，这 120 年来东亚地区经历了

---

* 作者系中日友好 21 世纪委员会中方委员、清华大学当代国际关系研究院副院长。

"殖民、战乱、革命"与"和平、冷战、竞争"两个不同的甲子。① 前60年（1894—1953）充满了残酷的战争并引起革命，但也出现过间歇的和平时期；后60年（1954—2014）总体上是和平发展，但也存在冷战与局部热战。这两个甲子如此不同，其产生的原因值得思考。

　　未来的60年应该是一个走向"安全、合作、统合（国家统一与区域经济一体化）"的新甲子。然而，如果未来有关各国的决策者不能汲取120年来历史演变的经验教训，共同消除历史遗留给东亚国际关系的危险种子，下一个60年的东亚未必不会陷入"对抗、冲突、内耗"。从这个意义上讲，我们正站在一个重要的历史十字路口，"东亚的未来将何去何从"这个问题可供未来三代人思考与回答。

　　对东亚地区战略格局影响最大的，是中、美、俄、日四大国之间的关系，东亚战略格局变化主要表现在四国之间力量对比和相互关系性质的变化。伴随这种变化，国际关系中的主要矛盾也会随之发生相应的变化。了解东亚战略格局演变的历史轨迹和其中带有规律性的东西，有助于人们正确认识当前东亚国际政治的现实和中日钓鱼岛领土争议的战略背景，从而找到一把打开预测未来大门的钥匙。

　　19世纪20年代，即大约200年前，中国曾经是世界第一经济大国。据英国权威世界经济史学家安格斯·麦迪森（Angus Maddison）测算的数据，1820年世界经济总量（GDP）为6944.42亿美元，中国当年经济总量为2286亿美元，居世界之首，占全球经济的32.9%。② 笔者根据安格斯·麦迪森提供的数据测算，1820年中国经济总量相当于印度的2.1倍、法国的5.9倍、俄国的6.1倍、英国的6.3倍、德国的8.7倍、日本的11倍和美国的18.2倍。当时，中国的茶叶、生丝、瓷器的大量出口，造成"1830年以前，中国人在贸易上经常是出超，白银不断地从印度、英国和美国向中

---

① 《吕氏春秋通诠·审分览·勿躬》载：甲子，干支纪年或记岁时六十组干支轮一周，称一个甲子，共60年。

② アンガス·マディソン『経済統計で見る世界経済2000年史』、金森久雄監訳、政治経済研究所訳、柏書房、2004年、308頁。

国输出"①。

　　但是，正如卡尔·马克思当年所指出的，"从 1833 年，特别是 1840 年以来，由中国向印度输出的白银，几乎使天朝帝国的银源有枯竭的危险"。当时中国对印度的出口额从未超过 100 万英镑，而从印度的进口额则近 1000 万英镑。其后，白银大量流入欧洲。马克思明确指出：这是由于英国"强迫中国进行鸦片贸易，用大炮轰倒了中国的围墙，以武力打开了天朝帝国同尘世往来的大门，金融货币的流通才发生这样一个明显突出的转折"②。总之，"满族王朝的声威一遇到英国的枪炮就扫地以尽"③。这说明，在弱肉强食的殖民主义时代，无论经济多么强大、贸易多么兴隆，盲目自大、科技和国防落后就会遭受外侮，甚至濒临亡国。生产力与科学技术发展水平的差距，在很大程度上决定着国家之间较量的结果。

　　俄国经济统计学家尼古拉·康德拉季耶夫（Nikolai D. Kondratieff）提出的经济科技"长波周期"理论，似乎也可从一个侧面佐证这一点。1783—1842 年，欧洲列强完成了工业革命。英国凭借大炮强迫中国输入鸦片，1840—1842 年以武力撬开中国闭关锁国的市场大门。1842—1897 年，欧美进入蒸汽和钢铁业发展的时代。中国在 1840 年鸦片战争后开始沦为半殖民地半封建的国家，首当其冲地在陆地成为俄、英等国竞相入侵的对象，在海上成为英、法、日等国肆意进攻的目标。1868 年明治维新后的日本"脱亚入欧"，其统治者继承了丰臣秀吉（1537—1598）、佐藤信渊（1769—1850）、吉田松阴（1830—1859）等人对外扩张思想的衣钵。日本 1897 年彻底霸占琉球后便把侵略扩张矛头对准中国和朝鲜半岛，于 1894 年发动了甲午战争，霸占了包括钓鱼岛在内的中国台湾。1897—1945 年，欧美列强进入电气、化学和汽车时代。日本作为后起的帝国主义发起日俄战争，通过两次世界大战，企图最终灭亡中国。中国在封建统治末期生产力水平落后，特别是国内军阀混战及各种矛盾，被当时的日本充分利用。

　　第二次世界大战后，从 20 世纪 50 年代起，伴随着亚非拉被压迫民族

---

　　① 马克思：《中国革命与欧洲》，《纽约每日论坛报》1853 年 6 月 14 日。

　　② 马克思：《欧洲的金融危机——货币流通史片段》，《纽约每日论坛报》1856 年 11 月 1 日。

　　③ 马克思：《中国革命与欧洲》，《纽约每日论坛报》1853 年 6 月 14 日。

和国家的独立，世界殖民主义体系彻底瓦解。后起强国通过重新瓜分殖民地而引起世界大战的历史必然性不复存在。经济全球化导致主要国家之间相互依存关系加深，出现经济区域合作与一体化大趋势。在科技领域，电子信息技术开始问世，并取得了划时代的空前发展。日本、德国等战败国走上和平发展道路，从 20 世纪 50 年代到 80 年代，掀起了战后国家和平崛起的第一波。新中国成立，一直努力改变经济科技落后的状况，在 20 世纪 60 年代打破了美苏的核垄断，从 20 世纪 80 年代改革开放到 21 世纪头十年，掀起了战后国家和平崛起的第二波。中国在航天等领域开始步入世界先进行列。

从甲午战争以来 120 年的东亚战略格局演变史来看，中、美、俄、日四大国的关系大体上平均每十年发生一次重大变化，从而影响着包括朝鲜半岛、东南亚在内的整个东亚的和平与安全。回眸 120 年来的两个甲子、12 个十年，总结历史经验教训，探寻国际关系演变的规律，的确耐人寻味，发人深省。

本文分为 1894 年甲午战争至 1945 年第二次世界大战结束后的东亚国际关系格局和新中国诞生以来至今的东亚国际关系格局演变两部分进行梳理，并加以分析，进而对未来十年东亚战略格局的前景做些理论思考与前瞻，从历史的经验教训中获得感悟与启迪。

二　甲午战争至第二次世界大战结束的东亚战略格局演变

1894 年甲午战争爆发前的 20 年，中国面临的东亚战略格局十分险恶。"帝国主义的一个重要特点，是几个大国都想争夺霸权，即争夺领土"①，而当时的中国则成为列强瓜分的对象。1871 年沙俄入侵中国新疆伊犁地区；1874 年英国开始入侵中国西藏；1872 年日本把琉球国吞并为琉球藩，1874 年首次入侵中国台湾。十年后，1883—1885 年，法国入侵越南和中国台湾，日本开始觊觎台湾的钓鱼岛，1885 年日本首次秘密调查钓鱼岛。其后十年，

---

① 《列宁选集》第二卷，人民出版社 1972 年版，第 146 页。

日本针对中国大力搜集情报、扩军备战。因而，甲午战争爆发有其历史的必然性。

（一）第一个十年：1894—1904 年

日本 1894 年 7 月 25 日不宣而战地发动甲午战争，从根本上以武力改变了东亚战略格局，同时埋下日俄争霸中国东北的火种。

明治睦仁天皇（1852—1912）1868 年登基后提出"开拓万里波涛，布国威于四方"的口号，其实质就是动员对外侵略扩张。日本在甲午战争前大力扩军，而清政府官员则把以扩充海军为名募得的捐款用于翻修颐和园，为慈禧太后庆贺 60 大寿献礼。结果，中日军事装备差距必然拉大。这是清军战败的重要原因之一。甲午战争时，中方陆军枪炮的射程、命中率逊于日军，海军差距更大。虽然中方舰只数量较多，但能作战的舰只有限。据记载，当时日本海军有 2000 吨以上的主力舰 11 艘，排水量 3.72 万吨；北洋舰队只有 7 艘，排水量 2.7 万吨。在黄海海战中，日军参战军舰 12 艘，中方 10 艘。日军参战军舰总吨位比中方多 30%，总马力强 63%，总兵力多 69%，参战总炮数多 51%，鱼雷发射管多 38%，舰只平均航速快52.7%。日舰有口径 12 厘米的速射炮 81 门，而中方一门也没有；日方拥有小口径速射炮 111 门，而中方只有 27 门。[①] 总体上看，日舰快、灵、准，而北洋舰队舰只慢、笨、差，日方火力强于中国三倍，战争胜利的天平自然倒向日本。

甲午战争的结果大长了日本的威风，也拉开了近代以来中日两国不幸时代的帷幕。1895 年 4 月 17 日不平等条约《马关条约》的签订，不仅迫使中国割让台湾全岛及其附属岛屿，而且使清政府元气再次大伤，只能靠向俄、英等列强借债来赔偿日本。日木从中国获得巨额赔款白银 2 亿两，[②]并立即用于扩充军备。甲午战争彻底结束了自 14 世纪中国明朝起所建立的以中国册封、周边邻国朝贡为特征的东亚国际秩序，日本则企图通过武力

---

① 参见关捷等主编《中日甲午战争全史》第三卷"战争篇"（下），吉林人民出版社 2015 年版，第 683—686 页。

② 同上书，第 613 页。

征服建立以天皇统治为中心的所谓"八纮一宇"的"大东亚新秩序"。

然而，由于俄、德、法三国干涉，日本被迫把辽东半岛退还给中国，却从中国勒索了白银 3000 万两。[①] 日本通过甲午战争得到的款项总数相当于当时日本四年的财政收入。与此同时，日本对三国干涉还辽充满怨愤。这成为日本与英国结盟，同俄国在中国辽东、同德国在中国山东先后交战的重要背景之一。于是，东亚地区的主要矛盾从中日对抗转变为日俄对抗。甲午战争后，清政府无力阻止沙俄和日本对中国东北的入侵，只能容忍日俄在中国辽东摆下争霸的战场。

（二）第二个十年：1904 — 1914 年

从日俄战争到第一次世界大战爆发的历史表明，帝国主义时代列强之间的多极争霸必然导致战争。

1904 年 2 月 8 日，日本联合舰队偷袭驻扎在旅顺的俄军，中国辽东半岛爆发了日俄战争。中国饱受其害而无能为力，日本于 1905 年 7 月获得险胜，美国成为日俄临时的"调停者"。日本由此控制了中国东北的经济、交通命脉，而失去中国保护的朝鲜半岛于 1910 年被日本吞并，在历史上首次沦为殖民地。日本在东北亚陆上争霸获得优势后，日、美在太平洋海上争霸矛盾的端倪显现。在日本，拉拢中国共同对抗欧美列强的所谓"亚洲主义"出笼。在这种背景下，1911 年中国爆发的辛亥革命获日本不少人支持，而袁世凯作为曾与日军在朝鲜半岛作战并平息了"开化党"政变的清军将领，必遭日本憎恨。日本右翼组织黑龙会支持孙中山另有图谋。然而，包括孙中山在内的曾经对日本战胜沙俄感到鼓舞的一些中国人，最初并未认清日本侵略扩张的野心。中华民国成立之初，曾出现过学习日本、借助日本、联合日本的政治倾向。为讨伐袁世凯，1914 年 5 月孙中山曾给日本首相大隈重信（1835—1924）等人写信求助，"以救东亚危局"[②]。然而，

---

① 参见关捷等主编《中日甲午战争全史》第三卷"战争篇"（下），吉林人民出版社 2015 年版，第 107 页。

② 孙中山：《致大隈重信函》（1914 年 5 月 11 日），载《孙中山全集》第三卷（1913—1916），中华书局 1984 年版，第 84 页。

这无异于与虎谋皮。

（三）第三个十年：1914—1924 年

1917 年 10 月苏俄红色政权的诞生、凡尔赛—华盛顿体系的建立，从根本上改变了第一次世界大战后的国际战略格局。日、美对抗苏联，争夺中国，成为东亚角逐的主轴。

据安格斯·麦迪森提供的数据，1913 年世界经济总量为 2.7 万亿美元，美国为 5173.8 亿美元，经济规模跃居世界首位,[①] 约占全球经济总量的 19%，分别是中国的 2.1 倍，德国、俄国的 2.2 倍，英国的 2.3 倍，法国的 3.6 倍，日本的 7.2 倍。当时在大国之间已经形成"一超多强"格局。值得注意的是，尽管当时中国经济规模仅次于美国，是日本的 3.4 倍，但日本统治者却伙同英国等对华态度蛮横。第一次世界大战中，日本政府借口与德国开战而出兵山东。大隈重信内阁于 1915 年对华提出"二十一条"要求，企图控制中国的政治、军事、财政等，独享在华殖民特权，遭到中国人民强烈反对。

第一次世界大战后，世界列强确立凡尔赛—华盛顿体系，暂时缓解了大国之间的争斗，但严重损害了中国的利益并孕育着新的危机。1919 年 1 月至 1920 年 8 月在法国巴黎凡尔赛宫举行的巴黎和会上，中国代表要求取消日本强迫中国承认的"二十一条"要求，收回山东主权，但遭否决。巴黎和会的结果引起中国人民强烈抗议，在北京爆发了意义深远的"五四运动"。美、英、日、法、意等国于 1921 年 11 月至 1922 年 2 月在华盛顿举行会议。会议缔结的《五国关于限制海军军备的条约》规定缔约国主力舰总吨位限额为：美国、英国各 52.5 万吨，日本 31.5 万吨，法国和意大利各 17.5 万吨,[②] 从而确立起美国对日本的海上优势地位，这令日本耿耿于怀。经中国代表力争，日本被迫废除"二十一条"，从山东撤军，但仍保留一些特权并维持在台湾、澎湖的殖民统治。

---

① アンガス・マディソン『経済統計で見る世界経済 2000 年史』、308 页。
② 王绳祖、何春超、吴世民编选，司法部法学教材编辑部编审：《国际关系史资料选编》(17 世纪中叶—1945 年)，法律出版社 1988 年版，第 570 页。

俄国建立世界第一个苏维埃政权后，立即于 1918 年遭到日、美、英等列强武装干涉。尽管干涉以失败告终，但直到 1920 年日本仍以所谓"保护侨民"等为借口占据西伯利亚部分地区。这遭到担心日本独占这一地区的美国的抵制。另一方面，受 1917 年俄国"十月革命"成功的影响，中国共产党于 1921 年成立，内忧外患深重的中国开始有了希望。此时，孙中山开始对日本抱有警惕，要求废除包括"二十一条"在内的所有不平等条约，提出"联俄、联共、扶助农工"的新三民主义。苏俄政府也于 1919 年 7 月首次发表了对华宣言，表示放弃沙俄与中国、沙俄与第三国缔结的旨在奴役中国的一切不平等条约等。① 1924 年 5 月中苏建交，中日矛盾开始上升。

（四）第四个十年：1924—1934 年

1929 年爆发的世界经济危机使东亚战略格局演变节奏加快，十年一变的起始之年提前到 1931 年。这期间，对世界局势影响最大的，是德、日、意法西斯上台和中日矛盾开始激化。

1925 年日本进入昭和时代，以裕仁天皇为首的日本帝国逐步走上军国主义道路。右翼军人对裁军限制极度不满，开始制造危机，图谋突破华盛顿体系的束缚，在中国东北建立统治地位。1927 年 6—7 月，日本前陆军大将田中义一上台后主持的"东方会议"，提出《对华政策纲领》，决定把中国的东三省作为"与日本国防和国民生存有着重大利害关系"的地区，把满蒙从中国"肢解"出去。会议还决定对中国内部事务进行武力干预，镇压革命，扶植亲日派。② 1928 年 5 月 3 日，日军制造济南惨案；同年 6 月 4 日，日本关东军制造皇姑屯火车爆炸事件。1929 年 10 月美国纽约股市暴跌，引起世界经济大萧条。其后，在德国和日本，纳粹势力和军国主义迅速抬头。至此，凡尔赛—华盛顿体系被打破，帝国主义列强争霸战又起，中国进一步沦为列强瓜分的对象。

另一方面，1928 年 12 月拒绝日本要挟的张学良宣布东北易帜，与蒋介

---

① 参见王绳祖主编《国际关系史》第四卷（1917—1929），世界知识出版社 1995 年版，第 331 页。

② 同上书，第 54 页。

石联手。1929 年年底，张学良为收回中国东北的中东铁路与苏联红军爆发武装冲突，史称"中东路事件"。结果，东北军大败，中苏断交。1930 年 11 月，对侵华态度慎重并批准伦敦海军裁军条约的滨口幸雄（1870—1931）首相被法西斯右翼刺伤。从此，日本军部越发肆无忌惮。中国再度处于同苏日同时交恶、腹背受敌的东亚战略格局之中。

（五）第五个十年：1931—1941 年

从日本 1931 年发动"九一八"事变到 1941 年偷袭珍珠港、太平洋战争爆发，国际反法西斯阵营与法西斯阵营形成两极对垒。

1931 年 9 月 18 日，日本关东军突然袭击柳条湖的中国守军，迅速攻占沈阳及东北全境。1932 年 3 月，日本扶植溥仪上台，在中国东北建立起所谓"满洲国"。自甲午战争以来，中日矛盾再度成为东亚国际关系中的主要矛盾。

当时，苏联在舆论上谴责日本，对中国东北抗日义勇军提供了一定支援，促成中苏于 1933 年 5 月复交。同时，苏联在中日冲突中保持"中立"，避免被过早地拖入战争。苏联甚至在 1933 年同伪满洲国建立了所谓领事关系，以保住其在中东铁路的权益。① 美国虽然对日本侵占中国东北采取"不承认主义"，但同时偏安一隅，采取孤立主义。胡佛政府反对对日本发动"九一八"事变采取任何形式的制裁，实质上采取了绥靖政策。1941 年 4 月，日美达成谅解方案，其中包括"承认满洲国"。② 对此，毛泽东曾指出："日美妥协，牺牲中国，造成反共、反苏局面的东方慕尼黑新阴谋。"③

这一时期，日本国内逐步法西斯化。1931 年年底上任的犬养毅首相因反对关东军在中国东北的行动，于 1932 年 5 月 15 日遭右翼军人枪杀身亡，史称"五一五"事件。其后，曾担任海军大臣和首相的斋藤实，也因坚持

---

① 《苏联对外政策文件集》第 16 卷，莫斯科，1970 年，第 192 页。转引自中国人民抗日战争纪念馆编著《抗战时期苏联援华史论》，社会科学文献出版社 2013 年版，第 18 页。

② 王绳祖、何春超、吴世民编选，司法部法学教材编辑部审：《国际关系史资料选编》（17 世纪中叶—1945 年），法律出版社 1988 年版，第 823—826 页。

③ 毛泽东：《揭破远东慕尼黑的阴谋》，载《毛泽东选集》第三卷，人民出版社 1966 年版，第 762 页。

遵守华盛顿海军裁军协议而于 1936 年 2 月 26 日被法西斯军人发动兵变所杀，史称"二二六"事件。

日本建立起法西斯军人政权后，对中国更加虎视眈眈。与此同时，国际上形成了德日意法西斯同盟和反法西斯阵营。1933 年 3 月德国的阿道夫·希特勒（1889—1945）上台，1936 年日本建立了广田弘毅（1878—1948）军部独裁政权。同年 11 月，德日签订《反共产国际协定》，1940 年 9 月德、意、日三国签订《德意日三国同盟条约》，从而形成德、意、日反共轴心。近卫文麿（1891—1945）内阁于 1937 年 6 月上台后，日军于 7 月 7 日挑起"卢沟桥事变"，发动全面侵华战争，同年 12 月 13 日起制造了南京大屠杀。1939 年 9 月，德国入侵波兰，第二次世界大战全面爆发。苏联为避免欧、亚两线作战，于 1939 年 8 月签订了《苏德互不侵犯条约》，1941 年 4 月缔结了《苏日互不侵犯条约》，而同年 6 月苏联便遭到德国大举进攻。日本与苏联缔约后，一方面扩大侵华战争，另一方面决定南进，并于 1941 年 12 月 8 日发动偷袭珍珠港事件，导致太平洋战争爆发。翌日，中华民国政府对日本宣战，形成中美共同抗日的新格局。

（六）第六个十年：1941—1951 年

1943 年的《开罗宣言》和 1945 年的《波茨坦公告》奠定了战后东亚国际法和国际秩序的基础。然而，第二次世界大战后，特别是新中国成立后，在全球范围却形成了美苏两极对抗体制。

1942 年 6 月《中美抵抗侵略互助协定》《美苏关于在反侵略战争中相互援助所使用原则的协定》等条约的签订，标志着世界反法西斯联盟正式形成。1943 年 12 月 1 日发表的中、美、英《开罗宣言》宣布："三国之宗旨在剥夺日本自 1914 年第一次世界大战开始以后在太平洋上所夺得的或占领之一切岛屿，在使日本所窃取于中国之领土，例如满洲、台湾、澎湖群岛等，归还中华民国。日本亦将被驱逐出于其以暴力或贪欲所攫取之所有土地。"[①] 1945 年 7 月 26 日发表的《中美英促令日本投降之波茨坦公告》

———————————

[①] 《中美英三国开罗宣言》，载《日本概览》，国际文化出版公司 1989 年版，第 361 页。

第八条规定："开罗宣言之条件必将实施，日本之主权必将限于本州、北海道、九州、四国及吾人决定之其他小岛之内。"①

　　1945 年 2 月美、苏、英首脑举行的雅尔塔会议，对于加速德、日、意法西斯的灭亡和形成战后美苏两极世界格局产生重要影响。雅尔塔秘密协定维持外蒙独立，为恢复俄国在中国东北的特权而直接损害了中国的主权。1945 年 8 月，美国对日本广岛、长崎投下两颗原子弹，苏联红军战胜纳粹德国后出兵中国东北打击日寇。同年 8 月 15 日，日本裕仁天皇接受《波茨坦公告》，宣布投降。同年 9 月 2 日《日本投降书》签署。然而，此期间美苏围绕斯大林要求占领北海道北半部、杜鲁门要求占有千岛群岛中部一个岛屿等问题，业已通过密信展开较量。② 朝鲜半岛刚从日本殖民统治下独立，却又成为美苏争夺的对象，北南双方对立充满意识形态对抗色彩。台湾等日本从中国窃取的领土被归还中国。

　　1949 年新中国的成立改变了东亚国际格局，在东北亚形成中、苏、朝与美、日、韩抗衡的战略格局。1950 年 6 月 25 日朝鲜战争爆发，美军在仁川登陆并使战火危及中国边境。中国人民志愿军抗美援朝，义无反顾。朝鲜战争期间，美、英、法等国同日本于 1951 年 9 月 8 日签订的《旧金山和约》制造了"台湾归属未定论"，遭到新中国政府强烈反对。在此后的 20 年，日本追随美国，与台湾当局建交，企图制造"两个中国""一中一台"，同新中国处于没有外交关系的不正常状态。

三　新中国成立以来东亚战略格局的演变

　　从总体上看，新中国成立以来经历了冷战时期与冷战结束后两大时期。在这两个不同的时期，东亚地区国际战略格局与中日关系都发生了不同的变化。而这些变化是原有历史的延续和发展，因此仍以十年为单位继续分

---

①　王绳祖、何春超、吴世民编选，司法部法学教材编辑部编审：《国际关系史资料选编》（17 世纪中叶—1945 年），法律出版社 1988 年版，第 875—876 页。

②　参见王绳祖、何春超、吴世民编选，司法部法学教材编辑部编审《国际关系史资料选编》（17 世纪中叶—1945 年），法律出版社 1988 年版，第 899—902 页。

析似乎才能叙述得比较清楚。

（一）第七个十年：1951—1961 年

东亚战略格局的主要特点是中苏结盟对抗美日同盟。中国、苏联同美国从抗日战争时期的盟友变为冷战的敌手。

美国支持国民党反攻大陆，扶植日本重整军备。不过，在朝鲜战争期间，日本和苏联虽然分别站在美国和中国一边，但未直接参战，而是借机迅速恢复了本国经济。美国虽然拥有绝对军事优势，甚至扬言对中国动用核武器，但最终只能于 1953 年在板门店与中朝两军代表停战议和。同年，斯大林去世，中苏之间的矛盾开始暴露。1956 年赫鲁晓夫在苏共二十大秘密报告中全面否定斯大林，加剧了中苏两党的矛盾。1960 年苏联撕毁了同中国签订的合同，撤走在华专家，使新中国经济建设蒙受巨大损失，面临严重困难。1960 年日美修订安全条约，把中国台湾列入《日美安全条约》中的所谓"远东"地区，引起中国同美日关系紧张，而美、日、韩三角联盟则依然如故。这一时期，美国的艾森豪威尔政府在南越扶植吴庭艳政权上台，越南战争爆发，中国周边的国际环境再度恶化。

（二）第八个十年：1961—1971 年

中苏关系破裂，中国同时处于与苏、美、日对抗局面。1966 年中国爆发的"文化大革命"与中苏矛盾交织在一起，导致中国面临的国际环境更加严峻。这种局面直到 1971 年中美两国做出重要战略调整后才有所改善。

这一时期，从全球角度看，美苏两极对抗是国际关系中的主要矛盾，但在东亚地区则出现了中苏矛盾取代中美矛盾成为主要矛盾的特点。当时，中苏之间既有历史上俄国侵占中国东北、新疆等大片领土的旧怨，也有苏联对外称霸扩张造成的现实威胁；既有第二次世界大战后雅尔塔秘密协定造成的中苏民族矛盾，也有不同国家发展模式在意识形态领域的严重分歧。苏联在中苏、中蒙边境地区陈兵百万，构成对中国的直接军事威胁，甚至于 1969 年在珍宝岛发生了中苏边界武装冲突。围绕对待苏联的态度，中国与朝鲜、越南的关系复杂化。尽管如此，中国仍给予越南抗美救国战争力所能及的支持。

在当时美、苏两极对抗的世界战略格局中，美国从其全球战略角度看到了同中国改善关系的机会。中国政府则决心摆脱极其不利的国际战略处境，争取和平稳定的国际环境。1971 年，毛泽东主席等中国领导人通过"乒乓外交"，打开了中美关系大门，为中日邦交正常化奠定了基础。同年 7 月 9 日基辛格秘密访华，表示美国不再与中国为敌。同年 10 月 25 日，中华人民共和国恢复了在联合国的合法席位。

（三）第九个十年：1971—1981 年

中国同美日两国改善关系并同时对抗苏联威胁，而中日搁置钓鱼岛争议与这一时期的东亚战略格局有关。

1972 年 2 月 21 日美国总统尼克松应邀访华，"越顶外交"给日本造成了冲击。但是，美国在归还冲绳协定谈判中却擅自把钓鱼岛划入归还日本的范围之中。这引起中国海峡两岸强烈反对，美方只好表示交给日本的是这些岛屿的行政管辖权，而有关主权则交由相关各方对话协商解决。

1972 年 9 月，日本首相田中角荣访华，中日实现邦交正常化，双方基本上解决了历史问题和台湾问题，并就搁置钓鱼岛领土争议达成政治默契与共识。在同年 9 月 29 日发表的《中日联合声明》中，关于台湾问题，日方表示"充分理解和尊重中国政府的这一立场，并坚持遵循波茨坦公报第八条的立场"，即履行《开罗宣言》，把包括台湾在内从中国窃取的领土归还中国。其后，1978 年 8 月 12 日，中日两国根据邓小平的主张再度搁置钓鱼岛争议，缔结了《中日和平友好条约》。该条约强调，中日"联合声明所表明的各项原则应予严格遵守"；"在相互关系中，用和平手段解决一切争端，而不诉诸武力和武力威胁"；"任何一方都不应在亚洲和太平洋地区或其他任何地区谋求霸权，并反对任何其他国家或国家集团建立这种霸权的努力"。这不仅为中日关系的发展奠定了政治与法律基础，而且为第二次世界大战后东亚国际秩序的巩固和发展做出了重要贡献。

在此基础上，1979 年 1 月 1 日，中美建交，使中国初步具备了推进改革开放政策的外部国际环境。然而，当时的苏联支持统一后的越南于 1978

年入侵柬埔寨，进犯中国边境。中国被迫于 1979 年进行了对越边界自卫反
击战。同年 12 月苏军入侵阿富汗，陷入十年战争泥潭，遭到中、美、日等
国共同抵制。

　　当时，日本政府之所以默认搁置钓鱼岛争议，并决定对中国提供政府
日元贷款，支持中国的改革开放和现代化建设，有以下背景和原因：一是
那些经历过侵略战争、有良心的日本人对中国有负罪感，愿意致力于日中
友好；二是当时有苏联威胁，日中两国都有从东亚战略全局出发、妥善处
理历史遗留问题的意愿；三是日本需要从中国大量进口石油、煤炭等，中
国需要进口日本的成套设备，彼此在政治、经贸方面互有所求；四是当时
享有 200 海里专属经济区的《联合国海洋法公约》尚未生效；五是日中搁
置岛争、缔结和约，得到美国认可。其后，伴随上述条件逐步消失，日本
对华政策也开始发生倒退和改变。

（四）第十个十年：1981—1991 年

中美日三国关系保持相对友好，对苏联对外扩张形成一定制约。但是，
伴随 1989 年下半年东欧剧变、1991 年年末苏联解体，中美关系急剧恶化，
并波及中日关系。

　　1979 年末，日本首相大平正芳访华，宣布日本政府从 1980 年起向中国
提供政府开发援助（ODA），通过政府日元贷款支援中国基础设施建设，加
强同中国的经贸关系。以 1984 年日本 3000 名青年应邀访华为标志，中日
关系出现罕见的所谓"蜜月期"。当时，中曾根康弘首相一方面考虑日中友
好，另一方面是将日元贷款作为把中国拉到日美一边、形成对苏抗衡力量
的外交战略工具。[①] 然而，在此期间，1982 年日本文部省美化侵略历史的
教科书事件、1985 年中曾根首相参拜靖国神社、日本右翼团体在钓鱼岛建
设灯塔等，都曾对中日关系造成冲击。当时，日本国内进步势力尚能对右
翼保守势力形成制约，加之两国政府的妥善应对，中日关系保持了总体稳
定并取得长足进展。

---

　　① 中曾根康弘『中曾根康弘が語る「戦後日本外交史」』、新潮社、2012 年、356—357 頁。

　　然而，1989 年下半年发生东欧剧变，一些原来的社会主义国家改变了性质。美国针对中国国内发生的政治风波予以制裁，造成中美关系严重倒退。日本政府则根据竹下登首相 1988 年访华时达成的政府资金合作意向，维持两国合作关系，但日本媒体对中国批评增多。

　　中苏关系于 1989 年 4 月实现正常化，但不再结盟。美、苏对立的两极格局彻底瓦解，国际政治出现对美国"一超"有利的严重失衡。在这种背景下，1991 年 1 月 17 日打响的海湾战争拉开了"冷战胜利者"以武力改变中东政治版图和国际秩序的序幕。以美国和北约为主的"暴力的多边主义"开始横行，日本则以和平宪法为盾牌加以抵制，而来自美国强硬派的压力和国内右翼修宪的主张也在上升。这一时期的中日关系总体上好于中美关系。

　　（五）第十一个十年：1991—2001 年

　　苏联解体引起全球战略格局的震动和突变。2001 年 "9·11" 恐怖袭击事件后，美国的国家安全战略发生了变化。

　　20 世纪 90 年代至 21 世纪初，俄罗斯与中、美、日关系改善，而美日、中美之间的矛盾显现。1991 年 12 月苏联解体后，美日与俄罗斯的关系得到改善，日美贸易摩擦加剧、中美战略矛盾尖锐、围绕历史观的中日政治摩擦开始抬头，中俄则建立起战略协作伙伴关系。20 世纪 70 年代日本同意搁置钓鱼岛争议的所有因素几乎都发生了不同程度的变化。

　　苏联威胁消失后，日美开始为维系同盟关系，强调"中国威胁"。战后出生的一代日本政客缺乏正确的历史教育，且没有老一辈的战争负罪感，反而对中国、韩国等亚洲邻国的批评持有逆反心理。1993 年中国成为石油净进口国，对日本出口能源大幅减少。1996 年日本加入《联合国海洋法公约》后，首次以钓鱼岛为基线划定日本的海上专属经济区并宣称不存在同中国的领土争议。日本右翼势力不断登岛，建设灯塔，破坏搁置争议的现状。这遭到中方强烈反对。台湾岛内以李登辉为首的"台独"倾向发展。1997 年日本与美国制定新的"防卫合作指针"，台湾海峡被不成文地暗中列为日、美联合应对的所谓"周边事态"范围。1998 年江泽民主席访日，中日两国发表了联合宣言。中国实行社会主义市场经济，不断深化改革开放，中日经贸交往出现新势头。然而，伴随冷战后国内政治格局的变化，日本出现政治右倾化，导致中日关系开始出现"政冷经热"现象。

（六）第十二个十年：2001—2012 年

美日两国同中国的经贸相互依存关系加深，但伴随中国成为世界第二经济大国，东亚国际战略格局再度发生变化。日本政治右倾化进一步抬头，中日政治关系恶化，中俄关系强化，中美关系在起伏中趋于改善。

进入 21 世纪以来，美国同中、俄地缘战略矛盾增多，但美国陷入"反恐战争"，难以全面对抗中俄。中俄通过长期谈判解决了彼此之间全部边界划界问题，两国关系显著增强。日本国内政治右倾化发展和国际局势的变化等导致其对华战略调整。日本从 20 世纪 90 年代初开始渲染"中国威胁论"，客观上成为这种政策调整的舆论准备。美国的小布什政府 2001 年、2003 年先后发动阿富汗战争和伊拉克战争，急需日本出兵相助，开始公开承诺《美日安全条约》适用于钓鱼岛。于是，小泉纯一郎内阁追随美国，向印度洋派出海上自卫队，向伊拉克象征性地派出陆上自卫队。与此同时，小泉首相不顾中韩等国反对而顽固坚持参拜靖国神社。日本从 2001 年起决定以政府每年出资租用方式，强化对钓鱼岛的管控。中日关系开始严重恶化。2004 年日本制定了冷战后第一个《防卫计划大纲》，其防范的主要对象转向朝鲜和中国。日本误认为，只要同美国搞好关系，中日关系自然就可搞好。

然而，小布什政府单边黩武的新保守主义政治和新自由主义经济，最终导致了 2008 年美国金融海啸的爆发。美国鼓吹的软实力和所谓美国的民主模式影响力大为衰落。同年 5 月胡锦涛主席访日，与福田康夫首相签署并发表了《中日关于全面推进战略互惠关系的联合声明》。中日关系本应顺利发展，但又受到日本政局动荡和来自美国的影响。2010 年日本民主党鸠山由纪夫内阁在冲绳基地问题上改变自民党政府的承诺，并着力加强同中韩的关系，推动东亚共同体。美国对此不满，开始推进重返亚太的所谓再平衡战略。继鸠山后出任日本首相的菅直人重返自民党的政策，并利用美国重返亚洲，反复要求美国确认钓鱼岛适用于《日美安全条约》并对中国示强。在这一背景下，2010年9月，中日在钓鱼岛海域发生"撞船事件"，同年12月日本出台《防卫计划大纲》，战略矛头直指中国。2012年9月10日，野田佳彦内阁宣布"购买"钓鱼岛，实现所谓"国有化"。这遭到中方有效的反制措施。中国公务船首次实现在钓鱼岛领海的执法巡航常态化。中日之间长期搁置的钓鱼岛争议进入了一个新阶段。中日对立再度成为东亚地区国际关系中的主要矛盾。一旦中日两国在钓鱼岛海域或空域"擦枪走火"，历史与现实的因素必将交织在一起，中日对抗的程度有可能比第二次世界大战后的中美冷战、中苏对抗更为严重，后遗症也更难治愈。

四　关于未来的展望与历史的启示

综上所述，甲午战争以来的两个甲子之所以大不相同，至少包括以下三个重要原因：

第一，所处的时代背景不同。1894—1953年的第一个甲子是帝国主义争霸的时代，人类经历了两次世界大战。1953年至今的第二个甲子是两种社会制度并存与多种国家模式竞争的时代，殖民主义体系瓦解，列强之间没有发生以武力争夺领土的争霸战争。

第二，中国的历史命运不同。在第一个甲子，半封建半殖民地的中国经济、科技、国防落后，内忧外患深重，必然成为列强争夺瓜分的对象，但中华民族不畏强暴，浴血奋战，终于取得了胜利和解放。第二个甲子，中华人民共和国成立后不断发展壮大，为人类和平、发展与进步发挥着重要作用，但尚未实现完全统一，不断受到霸权主义、强权政治的干扰，在曲折中前进。

第三，日本的国家模式不同。第一个甲子，如果从日本1945年战败投降上溯60年，正好是明治政府1885年觊觎钓鱼岛之年。日本从那时起针对中国扩军备战，形成对外扩张、侵略的军国主义国家模式，直至彻底失败。第二个甲子，日本走和平发展道路，国家模式转向贸易立国、议会民主、言论学术自由、非军事大国。然而，日本右翼势力和军国主义思想残余依然存在，伴随国内外形势变化，政治右倾化开始影响战后日本国家发展模式。

　　未来60年，东亚能否迎来一个"安全、合作、统合"的新甲子，很大程度上取决于日本国家模式的演变方向，以及中、美、俄、日四国关系的发展变化和中国海峡两岸、朝鲜半岛的未来局势走向。其中，作为目前东亚战略格局中主要矛盾的中日关系尤其关键。下面根据安倍内阁对华战略与中日关系现状，对未来十年的趋势做一初步预测。

（一）安倍内阁政策倾向与中日关系新变化

　　2012年年底安倍再度执政后本来有改善中日关系的机会，但他不仅没有珍惜，反而变本加厉。结果，战后日本首次出现不少类似甲午战争前十年发生的现象，这必然对中日关系产生负面影响。对此，中方采取了必要的应对措施。如何防止安倍内阁进一步把中日关系推向更加危险的境地，是当前和今后一个时期需要认真思考的重大问题。

　　第一，2013年12月，日本首次成立国家安全保障会议（NSC），制定国家安全战略，在国会强行通过《特定秘密保护法》，把中国、朝鲜作为首要防范对象。自民党新宪法草案也曾提出建立国防军，谋求修改现行宪法第九条。无独有偶，甲午战争前，在伊藤博文首相主导下，日本曾于1886年主要针对中国和朝鲜组建了中央军事指挥机关——参谋本部；1889年日本颁布《大日本帝国宪法》，确立起天皇独揽军政大权的绝对统治，并分别成立陆军和海军参谋本部。甲午战争期间，日本在广岛建立了大本营，明治天皇亲自坐镇，在军事、外交、情报和舆论等方面统一指挥。

　　第二，安倍首相在国会就设立NSC作说明时称："朝鲜开发核武器和导弹的威胁、中国缺乏透明性的军事力量增长以及在周边海域活动的急速扩大，导致围绕着日本的安全保障环境进一步恶化。"[1] 日本已开始议论拥有打击敌方基地、先发制人的军事能力。日本相关部门还制定各种夺岛作战预案。[2] 这也与甲午战争前山县有朋（1838—1922）、伊藤博文等日本统

---

[1]　据日本NHK电视台2013年11月8日报道。

[2]　参见刘江永《日本武力介入钓鱼岛的图谋与法律制约》，《国际问题研究》2012年第5期。

治者的战略思维及针对中朝两国的态度有相似之处。不过，时代背景、中日两国国情和力量对比以及国际环境等，均已今非昔比。安倍内阁的倒行逆施必将遭到广大日本人民的反对，只能以失败告终。

第三，安倍内阁 2013 年 12 月出台新的《防卫计划大纲》和未来五年的扩军计划，将增强针对中国的军事力量、军费开支、军事部署和军事演练。与此同时，日本首次提出的《国家安全保障战略》宣称："为了维护和发展开放而稳定的海洋，日本将发挥主导性作用"；"对于改变现状的尝试，日本将冷静且毅然应对"，意在制衡中国在钓鱼岛的执法维权行为。①一旦日本认为准备充分、时机成熟，就可能丧失"冷静"而"毅然应对"。1887 年日本参谋本部曾制定侵略中国的《征讨清国策案》，提出五年扩军计划。在这期间，日本暂时没有窃占钓鱼岛，不失为"冷静"，但一旦完成扩军计划并通过战争获得优势后便"毅然应对"，认为"今昔形势已殊"而秘密举行内阁会议决定把钓鱼岛划入日本范围。目前，安倍内阁虽然还难以像伊藤博文内阁走得那么远，但其战略倾向颇为相似，十分危险。

第四，2013 年 11 月，日本国会通过了《自卫队法》修正案，允许在海外撤侨时派遣自卫队执行陆上运输任务，并可携带重武器装备。这是对日本现行宪法的实质性突破。而这不禁让人联想到 1894 年日军进入朝鲜半岛、1918 年武装干涉苏维埃、1931 年发动"九一八"事变时，其借口之一都是"保护日本侨民安全"。另外，2011 年东日本大地震后，实行公务员减薪 10% 以上，2014 年日本将把消费税率提高 3%。如果这些财政收入被用于军事开支，就会使人联想起甲午战争前日本曾为造舰而减薪 10%，以及天皇动员全国募捐的历史。

第五，安倍首相 2013 年 7 月 17 日专程到石垣岛和宫古岛为日本海上保安厅和自卫队鼓舞士气、对抗中国。类似行为与 1887 年时任首相伊藤博文乘军舰到冲绳巡视颇为相似。在安倍看来，其山口县同乡伊藤博文是日

---

① 《日本拟定"国家安全保障战略"方案 强调海洋安全》，共同网，2013 年 12 月 3 日，http：//china. kyodonews. jp/news/2013/12/64786. html。

本的"伟人"。① 安倍内阁官房长官菅义伟把刺杀伊藤博文的朝鲜义士安重根称为"罪犯"。② 关于谁是伟人谁是罪人，日本政府与中韩两国的看法相反。这反映出日本政府对甲午战争毫无反省，而歪曲历史可能误导未来。

第六，2010 年 9 月发生钓鱼岛海域撞船事件以来，"中国威胁论"在日本甚嚣尘上。伴随钓鱼岛之争及中日政治关系恶化，2013 年日本民众对中国无好感的受访者超过 90%。③ 这与钓鱼岛争议、东海问题和媒体报道相关。1969 年 8 月 29 日，日本设定"防空识别圈"；1972 年 5 月 10 日，日本扩大"防空识别圈"时把钓鱼岛上空划入其中，其范围远远超过东海中间线，离中国沿海约 130 公里。近年来，每当中国公务机飞入日本所谓"防空识别圈"，甚至在中国专属经济区内的春晓油气田上空巡视，日本战机也会紧急升空应对。这些在国际空域威胁中国飞行自由与安全的行为，经日本媒体报道，反倒像是中国军机要进入日本领空。这必然引起日本公众反感。2013 年 11 月 23 日中国宣布设立东海防空识别区后，日本国会通过决议要求撤销，并动员国内外舆论对华施压。类似现象在甲午战争前也曾经出现。例如，1886 年中国军舰到访长崎发生械斗事件，日本便出现举国强烈的反华民族情绪。历史的教训值得汲取。

第七，安倍内阁正把中国作为类似原苏联的主要对手制定所谓国家安全战略。安倍内阁似乎已摘掉中日战略互惠关系的"看板"，摆出一副战略对抗的架势。安倍内阁提出所谓"积极和平主义"，在加强日美同盟的同时，拉拢一些国家在中国周边甚至全球形成牵制中国的战略格局，争取国际社会认可日本行使与美国等国联合作战的所谓"集体自卫权"。冷战时期，日本追随美国对抗苏联和中国，如今则是安倍内阁要求美国追随日本对抗中国。这在近年来历次日美两国首脑会谈的议题设定及内容上都可以看得十分清楚。类似情形在甲午战争前后，以及第二次世界大战中也曾出现过。当时，

① 《朝鲜日报》2013 年 7 月 8 日，转引自《安倍反对中国建安重根纪念碑 要韩敬伊藤博文》，《环球时报》2013 年 7 月 10 日。

② 《日本政府批评韩国推进为安重根立碑计划》，共同网，2013 年 11 月 19 日，http://china.kyodonews.jp/news/2013/11/63891.html。

③ 中国日报社与日本言论 NPO 于 2013 年 5—7 月的调查结果，http://tokyo-beijingforum.net/index.php/survey/9th-survey。

日本就曾主动拉拢英、美等国站在自己一边，以利对抗、入侵中国。

第八，安倍内阁面对来自中国和韩国在历史与岛争问题上的反对立场，采取拉拢韩国、集中对付中国的战略。日本对中国设定防空识别区反应强烈，而对韩国扩大防空识别区的态度则截然相反，目的就是要利用中韩矛盾，拉近同韩国的关系，陷中国于不利。这与当年伊藤博文内阁的战略思路更为相似。甲午战争前，日本就竭力通过派遣军事教官等方式向朝鲜半岛渗透，扶植韩国亲日派政治势力，甚至以武力为背景制造宫廷政变。最终，日本在甲午战争、日俄战争中得手，变朝鲜半岛为其殖民地，伊藤博文任第一任韩国统监。

第九，安倍晋三首相在他执政一周年的 2013 年 12 月 26 日公然参拜靖国神社。这不仅导致中日关系雪上加霜，而且立即激起日本国内外一片谴责之声。这不仅严重违反日本现行宪法有关政教分离的规定，而且践踏了国际公法。根据日本 1945 年接受的《波茨坦公告》规定：欺骗及错误领导日本人民使其妄欲征服世界者之威权及势力，必须永久剔除。然而，安倍首相竟然前往供奉有第二次世界大战甲级战犯亡灵的靖国神社参拜并汇报工作，这无异于向人类良知和整个国际社会发出挑战，因而必然遭到包括联合国、亚洲各国、美国、俄罗斯、欧盟的谴责，造成日本在战后以来空前的孤立。

综上所述，安倍内阁在钓鱼岛问题上的对华政策，不仅倒退到中日邦交正常化之前佐藤荣作的立场，而且有向甲午战争之前伊藤博文内阁对华政策方向演变的危险。尽管日本目前还难以复活战前那种军国主义，在现行《日本国宪法》框架制约下也难以主动对中国开战，但上述现象表明，安倍内阁正在利用钓鱼岛争端，通过任意解释宪法，摆脱战后的自我束缚。这不仅导致钓鱼岛争议成为中日关系严重恶化的主要原因，而且必然导致中日矛盾成为东亚地区的主要矛盾。一旦中日因钓鱼岛而发生擦枪走火，安倍内阁很可能借机造势，争取一举达到修改宪法的目的。届时，中日关系将在危险的轨道上越滑越远。

（二）国家兴衰、国际格局与国际潮流的前瞻

第一，未来十年的国家兴衰，关键要看国家走什么道路，是否符合本

国国情与世界潮流。国家道路通常包括国家的社会形态与国家形态。在社会形态，即社会制度（日文为"社会体制"）没有发生根本改变的情况下，决定国家兴衰与国家战略的主要因素是国家形态，即国家模式的转型与变更。成功的国家模式会使国家的生产力不断提高，综合国力不断增强，而失败的国家模式则会导致国家由兴转衰。① 另外，任何国家都难免犯错误，关键在于国家的自我纠偏能力如何。相比之下，中国和美国自我纠偏能力较强，而苏联和日本则自我纠偏能力较差。

日本自 1868 年至今，其社会形态，即以私有制为主体的资本主义制度没有改变，但其国家形态，即国家模式则发生了重大变化。日本在帝国主义时代，在明治帝国宪法下建立起军国主义国家模式，不断对外发动战争。1945 年日本战败后才开始在外力作用下完成国家模式转型，制定了《日本国宪法》，走上和平发展道路，并通过时任首相吉田茂推行的"轻军备、优先发展经济"的贸易立国模式，取得了令世界瞩目的经济成就。从 20 世纪80 年代起，中曾根康弘等日本当政者又开始谋求国家模式的转型，对内谋求修改宪法，放弃经济优先，对外开始利用美国支持谋求成为"政治大国"，改变战后秩序。结果，20 世纪 90 年代以来，日本付出的代价是泡沫经济崩溃，经济萧条，传统企业集团及终身雇佣制度解体，政局动荡，政治右倾化思潮抬头，同亚洲邻国的矛盾不断。

2010 年中国成为世界第二经济大国，加快了国际格局演变的步伐。这是甲午战争以来的第一次。日本一些人很不适应、不自在，认为再不抑制中国今后恐将更加被动，而美国重返亚太及再平衡战略则可以利用。日本对华战略从 20 世纪 80 年代以经济合作为主，已转向目前安倍内阁的以安全领域抗衡为主。日本国家发展模式正朝更右的方向转型。这必然使日本丧失同中国合作可能带来的成长机遇，增加同中国对抗的战略风险。

第二，未来十年，非传统国际格局对传统国际格局的影响将增大，大国之间合作的可能性有可能增强，但传统国际格局仍然是国家模式竞争的主要舞台。

---

① 参见刘江永《国际格局演变与未来的中美日关系》，《日本学刊》2010 年第 1 期。

2001 年"9·11"事件以来，在传统国际关系格局之外又出现了一个"非传统国际格局"。传统国际关系格局主要是国家与国家、国际集团与国际集团之间的较量与力量对比的变化。非传统国际格局的特点则是国家与非国家、非政府行为体之间的较量与非对称战争。非传统国际格局的主要特点是：社会信息化与恐怖活动网络化、全球化有可能形成隐形的"一极"，其与传统的超级大国及其盟国之间的非对称战争将持续。这种非传统国际格局中的"两极热战"对大国的国家安全战略的影响将趋于增大。由于核威慑对隐形的"一极"不起作用，美国既要维系在传统国际格局中的主宰地位，又将面临非传统国际格局的严峻挑战。

中国作为世界第二经济大国与原苏联不同，不仅不会对美国国家安全构成挑战，反而与美国有密切的相互依存关系，是美国应对非传统安全威胁，在非传统国际格局中反恐、防扩散领域必须借助的合作伙伴。因此，中美建立新型大国关系的现实可能性是存在的。如果日本无视美国的安全利益而一味企图把美国拖入同中国军事对抗的深渊，不仅将使美国在传统国际格局中付出极高的战略成本，而且在非传统国际格局中也将陷入更大被动。

第三，未来十年的国际潮流，是追求低成本、高安全的可持续安全。21 世纪国际安全面临的主要威胁来自两方面：一是国际恐怖主义，二是"暴力的多边主义"。

所谓"暴力的多边主义"，就是通过军事集团、军事优势、军事打击，武力入侵主权国家。它堪称 1900 年入侵中国的"八国联军"的现代版。冷战后世界发生的所有局部战争和对主权国家的外部军事入侵，都是以美国为首的北约军事集团或多国部队所为。其结果，不仅没有消灭恐怖主义，反而造成大量人员生命财产损失，酿成局部战乱与浩劫，并导致参与国陷入财政危机、社会危机，制造了大量的战争碳排放，成为全球气候变化的主要成因之一。"暴力的多边主义"造成的是高成本、低安全的不可持续的安全。

中国是和平多边主义的倡导者与参与者，主张通过和平方式，对话协商解决国际争端。2013 年，在处理叙利亚问题上"暴力的多边主义"受到抑制，叙利亚政府同意交出化学武器。这是冷战后20多年来的第一次，对维护国际秩序与国际法准则意义重大。除了俄罗斯、中国发挥了重要作用之外，英国议会、德国政府的态度也很明智。美国党派之争与财务危机不允许美国对叙利亚实施军事打击。更何况，叙利亚反对派内有国际恐怖组织的武装集团，美欧深悉这个浑水蹚不得。

然而，在东亚则有一种值得警惕的倾向：一方面，针对朝鲜半岛的多边联合军演仍在继续；另一方面，日本政府在竭力谋求突破战后禁区，行使"集体自卫权"，最终目的是以所谓"自卫"为名在海外使用军事力量，与美国等国联合作战。安倍内阁一面提出所谓"积极和平主义"，一面仰仗美国，与菲律宾相互利用，试图形成联手抗衡中国的东亚战略格局，甚至企图与北约建立安全合作关系，实质上是准备以日美同盟为核心，为在东亚推行"暴力的多边主义"做铺垫。这种有违世界潮流的做法没有出路，而依靠和平的多边主义实现低成本、高安全才是可持续的国家安全模式。

第四，未来十年，东亚的大国关系是：中俄合作将继续加强，但只要不发生外敌入侵，中俄仍不会结成军事同盟；日俄领土矛盾难以解决，缔结和约并非易事；美国在与日本保持同盟关系的同时，将避免同中俄形成全面战略对抗；中美战略竞争恐怕在所避免，但只要美国尊重中国的核心利益，便不会构成中国的现实威胁；伴随日本政治右倾化及国家模式转型，中日矛盾可能更为突出，历史问题、钓鱼岛问题、台湾问题仍会困扰中日两国。日本在2020年东京奥运会之前可能还会受到国内外某种制约，但其后日本的不确定性和危险性可能增大。只有日本国内和平进步势力增强，政治右倾化受到抑制，中日关系才有望重新回到健康发展的轨道。在历史上，东亚战略格局从未出现中、美、俄、日四国同时保持友好的局面，今后能否创造奇迹关键看所有当政者能否正确决策。

（三）甲午战争120年来的警示与启迪

第一，自甲午战争至今的120年来，之所以出现"战争"与"和平"两个甲子，在很大程度上与日本国家发展模式直接相关。明治维新后日本的帝国主义、军国主义国家模式必然导致中日战争，甚至海洋国家之间的战争；第二次世界大战后日本和平发展的国家模式，则没有造成中日军事冲突。目前，日本国家模式正处在新的转型期，尽管难以轻易复活军国主义，但如果日本以维护本国安全为由，逐步突破战后自我约束而脱离和平发展道路，也会以新的形式威胁中国的安全与主权。

第二，东亚大国关系格局之所以大约每十年发生一次较大的变化，与相关国家发展模式成败引起的国际力量对比变化有关，同时也取决于各国当权者更迭后的决策偏好。继甲午战争、"九一八"事变之后，日本安倍晋三内阁再度把中国视为主要军事对手的对外战略，正使中日矛盾第三次成为东亚战略格局中的主要矛盾。其原因之一是，在第二次世界大战后建立"反华包围网"方面，50—60 年代美国的对华冷战政策、60—70 年代苏联的"亚太安全体系"均告失败，如今日本的安倍内阁似乎在做第三次尝试。2013 年，在东北亚陷入孤立的日本，竭力诱导美国、拉拢东盟各国制衡中国即其表现之一。尽管目前中日矛盾的时代背景及矛盾性质与历史上的有所不同，但未来十年，这种矛盾如何变化将决定东亚战略格局走向及中国周边安全环境。

第三，无论国际格局如何变化，对于中国来说，无内乱则外患难至，靠人帮不如靠自强。中国要不断增强硬国力与软国力。在硬国力方面，科技、经济强，国防方能强。在软国力方面要抓一个核心，即提高法治化、科学化的正确决策能力与落实执行能力。中国要切记，第一次世界大战前夕中国经济总量曾是日本的三倍以上，但还是遭到日本的入侵。原因就在于中国海空军事力量薄弱，陆军则在军阀混战中自相残杀。因而"中国梦"的实现决不能以 GDP 所反映的经济规模总量来衡量，而要看科技和生产力水平的先进性，以及在此基础上拥有坚实的国防力量，同时要维护好国内社会政治的安稳，防止国际上"八国联军"式的"暴力的多边主义"对中国或中国周边地区的"包围"。

第四，与国际格局变化相关的和平与战争问题需要从时代高度判断。在帝国主义殖民时代，后起的大国往往通过战争重新分割世界，谋求霸权，曾两次引发世界大战，中国均饱受其害。第二次世界大战后，殖民主义体系不复存在，帝国主义难以通过占领殖民地建立世界霸权，世界各国相互依存关系在加深，因而国际力量多极化与新兴大国崛起不需要依靠战争手段，而可以采取和平方式。战后，日本、德国都曾经历了和平崛起的历程。而中国正在以自己的方式经历这一历程，其国防力量增强绝不意味以武力侵略别国。日本坚持走和平发展道路才符合本国利益与世界潮流，而谋求突破战后宪法自我约束、行使集体自卫权等，则有违世界潮流和日本的根本利益，并可能给东亚地区的和平与发展带来祸患。

第五，日本民族历来争胜好强，危机意识强、情报意识强、细致调研能力强、集团合作精神强。但日本一些领导人缺乏哲学思维和正确的战略思考，遇到障碍会做策略调整，但不遭彻底失败很难改弦更张。历史上，日本对俄国、美国都是在处于相对劣势的情况下，以先发制人的偷袭方式发动战争，而非在拥有绝对优势时才开战。因此，21世纪东亚的和平与安全，在很大程度上将取决于日本是否保持自我约束，以及能否受到国际社会、国际秩序的有效约束。日本历来与强者为伍，但是否对外使用武力，关键要看《日本国宪法》第九条能否继续得到遵守。日本在《明治帝国宪法》下建立的日英同盟、德意日反共同盟，都曾是对外侵略扩张的工具。日本在战后和平宪法下的日美同盟则没有对外侵略。今后，日本宪法如何修改将决定日本国家模式如何转型，并在很大程度上决定未来的日美关系、中日关系走向。

第六，武器、情报、协调、指挥、意志等方面的差距，会成为决定战场胜负或伤亡多寡的重要因素。甲午战争前，日本制定对华作战方案，首先通过各种方式刺探中国的情报。自日本外相陆奥宗光开创近代日本外交以来，日本尤其重视舆论战、情报战与外交战相结合。如今，NSC的主要职能之一就是搜集和研判关于中国的各种情报。2013年，日本一方面不断要求中国增大透明度，另一方面通过《特定秘密保护法》等减少本国的透明度，限制本国公民的知情权。这很不正常，反而似乎泄露了日本开始全面加紧对中国备战的天机。对中国来说，要力避自大轻敌，有患无备，丢掉不切实际的预期或幻想，以增强中国的综合国力为中心，加强经济、科技与国防建设。这才是维护国家主权和安全，捍卫东亚和平的关键。

第七，正确看待日本人民的作用。在日本国家决策过程中，日本人民实际上难以直接发挥作用。这是因为，日本对外政策由内阁决定，日本立法与国家财政预算由国会决定。日本人民在这一决策过程中没有直接发言权，也没有直接责任。例如，在《特定秘密保护法》问题上，日本民众通过媒体舆论、集会游行等渠道也难以改变自民党在国会占多数的决策权。日本人民的政治作用主要体现为日本众参两院选举和地方选举的投票选择权。问题在于，在日本政治右倾化抬头情况下，各政党对华态度趋同，日本选民没有什么选择余地。但另一方面，日本民众对政府的错误决定未必支持，甚至会强烈反对。因此，中方更需把握日本政情脉络和社会思潮变化，重视并加强同日本各政党、各大媒体、各智库、各友好团体之间高质量、有成效的交往，把握中日关系发展的正确方向，善于团结日本人民。即便在抗战时期和战后初期，中国共产党一贯坚持把日本广大人民和日本军国主义战争罪魁区别开，对日本战俘教育改造取得良好效果。战后，日本之所以"服美、亲美"，不只是原子弹的威力，而有赖于美国扶植、保护日本所形成的利益纽带，以及"自由、民主"价值观和美国文化渗透所形成的精神纽带。在网络、微信等新媒体大发展的时代，中国应更加重视国际媒体与对日公共外交，多摆事实讲道理，在解疑释惑的细节与针对性上多下功夫。同时要避免过犹不及地说过头话、做过头事，客观上造成为渊驱鱼、为丛驱雀。

第八，日本决策者习惯于盯着局部想全局，而不习惯从全局思考局部。因此，日本往往是盯着中国看世界，总想着如何利用各种力量对付中国，而不善于从世界全局和时代潮流看中国，选择顺势而为。这是导致日本战略决策失误的重要原因之一。因而，促使日本决策层转变思维方式与看问题的角度至关重要。例如，应该促使日方正确理解在传统国际格局以外出现的非传统国际格局及其对中美形成新型大国关系的影响，正确看待和平的多边主义与暴力的多边主义两种世界潮流的较量、影响与变化及日本可取的国际战略选择。这样，日本或许才会认识到，企图诱导、利用美国在军事上抗衡中国根本行不通；企图利用行使集体自卫权，联合多国对中国推行"暴力的多边主义"也注定会失败。日本应该制定的国家安全战略和"积极和平主义"的基本方向应该是：积极参与和平的多边主义，抵制暴力的多边主义，促进中、美、日、俄四大国关系，同时谋求改善关系，在加强日美传统关系的同时推动中日韩合作、"10＋3"合作等，从而使日本成为在亚太地区受尊重、受欢迎的和平发展力量。

面对120年前甲午战争造成的中日历史创伤，总结上述12个十年的历史经验教训，展望未来60年新的甲子，中华民族争取通过和平合作的方式实现可持续安全与祖国完全统一，才是"中国梦"的核心与真谛。即便中国有朝一日再度成为世界第一经济大国，也不能忘记历史经验教训和"中国梦"的核心与真谛。而当下，我们必须认清，120年来国际格局力量对比变化的重要标志是世界第二大国的兴衰与易位，而不是世界第一大国美国地位的变化。美国在第一次世界大战前便取代英国成为世界第一大国，这一地位至今未变。第二次世界大战期间，德、日、意在对外侵略扩张过程中，企图以武力挑战美国的主宰地位，结果惨遭失败。第二次世界大战后，苏联与美国全球争霸、大搞军备竞赛，结果和平解体。冷战后，日本作为战后第二个"世界老二"，被美国视为经济的"威胁"，结果在追求"政治大国"的自鸣得意之中和平衰落。未来10—20年，中国如何避免成为战后第三个失败的"世界老二"，而通过改革开放不断完善中国的国家发展模式，坚定不移地捍卫国家主权和安全，而不被别有用心的人搅局或拖入战乱，是实现"中国梦"所难以回避的重要战略课题。

日本政治右倾化和中日关系的
思维方式及战略策略问题

时殷弘 *

2005—2006 年，日本首相小泉纯一郎多次参拜供奉有第二次世界大战甲级战犯的靖国神社，中日关系因此陷入多年未有的严重危机。之后，特别是经过分别于 2010 年 9 月和 2012 年 9 月爆发的钓鱼岛问题两度激烈对抗，一直到执政一周年的日本首相安倍晋三悍然参拜靖国神社，对日关系几乎始终是（至少经常是）中国对外关系议程上最为经久的头号困难和首要纠结。

目前，在日本右翼势力愈益壮大、民族情绪和公众舆论右转的背景下，安倍力图顽固推行逆转历史判决、激进修改宪法和对华军事对抗的大政方针，因而可以预料，中日关系的严重状况还会相当久地持续下去，甚或进一步加剧，中日关系前景堪忧。

从中国对外政策"内外兼顾"的三个大局——全方位外交、周边外交和大国外交之大局来观察，从中国成为战略空间更为广大、国际威望更为高扬的世界强国的愿景去估量，上述局面即对日关系的困难和问题纠结在颇大程度上支配着中国对外关系议程。尽管迫不得已，且有经过对日斗争得来的重大神益，但是弊端依然可见。其中，包括现实的和潜在的外交被动以及相关的若干战略、政治风险。要设法缓解甚或最终大致消减这些弊端，就需要审视、反思和适当调整关于当前的日本问题与中日关系的某些思维方式，进而思考、规划和实施对日战略、政策和策略的某些调试。特

---

* 作者系国务院参事室参事、中国人民大学教授。

别是，其中直接、间接地涉及的中国基本利益之重大，相关的多方面局势之新颖、能动和复杂，更增添了此类调整和调试的需要和意义。

一　日本政治右倾化与对华战略调整

安倍晋三 2012 年 12 月再度当选为日本首相，自民党时隔三年重新取得执政地位。安倍上台后，提出修改和平宪法，解禁集体自卫权，并抛出"侵略战争未定论"，直至参拜靖国神社……日本的政治风向急剧右转，引起国际社会的担忧。日本政治右倾化影响着日本的国际信誉和安倍政权的稳定，国际格局与日本国内政治形势的变化，也影响着日本的对华战略调整。

（一）国际格局变化与日本政治右倾化

当前日本越来越民族主义化、越来越右倾化的趋势已毋庸置疑。但是，日本政治右倾化问题必须仔细地研究：（1）目前的程度如何？（2）原因为何，是否只有单纯的原因，与中国有无关系？（3）特征是什么？（4）我们应采取何种对策？对策又分为当前的、中期的甚至长期的。

如果在世界大趋势之下来观察，毫无疑问，在国际政治经济背景下，日本越来越"正常国家"化，不管"安倍经济学"是否靠得住，20 多年来"正常国家"化的趋势愈益加剧了。同时，日本过去一直振兴贸易、振兴国际经济地位，其总的战略是国际主义的经济。但 20 世纪 90 年代以来，日本经济长期萧条，其国际经济影响力不断弱化，包括它的发展模式，在全球范围内的软实力影响也受到质疑。日本靠经济这样一个重要的元素来提升其大国地位遇到很大障碍，尤其是当中国的国内生产总值（GDP）超越日本之后，它感觉经济方面与中国的差距可能越来越大。实际上，战后很长时期，日本都是通过经济、贸易、技术的影响力不断提升大国地位，也在相当程度上达到了目标。20 世纪 80 年代初期，可以说日本在整体上的国际地位达到了顶峰。但是，到了 80 年代中期尤其是 90 年代以后，经济泡沫破灭，它的相对国际影响力和经济地位快速下降。

在这个过程中，日本对大国地位的追求从两个方面发生了变化：一方面，日本对大国目标的追求并没有放松；另一方面，日本经济大国地位的上升趋势受到挫折之后，它的紧迫感越来越强烈。此外，国内外形势尤其是冷战结束之后国际秩序带来的消极影响，加上国内老龄化加速、政治和经济体制的负面效应逐渐暴露、结构上的僵化等，日本依靠经济提升大国地位越来越困难。因此，日本逐渐转向从政治、安全层面甚至从军事上来提升它的大国地位。

从日本发展趋向来看，未来五至十年，政治右倾化是一个总体发展趋势。究其原因，一是从日本国内背景来看，最近十几年，日本经济低迷，日本人产生了焦虑、焦躁、彷徨情绪，自尊心受到很大损害；二是中国的崛起，日本越来越觉得难以接受这样的现实，要接受这个现实还需要更长的时间。而且，从大的视野来看，鉴于这种格局的变化，日本越来越把中国作为一个对手甚至是假想敌来看待。

日本认为，中国崛起对日本威胁很大，日本一直实行和平主义，而现在轻武装已经行不通了，要谋求发展军事。日本依靠美国，但它的军事化受宪法的限制。日本始终缺乏大战略。而一般说来，战略的实施过程，一定要有一个谋求缓和的对话关系，这在外交上是必要的。在当前困难情况下，主导日本对外政策的领导人寻求外交战略的转变。民主党失败了，更右的日本维新会兴起，这都是日本政治右倾化、社会思潮保守化的结果。日本外交战略的转变，首先是重提价值观外交。战后日本强调和平主义，但它不是价值观外交，现在关注环境和生态，和平主义失势了。日本人认为，他们的和平主义、自由主义，没有给日本带来一点好处，反而使日本越来越弱了。

当前国际格局、权势转变了，毫无疑问这是一个非常突出的问题。首先，从国际层面来看，中国持续20多年强劲崛起，美国却呈衰落之势。在中日政治安全对立中，美国对日本安全做出承诺，必然在日本越来越深刻地受到关注。

美国正在调整其在西太平洋的战略性前沿存在，把军事基地迁到关岛等地方。如果大胆假设，随着中国战略性军事打击力量的发展，美国会让出西太平洋地区，那么东京一定会怀疑美国会不会冒险来保卫日本？这是结构性的。比结构性稍微变动多一点的是形势性的。比如，外部形势特别是有关国家的外交活动，其中一个重要因素就是中国。2010年9月钓鱼岛撞船事件，再加上2012年9月的"购岛"，不但是中国政府，中国全民参与保钓行动。日本非常害怕，把"中国威胁论"鼓吹得越来越厉害，并意图扩大到朝鲜半岛。日本原想改善与韩国的关系，但朴槿惠上台后日韩关系因领土、历史等问题急剧变坏。还有朝核问题。虽然日本追随美国，对美国来说，日本很重要，因为它是美国在全世界最重要的军事盟国，但是中国对美国的意义则是多方面的，对美国来说，中国可能已经比日本重要，这是很明显的。因此，美国对日安全承诺越是空洞，日本就越是恐惧。

但是，美国的"亚太再平衡"战略，对日本来说，仍然有鼓舞、吸引作用。当然，还有东南亚，日本跟中国争东海，东南亚部分国家跟中国争南海，日本和东南亚地区自然就加强了联系。而且，印度与中国虽有合作但有些矛盾也很深刻。

其次，从日本国内的基本经济、政治、社会层面来看，总体趋势表现为衰退，这是明治维新以后日本持续时间最长的衰退，也是19世纪90年代以来长时间的衰退。因此，日本的政局不稳，对外政策成效甚微，并越来越感到困难。在日本存在一种心理，就是意志消沉，没有自信心，看不到前途。

（二）日本对华战略的调整

在国际格局变化与国内政治右倾化的形势之下，日本对华战略面临调整。日本对华战略大致有几个主要方面：

第一，政治安全上搞对立，经济上捞实惠。日本一直把日中关系看成最重要的双边关系之一，但是其中间的层次是不一样的。日本与中国建立战略互惠关系，这个"互惠"主要讲的是经济上的互惠。所以，捞取经济利益对日本而言非常重要。这样，就出现了在政治安全上对立、在经济上互惠合作的一种局面。现在，日本要坚持"政经分离"的原则，继续在中国捞取更大的实惠，这也决定了日本不愿意跟中国搞全面型对抗——全面型对抗必然会对中日经济关系产生影响，这是它不愿看到的。

从政策排序来看，安倍做了优先顺序的调整，由原来稳定美中两国，到现在因日中关系不好而在优先考虑美国之外多考虑周边，主要是东南亚、东盟国家，还包括印度、澳大利亚。日本基本的思路，是跟美国和周边国家都搞好关系，取得了一定的政治资本之后再与中国改善关系。因此，当前日本积极强化日美同盟，希望借此牵制和遏制中国。此外，强化日美同盟也是想"借船出海"。

第二，构筑"中国包围网"。通过在周边构筑一个围堵中国的网，充分利用中国周边国家对中国这些年发展产生焦虑的机会，为己所用。

第三，渲染"中国威胁论"，突破国内禁区。日本在钓鱼岛问题、历史问题上挑战中国，这种挑战是日本要营造一种气氛，把中国作为竞争对手、假想敌来看待，然后极力渲染"中国威胁论"，以此制造一种外压。历史上，日本特别擅长这一套。日本领导者认为，现在日中关系面临的一些挑战，正好给其自我松绑提供了一个非常好的机遇，可借机强化日美同盟，同时在国内突破宪法的一些条条框框的束缚。日本可以借这个机会在国际社会中发挥更大的作用，提高自身的存在感。同时，日本积极参与地区制度的构建，并开始把手伸向比较边远的地区，比如中东、非洲等地方。

二　钓鱼岛问题与中国的对日战略

但是，中国也不要夸大日本对外政策的战略性。首先，一个国家如果没有独立的对外政策，其战略性将很有限，而中国的对日政策虽然不能说没有问题，但是战略性强。其次，中国对外政策的战略性强于日本。再次，中国要应对的基本问题是对外多方面的，需要顾全大局、权衡利弊，因此受到外交决策的限制。日本则有所不同，日本现在就是与中国为敌。所以，虽然战后日本在对外政策方面的战略性就思维、休制、政策贯彻水平而言是不高的，但因为它任务集中，对外主要就是对付中国，这加强了其推出战略政策的便利。

在钓鱼岛问题上，中国的对日战略正确。从短期态势看，中日钓鱼岛争端不能得到根本解决。从长期态势看，中国包括钓鱼岛问题在内的对日政策必须做战略性思考。

　　中央周边外交工作座谈会①决心很大。不重视周边，不把中国周边外交至少当作对美关系一样的重中之重是不行的。周边搞不好，中美关系永远搞不好。中美关系在2001年和2012年最僵，其中一半是因为周边问题，诸如东海、南海、朝鲜半岛问题等。中国的领导人频繁出访周边国家和地区，就是要大力振兴周边，显著改善周边关系。中国重视周边外交，最终目的除了振兴中国的经济发展之外，就是在战略上要形成一种逼使美国给我们应有的战略空间环境。当然搞好周边还有一个意图，即孤立日本、孤立菲律宾，但这只是战术问题，不是总目标。总目标当然是为我国改革发展稳定争取良好外部条件，维护国家主权、安全、发展利益，维护世界和平稳定、促进共同发展。②

　　钓鱼岛问题用战争做比喻，不管是客观的还是主观的操作都有战役的阶段作用——第一战役、第二战役、第三战役……钓鱼岛斗争超出了一般的战斗的层次，是战役。这个战役有它的必然性。但是，这个战役发动的时候，2012年9月10日，在我们准备不足的情况下，石原欺骗世人，野田突然"购岛"。这个战役不像淮海战役，它的开始有突然性、袭击性。对于这样的战役，尽管它包含的目的、斗争、进程很多都符合我们历史性的总方向，但毕竟有偶然因素，毕竟存在不是完全出于我们主动积极战略规划的因素。日本"购岛"已经过去几年时间了，现在始终有一个问题，这个战役同我们的周边战略也就是战争目的，有协调的方面，也有不协调的方面。如何对待这个不协调，也就是说，这个战役特别是考虑到它有突然性，到底利在哪里，以及到现在为止弊在哪里？

　　中央周边外交工作座谈会强调要着眼大局、管控风险、推进周边。从邓小平时代到党的十六大以来的周边总战略还是比较顺的，内在统一。但我们现在的总战略内在有不统一的地方。在某种意义上来说，尽管我们的钓鱼岛斗争取得很大成就，而且必须进行，但是一定程度上中国和日本都

---

①　中央周边外交工作座谈会于2013年10月24—25日在北京召开。这是党中央为做好新形势下周边外交工作召开的一次重要会议。习近平在会上发表了重要讲话。

②　参见《为我国发展争取良好周边环境 推动我国发展更多惠及周边国家》，《人民日报》2013年10月25日。

被"锁"住了。因此，我们要处理这个战役同我们的战争目的那些不协调的方面，制定中国周边的总战略，做到内在的统一性。

中国迟早要给日本乃至全世界一个根本态度的宣告，就是一个长远视域下关于日本可以是什么样的根本态度的宣告。这很重要，早了晚了都不行。外国说中国"不透明"，对中国不放心。那么，中国就是要明确让日本搞清楚在什么情况下可以成为一个中国能够接受的"正常国家"。反过来，我们也要想清楚日本民族可以期望一个怎样的强大的中国。还要向日本讲日本要靠美国，但长期靠美国完全靠得住吗？

中国和日本交往悠久，尤其具有复杂性。过去中国做日本工作，有时候重大的成就是一分一分得来的。在当前中日对抗情况之下，中国一些地方政府大体已经放弃与日本的交流活动。反观历史，毛泽东、周恩来跟日本打过很多年仗，但他们还是认真做日本的工作。如果说情况困难就基本停止做日本公众的工作，那中国永远干不了事。这不仅是针对日本，更代表一种作风，对其他国家也是这样，如缅甸、蒙古（美国总统过去十年去过蒙古一次，副总理去过两次）。中国人做事情有时候干得成功，有时候干得不太成功，很大程度上取决于是不是认真。中国 13 亿人口，不能光靠政府。

要继承毛泽东、周恩来那样伟大的国务家和爱国主义者的好作风。从古到今，好的战略家、好的国家，都很有计谋，有战略，能团结人。中国与日本加强领域对领域、地方对地方、企业对企业、人对人的这种交往，是有作用的，应持之以恒。中国 20 世纪 80 年代播的种子，有的长得好，有的长得不好，到了 90 年代有的就烂在地里了，到了日本右翼领导人，就基本没有效果了，受到了各种因素的影响。但播种和培育工作还是要持之以恒、滴水穿石地去做。

三　中日对抗的思维方式和战略策略问题

钓鱼岛争端引发的中日之间的对抗，有两个背景：一是中国的军事力量持续增长，美国也这样看；二是日本战后走和平主义、自由国际主义，日本人长期在和平主义的思潮下，不会全然忘了和平主义。但是，日本人感到，战后的道路除了让日本把日子过好之外，没有让国民得到真正的放心和安全，没有使日本能够至少在经济和外交上继续在亚洲特别突出。实际上，对美国的安全承诺，日本人很怀疑，在一些日本人眼里只有中国，觉得中国威胁日本的安全，这跟过去很不一样。

　　回顾钓鱼岛争端，在中日对抗形成后，中国对待钓鱼岛问题的战略虽然正确，但主流思维方式有一些值得反思。

　　首先，中国应注重外在根本环境的规定作用。规定作用主要源于以下几个方面：第一当然是美国。但崛起的中国、巨型的中国怎么做、做什么，也对周边有极大的规定作用。第二，日本是效率低的国家，在日本国内消除分歧、达成共识是难得的，而对此中国注意得还不太够。第三，战争是一个互动过程，一方的行为会影响另一方对它的行为方式，中日之间的互动值得注意。第四，提及国内政治的动力和制约，中国对相关各种情况讨论得很不够。中国国内的情况也很复杂，战略需求有国内制约，要在这种矛盾之下做好工作。第五，中国特别多地讲实力，尤其是硬实力，软实力则讲得比较少，特别是外交上，虽然中国 GDP 超过了日本，但中国在外交上对日本的软实力得分不多。另外，中国地缘优势不够，虽然中国比日本发展势头好，但体量大，使中国战略发展容易分散，中国进行战略安排的客观困难比日本要大。

　　在日本问题上，许多人惯常地缺乏必要的"文学透视"①，特别是对当前日本民族心理的透视，这尤其依赖置身其中式的观察、调研、理解和适当的想象。这种缺乏广义的"文学透视"的思维方式不会注意到一点，即时代性和历史性的根本环境对民族心理的规定作用。笼统地说，这种根本

---

　　①　"在国际问题研究的种种基本的思想方法和研究方法当中，必须有广义的'文学透视'方法。……所以如此，首先是因为人世间事以人——具有异常复杂的社会属性和更为复杂的心理属性的人为主角，更何况关于民族和民族国家的人世间事是以千百万性质如此的人和他们之间错综交织、能动易变的交往为内涵，充满或许司马迁以'究天人之际'一语去表述的远非完全受制于'规律'的一切：人类行为和人类关系中高度微妙、模糊可变和难以预料的一切。如果没有广义的文学透视方法，有谁敢宣称能非常接近认识它们的真相和奥秘？"参见时殷弘《文学透视方法与美国精神辨识》，《江海学刊》2011 年第 4 期。

环境大略是：（1）从第二次世界大战结束直至近些年，日本在世界政治经济大局中的国家方向、国内状态和对外态势；（2）世界政治经济大局的急剧变化，还有日本在其中甚为窘困的处境和地位。至于这些根本环境与其变化规定的日本民族心理，则可以归结为日本民众几乎人人都会自问的两个问题：上述国家方向、国内状态和对外态势带给了他们什么？他们能否继续适应自己设想的民族所需状态？

从越来越多的日本人的角度看，在第二次世界大战结束后的 60 余年，即在西方自由国际主义经济体系和美国优势显赫的时代，日本奉行"贸易立国"①式的商业福利与和平主义国家方向，对外注重倡导生态保护，施行发展援助，传播日本文化，追求国际性软实力，但这到底给他们带来了什么？他们现在亲历亲见的最基本状况和趋势如下所述或至少包括下列事态：20 余年超长久经济衰退，世界商业市场大为紧缩，巨型中国的经济力、军事力和国际影响急剧持续上升，美国优势显著相对缩减，美国对日保护义务的可信性潜在动摇，日本军事安全环境在日本人看来甚为严酷和恶化（更何况他们的战后附庸地位导致或加剧了他们的偏执多疑），日本国际地位、国际形象和国际威望显著急速下落。不仅如此，他们所见的这些基本状况和趋势，全都可以是经久结构性而非短暂情势性的。在这样的情况下，他们当然易于倾听和接受右翼的多方劝说和鼓动，易于按照右翼的意愿去考虑接受日本的国家方向变迁。

与此相关，在中国值得反思的思维方式中，还有很重要的另外两点：第一是日本国内愈益趋于形成右倾化、民族主义化和"正常国家"（实为大国权利）军事化这一危险的共识实属难得。这里的"难得"是指，在享有大致以自由主义、和平主义和个人主义为特征的生活方式历经 60 余年之后，日本大多数公众要改而接受右翼鼓动的新国家方向，特别是在中国强劲崛起、美国优势缩减和美国军事保护的可信性逐渐趋于动摇的时代，就需要有安全领域的严重刺激，首先是来自海空军事和所谓"海洋领土"方面的。

---

① Richard Rosecrance, *The Rise of the Trading State*: *Commerce and Conquest in the Modern World*, New York: Basic Books, 1985.

　　第二点甚至更有悖经验性常识（common sense），即在当前时期的日本问题和中日关系上，许多人似乎忘了国际政治一般固有的互动性质和互动机理，那是克劳塞维茨在战争探究中就战争的本性反复强调的。就此需要指出，中日两国以外的绝大部分国家大致都认为，已历经数年的中日对抗，特别是 2012 年 9 月以来的中日对抗，起初是由日本政府和日本右翼势力挑起的，或者说出自日本改变现状的挑衅性行为，然而其加剧、升级和经久维持却源自中日互动。我们需要在思维、判断和战略政策拟定中记住这一点，按照我们的大义和正当利益，真正地在尽可能大的程度上说服或影响绝大部分世界其他国家。

　　不仅如此，还有两项也应该纳入需要调整的思维方式之列。首先，许多人只单方面地看待或谈论中日对抗的国内政治动能，亦即就此只看或只谈论日本方面，却忽视或不谈论中国国内的情况。当前，中国的特征之一在于大众民族主义持久勃然上扬，给当今和未来的中国既赋予一大力量，也增添了一些麻烦。与此密切相关，并且大增其动能的是，中国大众传媒迅捷发展且愈益多样化。还有，尽管与此大致无关，政府部门和政府机构愈益多样化，统一指挥和统筹协调较之先前遇到更多的困难。在中国对外政策的日本问题上，这些情况可谓尤甚。我们需要充分考虑和估量这一点，否则至少难以充分认识中日对抗有多么强有力的动能，难以充分预估要处理中日关系难题需要在国内做何等的努力。

　　其次，不仅在对日关系方面，而且在中国的整个对外关系体系中，许多人真正重视的大致只是实力，不很明白在世界上要成就一番大事业，实力、朋友、才能三者不可缺一。不仅如此，许多人虽然时时念诵"软实力"一语，可是内心并非真正足够重视软实力，尤其在中日关系问题上。特别是自 2012 年 9 月因日本政府非法宣布钓鱼岛"国有化"而爆发中日两国间又一轮对抗以来，中国是否还要保持一种决心或意愿，即前文所述要持久和认真地做日本民众工作？而且这方面的欠缺还关系到思维方式上的又一个问题——多少忽视了日本作为自由民主制国家在舆论形成和政策形成方面的复杂性。

　　日本首相安倍晋三悍然参拜靖国神社，挑战世界正义，加剧中日对抗和韩日对立，因而受到包括美国等各大国政府在内的广泛的国际指责和世界舆论批评。这就给中国提供了一个重要的战略性（至少战术性）机遇。2012 年 9 月爆发中日两国间又一番对抗以来，就"作战主动"问题而言，中日两国大致在军事及准军事方面和外交方面"分享"主动权。现在，由于安倍悍然参拜靖国神社，这一局面已被扭转，即中国取得外交主动权。为此，需要根据新的形势，在坚持实地的钓鱼岛斗争和东海斗争的同时，方式适当、程度适当和为时适当地进行调整行为主动，同时更加注意已经显著加大的相关外交努力的态势和话语。在后一方面，应本着邓小平式的思维方式和实践方式，凡做事须看具体环境，讲具体实效，重具体结果，高度注意和努力加大国际社会、国际舆论对中国有关外交态势和话语的认同程度和接受程度。在这方面，要力求避免一种粗糙和简单化的情况，避免由着性子自说自话而不顾效果。

新形势下，中国在钓鱼岛问题斗争上的常态性战略策略也需要相应地做些调整。为此，首先需要明确一个基本问题：日本在悖逆历史、激进修宪和与中国对抗的方向上"被动员"是出于怎样的动能？就近期而言，主要的动能来自安倍的大力操作以及中国的"外压"。中国的"外压"即对日斗争，当前需要转移重心，而且实际上已经开始，要使之在今后一个时期被置于阻滞安倍的操作及其国内外鼓噪的位置上，争取在尽可能大的程度上孤立安倍，就像多年前中国成功地争取到孤立反复参拜靖国神社的小泉那样。这实际上就是按照形势提出的需要和提供的便利，程度适当和方式适当地缓减上述"中国动能"。

为此，目前中国似应：（1）坚持宣示主权的钓鱼岛海上巡航常态化，适当调整巡航，严格避免中日之间在东海上空的军机冲突；（2）灵活地在实践中暂不坚持贯彻中国东海防空识别区的"最大版"，主要是其中关于外国民航飞机的某些规定；（3）中日高层外交接触乃至最高级会晤，以利控制对抗、防止对抗升级为军事冲突；① （4）正确地报道中国自身的军力建设，这不仅关系到对日关系，也关系到中国对美关系和外交全局，即如何在尽可能大的程度上制止"中国军事威胁论"的严重加剧，并且转化为非常顶真的对华军事及战略竞赛？或者说，如何争取中国人民增强中国军力和战略性军事活动范围的强烈愿望与中国复杂的战略性外交需要相对平衡起来？② （5）与以上诸项皆密切相关，利用美国对安倍倒行逆施的战略忧虑，争取美国在中日对抗问题上摆回到不那么同情和偏袒日本的原有立场（即在希拉里·克林顿国务卿 2013 年 1 月 18 日声明③ 以前的立场），以有力地参与阻滞甚或制止日本在历史问题上的大倒退和激进修宪趋向。

　　就此需要指出一点，目前安倍因右翼言行陷入的严重国际窘境是相对的，甚或很可能是暂时的，因为他会调整，他虽然依赖日本右翼，但也和日本右翼乃至整个日本一起空前程度地在战略及外交上依赖美国。安倍的最大外交难题，将是国际社会对他梦寐以求的未来激进修宪的可预料反应。与此同时，东海对抗或对立给中国带来的国际反应方面的困难是较长期的，因为在中国中远程军力加强和大众民族主义持续上扬的背景下，中国迟早会做这桩紧密涉及美国及其战略伙伴国愈益担忧的一大历史性事态，亦即

---

　　① 控制对抗、防止对抗升级为军事冲突的问题非常重要。安倍悍然参拜靖国神社前三周，笔者在与一位西方学者的电邮通讯中写道："这一争端在未来长期不可能解决，因而控制中日对抗和防止它升级为军事冲突是北京、东京和华盛顿面对的唯一实际可行的任务。然而，考虑到国内和国际动能、中日敌对、对抗的现有烈度以及事故性冲突的增大了的风险，这任务将很不易完成。""另一方面，正是因为这些，反过来说控制意识可能在所有三个首都皆被增强。可是不幸的是，由于几乎完全缺乏外交和防务沟通，加上可燃的国内舆论的充分供给，控制对抗的努力将是在两大对抗者之间不同步的。""近期的未来不确定，但对日本、中国和美国来说，防止军事冲突的利害关系都显然很大。什么利害关系？两个东亚大国之间的最低限度和平，甚至中美之间的最低限度和平，加上中国政府与日本政府各自的皆为经济和社会性质的国内优先。因此，维持中日之间的一种冷和平或冷战在可预见的未来（近期未来）依然很可达到。"

　　② 参见时殷弘《当今世界政治形势与中美关系前景》，《战略研究》2013 年第 3 期。

　　③ 希拉里·克林顿声称："我重申美国关于尖阁群岛（钓鱼岛）和我们的条约责任的历来已久的政策。有如我先前多次说过的那样，虽然美国不在该岛（钓鱼岛）的最终主权问题上采取立场，但我们承认它处于日本的行政控制之下，我们反对任何谋求损害日本行政控制的单边行动。"参见：Hillary Rodham Clinton, "Remarks With Japanese Foreign Minister Fumio Kishida After Their Meeting", Secretary of State , Washington D. C. , January 18 2013, http：//www. state. gov/secretary/20092013clinton/rm/2013/01/203050. htm.

中国在本国沿岸狭窄水域（offshore water）以外的、对中国来说天经地义的战略空间有限扩展。因此，不应当过高估计中国突然拥有了的、安倍倒行逆施"送来"的外交优势条件。

四　今后的中日关系展望

日本在中国整体外交格局当中占有非常重要的地位，拥有双重身份，既与中国维持着大国关系，同时也是中国的周边国家。可见，日本在中国外交中非常重要。因此，中国在处理双边对峙关系的时候，尽管中日矛盾摩擦不断凸显，但还是要考虑到中日关系不仅仅是竞争关系，还有合作。这种情况之下，中国还是要强调国内和国际两个大局。中国有市场，但还需要向日本学习，中国可利用的空间还非常大，未来十几年或者更长时间，中国要实现"两个一百年"① 的目标，还是应该稳定中日关系，甚至利用这一块。而且，日本是中国很重要的周边国家，稳住日本对于中国经营周边有非常大的帮助。

基于以上认识，中国发展未来的中日关系，可以从以下几个方面考虑对策：

第一，把握大局，保持耐心，努力创造谈判解决领土主权争端的契机，维护我战略机遇期。在对日斗争中，中国保持非常清醒的大局观非常重要，必须处理好国家发展利益和主权维护利益之间的关系，要清醒地知道国家发展利益才是最主要的利益。但是，主权问题的高度刚性，决定中日围绕钓鱼岛领土主权的纠纷短期内不可能得以解决。所以，我们应该设立一个长远的目标，努力创造谈判的契机，并且延长这样一个进程，以时间换取空间。

现在，日本利用主权问题干扰中国发展进程的动机是十分显见的。所以，中国应该冷静地应对，开展有理有据的斗争。针对日本的种种挑衅言

---

① "两个一百年"是中共十五大报告首次提出、十八大报告重申的奋斗目标：一是到2020年，即中国共产党成立100年时，国内生产总值和城乡居民人均收入在2010年的基础上翻一番，全面建成惠及十几亿人口的小康社会；二是到21世纪中叶，即中华人民共和国成立100周年时，建成富强民主文明和谐的社会主义现代化国家。

行，要严格区分性质，对于涉及主权的原则性问题要高度警觉、准确研判。日本政要经常用言语方式来故意刺激中国，有时候对此进行冷处理反而是很好的办法。在钓鱼岛问题上，中国的态势很好，只要我们坚持"不挑事但也不怕事"的基本原则，保持战略耐心，稳守既有的成果，坚持常态化的维权、执法行动，结合外交上的主动作为，中国就能够稳住当前的局势。目前的僵持阶段也是一个时间收益，将来中国与日本谈判也是为了时间的问题，只要把握大局，不要出现意外事件，对中国是有利的。

第二，在周边外交领域，中国应该有所作为。其实，中日之间的关系从根子上讲是中美关系的问题。美国是做局的，既然做了这个局，中国就不可能在这个问题上对其抱有任何期待。但是，我们要看到美国的战略设计，美国是想让中日长期争斗，但又不至于破局，在双方彼此消耗中，达到牵制中国和控制日本的双重目的。所以，美国在中日领土纠纷中，可能会选边站在日本方面，但同时也需要兼顾中国的感受。当前尽管中美间的结构性矛盾日趋凸显，但建立新型大国的基本条件都存在，美国对中国既牵制又避免与中国发生全面军事冲突的战略红线非常清晰。所以，中国应该加强中美多方面领域的合作关系，只要中美关系搞好了，日本应该不会掀起太大的波浪。此外，韩国和日本同样存在着领土问题，而且长期有争议，中国应该考虑联手韩国保持对日压力。

第三，在军事方面，无论是中国还是日本，都不可能在现阶段挑起全面军事冲突，但作为一个解决领土问题争端的途径，中国应该抓紧做好对日的军事斗争准备。比如，当前在东海方面，中国要加强军事力量。这是因为，中日军事实力不可能单纯在两国之间做对比，其中还涉及美国的因素。而且，仅就中国和日本来对比的话，目前中国在一些实力上还确实不如日本，比如中国的海上力量、远程战略监视等能力都弱于对方。但是，中国也有中国的长处，中国在战略打击方面比日本强，所以军事方面的准备中国应该扎扎实实地做。

从目前的发展趋势来看，中日关系不可能回到 20 世纪 70 年代，也不要幻想会像 80 年代那样以经济合作为主，未来中日之间必将是合作和摩擦并存，而且是摩擦为主、合作为辅，并不断变化。在合作层面上，当然有相当大的合作空间，比如区域性合作。近两年两国贸易呈现上升态势。所以，从双边经济合作来讲，日本离不开中国，但中国也不要幻想回到过去。中国要转变观念，不要按照过去对日本的老传统思维面对今天的现实。中国必须要掌握这种趋势，然后寻出一种新的思路。从过去讲友好变成讲利益，中国要现实一点，现在的思维要更多换成利益，换成中国的发展，然后适当考虑"政经分开"。在有些问题上可以"拉"，往回收一收。

展望中日关系，可以看到几个趋势：（1）中日之间斗争和合作并存的现象会持续下去，但主要是斗争问题；（2）中日关系将来会走向缓和，但是要有一个合适契机和基本前提。"岛争"问题不是中日关系的全部，从中日关系整体来看，应该说两国关系有向正常轨道往前发展的可能性。从长远来看，中日两国通过外交努力以及其他方面的工作，这个问题不至于影响中日关系的大局。另外，中日冲突尤其军事冲突的可能性不大。

值得关注的是，这几年有几个时间敏感的事件：2014 年是甲午战争爆发120 周年，2015 年是抗战胜利日本投降 70 周年，2016 年日本要举行议会选举。连续三年之内，日本有可能利用一些时机继续做出一些动作来干扰中国的发展。日本政治右倾化的态势不会改变，修宪的步伐也不会停止。靖国神社问题目前不单单是历史问题，更重要的是被日本作为一张牌来干扰中国。

同样，日本打破战后国际秩序成为"正常国家"的目标不会改变，阻遏中国和平发展的举动不会停止，依靠美国主导亚洲乃至成为世界政治和军事大国的臆想不会舍弃，以东南亚、印度、澳大利亚等为重点构筑"中国包围网"的企图也不会罢休。

在军事领域，日本基本目标是建设与其经济实力相匹配、能够在世界确保其利益以及与中国抗衡的军事实力。为此，日本近期会与美国修改《日美防卫合作指针》，强化日美同盟军事关系，并为解禁集体自卫权行使、将自卫队打造成"国防军"，为达成大国目标准备硬实力。同时，在军事力量建设上，日本着重加强信息化建设、远程化武器装备以及大型化武器装备。虽然日本在拥有战略进攻性武器方面还会遇到一些困难和阻碍，但在常规力量的建设方面会下大力气，以培植一个不落后于时代的军事实力。尤其是在联合作战领域，近年日本出台了很多重要的措施，包括具体的一些准备，都在扎实进行当中。这些都值得中国高度警惕。

中日关系：从"非常态"到"新常态"

吴怀中*

相对于历史长河中"中强日弱"的历史常态，战后大部分时间的中日关系，其实与战前 50 年同理，总体上属于"西力东渐"、日本学用"西力"后形成领先的一段"非常态"时期，只是在近年来开始向"常态"转换过渡。从战后以来的小时段来看，则是从不正常状态向正常关系的演变过程。

未来中日关系走向，主要取决于在复杂的国际背景下，两国各自发展前景、战略选择及互动调适的合力结果。一定时期内两国可望保持和平共处与大局可控的低层次关系，从中长期看，两国有可能逐步开创友好结伴、健康发展的高层次局面，推动中日关系走向"新常态"。

一 历史脉络中的战后中日关系

从古到今，中日关系史上出现过两次大的"非常态"阶段。除此之外，大体是中国占相对优势的"中强日弱"时期。从 2010 年前后起，中日关系逐步回归到一种带有时代新特征的新常态。战后以来的中日关系，其特点是较长时期内日本占优、双方战略态势在后期开始"强弱易位"但总体上又处在一种"强强并立"的相对均势格局。这种局面下，中日关系的极好和极坏局面都不大容易出现，但一定程度上的乱象、摩擦和争端却容易不时发生。

---

* 作者系中国社会科学院日本研究所政治研究室主任。

（一）从"非常态"到"常态"的过渡期阶段

从历史大周期和文明发展史的角度看，有文字记载的两千年中日关系史中，明显的"非常态"状况出现过两次。① 非常态是指这两次或两个时期的出现并非必然而是具有某种偶然性。

第一次是从中日开始交往的公元 1 世纪到公元 6—7 世纪前后。② 因为日本还基本没有或刚开始"文明开化"，未形成中央集权和统一国家体制，而中国已经走向较为成熟的封建王朝时代，在文化科技与生产力层次上形成了巨大的对日代差。中国是东亚国际体系与先进文明的中心，中日建立朝贡与册封关系，日本对中国采取追随乃至臣服的姿态。这种关系样态，并不能算中日关系的常态，因为世界各国"文明开化"的始发有先有后，具有历史偶然性。

第二次大约是从 1895 年到 2010 年前后。③ 从中日甲午战争到 1945 年二战结束，近代日本在明治维新后学用西方新文明与科技，对华形成了代差或半代差性的优势。在这个时期，中国落后挨打，饱受日本侵略与欺凌。这种"以小欺大"的惨况，在两千年中日关系史上从未有过，是典型的非常态时期。同时，从大历史下的中日文明与生产力样态以及日本学习欧美持续推进"近代化"的角度来看，战后中日关系也可以算为这一"非常态"阶段的后半部分。日本虽然在 1945 年战败，有形物质损失巨大，但战败只是短暂中断，战前产业革命及工业化积累（特别是科技与人才储备），使日本拥有快速恢复生产并发展经济的社会基础与科技能力。战后日本发展仍处在明治维新近代化的延伸线上，战前与战后总体上是一个脉络相承的宏观历史阶段。④ 日本的这种工业化与现代化文明的发展，在 20 世纪

---

① 不是指"小时代"，中日关系从不同侧面可以划分为很多具有不同特征的小阶段，但本文是从大历史脉络即文明科技与社会发展阶段来进行断代的。

② 一般认为，中日交往始于公元 1 世纪的汉朝，证据是班固所著《汉书》在《地理志》中曾提到"乐浪海中有倭人，分为百余国"。

③ 实际可以更早一点，或更晚一点，历史发展中有深刻的延续性，"断代"问题从来就不是简单的工作，断在具体的哪一年其实是很困难的，只能是一个概数。

④ 例如，中国所谓的近代化与现代化，在日本笼统地都被称为"近代化"。并且，在战后日本，原来的天皇、政治家和高级官僚体系基本都被延续了下来。

70—90 年代前期达到了很高的阶段，其余势持续到 21 世纪前十年，直至 2010 年国内生产总值（GDP）被中国超过为止。

同期，中国虽然取得了民族解放和国家基本统一，但在历史阶段及发展形态上则是刚从农业社会向工业化文明进发，从 20 世纪 60 年代起，在现代化的大部分领域都落后于日本。① 所以，中日复交后，从 70—90 年代，甚至到 21 世纪头十年，在普通中国人眼里，日本是发达和富裕国度的象征，是中国追赶和借鉴的对象。盖因如此，从 70 年代开始，包括田中角荣、大平正芳和中曾根康弘在内的日本领导人，常以领先者的地位自居，自信地认为日本应帮助并引领中国的现代化，使中国融入西方主导的国际体系。②

除以上两个"非常态"阶段，历史上大部分时期都是中日关系的"常态期"——中国体量巨大、综合国力占优势的时期。③ 当然，在"常态"下的中国对日优势的程度有很大不同，是可以做区分研究的。④ 从 21 世纪第二个十年开始，中日关系将逐渐回归到"中强日弱"的常态。这种常态具有过去常态所没有的时代与环境特征，不是历史上的常态的简单复制，所以可称之为"新常态"。

---

① 20 世纪 50 年代以前，以苏联援建的 156 个重工业项目上马为基础，中国工业发展曾有与日本同步起跑、好有一比的景象。但其后的历史证明，这种模式是特定历史条件下的产物，难以生成现代企业制度和产业体系，具有发展的不可持续性。

② 当然，1945—2010 年的时期，日本对中国的优势没有 1895—1945 年的那种优势明显，中国在局部也有某些先进的地方，例如国防建设中的战略武器等。但从生产力及科技角度讲，日本并非没有能力制造，而是不能制造。

③ 隋唐以后到晚清时代，中日文明及国力的认知与运用，是有时间差的。这种现象也常见于在国际关系史上的大国兴衰交替、权力转移的过程。日本的政治知识精英在文明论的层次上较早就开始对华"认识范式"（如所谓的"华夷变态"）的转换，不愿全盘认可或接受中国文明的中心性。当然，中国是东亚千年老大帝国，日本在历史上从未战胜过这个身边的强邻。所以，后来在用实力挑战清朝、打破东亚旧有秩序时，日本的统治阶层仍然是比较紧张的。

④ 认为古代中国对日是绝对领先、完全主导，古代东亚是中国一统天下的封贡秩序体系，这种看法并不符合史实。从隋唐到清朝后期，中国对日具有的多是一种相对的强大与优势地位。

表1　中日关系"常态"与"非常态"阶段的演变

"非常态"阶段	"常态"阶段	"非常态"阶段	"常态"阶段
隋唐以前，中国处于绝对的文明领先、实力强大地位，日本尚未"文明开化"，几乎完全接受册封、臣服中国。	隋唐以后直至晚清，中国相对强大，日本定立国号、建立统一政权国家后，基本不接受册封，大部分时间游离或独立于中华秩序外。	晚清直到21世纪头十年，近代日本学用"西力"，造成典型"日强中弱"，现代日本也曾相对领先于中国。	21世纪第二个十年起，中国GDP总量超过日本，回归中国占有相对优势的"中强日弱"常态，此常态也是带有新时代特征的一种"新常态"，将会是较长的一段时期。

（二）战后中日关系的历史定位

两千年中日关系史，除了可粗分为中强日弱、日强中弱、中日两强并立及中渐强日渐弱的三大阶段外，还可进一步细分为"五阶段"，即：（1）日对中绝对落后阶段（6—7世纪即隋唐以前）；（2）日对中相对落后、弱势阶段（隋唐以后即日本古代统一国家基本形成以后直到晚清）；（3）日对中绝对优势阶段（1895—1945年）；（4）日对中总体上相对先进、发达的阶段（二战后大部分时间）；（5）2010年前后开始，随着中日GDP逆转而逐渐发生权力转移（power shift），进入中国总体上相对强大占优阶段。

上述二战后的第四阶段后期与第五阶段前期的中日关系，具有中日在战略态势上呈现"强弱易位"，但总体上又处于"强强并存"的相对均势的特点，这个时期充满了国家间关系在历史重大转变过程中的某种"常见症状"。日本在这个阶段的大部分时间（再加上近代以来的感觉延续）占有领先地位，养成了一种长期的优越感，所以对中日强弱易位抱有相当难以接受的抵触心理。① 由于中国对日关系态势在一段时间内仍处于将强未强、大而不强的格局②，日本在很多地方对中国的"强"是不认可、不服气的，甚至对逐步强大起来的中国有些"忧惧"，但仍缺少"敬仰"。进入

---

① 参见张沱生《关于21世纪中日友好合作关系的几点思考》，载《21世纪的中国与日本》，世界知识出版社2006年版，第35—36页。

② 例如，2012年，中国GDP超过日本后，外交部部长助理乐玉成仍表示"中国是世界第二大经济体，但不是第二强国"。参见乐玉成《关于中国与世界关系的十点考虑》，《国际问题研究》2012年第3期。因此，中国若要树立对日本的巨大优势，则需要学习、吸收人类各种优秀文明，通过深化改革、科技创新、社会治理、环境保护等举措，在软硬实力方面取得突破性的发展。

第五阶段的中国，既不能完全"吸引"日本，也不能完全"压服"，发现自己不太容易与之建立某种明确的、良性友善的战略伙伴关系。① 日本在第五阶段开始的若干年内，则很明显比较担心中国主导东亚事务、形成以中国为中心的政经秩序圈，它认为这种格局不利于维护自己已经到手或将要到手的国家利益，对此是比较拒绝和排斥的。并且，出于对未来的考量，日本还在谋划各种办法来对冲、制衡和约束中国，试图"管理"中国崛起对自己带来的冲击，例如扩充军力、强化日美军事同盟、推动合纵制华的战略性外交（例如插手南海争端、对冲"亚投行"及"一带一路"倡议）等。② 如此局面下，中日关系一方面不至于发生"友好亲睦"与"正面冲突"的两极情况③，另一方面难免少不了发生某种程度的乱象、摩擦和争端。

二　战后中日关系的四个演化阶段

二战后的中日关系，可从从国际格局变动、国力对比变化、主观认识调整、互动模式转换等不同维度的变化，划分为四个各具特征的演化阶段。

（一）第一阶段（1945—1952）：扭曲的"不正常历史"出发点

中日两国的战后存有"时差"现象：1945 年对日本来说是战后的一个重新出发点，但中国却陷入内战，直至 1949 年国民党政府败退台湾、中华人民共和国成立。④ 从 1945 年日本战败到新中国成立的中日关系，是特殊时期的中日关系。因为一直到 1952 年 4 月所谓《旧金山和约》生效前，日

---

① 进入 21 世纪后，中国在与世界主要大国建立"伙伴关系"方面取得了明显进展，但日本显得有些例外。

② 安倍自己就曾表示，日本要在亚洲发挥制衡中国的领导作用，通过构筑"民主安全菱形"等方式来制约中国。

③ 第五个阶段的具体收尾时期，即中日一定程度上微妙的战略均势何时被彻底地颠覆，目前尚难预估。另外，根据国际政治的一般原理，国家间的均势被打破时，双方关系容易"摊上大事"。实际上，古代元朝攻日、近代日本侵华，都与国力强弱与均势失衡有关。

④ 1945—1949 也可以划分为一个时期，但本文是以新中国与日本关系为主题进行论述。

本作为战败国丧失了外交权，是尚未获得独立的国家。所以，当时的中日关系表现为中国单向的对日关系（包括处理战败国日本难民、战俘等问题），同时也属于中美关系（美国代行日本外交权）的一个组成部分。①

1949 年新中国成立后，随即确立了对日基本方针。1950 年 5 月起新中国外交部就对日和约问题举行讨论研究，12 月周恩来外长代表中国政府发表《关于对日和约问题的声明》，表达了缔结对日和平条约的意愿。②但是，由于当时（1952 年前）日本尚未取得独立国家地位，双方无法实施正面接触和互动。其后，经过一系列曲折，到 1952 年，中日邦交不正常状态的局面就形成了：日本签订《旧金山和约》、《日美安全条约》和所谓"日台和约"，实行排除中苏等国的战后片面媾和、对美一边倒以及日台"建交"等政策；中国则与苏联签订《中苏友好同盟互助条约》，开展抗美援朝，外交政策采取"打扫屋子"、对苏"一边倒"的方针。③

由于美苏冷战格局的影响，中日分属东西两大阵营，战后刚刚启程的中日两国外交各自采取"一边倒"立场，大体是不能不顾及阵营路线而完全自由地去选择对方。④但是，必须看到的是，双方这种局面的造成，根本原因还是在于日方选择的立场和做法。吉田茂政府追随美国敌视新中国，特别是日本在美国压力下选择缔结所谓"日台和约"，使其后的中日关系发展受到了"台湾问题"这一最大症结的严重阻碍，形成了不正常的出发点。而新中国从 1950 年起即多次表示愿意对外实行和平友好政策，希望尽早地同日本实现外交关系的正常化。在 1954 年 10 月发布的《中苏对日关系联合宣言》以及 1955 年 3 月制定的《中共中央关于对日政策和对日活动的方针和计划》⑤中，中方也再次提出愿意采取步骤同日本实现关系正常化，

---

①　例如，美国单独占领日本、实施初期对日改革、1947 年杜鲁门主义出台以及世界冷战体制开始、美国扶蒋反共、美国对日政策转变等。

②　参见张历历《新中国和日本关系史》，上海人民出版社 2011 年版，第 8—16 页；林代昭：《战后中日关系史》，北京大学出版社 1992 年版，第 36—39 页。

③　参见周恩来《我们的外交方针和任务》，载《周恩来选集》下卷，人民出版社 1984 年版，第 85—87 页。

④　田中明彦『日中関係 1945—1990』、東京大学出版会、1991 年、33—38 頁。

⑤　《中苏对日关系联合宣言》，载《日本问题文件汇编》，世界知识出版社 1955—1965 年版，第 26 页；张香山：《中日关系管窥与见证》，当代世界出版社 1998 年版，第 225—227 页。

但吉田内阁等日本政府对此还是不予理睬和接受。由此，日本和新中国进入邦交阙如的不正常关系状态。①

（二）第二阶段（1952—1972）：从敌对与隔绝走向关系正常化

这一阶段，中日关系最明显的总体特征是政治严重对立、邦交尚未恢复，但两国在不同程度上以民间或半官半民的形式保有贸易及人员往来关系。在这种情况下，中国共产党和政府在广义上的"人民外交"思路指导下（包括对日本统治集团内部的对华友好政治家开展工作）②，坚持"政经不可分"及"政治三原则"③，通过"民间先行、以民促官、以经促政、半官半民、渐进积累"的方式，积极争取打开僵局，发展对日关系，推进两国实现邦交正常化。反之，日本政府尤其是岸信介和佐藤荣作内阁，采取"政经分离"方针，顽固坚持"两个中国"以及敌视或不承认新中国的立场，佐藤内阁直到最后都在配合美国阻挠新中国恢复在联合国的合法地位，造成中日交流的倒退和断绝。部分日本政治家，例如鸠山一郎和池田勇人首相在任时，曾试图对中日关系的这种局面进行一些调整和改善，但由于内外条件制约，其效果当然也是有限的。④ 不过，与此同时，日本国内尤其是民间和经济界，一直有要求恢复邦交的正义呼声与行动。

1972 年 7 月，田中角荣担任首相后决定尽速实现日中复交，多次表示理解中方提出的"复交三原则"立场。⑤ 9 月，田中访华，两国政府经过磋商后在历史认识、台湾问题、战争赔偿等问题上达成共识和默契，随后双方发表《中日联合声明》，实现邦交正常化。

---

① 本应早有的邦交关系却没能建立，所以，后来 1972 年双方的关系恢复行为被称为复交或邦交正常化。参见中西辉政『迫り来る日中冷戦の時代』、PHP 新書、2012 年、166 頁。

② 关于中国对日"人民外交"的渊源、过程与结构，参见刘建平《战后中日关系："不正常历史"的过程与结构》，社会科学文献出版社 2007 年版，第 82—117 页。

③ "政治三原则"：不敌视中国、不制造"两个中国"、不阻挠关系正常化，即中日经济文化交流必须在三原则基础上进行。参见田桓主编《战后中日关系史 1945—1995》，中国社会科学出版社 2002 年版，第 256—266 页。

④ 古川万太郎『中日戦後関係史』、原書房、1981 年、75—80 頁、126—130 頁。

⑤ 冯瑞云、高秀清、王升：《中日关系史》（第三卷），社会科学文献出版社 2006 年版，第 323—328 页。

中日复交，个中的背景和原因是多方面的，大概可归列为如下几条：（1）有利国际环境的作用，特别是中国恢复在联合国的合法席位；（2）中美关系急剧改善的同时，围绕与新中国的关系等问题佐藤内阁在政治上陷入困境；（3）中日两国人民、友好人士的一贯努力；（4）日本经济界、政界（在野党与执政党）等要求正常化的呼声和压力；（5）田中角荣上台后，呼应中国正义要求，决意正面推动邦交正常化。其中，在分析哪个方面原因起了主导作用时，需要客观地看到，没有国际格局、中美关系等外因的变化，没有双方领导层的战略选择和政治决断，没有双方多年开展民间外交、经贸往来的共同努力与积累（内因），中日复交是难以达到水到渠成、瓜熟蒂落，终于获得决定性突破的，是内因和外因共同起作用的结果，外因是通过内因才得以发挥作用的。

（三）第三阶段（1972 年至冷战结束前后）：天时、地利、人和下的"友好蜜月期"

1972 年实现复交后，经过 1978 年缔结《中日和平友好条约》，中日在 20 世纪 70—80 年代总体上进入了一段堪称"友好蜜月期"的友好相处阶段。这个蜜月期是由多方因素造成的：（1）双方具有共同对抗苏联威胁的战略关系基础；① （2）日本出于对战争的赎罪感，帮助中国推动经济建设和现代化事业，成为世界上对华提供政府贷款最早和最多的国家；（3）中国贯彻以经济建设为中心的基本路线，在经济建设方面需要日本的帮助；（4）"久别重逢"与有限交流（主要是官办）给双方带来了有关对方的美好感观和正面印象；（5）双方老一代领导人的高超指导。总之，天时、地利、人和，造成了这个时期中日关系"史上罕见"的友好局面。

友好的一个重要标志，是双方签订了《中日和平友好条约》这一极其重要的法律文件。条约的签订，是中日真正结束战争状态的标志，也是开辟睦邻友好关系的新起点，在两国关系史上具有划时代意义。条约因其以

---

① 渡辺昭夫編『日本の対外政策』、有斐閣、1985 年、310 頁。毛里和子『日中関係—戦後から新時代へ—』、108～110 頁。

下三点内容，启动了两国关系的大发展，至今仍有重大现实意义①：（1）睦邻友好，以和平手段解决一切争端；（2）不在亚太地区谋求霸权，反对其他国家谋霸；（3）进一步促进经济文化交流、人民往来。签约后的20世纪80年代，胡耀邦和中曾根康弘等中日领导人又相继提出中日关系"三原则"和"四原则"，邓小平则更是直接指出"要永远友好下去。这个事情超过了我们之间一切问题的重要性"②。为此，中日双方还在1984年成立了"中日友好21世纪委员会"。由此，中日关系发展的深度和广度都得到了大幅提升，中日经贸（日元贷款、中长期贸易协定等）和文化科技交流进一步发展扩大，高层互访及政府成员会议等频繁举行。当时，"新篇章"、"新局面"等正面用语成了中日媒体评论双方关系的常用词。③

　　当然，这个阶段中日之间并非没有问题，历史认识、日台关系、钓鱼岛主权归属、贸易不平衡及摩擦等问题，也时有发生。但双方均愿通过政治协商加以稳妥解决，没有影响友好关系的大局。这个阶段，"两国关系发展极快，无论深度和广度都超过了任何历史时期"，"在中日关系史上造成了一段黄金时期"。④

（四）第四阶段（冷战结束至2013年前后）：蹇滞坎坷的调整转型期

　　不可否认的是，这种友好蜜月期，未必是建立在充分的相互理解与磨合的基础上的。当形成蜜月期的内外条件，特别是像应对共同威胁的战略基础等发生激变时，中日关系不可避免地要面临调整和转型。从其后表现来看，这种转型并不顺利，尤其在战略及安全领域，这对其后两国关系带来的影响应该说是较为深远的。⑤

　　从战略、政治与内在逻辑的角度看，这个时期的中日关系呈现为四个螺旋型演化的小周期，即不断出现问题又不断修复的四个轮回阶段。总的

① 日本和周边邻国之间，唯有和中国签订了和平友好条约，日苏、日韩、日朝皆无此类条约。
② 《邓小平文选》第三卷，人民出版社1993年版，第53页。
③ 参见徐之先主编《中日关系三十年》，时事出版社2002年版，第134—150页。
④ 何方：《论和平与发展时代》，世界知识出版社2000年版，第329、371页。
⑤ 不过，正如后述，这种战后历史中的"非正常"和曲折，在大的历史周期中，却是一种常态表现。

看来，双方的战略、政治和安全关系，并不是越修越好、螺旋上升的趋向，而是不时呈现徘徊甚至沉降的局面，双方的战略隔阂和安全互疑则显现为显出日益加深且难以弥合的状况。这种局面，通过安倍 2012 年底二次上台执政后的所作所为[①]，进一步得到加强并固化下来。今后一段时期，日本不管哪一届政府上台，都不大可能完全否定或脱离"安倍路线"铺设的对华战略轨道及安全政策。中国对此走向自然也是越发关注和警惕，双方的互疑和防范难免有加深的趋势。可以认为，中日战略及安全关系的方向、特性、格局，在 2010—2015 年间进入了基本定格并固化的通道。

此期的主要部分，即从 20 世纪 90 年代中期开始，中日关系总体上被认为是"政冷经热"的时代。[②] 广义上，它可以被解构为在如下四个螺旋演化中徘徊蹇滞的阶段。[③]（1）1989—1994 年前后的阶段。因北京政治风波及日本参与西方对华制裁，中日交流陷于停顿。但经中日共同努力，日本在西方国家中第一个修复对华关系，并通过 1992 年日本天皇访华、纪念邦交正常化 20 周年等活动，双方关系得到进一步发展。1992 年前后的中日关系，甚至一度被称为"历史最好状态"、"又进入了一个全面发展的新时期"。[④] 但是，此次高潮出现不久就遭到破坏，日本很快在军事安全上显现对华防范的政策倾向，造成 1995—1996 年两国关系的矛盾和倒退。[⑤]

（2）20 世纪 90 年代中期至 1998 年的阶段。中日之间原有的历史、台湾、领土等问题不断发生，而新的问题（例如日本出台新防卫大纲、日美进行安保"再定义"并制定防卫合作指针）又不断出现，双方开始相互警

---

① 尤其是 2013 年 12 月制定的《国家安全战略》、《防卫计划大纲》与 2015 年 4 月公布的《日美防卫合作指针》以及随后一系列实际举措等。

② 王緝思・ジェラルド・カーティス・国分良成编『日米中トライアングル』、岩波書店、2010 年、247 頁。

③ 对于中日关系这个阶段的定位，尚有不同看法。部分观点认为，鉴于日方对中国打开外交困局的帮助以及 1992 年高层互访的成功，此期应该划入 20 世纪 80 年代以来"蜜月期"的尾声阶段。在这个阶段，"友好框架"的效果仍在发挥作用。参见：国分良成「冷戦終結後の日中関係—『72 年体制』の転換—」、『国際問題研究』2001 年 1 月号、42—46 頁。

④ 高原明生・服部龍二编『日中関係史』、東京大学出版会、2014 年、260—280 頁。田桓主编：《战后中日关系史 1945—1995》，第 396 頁。

⑤ 参见何方《论和平与发展时代》，第 371 頁。

惕对方的军事安全动向。① 为此，1998 年中日两国发表第三个政治文件《中日联合宣言》，提出建立面向 21 世纪的中日关系的基本框架及方向，对中日关系重新定位，即建设"致力于和平与发展的友好合作伙伴关系"。双方约定不但要加深双边合作，而且要面向亚太与世界进行合作。对此，中日领导人以及各界评论纷纷认为"标志着中日关系进入了一个新的发展阶段"、"双方将把健康稳定的关系带入到 21 世纪"。② 然而，进入 21 世纪后，两国之间很快便出现了其他问题。

（3）2001 年小泉内阁成立至 2008 年前后的阶段。由于发生了小泉连续参拜靖国神社等历史问题，中日关系显现"政冷"僵局，直到小泉下台、安倍继任，中日才正式开始修复关系。经过"破冰"、"融冰"、"迎春"和"暖春"等系列首脑外交活动，2008 年中日签署关于全面推进战略互惠关系的第四个政治文件，开始"摆脱只以'友好'为前提的双边主义"③，推动中日关系在"基于共同战略利益的互惠关系"轨道上前行。但是，"现实的日中关系并没有朝这个期待的方向顺利地前行，战略互惠关系从出发点开始就面临很大的困难"④，即使有民主党鸠山内阁探索"东亚共同体"及"入亚"外交的努力，其后中日关系很快又出现了因为领土争端而大幅恶化的局面。

（4）2010 年前后至 2014 年的阶段。2010 年 9 月发生钓鱼岛"撞船事件"、2012 年 9 月"购岛"事件，加上安倍 2013 年底参拜靖国神社，以及中日在军事安全和外交领域的一系列摩擦，中日关系被认为一度陷入冷战结束以来的最低谷。2014 年 11 月，以亚太经合组织（APEC）会议期间中日领导人实现会见为契机，双方紧张关系趋向缓和，迈出改善关系的重要一步，直至 2015 年当前，关系趋缓过程仍处在"进行时"。

---

① 家近亮子·松田康博等编著『岐路に立つ日中関係』、晃洋書房、2007 年、140—144 頁。
② 参见李建民《冷战后的中日关系史》，北京：中国经济出版社，2007 年，第 200—205 页。
③ 国分良成「序」、王緝思·ジェラルド·カーティス·国分良成編『日米中トライアングル』、ix 頁。
④ 国分良成·添谷芳秀·高原明生·川島真『日中関係史』、有斐閣、2013 年、231 頁。

（五）第五阶段（2014 年至今）：进入大稳小乱的"新常态"期

关于中日关系进入 21 世纪后何时进入重要转折点，日本战略界和学界大致有"2010 年节点论"和"2012 年节点论"两种看法。前者的标志性事件被认为是中国 GDP 超过日本、中国在"撞船事件"上对日采取强硬姿态①，后者则被认为是围绕"岛争"中国全面采取强硬应对举措、改变了之前的"韬光养晦"外交方针②。这些论断在中方看来当然难以成立。综合中日双方国力对比变化、国家战略及对外政策调整情况，可以研判，经过 2010 年双方 GDP 逆转后，到 2013 年前后，两国关系初步站到了一种关系结构或模式成型的入口处。

具体依据如下：（1）安倍内阁 2013 年 12 月制定二战后日本首份《国家安全战略》以及新版《防卫计划大纲》，正面宣示了防范和应对"中国威胁"的决心和措施，迈出了日本对华战略的较为决定性的一步，这首先应是双方关系一大转折的标志性事件。③ 并且，日本国家安全战略——一种融合了外交、军事、内政的大战略规划，不同于之前仅由防卫部门做出的计划纲要，而是作为政府总体就如何应对中国崛起提出了系统的见解和方略。（2）通过 2012 年中共十八大会议、2013 年周边外交工作会议以及"一带一路"构想、2014 年中央外事工作会议，中国新一届领导集体制定了完整清晰的国家战略、国际及周边战略体系，中日关系及中国对日政策得以纳入到这一系列整体战略架构中进行设计和操作。中国对日政策的战术调整仍会持续，但大的战略及方针，至少在一段时间内应该是可以得到确定的。在此背景下，习近平主席与安倍首相举行了第一次会见，使中日紧张关系得到纾解。所以，2013 年前后的时间应该是中日关系发生根本变化的标

---

① 北冈伸一「尖閣衝突」、『読売新聞』2010 年 10 月 3 日。谷内正太郎編『日本の外交と総合の安全保障』、ウェッジ、2011 年、402—420 頁。国分良成・添谷芳秀・高原明生・川島真『日中関係史』、235 頁。

② 参见园田茂人、丸川知雄、高原明生《面向新型的中日关系》，载《日中关系 40 年史》，社会科学文献出版社 2014 年版，第 180—181 页。伊藤信吾・宮本雄二・川島真「日中関係の潮目は変わったのか」、2015 年 8 月 28 日、http：//www. genron - npo. net/studio/2015/08/0828. html。

③ 例如，在当今时代，世界主要大国，包括日本，已很难在公开的政策文件中公然将中国描述为敌人。美方近来开始讨论美中关系是否越过临界点的问题，但美国政府要人以及系列国防文件，在军事安全关系上也并没有像日本这样描述"中国威胁"的。

志性节点。

所以，当前，中日两国对对方的战略层面的考虑，应已形成基本思路和大致答案，双方将在顶层设计、内外统筹中，考虑对对方的定位及政策问题。当然，中日都会推动进一步的战术调适、措施落实，中微观层级的相互磨合和磕碰仍会持续不断。但这主要是程度的问题，全面超过2013年"政策节点"的战略变调与方向转换，在一定时期内应该难以发生。

因此，可以说，大约从21世纪第二个十年的最初几年开始，中日关系进入了一种称之为"新常态"的阶段。"常态"是指回到历史上中日之间最长期、最常见的"中强日弱"态势，中国体量庞大并占有相对优势，但是以这种相对优势而形成的政经秩序圈也还很难完全覆盖或吸纳日本，因而中日之间难免发生边际磕碰与摩擦。"新"是指新时代条件形成了与过往常态所不同的新特征，而不是过去常态的简单复制。

具体而言，它是由以下四点特征构成的"综合之新"：和而不同（战略及政治关系上有对立、摩擦但寻求基本和稳）、斗而不破（军事安全领域，包括在部分争端上有对峙、争斗但难以发生正面战争）、互惠互利（正常的经贸关系以及相互依存）、往来不绝（人文及社会交流频密但未必亲近）。① 在这个阶段上，中日关系不会回到20世纪70—80年代的"友好"状态，但也不是完全敌对和正面冲突的状态。较长的一段时期内，中日关系可能都是处在这样一种新常态的历史隧道里。②

三　战后中日关系重要节点的特征比较

在战后70周年的节点上，面对内外形势和环境的剧烈变化与调整，对中日关系各组成要素进行纵向比较，可以看出这种关系的演变轨迹、特征、

---

①　这个现象是历史上没有过的。历史上的常态，有过四点中的某一种或若干种特征，但没有过这种"四合一"的新常态。

②　目前尚难以准确预估中日战略格局何时出现颠覆性的变化，但正如前述，至少到21世纪第三个十年的前期，即中国在全面实现小康社会及第一个"百年目标"之前，很难在软硬实力上全面占有压倒性的对日优势。

到达阶段和演变趋向，理清中日关系发生了哪些方向性的、质的变化。尤其是，在过去节点上不够清晰的特质和态势，在冷战结束尤其是进入新世纪后，经过最近十多年的快速演变和急剧发酵，就可能进一步固化下来，导致战后 70 年中日关系发生总体的重心位移或地壳变动。

（一）战后中日关系总体演进的特征与脉络

战后中日关系演化呈现出以下四点主要特征与脉络：

（1）以 1972 年为无可争议的重要历史节点，战后中日关系的最大特点无疑是从隔绝与对立的不正常状态，走向邦交恢复的正常关系。在此前提下，也能够看到，"冷战体制崩溃后的倾向是日中两国在政治上的对抗范围不断扩大"①，从 20 世纪 90 年代中期尤其进入 21 世纪以后，中日政治及安全关系不时震荡与波动，在正常化后的总体正常中屡显"不太正常"与不够稳定的状态。但是，这种状态基本上仍属于当代大国间关系的一种基本正常样态，与中日复交前的双边关系性质不可同日而语。同时，若从中日关系的大历史周期看，在回归"中强日弱"常态的错肩期中，这种震荡与摩擦的不太正常其实合乎历史的一般性逻辑。

（2）经贸及人员往来呈现不断增长、成果丰硕的可喜状态。邦交断绝时代自不待言，冷战条件下 1972 年中日复交时的双边贸易额也只有 10 亿多美元，经过冷战结束后 90 年代的加速发展，到了战后 70 周年之际的 2015 年已经超过 3000 多亿美元，规模翻了 300 多倍。人员往来呈现同样的趋向，1972 年的规模极为有限，只有 1 万人次，2015 年双边人员往来有望达到 600 万人次左右，增长 500 倍以上。中日作为世界第二和第三大经济体，经济高度相互依赖，人员往来密切，虽然这一状况没有促使政经同步发展、为政治关系向好发挥巨大贡献，但在避免关系极度恶化、正面碰撞方面，应该说起到了"压舱石"的作用。

（3）两种"政经分离"现象，在不同时期困扰着中日关系发展。第一

---

① 园田茂人主编《日中关系 40 年史（1972—2012）》，社会科学文献出版社 2014 年版，第 178—179 页。

种是邦交断绝的冷战时代，日本政府采取"政经分离"方针和生意要做但敌视或不承认新中国的立场。另一种是，进入新世纪后的日本政府尤其是安倍内阁，采取保持经贸互利往来、但在战略与安全上防华制华的逆向双轨方针，这也是他们从低层次上所理解的"战略互惠关系"的含义。中国政府对日本的这两种方针都表示坚决反对，显然，针对邦交断绝时代的"政经分离"的斗争最终取得了胜利，但当今的"政经分离"实际上已成为中日关系的既成事实，某种程度上即是安倍推动的低层级"战略互惠"关系的反映。① 政治（安全）关系与经济关系是双边关系的最高领域与典型代表，然而中日的政经关系显然没有互相促进并得到同步发展，政经两张皮与双轨制之间的张力已到临界点的边缘。并且，作为两国关系的政治基础的双方国民感情，也没有随着人财物与和信息交流的扩大而同步得到改善和提升，从 20 世纪 90 年代中后期尤其 21 世纪初开始反而呈现螺旋式下行、不断恶化的趋势。② 大平首相在 1979 年 12 月访华时曾言："如果只在一时的气氛或情绪上的亲近感、或者只在经济上的利害得失的算盘之上建立日中关系的各个方面，那就最终会成为犹如空中楼阁的、昙花一现的脆弱关系。……在国与国的关系上，最重要的是双方国民心与心之间结成的牢固的信赖。"③ 大平首相的忠告给人有不幸而言中之感，这应当引起中日双方尤其是日本领导层的足够重视与深刻思考。

（4）影响中日关系的干预变量日渐增多、复杂，双边关系不够稳定，时有波动。第一，从外部因素看，美国对日本外交政策和中日关系发展始终具有结构性的制约作用。从双方内部因素看，中日各自的"政治特殊期"，例如日方内阁频繁更迭、特殊强势领导人的出现、军事安全政策的调整等，中国"文革"中的外交工作停顿与"左"的影响等，对中日关系均有不同程度的影响。第二，从纵向的历史演变来看。复交之前的主要干预变量是国际格局以及中美苏大三角关系，1972 年复交之后中日问题基本固

---

　　① 「日中関係は政経分離の原則で」、安倍晋三『美しい国へ』、文芸春秋、2006 年、152 頁。安倍晋三「新しい国へ」、『文芸春秋』2013 年第 1 号、130—131 頁。
　　② 园田茂人主编《日中关系 40 年史（1972—2012）》，第 2—3 页。
　　③ 高原明生・服部龍二編『日中関係史』、118—125 頁。

定为三大问题：历史认识、领土争端、日台关系。但这三个问题在20世纪90年代中期之前尚没有激化为严重问题。90年代中期以后，军事安全因素上升，早期主要是日美确认和强化同盟关系的动向。进入21世纪特别是21世纪第二个十年起，日本自身的安全防卫政策调整、中国"大块头"崛起以及国防现代化也成为重要的独立变量因素。同时，舆情民意、国际竞争与博弈对中日关系的影响也日渐增强。

当今，以下四大因素对中日关系的影响越来越大：第一，两国各自的国内发展深度转型与内外政策加速调整，导致双边关系新的磨合与调适；第二，美国对华战略走向以及其他第三方因素的牵连及干扰作用；第三，历史问题"现实化"、现实问题"历史化"，新旧问题交织形成热点升温乃至发生突发事件；第四，国民感情整体下降、大众传媒与舆论影响日增、民族主义情绪抬头的局面。尤其是由于第四点，双方领导层在进行有关中日关系的重要决策时，从冷战条件下可以相对"忽视"舆情民意的状态转变为越来越需要承受社会信息化和利益多元化等国内因素的压力和影响，从而在共识凝聚和政策选择时不得不受到越来越大的限制。①

（二）新世纪两个节点对比所体现的重大变化

需要指出，21世纪头15年的新形势无疑对当今中日关系的"塑造"具有更直接与更本质的影响，特别是在2015年这个70周年节点上，中日关系围绕战略及安全问题发生了如下"重心位移"式的明显变化。

（1）战略关系变质很大，基本成型，"对手"性质固化。② 十多年前，日本对中国的定位仍有自信和宽裕，认为中国对日本形成"威胁"尚需时日。例如，小泉首相公开表示中国的发展不是威胁而是机遇。③ 而且，出于

———————

① 例如，冷战时代的20世纪50—60年代，日本公众对中国的好感度处于5%以下的相当低位，但这并不妨碍日本政府还是能够推动邦交正常化。参见『図説戦後世論史』、NHK出版会、1982年、180—185页。

② 此处的对手意涵，小于敌人（fore、enemy）但大于一般性竞争对手（rival、opponent）范畴的一个概念，比较接近英语中adversary、antagonisit两词的意涵。

③ 「アジア・アフリカ首脳会談の際の日中首脳会談」、2015年4月23日、http：www. mofa. go. jp/mofaj/kaidan/s koi/asia africa 05/conference01. html。

这份自信，小泉本人似乎并没有认真地系统地考虑过对华大战略、构建一整套自己的想法，其典型思维就是"只要日美同盟关系良好，和中韩等国的关系就会好起来"①。然而，当今安倍表面上虽然偶尔也说"中国机遇"，但安倍往往言行不一，不时公开渲染"中国威胁论"。安倍主导制定的战后日本首个国家大战略《国家安全战略》，从政府总体角度提出了对华方针和策略。现实中，安倍推动很多具体的软硬措施，包括在国际场合极其露骨地采取拉朋友圈、动用价值观工具等方式来制衡中国，应对"中国威胁"。② 同时，反过来，中国对日本的动向比以前变得更加担忧和警惕，对安倍在历史修正主义语境下推动的国家发展路线调整和军事安全政策变动，中方领导人一再强调"希望日本同中国一道沿着和平发展的道路走下去"③，中国外交及国防部门等一再表示日本"大幅调整军事安全政策与和平、发展、合作的时代潮流格格不入"，提醒日本要"坚持和平发展道路……多做有助于促进本地区和平稳定的事，而不是相反"④。无论如何，当前中日之间相互的战略互疑戒备，要比复交以来的任何时候都显得更加强烈和明显。未来，日本不管哪个政府上台，对中国的战略疑虑与防范难以消停，而中国也将会对此保持高度戒备并采取应对措施。

（2）经济贸易关系尽管仍在发展，但作为中日关系"压舱石"的作用趋于下降。进入 21 世纪的十多年间，中日双方遵守世贸规则，推动互利合作，贸易往来规模不断扩大，这个良好的基本面没有根本改变。虽然良好的经贸关系未必能直接起到改善中日政治关系的作用，但在经济全球化和现代国家间相互依存日益加深的背景下，仍然具有防止双边关系决定性的恶化以及极端单边主义行为的"压舱石"作用。不过，相比于 2005 年中日在政治关系恶化时尚能做到"政冷经热"，进入第二个十年后的持续"政冷"则肯定对经贸往来会产生不利影响，甚至导致出现"经凉"局面的可

---

① 参见日本首相官邸网站，http：//www.kantei.go.jp/jp/koizumispeech/2005/12/14press.html。

② 以往日本领导人的对华政策行为方式，一般并非如此露骨和好斗。

③ 参见《习近平会见日本首相安倍晋三》，2015 年 4 月 22 日，http：//news.xinhuanet.com/politics/2015 - 04/22/c_1115057889.htm。

④ 参见外交部网站，http：//www.fmprc.gov.cn/web/wjdt_674879/fyrbt_674889/t1298011.shtml。

能性。同时，作为政府行为，日本官方开始推动"中国＋1"工程，即鼓励日企到中国以外的国家进行分散投资以规避风险。与此同时，由于中国的发展和竞争力的提高，中日经济结构的互补性趋于减弱，在国际和地区的经济竞争关系，包括在对外承建基础设施建设等方面的竞争，则会比以前显得越来越明显。在经济贸易作为"压舱石"作用下降的情况下，对中日关系的相处之道确需进行"再思考"。

（3）安全关系的非良性互动十分突出并令人担忧。十年前日本在军事安全上提出了对华防范的方向和初步规划，例如2004年版《防卫大纲》提出了重视西南的"岛屿防卫"口号，但由于种种原因没有得到大力的推进与落实，实际举措没有跟上（日本需要紧跟美国进行国际反恐）。并且，就如中国批评2005年日美"2＋2"会议共同声明干预台海（将台海列为地区共同战略目标）那样，中国担心的是美日两家，并没有特别担心日本。近年日本针对中国的军事防范措施，在安倍的主导下则是"真抓实干"、提速到位，例如正面推动整军经武、日美军事一体化、在西南群岛加强军事部署和防卫体系等。2015年日美修订防卫合作指针及日本通过新安保法，日美进一步加强了联合制华态势。与此同时，中国对日本这些动向的担心和批评也更明显、更直接。例如，习近平主席在2014年11月APEC会议期间应约会见安倍时就直接表示"希望日本继续走和平发展道路，采取审慎的军事安全政策"[1]。中国外交部发言人针对2015年夏秋之际日本通过新安保法等动向表示，这"已经引发国际社会对日本是否要放弃专守防卫政策和战后所走和平发展道路的质疑"[2]，希望日本"尊重亚洲邻国的重大安全关切，不要做损害中国的主权和安全利益、危害地区和平稳定的事"[3]。中国政府对日就其军事安全政策及国家发展道路问题提出如此担忧和忠告，应该说是前所未有，其间表达的意思是不言而喻的。由于日本军力的南下和前出、

---

[1] 《习近平会见参见APEC会议五经济体领导人》，《人民日报（海外版）》2014年11月11日，第2版。

[2] 参见外交部网站，http：//www.fmprc.gov.cn/web/wjdt_674879/fyrbt_674889/t1298011.shtml。

[3] 参见外交部网站，http：//www.fmprc.gov.cn/web/wjdt_674879/fyrbt_674889/t1281820.shtml。

中国海空力量加速走向大洋，中日关系中的军事因素日增，双方军事力量在西太平洋及第一岛链开始直接照面、对峙，双方发生危机的可能性较前大为增加。双方海空力量在钓鱼岛周边海域经常发生近距离接触与对峙的行为。

（4）国民感情与相互认知方面，总体呈现更加隔阂与恶化的下行轨迹。相比于中方的变化，日方的恶化态势更令人忧虑。实际上，大约自20世纪90年代中期起，中方对日负面评价超过正面评价，但即便如此，进入21世纪后，受政治关系和交往规模的影响，中国对日肯定评价也有连续几年上升的情况。反观日本，在经过90年代到21世纪初对华"亲近"与"不亲近"比率大体相当（都在50%左右）的相持阶段后，从2005年前后开始，基本是一直下降，从2010年开始则是急剧下降。现在，中日双方相互的"不亲近感"或"否定评价"均在高位运行，而"亲近感"与"肯定评价"则已跌倒了邦交正常化以来的最低点。双方的政治关系容易影响国民感情的走向和好坏，反过来双方的国民感情及舆论情况又影响政治关系的发展，形成了恶性循环的态势。并且，相对于中方尚有较大调节余地，日方的这一现象呈现出某种结构性和强迫观念的症状。根据以往的经验，双方的对外认知及国民感情易受本国政府对外政策的影响，所以随着政府政策的调整与引导，两国对对方的舆论及国民感情可以得到一定程度的缓和与改观。然而，现在令人担心的是，由于长期的负面宣传与舆论诱导作用，日本对华舆论及国民感情可能面临跨过"临界点"而在较长时期内都无法复原的问题。[①] 在全球化以及信息化的时代环境下，中日各方面的交流都在拓宽加深，关系日益重要但认识与感情鸿沟却是如此之巨，这种现象已然成为中日之间一个很大的新问题，使得中日关系的基础受到严重损害，友好变得十分不易。

---

① 参见黄大慧《日本大国化趋势与中日关系》，社会科学文献出版社2008年版，第230—243页。

四　中日关系走向展望

未来中日关系的走向与前景，主要取决于在复杂的国际背景①下两国各自的客观发展前景、主观战略选择以及双边互动产生的合力结果。

（一）三组重要变量的作用与影响

（1）客观方面。中国的发展虽面临诸多制约因素，但相对于日本的低速发展，仍将维持中速或中高速发展，在总量上持续对日取得较大的优势应该是没有悬念的。十年后，到战后 80 周年的 2025 年，中国 GDP 可达 20 万亿美元以上，至少是日本的三倍，有望与美国经济规模基本持平或处于一个等量级上。所以，中日关系中，从物量及实力基础来说，两者之间的差距将进一步拉开，中国可拥有较大的主动权，对中日关系的影响力与塑造能力大于日方。

同时，也要看到，这种优势和主动权，多是相对而未必是绝对的。其因在于：第一，从历史经验来看，日本很早就有自己的民族主体意识和世界观体系，大抵一直不愿接受中国主导东亚秩序。② 第二，在文明形态、科技与生产力没有取得巨大突破性发展并形成"代差"之前，中日之间多是"比较优势"，而难有绝对优势。在当今全球化的环境下，在可预见的未来，这种全面的发展代差和文明落差很难形成。同时，"中国作为一个发展中国家的地位仍将保持很长一段时间，从长远来看，中国将会有许多棘手的问题需要处理"③。第三，从当今国际体系、格局及力量对比的角度看，中国所受牵制和耗损甚多，很难集中主要力量和资源用于日本。日本打开其所

---

① 复杂的国际背景，包括国际格局和各大国博弈的走势，但主要是指中美关系的状态，尤其是否会发生破局和正面冲突的情况。鉴于美国对日本的规范作用，美日同盟的状况也很重要。

② 日本民族总会力求成为大国博弈中自主的一方行为体，避免自己成为"战略洼地"，而不是甘于沦为其中一方的附属，这是日本骨子里很根本的东西。对日本心理和行为模式的规律，需要进行历史长线的总结和评估。战后的几十年，在日本的长线历史中可能只是一段特殊时期，其争强斗勇的民族精神及战略文化，遇有环境的连续强刺激时，将来不排除有激活的可能性。

③ 张蕴岭：《如何理解中国的崛起及其意义》，《当代世界》2012 年第 4 期。

有对外政策工具箱后，在一段时期内大体可维持一个微妙的对华弱性战略均势。第四，十年后，美国并不会失去世界超级大国地位，而日本仍可维持世界第三大经济体的地位。中美战略竞争态势将更加明显，美国对华军事防范力度当会加大，两国摩擦与冲突将主要发生在东亚地区①，美国将加大控日、联日的力度以制衡中国，中国的综合实力仍将低于美日之和或"美日＋N"之和。第五，将来，随着中国的进一步发展壮大，日本可能会从现在的"安倍范式"即从政治安全上强烈的"联美（或'日美＋X'方式）制华"取向，向较为明智、平衡的"日美同盟＋日中协调"方向做一些调整和转换。不过，这应该只是策略性的动作，在可预见的一段时间内，还难以看到日本"脱美入中"、在中美之间重做选择的前景。②

（2）主观方面。中国政府一再声明，坚持走和平发展与合作共赢道路是基本国策，任何时候不会动摇。③ 中国对日政策的原则与精神可谓一以贯之，习近平主席多次发表涉日重要讲话，表示中方高度重视中日关系，愿在四个政治文件基础上，继续落实中日战略互惠目标，发展长期健康稳定的中日关系。中国外交的战略目标，是服从于和平发展、服务于"两个百年"奋斗目标和"中国梦"的实现。维护中国周边和平稳定、构筑实现中国梦的战略依托带，理所当然成为当前中国外交的题中之意。当然，包括对日关系在内，中国也绝不会放弃维护国家正当权益，不会拿自己的核心利益做交易。④

日本的国家发展及战略走向，近年出现了一些令人担心的不确定因素。战后日本走了一条和平发展的道路，但当今日本"积极谋求摆脱战后体制，

---

① 参见阎学通《历史的惯性——未来十年的中国与世界》，中信出版社 2013 年版，第 39—41 页。

② 关于日本发展前景及对日战略，中国国内主要有如下两种政策观点（当然在"防日"上有共同点）。（1）自由理想主义国际关系论者的"拉日稳日"论：日本在一段时间内仍很强大和重要，不重视日本要吃亏，宜给日本一定的位置和角色、拉住并稳住日本。（2）现实主义国际关系论者的"压日制日"论：中日实力差距拉开后，中日关系就好处理了；日本不是世界战略力量，是心怀不满却又力不从心的地区大国；中美关系顺畅则中日无大问题。

③ 参见国务院新闻办公室《中国的和平发展》，2011 年 9 月 6 日，http：//politics. people. com. cn/GB/1026/15598619. html。

④ 《习近平外交宣示强势不强硬》，2013 年 1 月 31 日，http：//news. xinhuanet. com/world/2013－01/31/c_124302138_2. htm? prolongation＝1。

大幅调整军事安全政策，国家发展走向引起地区国家高度关注”①，世界不得不注意到一个“在历史问题上未能实现民族精神蜕变却再次将其军事力量推向世界的日本”②。而日本的对华政策，主要表现在应对中国崛起的策略上，其中的两个重要特性是需要看清的：第一是其心态严重失衡、反应过敏与过度的问题。中国作为“大块头”崛起，周边国家有某种“不适反应”并不奇怪。但显然，由于历史记忆和现实利益的复杂原因，作为世界上对中国崛起最不适应的国家之一，日本的反应更激烈、策略更完整、举措更出格，对中国造成的影响也更大。安倍及日本政府多年采取的具体对华战略一直是三件套的“内外平衡标配”：自强措施——富国强军及部署调整、强化日美同盟、拉朋友圈及“统一战线”外交。所以，王毅外长对此曾尖锐地指出，日本对华战略的根本问题是能否调整心态，接受中国重新发展和崛起。③第二是日本政府的底线和目标在何处？其是否蓄意要挑起战争、武力攻华？④实际上，日本在战术上有攻势动作，战略上多是守势行为。面对中国在可预见将来进一步比日本更强大的前景，日本会对中国实力上升采取同步升级的对冲与平抑措施，以取得力量平衡，确保自己利益及地位不受损害——甚至包括局部冲突下可以进行对峙与抗衡的资本。不过，还看不出安倍会以穷兵黩武及挑动战端的方式来应对中国崛起，和中国“撕破脸”，发生直接冲撞和战争，他更可能与中国保持不近不远、不冷不热的关系，推行趋利避害、为己所用的“政经分离”双轨战略。⑤

（3）双边互动作用与政策调控的特点和结果。除了结构性因素以及历史记忆外，中日双方从特定议题的互动中而对对方的比较广泛的战略意图

---

① 《中国的军事战略》（中国政府第九部国防白皮书），新华社北京 2015 年 5 月 26 日电。

② 李薇：《战后 70 年：日本的困顿与歧途》，《日本学刊》2015 年第 5 期。

③ 《王毅：中日关系根本问题是日本能否真心接受中国发展和崛起》2015 年 6 月 27 日，参见 http：//www.chinanews.com/gn/2015/06 - 27/7370081.shtml。

④ 总体来说，日本决策层、主流政治及知识精英，在这一点上，尚有冷静的判断。但是，需要十分注意的两个问题是：（1）日本国内一些势力，包括一些退役将校、右翼学者等，唯恐中日不乱，蓄意制造事端；（2）在东海及第一岛链海空域，中日确有爆发突发事件和危机的可能性。

⑤ 兼原信克「新しいパワー・バランスと日本外交」、谷内正太郎編『日本の外交と総合的安全保障』、84～88 頁。

所做的判断和结论，也对两国关系产生了很大的影响。① 进入 21 世纪后，中日数度发生争端与摩擦，在双向沟通与协调方面出现了很大问题，以至两度出现高层往来中断、政冷僵持数年的关系困局。② 这种状况在两国复交后以及 21 世纪的大国关系史上是比较少见的。适应两国关系新局面的新型互动和调控机制尚未健全和成熟，双方皆认为是对方改变了之前在外交以及对外争端上一贯保持的低姿态与审慎做法。不过，双方都不同程度意识到"自损八百"与两败俱伤的问题，因而不乏审慎自制、"点到为止"的过招境界。当前，中日都处于谋求民族振兴、攻艰克难的紧要关头和爬坡阶段，都在设法避免不利因素干扰和不必要的分心劳神，避免两国互损互耗而靡费资源，以图尽可能多地聚拢复兴正能量。所以，可以看到，中日关系很紧张的时候，双方会谋求把紧张状态晾一晾、缓一缓，因为也只有这样才符合双方利益。日本官民虽对华负面认知较多、也不甚认同和服气，但面对已然崛起的"西方强邻"，也不得不承认中国及日中关系很重要，也在争取保持战略耐心、设法周旋，意图趋利避害、平稳过渡。③ 双方正是由于持有这种国际关系学中的所谓国家理性，所以虽然困难重重，但经过双方战略、利益、心态以及互动方式的不断博弈与调适，在动态平衡中仍可以找到一条共同建设和平与稳定的可预期关系的路径。④

（二）依据变量合力对中日关系走向的展望

从 20 世纪 70 年代末 80 年代初开始，中日双方就在展望、憧憬新世纪的两国关系前景。⑤ 而从冷战后的 90 年代中后期开始，有关中日关系进入

---

　　① Richard. Bush, *The Perils of Proximity: China – Japan security relations*, The Brookings Institution Press, 2010, pp. 20 – 50.

　　② 其中的一个原因，正如众多学者和有识之士指出的，由于中日老一辈挖井人和开拓者相继退出政治舞台，两国之间的有效沟通渠道和方式面临严峻的"换挡"和"断代"问题。

　　③ 谷内正太郎「安倍政権の対アジア・米国外交」、『東亜』2014 年第 1 号、18 頁。

　　④ 宫本雄二『これから中国とどう付き合うか』、日本経済新聞出版社、2011 年、13 頁。

　　⑤ 例如，1979 年 12 月，大平首相访华时进行了题为《迈向新世纪的日中关系——寻求新的深度和广度》的讲演，提出日中"作为善邻，要向着 21 世纪发展和平友好而稳定的日中关系"。

"转折期"或"十字路口"等的论述也是屡见不鲜。对于中日关系的走向，中日复交尤其是 1978 年缔结和平友好条约后，双方对"世代友好"都曾有很乐观的估计。1998 年第三个政治文件诞生后，对于把健康稳定的中日关系带入 21 世纪，双方抱有比较乐观的估计。2008 年有关构筑战略互惠关系的第四个政治文件，使双方对两国关系发展的估计调适为谨慎乐观。① 站在战后 70 周年的节点上，包括就 2014 年达成的、问题应对型的"四点原则共识"的内容来看，对中日关系进行过于乐观的估计似已不合现实。中日关系在战后 70 周年节点上呈现的状态，相当一部分已经比较符合此前有关各方在展望 21 世纪中日关系时做出的"上中下"与"好中坏"三种前景评估中的最差一种。②

但是，显然，也无必要对此形势做出过度悲观的认知。全球经济一体化与相互复合依赖已达到广泛深入而难以撼动、逆转的程度，国家间竞争在加剧但合作需求也在上升，各国都希望大局不至失控、政治和安全形势基本稳定。中日都希望自己的民族复兴、国家转型与过渡能在大局不失控的情况下得以推进和完成，包括在彼此战略竞争的过程中避免发生直接对抗和正面冲突。这在一定程度上为两国实现和平共处提供了基础条件。而从以上对中日客观、主观和互动因素的三点分析可见，未来一段时期内，中日关系虽然难觅直线上升、一路向前的"政热经热"良好前景，但正面冲突、全面对立的"政僵经冷"最坏前景也基本可以排除。

作为较现实的走向，中日关系大约存有三种大的可能性，即较好、一般、较坏的三种前景："较好"是指有效地管控了热点问题和危机事态，政治和解跟进，经贸往来活跃，国际及地区事务合作有序开展，两国关系在和平稳定的情况下较为顺利地向前发展，此为"政较热经较热"或"政温

① 例如，当时，中国社会科学院日本研究所撰写的分析报告就持有该种立场，参见蒋立峰《未来十年的中日关系与中国对日政策——21 世纪中日关系研究报告》，《日本学刊》2009 年第 5 期。

② 参见张香山《中日关系管窥与见证》，第 176 页；蒋立峰：《未来十年的中日关系与中国对日政策——21 世纪中日关系研究报告》。其主要指标为：日本右翼势力坐大、修改"和平宪法"、迈向军事大国、强化日美同盟对付中国等。

经热"的前景;"一般"是指小风小浪不止但能得到搁置或平息,务实交流和经贸往来所受影响不大,中日关系在震荡曲折中缓慢地向前发展,此为"政温经温"或"政微凉经仍温"的前景;"较坏"是指仅仅能避免最恶事态发生,对立严重、摩擦不断,务实交流受到影响,中日政治安全关系在低水平上徘徊并出现较大对抗与倒退,双方陷入战略互疑、政治交恶、安全受困的情景,面向未来和世界的合作共赢事业无法提上日程,此为"政凉经凉"或"政冷经凉"的前景。①

　　中日之间近年进入了一种历史上未曾有过的"新常态"。这种新常态,大致位于上述"一般"前景的前后区间,算是一种终究要稳定、和谐起来之前的"复杂的调整过渡期"②,其特征是"和而不同、斗而不破、互惠互利、往来不绝"。在新常态的下一阶段,即中日力量对比变化和主观愿望调整所导致的"大共识及战略基础重建"以及"稳定结构生成"之前,这种复杂曲折的动态平衡进程或会持续较长的一段时期。③ 在这种双边关系的格局下,中日关系发展模式中的友好、健康状态不易做到,各种麻烦、摩擦和争端盖不会少,但正面冲突和全面破局也很难发生。"只要中美两国没有成为公开敌人,中日关系就存在着管理的空间"④,所以经过双方管控危机、凝聚共识、相互调适,和平、稳定的局面大约是可以实现的。

　　对此现实,中日可在推动战略互惠关系、力争补足"政治互信"与"安全保障"两块短板的同时,尝试建立基于新常态、共谋地区合作及一体化的东亚新型大国关系。借鉴中美新型大国关系构建方针,这种关系原则可概括为"和平共处、互信互尊、良性竞争、合作共赢",除了常见的

---

　　① 在后一种前景的形成中,国际环境的剧烈变化、中美关系的冲突和破裂等,也会起到重要影响作用。

　　② 参见唐家璇《继往开来,共创中日战略互惠关系新局面》,2012 年 6 月 26 日,http://politics. people. com. cn/n/2012/0626/c70731 – 18386636. html。

　　③ 中日 1972 年复交后形成的大共识和战略基础,例如关于应对共同敌人、中国融入"体系"、对对方的战略定位等,与冷战体制的崩溃相关,确实面临松动、变质、瓦解而尚未实现真正的重构和重建。

　　④ 郑永年:《中国国际命运》,浙江人民出版社 2012 年版,第 83—85 页。

"和平稳定"与"双赢共赢"提法，鉴于中日关系的历史与现实特点，应提倡互相尊重对方的核心利益、重大关切和民族情感，开展公平良性而不是恶性互损的有序竞争，也显得尤为重要。① 在此 16 字方针引导下，通过防坏、维稳、促好的配套举措，双方相向而行、共同演进（co - evolution），使中日关系逐步过渡到下一阶段相对健康与友善的状态，应该是可以期待的。

---

① 面对现实，发展中日关系，尤其需要务实解决以下两大问题：（1）两国关系中夹杂了很多历史情感因素，时而对两国关系的正常发展起到干扰作用。（2）双方的四个政治文件，尤其是后两个，分别规定了 33 项和 70 项合作项目，这是做了对双方都有利有益的事业。但是，针对中日关系的实际情况，双方也应适时开列一份"负面清单"（negative list），即阐明不能做、不该做的事情。中日之间积极合作的"好文件"，可能是中外、日外关系中最多的（中美之间只有三个公报，而且主要是针对台湾问题的），但当前对发展中日关系而言，处突、避害、止跌等"消极合作"更具有紧迫性，也同样重要。

试论中日重构战略互信的路径选择

吴寄南[*]

在中日四个政治文件中,《中日和平友好条约》是唯一由两国最高权力机构——中国全国人大和日本国会众参两院批准的,具有无可争辩的权威性和法律地位。它奠定了两国长期和平友好、合作共赢的法律基础,是两国由战略对抗走向战略互信的标志。在《中日和平友好条约》诞生近40年之际,中日关系出现了各种矛盾交织在一起、摩擦与对立明显增多的严峻局面。这些问题可以归结为信任缺失、信任赤字,或者是信任危机。那么,这种状况究竟是怎么产生的?如果放任不管又会产生怎样的结果?在新形势下有没有可能重新构筑中日两国的战略互信呢?本文将就上述问题做一些粗浅的分析。

一 战略互信是中日两国和平友好、合作共赢的基础

1978年8月12日,中日两国经过长达六年的艰难谈判,终于在北京正式签署了《中日和平友好条约》。这是继1972年9月问世的《中日联合声明》后两国间又一项具有重大历史意义的政治文献。同年8月16日,中国全国人大常委会批准了这项条约;10月16日和18日,日本国会众参两院也分别批准了这项条约。

---

* 作者系上海国际问题研究院咨询委员会副主任。

（一）《中日和平友好条约》的缔结是中日关系史上一个重要的里程碑

世界上很少有哪两个国家像中日两国这样交往了两千多年，有着错综复杂的历史恩怨。从甲午战争以后，中国遭受日本的欺凌和侵略长达半世纪之久。第二次世界大战以后，两国又长期处于隔绝状态。如果说《中日联合声明》揭开了两国关系新篇章的话，《中日和平友好条约》的缔结则首次确立了中日和平友好、合作共赢的法律框架，为两国关系健康、稳定发展奠定了稳固的基石。

推动这项条约问世的邓小平如此概括其意义："这项条约是迄今为止两国关系的政治总结，也是进一步发展两国关系的新起点。这项条约不仅对我们两国子子孙孙永远友好下去有着重要意义，而且对亚洲太平洋地区的和平稳定具有重要意义，对世界和平也有重要意义。"① 代表中方在《中日和平友好条约》签字的外交部部长黄华指出，这项条约是两千年来中日关系史上第一个真正平等的和平友好条约，是基于中日关系的历史经验与教训的历史性总结，是真正反映了两国人民意愿、维护两国人民根本利益的条约。这一条约既是《联合国宪章》与和平共处五项原则的具体体现，也是维护和发展中日关系的法律基础。② 时任日本首相的福田赳夫也不无自豪地说，《日中联合声明》在日中两国间架起了一座"吊桥"，而《日中和平友好条约》则将它变成了一座"铁桥"。③

中日两国同为亚洲重要国家，且隔海相望，近在咫尺，彼此利害交融，休戚与共。两国漫长的交往历史证明，"和则两利，斗则俱损"。能不能实现和平相处、互利双赢，始终是攸关两国命运的重大课题。《中日和平友好条约》的核心可以概括为一个"和"字。④ 它包括三项互相关联、缺一不可的重要内容：（1）确认《中日联合声明》是两国和平友好关系的基础，

---

① 《裕仁天皇和皇后会见邓小平副总理和夫人》，《人民日报》1978 年 10 月 24 日。

② 参见徐敦信《〈中日和平友好条约〉从法律上巩固政治基础》，《人民日报》2005 年 4 月 28 日。

③ 参见福田康夫在北京大学的演讲，《人民日报》2007 年 12 月 29 日。

④ 参见蒋立峰《中日和平友好条约核心是"和"》，《中国社会科学院报》2008 年 11 月 11 日。

声明规定的各项原则应予严格遵守；（2）强调两国应在《联合国宪章》与和平共处五项原则的基础上，发展两国间持久的和平友好关系；（3）双方都承诺不在亚太地区或其他任何地区谋求霸权，也反对任何第三国或国家集团谋求霸权。围绕要不要将这一"反霸"条款写进条约，两国进行了历时六年的艰难谈判。这一条款对当时实行扩张政策的苏联是有力的牵制。

（二）中日间的战略互信为两国关系健康、稳定发展奠定基础

在 1972 年 9 月的《中日联合声明》中，两国领导人就已经庄严宣布，中日间迄今为止的不正常状态已经结束。日本对过去那场战争给中国人民造成的重大损害痛感责任并深刻反省，理解并尊重中国关于台湾问题的立场，坚持遵守《波兹坦公告》第八条的立场，中国则放弃对日本的战争赔偿要求，两国政府确认建立中日间持久的和平友好关系，用和平手段解决一切争端，而不诉诸武力和武力威胁。《中日和平友好条约》以条约的形式肯定了这一事实。可以说，它是中日两国由战略对抗走向战略互信的标志。条约中有关双边关系准则的规定，既是两国在经历不幸的过去后达成的共识，某种意义上也是向对方国家乃至国际社会的庄严承诺。

1998 年 11 月和 2008 年 5 月，中日两国又先后签署了《中日关于建立致力于和平与发展的友好合作伙伴关系的联合宣言》和《中日关于全面推进战略互惠关系的联合声明》。正是在这四个政治文件所确立的战略互信基础上，中日关系得到了顺畅发展，为国际社会树立了两个不同社会制度国家和平共处的典范。

这些年来，中日两国在各个领域广泛交流、互利合作，取得了有目共睹的成就。就政治领域而言，两国领导人频繁互访，建立了一系列对话和磋商机制；在经贸领域，中日两国是世界上为数不多的、双边贸易总额突破 3000 亿美元的一对贸易伙伴；中日两国在人文交流领域也有着彼此引以为傲的不凡业绩。此外，中日两国在东亚地区非传统安全领域也有较为密切的合作，如监测大气污染、防治禽流感、打击海盗和毒品走私，等等。中日两国和韩国的三边合作以及东盟和中日韩合作机制也取得了有目共睹的成就。

（三）中日战略互信程度与双边关系的跌宕起伏息息相关

大国间构筑战略互信是一个动态的过程。它从彼此间的承诺及有关行为规范的默契出发，并由合作共赢的利益链条加以巩固和发展。它是一种双边的正向判断，是双方合作的前提，并由合作的成功而得到强化。同时，也会因为一方的单边行动而遭到伤害，出现信任强度下降的逆向变化。

1972 年 9 月 28 日，在中日邦交正常化谈判即将落幕之际，周恩来总理和田中角荣首相曾分别以"言必信，行必果""信为万事之本"相互勉励，足见两国老一辈政治家是非常重视彼此间的诚信问题的。这些年来中日关系跌宕起伏、潮起潮落，几乎都与两国是否忠实地履行彼此间的政治承诺和共识有关。互信程度高，双边关系就前进；反之，就会停滞不前甚至倒退。

中日邦交正常化后的第一个十年，是中日关系的"蜜月"期。《中日联合声明》和《中日和平友好条约》问世不久，各项规定都能得到忠实的遵守。再加上两国有着共同抗衡苏联扩张的战略需求，彼此间的互信程度高，双边关系蓬勃向上。第二个十年是中日关系的"调整"期，两国间围绕历史教科书和参拜靖国神社等问题开始发生一些对立和摩擦。特别是日本在历史问题上的倒退有悖于日方在联合声明中的政治承诺。由于两国经历过战争的老一辈政治家健在，彼此间存在着一定的沟通渠道，加上美苏冷战仍在继续，中日间的战略互信虽然有所削弱却最终没有演变为信任危机。进入 90 年代以后，由于冷战结束这一国际大环境变化的影响，两国间在彼此重新定位和调整双边关系过程中摩擦逐渐增多，战略猜疑日益抬头。但与此同时，两国在经贸领域和国际事务中的合作空间也明显扩大，这是中日关系的"竞合"期。到了邦交正常化后的第四个十年，中日间的战略互信先后两次受到严重伤害。先是由于日本首相小泉纯一郎持续参拜靖国神社而出现严重动摇，继而又由于日本当权者推翻两国在钓鱼岛问题上"搁置争议"的共识，致使中日关系严重倒退。如何概括这一时期的中日关系，是"对立"期还是"转型"期？目前可以说是见仁见智，众说纷纭。但有一点是肯定的，那就是中日间曾经有过的战略互信已被战略猜疑所取代。双边关系降到了"冰"点，而两国间的互信程度也跌到了邦交正常化和《中日和平友好条约》问世以来的最低点。

二 中日间出现互信危机有着深刻的国内外背景

从 2012 年年底以来，中日两国的领导层相继进行了更迭，但至今未曾互访。是什么原因导致两国间出现如此严重的信任危机呢？恐怕不能简单地将原因归结为这些年来日本频繁换相造成两国间战略沟通的萎缩，也不能归结为日本少数政治家的疏忽、误判或恣意妄行。从深层次来看，中日间出现信任危机有以下三个重要原因：

首先，它是崛起的新兴大国与相对衰落的传统大国间处于力量转换"拐点"时必然会发生的冲撞。

一般而言，在两个国际行为体原有的平衡状态被打破时，彼此间最容易产生疑虑和不安，而处于弱势的一方表现的程度总是较强势的一方更为强烈。20 世纪 70、80 年代，日本的国内生产总值（GDP）远远凌驾于中国之上。一直到 1990 年，日本的 GDP 总额仍相当于中国的九倍。日本国内普遍存在着一种思维定式，认为中国不可能赶上日本，也威胁不了日本，对来自中国的批评，多少还比较宽容。变化是从 20 世纪 90 年代开始的。中国经济在驶入"快车道"后的 20 多年里一直保持两位数的增长率。日本却从"泡沫经济"崩溃后先后经历了"失去的十年""失去的二十年"。两国的 GDP 总额的差距逐步缩小、持平，直至 2010 年中国反超日本，2014 年达到了日本的两倍。日本媒体夸张地将这种力量对比的变化称作"世纪大逆转"。在这种情况下，日本国内对华嫉妒、警惕和恐惧的思潮迅速抬头。但是，由于中日力量对比尚未达到足以扭转日本传统对华优越感的"临界点"，日本的对华反应呈现为心理上的反感和行动上的抵抗同时并存的特征。前者表现为或是夸大中国经济高速增长中的困难和矛盾，以此求得心理上的自我安慰，或是渲染"国强必霸"，怀疑中国要对日本进行"秋后算账"，甚至将日本贬为中国的附庸；后者则表现为试图扭转历史潮流、阻止日中力量对比继续朝不利日本方向发展。

反观中国，无论是知识精英还是普通民众，都很清醒地认识到虽然

GDP 总额赶超了日本，但在人均 GDP 等指标上中日间还有很大的差距，中日力量博弈还未决出结果，没有理由自我陶醉。这就与日本朝野的焦虑、担忧心态形成了鲜明的对比。说到底，日本的对华优越感从甲午一战大败清朝以来只延续了 100 年左右，而在 2000 多年的中日交往史上一直是"中强日弱"的态势。这种根深蒂固的历史记忆，使得日本在中国再次超越它时，比其他任何国家都更敏感和更恐惧。于是，日本的政治家中便出现了要同中国搏一搏的冲动。一是由于日本国民中存在着对华焦虑感和恐惧感，对中国说硬话、狠话容易凝聚人气；二是因为中日间的实力对比尚未出现明显差距，是日本与中国博弈的一个难得的"时间窗口"。2013 年 2 月 23 日，安倍晋三在美国战略与国际关系研究中心（CSIS）发表题为《日本归来》的演讲，其中强调："日本无论是现在还是将来，都不会沦为'二流国家'"，"我的任务就是放眼未来，让日本成为世界第二大的新兴市场"。[①]这段话让人们听来颇觉蹊跷。明明中国已经成为世界第二大经济体，GDP 总额已经是日本的 1.4 倍，但日本的领导人还是没有放弃要继续成为世界第二大新兴市场的战略诉求。显然，这表明要同中国进行较劲和争斗，试图将中国拉下"老二"位置。国与国之间的互信，是一种正相关关系。很难想象一方百般猜忌、故意找茬，而另一方却能坦然自若、无动于衷。

其次，它是两个意识形态和制度差异较大的国家，在磨合过程中认知差距逐渐累积而导致的结果。

国与国之间的互信，取决于彼此如何判断对方未来的走向以及对自己一方损益的评估。在判断对方的战略意图和发展态势时，力量对比消长变化的客观趋势固然是重要的认知依据，但更重要的取决于思维方式、决策机制与过程等主观因素。王缉思、李侃如在他们共同撰写的《中美战略互疑：解析与对策》中指出：中美战略互疑的来源之一是"不同的政治传统、价值体系和文化"，这是一种结构性的、深层次的因素。[②] 这一分析同样适

---

① 安倍晋三「日本は戻ってきました」、http：//www. kantei. go. jp/jp/96 _ abe/statement/2013/0223speech. html、2013 年 2 月 23 日。

② 参见王缉思、李侃如《中美战略互疑：解析与对策》，北京大学国际战略研究中心，2012 年 3 月。

用于中日两国。日本经济同友会前代表、中日 21 世纪委员会日方首席委员小林阳太郎曾经说过这么一段话：日中这两个亚洲大国，彼此都不明白对方将来究竟想成为什么样的国家，互相对对方疑虑重重。中国因为日本有"军国主义"的前科而十分警惕，日本则觉得中国缺乏透明性而怎么也摆脱不了对中国在将来会不会推行霸权主义的疑虑。① 之所以会出现这样的战略疑虑，归根到底是源于两国意识形态和社会制度的认知差距逐渐累积的结果。

在中日邦交正常化以后最初一二十年里，两国意识形态和社会制度的差异问题并不突出。随着直接交往的增多，双方在增进相互理解的同时也越来越深切地感受到彼此的思维方式、决策机制和过程存在着较大差异。这本来并不奇怪。两国老一辈政治家在邦交正常化时就提出"求同存异"的方针来弥合这类分歧。但是，自从进入 21 世纪以后，人们发现日本对中国的批评越来越聚焦到诸如"一党执政""自由、民主、人权"等领域，刻意凸显和放大两国间在价值观领域的"异"。其原因有二：（1）战后出生和成长起来的日本新生代政治家是在西方社会特别是美国的价值观熏陶下成长起来的，与其前辈相比他们更看重"自由、民主、人权"等普遍价值；（2）日本当权者除了拿价值观说事外已经没有什么"大牌"可以对中国打了。日本的政治实力本来就不如联合国安理会五常之一的中国，其过去引以为傲的世界第二经济大国的地位也已经被中国夺走。安倍晋三在其第一任内就着力推进所谓的"自由与繁荣之弧"，拼凑旨在包围和遏制中国的"价值观同盟"；再次出任首相后更变本加厉地对中国打"道德牌"。2013 年 2 月 21 日，安倍在启程访美前接受《华盛顿邮报》采访时称，同日本和其他亚洲邻国的冲突是中国根深蒂固的需求，意在巩固自身的政治支持。日本将阻止中国"掠夺他国领土"。② 这是中日邦交正常化以来日本领导人对中国内政最粗暴的攻击。可是，在中国看来，日本实在没有资格打"道德牌"。安倍复出后，一再扬言要否定有关慰安妇问题的"河野谈

① 参见小林阳太郎《在第二届东京—北京论坛的基调报告》，2006 年 8 月 3 日。转引自若宫启文《和解与民族主义》，吴寄南译，上海译文出版社 2007 年版，第 45、46 页。
② 参见高美《安倍声称"中国因政治需要与日本争岛"》，《新京报》2013 年 2 月 22 日。

话"和对侵略战争及殖民统治历史表示反省的"村山谈话"。这一方面促使亚洲各国对日本会不会重走侵略战争老路产生高度的警惕,另一方面也完全暴露了日本当权者侈谈"自由、民主、人权"的虚伪性。许多迹象表明,日本政要在价值观问题上敲打中国的强度与其否认侵略战争历史的强度呈同步加大趋势。这势必导致中日两国互信程度的降低甚至出现信任危机。

再次,它也是日本政治出现"劣化"趋势、一些"政治明星"热衷于以短期行为凝聚人气而导致的结果。

纵观东亚地区,日本与其周边的大国近年来几乎无一例外地出现信任赤字乃至信任危机。这在很大程度上与日本国内政治生态的变化有关。进入21世纪以后,日本政坛发生了三个较明显的变化,导致人们对日本政治渐趋"劣化"的担忧:(1)战后出生和成长起来的新生代政治家取代有过战争经历的资深政治家在政治舞台上扮演主角。这些政坛新贵较少历史包袱,血气方刚,但也没有老一辈政治家身上常见的那种对战争的赎罪感;他们受教育的程度普遍较高,却往往缺少社会阅历,不善于与人沟通。日本前首相福田康夫对松下政经塾出身的政治家有一段精辟的分析。他说:老一辈政治家注重意见沟通。因为他们都有社会阅历,有同上下左右各方面人士打交道的切身体验。但是,松下政经塾出来的这些人却恰恰缺少这一课。他们以为学会演讲就万事大吉。光会在车站广场演讲算什么本事?不过是你一个人讲大家听罢了,重要的是能面对面交流,倾听别人的意见,吸收大家的智慧。① 福田康夫这番话道出了日本新生代政治家的根本弱点。(2)从1996年日本在众议院选举中正式引入"小选举区和比例代表区并立制"以后,以往日本国会议员相对稳定的结构不复存在。由于选区划分过小的缘故,在小选举区当选众议院议员的门槛明显低于都道府县议会的议员,而由于实行"赢者通吃"的规则,即便是比竞争对手少几十张几百张选票也不得不卷铺盖走人。从2000年至2014年的最近六次众议院选举结果来看,首次当选的议员占议员总数的比例由26.5%、20.8%、21.0%、

---

① 2012年6月23日福田康夫在上海锦江饭店午餐时与笔者的谈话。

32.9%、37.7%攀升到38.11%，呈逐年增多的趋势，且其中多数人往往会在下次大选中落败。正如日本媒体所指出的，日本政治家的"保鲜期"越来越短。各国领导人无不为与其打交道的日本政治家频繁更迭而感到困惑。（3）"剧场政治"的盛行，导致日本政治家的眼界越来越狭窄。朝野两大阵营的政治家在有关国家战略和对外政策上的创新意识日渐低下，其精力集中在如何让选民继续投自己的票以及如何在党派间、派系间的角逐中最大限度地捞取实惠上。正如森岛通夫在《透视日本：兴与衰的怪圈》一书中所指出的，日本的政治家完全忘记了政治家所应当有的姿态，即作为政治家应当为全体国民争取更大的利益提出新的政治方案并加以实施。① 几乎所有政党都热衷于物色和培养能在国会辩论中问倒对手和制造媒体报道"热点"的"政治明星"。这些政治明星最大的本事，就是专拣民意调查中支持率较高的话题加以阐述和发挥，不惜迎合和煽动选民中的某些不健康的情绪，营造对自己和自己所属的政党有利的政治氛围。中日钓鱼岛争端，就是日本少数政要用国内政治的需要绑架外交政策的典型。

　　国与国之间的信任，在很大程度上取决于双方能不能忠实地履行彼此间的承诺以及由这些承诺派生的共同行为规范，而信任危机多半是由于单方面违背承诺而造成的。中日两国领导人在1972年邦交正常化谈判以及1978年《中日和平友好条约》磋商过程中曾约定将钓鱼岛问题暂时放一放，留待以后解决。这一搁置争议的默契确保了两国关系的顺畅发展。然而，在2010年9月的钓鱼岛撞船事件中，菅直人内阁却无视两国间的这一默契，执意要按日本国内法审讯其非法逮捕的中方船长，导致了一场罕见的外交风波。两年后，野田不顾中方的一再规劝和警告，在与中国国家主席胡锦涛会见的第二天对钓鱼岛实施所谓的"国有化"，导致两国关系骤然紧张起来。安倍晋三上任后，继续在这一问题上挑衅中国。2013年5月12日，他在接受美国《外交》杂志专访时声称日本从未同意搁置钓鱼岛议题，说日方在过去曾同意搁置争议完全是中国的"谎言"。这种罔顾事实的言论令人们极其震惊和愤怒，也导致了两国老一辈政治家历经艰辛打造出来的

---

① 参见森岛通夫《透视日本：兴与衰的怪圈》，中国财政经济出版社2000年版，第276页。

战略互信荡然无存。

三　警惕中日关系恶化对实现"中国梦"的战略搅局风险

实现中华民族伟大复兴，是中华民族近代以来的最大梦想。其关键自然是深化改革、凝聚人心，把国内的事情做好，而营造良好的周边环境也是必不可少的外部条件。目前，在中国与周边国家的关系中，最令人揪心的是中日间出现了前所未有的信任危机。如任其发展，两国关系将循着战略猜疑、战略僵持到战略对抗的轨迹滑坡，对实现"中国梦"形成搅局风险。

（一）日本当权者在处理日中关系时出现战略误判的几率明显上升

目前，中日关系处于邦交正常化以来极为严峻的时期，有三大特征：一是两国在最敏感的领土问题上发生正面冲突，双方都不愿妥协，在紧张对峙中不确定因素增加；二是中日间并非在单一领域发生冲突，出现了领土纠纷与历史认识对立交织在一起的"并发症"；三是两国国民对对方国家的亲近感持续下降，民意压力在很大程度上导致双方渐行渐远，难以转圜。

安倍晋三在2006—2007年担任过首相，此番算是"梅开二度"。与其前任相比，他有执政经验，有智囊团队，上任伊始就能出台一系列政策，展现"安倍2.0版"的执政优势。虽然安倍上任后一再表示，日中关系是最重要的双边关系之一，自己将致力于"再一次构筑日中战略互惠关系"，但其行动却表明，他在处理日中关系时比历届首相更强硬也更具有挑衅性。而且，由于以下原因，安倍及其执政团队未来在处理日中关系时出现战略误判的几率明显上升：

第一，内阁支持率攀高诱发的政策盲动。在过去六年里，差不多每一届内阁的支持率都是"高开低走"，不到半年就跌至30%的"警戒线"，唯独安倍第二届内阁的支持率在上任两年里始终保持60%左右的高位。内阁支持率攀高，主要得力于安倍经济新政所催生的短期市场效应。安倍的经济新政被称做"安倍经济学"（Abenomics），由大胆的金融政策、积极的财政政策和新的产业战略这三大支柱构成。安倍扬言要修改《日本银行法》威胁日银高层采纳无限量货币宽松政策，打压困扰日本多年的通货紧缩，并在日本政府债务接近 1000 万亿日元高危水准后依然超额发行国债以扩大公共投资。这些措施与其说是对症下药，不如说是注射强心针的一场"豪赌"。但是，恰恰是这些显示执政团队不惜代价刺激经济的决心，拉高了市场对未来经济向好的预期，导致日本股价在安倍复出半年里就猛涨了 50%，日元贬值了 25%。这一执政业绩使得安倍一改其上任初期在政治、外交领域谨慎行事的"安全运行"方针，毫不掩饰地推行其"鹰"派主张。

第二，日本政坛和自民党内的制衡装置基本失灵。在 2012 年 12 月的众议院选举中，自民党在安倍率领下扳倒了民主党政权。在 2013 年 7 月的参议院选举中，自民党又与其执政伙伴公明党联手夺回了参院的过半数席位，给"扭曲国会"画上句号。日本政坛在时隔十多年后再次呈现"一强多弱"的格局。与此同时，由于福田康夫、古贺诚、中川秀直等资深政治家陆续引退，特别是一直被视为"鸽"派领袖的自民党前干事长加藤纮一辞别政坛，自民党内元老派和"鸽"派势力已无法对安倍执政团队进行掣肘。日本政坛和自民党内的制衡装置失灵的结果，使得安倍在日中关系上即便有极其出格的言行，也不会遭到有力的制约。

第三，日本媒体对华负面报道的发酵效应日益凸显。近两年来，日本媒体在涉华问题的报道上几乎是"一边倒"地指责中国。其负面影响日渐凸显。日本主流社会已形成了一种思维定式：（1）中国之所以要在钓鱼岛问题上叫板日本，是国力上升、野心膨胀的结果；（2）中国不仅在东海发难，在南海也恃强凌弱，欺侮小国；（3）中国国内矛盾成堆，需要对外转移视线，维持共产党的"一党执政"；（4）日本绝对不能向中国让步，否则中国就会得寸进尺，贪得无厌，等等。安倍的执政团队自恃有民意支持，可以对中国表现出更加强硬的立场。

第四，美国加大对日本战略倚重，使安倍内阁有恃无恐。美国在"9·11"后的十年里软硬实力都遭到严重削弱。由于财政减赤、军费下降的缘故，它在亚洲地区实行战略再平衡时不得不更多地借重日本的资源和力量，鼓励日本在日美同盟框架下进行多边战略对冲，用"自由与繁荣之弧"

来围堵和牵制中国。奥巴马政府在跨太平洋伙伴关系协定（TPP）问题上与安倍政府进行了利益交换，在钓鱼岛问题上采取拉偏架的立场，通过扩大日美联合军演规模及强调美国反对单方面改变日本对钓鱼岛施政权的做法，一定程度上刺激了安倍执政团队变本加厉地与中国较劲。

人们注意到，近一时期安倍及其追随者在否认侵略战争历史的问题上越走越远。2013年4月，靖国神社举行安倍复出后的首次春季大祭，共有168名国会议员集体参拜，创1987年以来的最高纪录。安倍内阁也有包括副首相兼财务大臣麻生太郎在内的四名阁僚，参拜了供奉着东条英机等14名甲级战犯的这座神社。这类参拜在安倍复出后的两年10个月里从未中止过。安倍宣称，应保障向英灵表达崇敬之意的自由。2013年4月23日，安倍在众议院预算委员会答辩时更声称，不能原封不动地继承"村山谈话"，称侵略的定义在学术界以至国际上都没有定论。① 这些否认日本侵略历史的言论，引起了国际社会的强烈愤慨。同年12月26日，安倍晋三在其复出一周年之际悍然参拜了靖国神社，这是时隔六年后日本首相再次踏进靖国神社大门，是对人类良知和国际正义的严重挑衅。这一倒行逆施不能不引起国际社会特别是中韩等亚洲邻国的强烈愤慨。

（二）中日关系恶化有可能对实现"中国梦"形成战略搅局风险

中国的和平崛起是一种历史潮流。对此，美国都无力阻挡，更遑论日本。但是，如日本当权者铁了心要与中国作对，处处设绊，事事寻衅，势必会迫使中国将有限的战略资源消耗在与日本的对抗上，干扰甚至迟滞实现"中国梦"的进程。这种搅局风险主要反映在四个方面：

第一，提升钓鱼岛海域的紧张局势，酿成中日间的局部冲突。安倍晋三坚称东海不存在领土问题，没有任何谈判的余地，并多次强调向钓鱼岛派遣常驻人员是日本政府的选项之一。随着这些挑衅性言语的升级，日本政府不仅建立了海上保安厅应对岛争的专属舰队，还一再在其所谓的"防

---

① 参见《安倍称关于侵略学术界国际社会尚无定论》，新浪网，http://news.sina.com.cn/w/2013-04-25/043926939859.shtml，2013年4月25日。

空识别圈"出动战斗机群拦截中方正常巡航的飞机。一旦出现擦枪走火、人员伤亡的局部冲突，势必加深双方的敌意，造成两国民族主义相互刺激、轮番升级的局面。

第二，加大对军事领域的投入，加剧中日间的军事对峙。安倍复出后一再渲染"中国威胁论"。这既是为其加快修宪步伐造势，将自卫队升格为"国防军"的需要，也是其增加军事投入，提高对华威慑能力的借口。安倍内阁从2013年起连续三年增加防卫预算，正在编制的2016年度防卫预算将首次突破5万亿日元，为战后之最。2013年12月出台的新《防卫计划大纲》强调要构筑"综合机动防卫力量"，加强离岛防卫，建立应对夺岛战的专属部队。① 自卫队除原先拥有的反潜作战优势外，近期又与美军进行一系列模拟夺取被占离岛的两栖作战演习，并着手引进美制F-35战机、鱼鹰式旋翼机等先进武器。未来，它将是中国海军突破太平洋第一岛链时不可小觑的对手。

第三，在中国周边精心布局，构筑"对华包围圈"。安倍复出后的两年10个月里先后出访了60多个国家，中国周边的邻国除韩国、朝鲜外几乎跑了个遍，其频度和力度是以往所少见的。而且，他在与出访对象国领导人会晤时，一是极力渲染彼此拥有共同价值观，二是以经济援助为诱饵，离间这些国家与中国的关系，力图拼凑以日本为轴心、包围中国的"自由与繁荣之弧"。与此同时，日本对菲律宾、越南等与中国有岛屿之争的国家或是以政府开发援助（ODA）为名赠送用于海上执法的巡逻船，或者协助培训潜艇乘员，目的是增强这些国家与中国缠斗的实力，与日本一起形成从南北两翼挤压中国的战略态势。

第四，加入美国主导的TPP，防范中国在东亚经济合作中做大做强。安倍上任后不顾党内外的强烈抵制，做出了加入美国主导的TPP谈判的决断。日本虽然还没有正式放弃中日韩自由贸易区（FTA）谈判和东盟、中日韩和印澳新参加的区域全面经济伙伴关系（RCEP）合作进程，但这种

---

① 防衛省『平成26年度以降に係る防衛計画の大綱』、http://www.mod.go.jp/j/approach/agenda/guideline/2014/index.html、2013年12月17日。

"脚踩两只船"的做法客观上延迟了已酝酿多年并在部分领域实质性启动的东亚经济合作进程。

四 中日重构战略互信的路径选择与切入点

中日两国作为一衣带水的近邻，又是亚洲两个具有举足轻重影响的大国。两国关系不可能永远僵持、对立下去。如果双方都意识到互相猜疑和对抗会给各自的根本利益带来损失，迟早是会采取实际步骤重构彼此间的战略互信的。

目前，在导致中日紧张对峙的消极因素增多的同时，有利于转寒为暖的积极因素也在逐步累积。主要表现在：（1）日本经济界要求缓和与中国的对立。由于中日对立的负面影响，中日双边贸易在 2012 年出现 3.9% 的萎缩，2013 年又下降 5.1%，2014 年基本持平，但日本对华出口已被韩国反超。与此同时，中日间的一些重大经贸合作项目陆续叫停。日本经济界十分担心失去中国这一全球最有潜力的市场，这一态度终将影响日本政府的对华政策。（2）近一时期安倍被高支持率冲昏头脑，在内政外交政策上表现出来的国家主义色彩和回归战前的倾向已引起日本民众和广大有识之士的警惕，舆论"一边倒"责难中国的现象已有所转变。（3）安倍对中、韩两国采取的挑衅立场，打乱了奥巴马政府处理朝核危机的部署，而安倍否定第二次世界大战成果、颠覆战后秩序的言行也引起美国主流媒体的普遍质疑。

一般而言，国与国之间消弭分歧、重归于好大致有三条路径：（1）由双方都信赖的第三国或者国际组织居间斡旋，折中调停。由于中日间的矛盾对立呈现领土问题与历史问题交织在一起的极其错综复杂的局面，第三方的调停显然不可行。（2）争端一方甘愿放弃自己的诉求，实行单方面、大幅度的让步来满足对方诉求，消除对方疑虑。历史上确实有过这方面的先例。小国、弱国常常是被迫臣服于大国的压力。但是，这对中日这两个大国而言是完全不可能的。（3）两国采取共同行动，从扩大彼此共同战略利益的交汇点开始，对导致双边关系恶化的争端问题予以适当管控，逐步缩小分歧，甚至予以化解。这就是通常所说的"求同存异"和"求同化异"。

显然，第三条路径是两国克服暂时困难、重构战略互信的必由之路。应该说，中日间已经拥有包括《中日联合声明》《中日和平友好条约》在内的四个政治文件，这是中日战略互信的政治基础，是中日和平友好、合作共赢的原点，是须臾不能动摇的。在当前中日间尖锐对立的情况下，重构战略互信是一项漫长的基础工程，不可能一蹴而就。最重要的是需要双方共同努力，相向而行，不可能只有一方的诚意而另一方却按兵不动，甚至故意找茬、横生枝节，致使双方的认知差距日趋扩大。双方要把避免局部冲突作为现阶段的主要目标，从恢复最低限度的信任着手，由低到高，循序渐进，锲而不舍，积以时日。

现阶段两国在增信释疑方面似有如下一些切入点：

第一，加快建立管控危机的制度性框架，防止擦枪走火的冲突。这是短期内的重点，目的是要掐灭可能引发双方直接冲突的导火线，防止中日关系整体脱轨。美苏两国在冷战最激烈的 1972 年 5 月，签署了防止两国舰、机在公海发生冲撞的协定。① 20 世纪 60 年代，美苏两国在海上达到危险级的军事对峙每年平均都在 100 起以上，协定签署后下降到每年 40 起左右。2012 年 5 月，中日两国曾在杭州举行高级别的海上综合磋商。2014 年 9 月和 2015 年 1 月，两国间又进行了两轮磋商，就建立和启动两国间的海空紧急联络机制达成共识。未来似可在不影响各自原则立场的基础上，就公务船在钓鱼岛海域管控冲突、相互救助和紧急联络问题做出若干暂时性的安排。通过进一步的磋商，还可就双方在一定时间内均不上岛的问题达成默契。

第二，保持两国民间交流持续稳定发展的势头。"国之交在民相亲。"目前，中国各省市与日本各都道府县乃至市、町间缔结的"友好城市"共有 250 对，分别占中国对外结好城市的首位和日本对外结好城市的第二位。两国间的人员往来也由 1972 年的不到 1 万人增加到 2014 年和 513 万人次。这是两国重构战略互信的社会基础。越是在中日关系最困难的时候，越要

① 全称是《关于防止公海水面和上空意外事件的协定》，简称"INCSEA"。

加强"草根层"的交流，这对增进两国国民间的相互理解、遏制狭隘民族主义情绪的抬头，特别是反驳日本某些政要煽动的"中国威胁论"，具有十分重要的意义。

第三，在平等互利基础上有序推进中日经贸交流。这是两国战略利益的最大交汇点，也是防止双边关系急剧恶化的刹车装置。中日两国在经济上相互依存，谁也离不开谁。要按照国际惯例和两国间迄今为止达成的一系列共识，进一步深化和发展两国的互利合作；两国在发展绿色经济、减排温室气体和防治大规模传染病等领域也可开展深度合作；在中日韩自贸区谈判、地区综合一体化建设（如 RCEP）等领域，两国相关部门也应继续加强前瞻性研究。

第四，进行多层次、多渠道、高密度的信息沟通。中日两国应该彼此将自己的战略底线清晰地告诉对方，坦诚回答对方的质疑与关切点。除政府首脑外，两国的知识精英、意见领袖也应展开密切的信息交流、思想碰撞和战略对话，就双边关系和各自内外政策及国际形势加强沟通，准确地对对方国家进行战略定位，客观、理性地评价对方国家的发展趋势，消除各自对对方国家发展方向的不安感、不信感。总之，要尽量摆脱相互猜疑，避免形成"安全困境"，这是避免战略误判、缩小"信任赤字"的关键。

"中日必有一战"将是"创新之战"

——中日关系的辩证解析

冯昭奎[*]

    中日两国在亚洲构成一对复杂、多变、难解难分的矛盾。中日关系的发展和变化，就是一次次地产生矛盾，一次次地缓解矛盾，又一次次地面对矛盾上升、激化、缓和的周而复始的矛盾运动过程。

    在这个过程中，可以说中日之间的主要矛盾一个也没有彻底解决过。中日矛盾不仅经历了时缓时紧的起伏，也经历了矛盾主次的移位——20 世纪 90 年代以来历史问题、贸易摩擦、领土争端相继成为最突出矛盾——甚至经历了矛盾性质的转化，近年来一部分矛盾从非对抗性矛盾转化为对抗性矛盾。1972 年中日复交以来，总的来说中日矛盾经历了从 70 年代到 90 年代的相对缓和期，21 世纪前十年的矛盾上升期，进入 21 世纪第二个十年以来的矛盾激化期，2014 年两国矛盾激化到了"不能再激化"的危险局面，由此而出现了中日两国政府达成四点原则共识和习近平主席与安倍晋三首相会见，使中日关系迎来转机。

    中日关系在国际问题研究中堪称"世界级难题"之一。多年以来，国际问题研究者从不同观察角度，用各种分析方法，对中日关系进行了深入研究，取得了丰硕成果。本文在借鉴和吸取已有研究成果的基础上，以马克思主义的辩证唯物主义和历史唯物主义的立场、观点和方法，对中日关

  作者系中国社会科学院荣誉学部委员、日本研究所研究员。

系的现实和未来提出一些新的思路和见解，亟待得到同行和读者的批评指正。

一 中日关系的新的转机

2014 年 11 月，中日两国政府就正确对待和妥善处理有关问题达成四点原则共识，11 月 10 日习主席与安倍首相在亚太经济合作组织（APEC）领导人非正式会议期间举行了简短会见。"两国领导人的此次会见与中日邦交正常化以来的历次会见有所不同。以往的会见或是在关系友好背景下实现，或者是在关系明显修复的条件下进行，而这次会见是在中日两国政治关系陷入僵局、钓鱼岛争端处于紧张状态的形势下进行的，引起中日两国乃至整个国际社会的关注。"①

国家之间难免会有矛盾，在正常情况下都属于"非对抗性矛盾"或"潜在的对抗性矛盾"。中日关系也不例外。然而，此次中日首脑会见的背景是中日矛盾围绕钓鱼岛等问题已经发展到现实的局部对抗状态，如听任其继续发展，就会走向现实的全面对抗状态，而中日走向现实的全面对抗，就意味着两国关系发生质变，从非敌非友关系演变成互为敌国关系，导致两国之间引发战争的危险，从而将可能给中日两国乃至世界和平带来极为严重的后果。在这种情况下，习主席应约与安倍首相举行会见，体现了一个大国领袖的崇高风范、宏达气度和大局外交思维。据笔者观察，四点原则共识和中日首脑会见的积极影响，主要表现在以下方面。

（一）使中日关系持续两年多的空前严峻局面迎来重要转机

尽管中日两国没有也不可能靠一次首脑会见解决在历史问题和领土主权问题上的根本分歧，但重要的是双方达成了要"管控"彼此之间分歧的原则共识，对日本前首相福田康夫所称的"欧洲各国舆论认为日中两国在明天开战都是有可能"的，而且在事实上确实存在擦枪走火危险的中日紧

---

① 李薇：《2014 年中日关系是邦交正常化以来最复杂严峻的一年》，《世界知识》2015 年第 1 期。

张关系起到了明显的降温和"退烧"作用。这无疑是中国领导人捍卫国家利益之举，维护地区稳定之举，对世界和平做出的重要贡献。

（二）避免了中日紧张局势对中国推进"APEC 外交"的干扰

中国通过成功推进"APEC 外交"，彰显了中国的大国风范、大国战略和大国担当，促进了中国与亚太主要国家双边关系的新发展，推动了"一路一带"（"丝绸之路经济带"和"21 世纪海上丝绸之路"）新战略，开辟了一系列全球性问题的合作新领域，凸显了中国外交的全球性引领和局部性主导作用。

（三）对推动中日之间开展各个级别、部门、领域的对话乃至地方交流起到了"带头"作用

例如，2014 年 11 月 15 日，中日财长重启中断了两年零七个月的部长级对话；11 月中旬，中日再次就启动"中日海上联络机制"进行磋商（或可能在 2015 年启动），也被认为是遵照首脑会见精神做出的反应；同年 12 月下旬，中日节能环保论坛在北京举行，这是 11 月中日首脑会见以来两国政府间首次举行的大型活动，双方还签订了 41 份开展企业间技术交流合作等文件。笔者认为，中日也应像中美不久前共同发表《中美气候变化联合声明》那样，迅速启动两国环保部门的高级别对话并达成有关中日应对气候变化和地区性环境污染问题的协议。

（四）对日本国内政治"一路向右"的走势产生一定的（或者是"一时的"）阻遏作用

这是因为虽然保守化、右倾化日益成为日本政治的主流，但日本不是铁板一块，其国内矛盾很大很多，包括政治上的右翼与左翼之争、鹰派与鸽派之争、军国主义余孽与和平主义力量之争。在历史问题上，既有极力否认侵略历史的右翼势力，也有承认对中国是侵略的大部分国民和积极主张对侵略历史进行反省的民间正义人士；在经济问题上，广大民众对所谓"安倍经济学"的不满情绪日益高涨。此外，日本知识界对安倍推行《特

定秘密保护法》非常担心，怕回到战前那种容不得不同声音和主张的恐怖时代。以石原慎太郎为代表的极右势力视中日之间的紧张关系为推动日本社会"极右化"和"战前化"、进一步打压国内和平主义力量甚至再次使日本成为破坏东亚地区稳定的策源地的良机（石原在 2014 年 7 月还在叫嚣要同中国"打一仗"）。然而，经过中日双方的外交努力和两国领导人的会见，及时地使中日关系得到缓和，既打击了日本极右好战势力，又支持了日本国内的和平主义力量。2014 年 12 月在日本众议院大选中，以"次世代党"（主要成员都是 80 岁上下的老头子）为首的极右政治势力的缩水和泄气，也与他们失去了利用中日紧张关系升温这个"抓手"不无关系。

（五）回应了中日民众希望改善两国关系的主流民意

首脑会见给期盼中日政治关系走出迄今这种冰冻状态的中日两国人民乃至国际社会带来了希望，也起到了争取被政治右倾化裹挟的部分日本国民的作用。近年来，尽管中日民众对对方国家持好感的人数占比跌至复交以来最低，但是，认为两国关系"重要"的普通中国人和日本人的比例却一直保持在 70%—80% 的高位。2014 年 8 月 9—10 日的日本广播协会（NHK）民调显示，认为有必要尽快举行日中首脑会谈的人数达 55%，日本民意主流依然是要以经济为主，对华政策宜稳健。总之，中日首脑会见的实现，回应了两国多数公众希望两国政府重视和改善关系的主流民意。

中日首脑会见虽然走出了两国关系改善的第一步，但是，"冰冻三尺，非一日之寒"，这次中日之间的"冰层"之厚度和深度大大超出了 2006 年安倍第一次上台时中日之间的"冰层"，因此可以预计中日关系很难会再现当年那样"破冰""融冰""迎春""暖春"的迅速改善过程。由于两国之间严重的"不信任感"依然没有完全消除，中日再次"破冰"将可能是一个"时快时迟""有进有退"的缓慢过程。要使两国关系平稳发展，逐步改善，防止横生枝节，2015 年的中日关系应该是"安静"、少上某些报纸的头条为好，以便给双方的相关部门留足相互磨合的空间，切实遵循和落实四点原则共识，相向而行，积水成渊，积量变为质变，推动两国关系走上和平、发展、合作、共赢的发展轨道。

历史又翻过了一页。一种"比较乐观"的估计是：进入 2015 年，中日关系发展趋势将可能是双方进入在继续处理两国之间矛盾的同时，更加注重打理本国内部问题，在继续解决两国之间分歧的同时，更加注重寻求两国共同利益的"新常态"。换句话说，中日关系好比跷跷板，一边是相互合作与利用，一边是相互防范与牵制。近年来，相互防范与牵制这一边翘得太高，过度失衡，几乎成"垂直状态"；进入 2015 年，相互防范与牵制一边有可能下来一些，相互合作与利用一边则有可能上去一些，行稳致远，渐渐趋向准平衡状态。然而，这种估计很可能过于乐观，短期（今后三年）看，中日关系趋缓进程很可能不会直线地前行，再次发生曲折甚至回潮不是没有可能。

二　中日关系的困境与变数

尽管已陷入 1972 年邦交正常化以来最为困难局面的中日关系开始企稳回升，但我们眼光回望，中日矛盾导致的两国关系困境历历在目，而且留下巨大负面遗产。中日政治关系僵冷，两国高层交往中断两年多，政治互信严重受损，相互猜疑达到了复交以来的最高点，相互信任降到了复交以来的最低点，可以说已经陷入了"谁都不信谁"的严重信任危机，双方都把对方政府的每一个外交和内政行为都看成是针对己方（虽事实上大部分确是如此，但未必是全部）。更为重要的是，两国政治互信的缺失和政治关系的恶化影响到中日关系的各个方面。

（一）中日经贸关系

中、日作为世界第二和第三大经济体，早已形成你中有我、我中有你、一荣俱荣、一损俱损的"利益共同体"。中日经济仍处于不同发展阶段，两国经贸合作仍有较强互补性，在节能环保、绿色低碳、高新科技、财政金融、智能城市建设等领域的互利合作大有可为。当前，陷入结构性困境的日本经济要走出衰退，实现振兴，开拓中国市场对其具有"性命攸关"的意义。另一方面，进入"新常态"的中国经济要转方式、调结构，推动产业结构加快由中低端向中高端迈进，也需要借力中日经贸合作的拓展和深化。

政治关系持续恶化，给两国之间的经贸关系带来深刻的负面影响，不仅影响中日两国经济的发展，影响持续多年的中日韩 FTA 谈判的进展，而且对亚洲经济增长活力带来严重的消极影响。在经济全球化时代，任何两国之间的双边经贸关系都不是孤立的，都是全球性经贸关系网络的一个组成部分，全球性产业链条的一个重要环节。因此，作为世界第二和第三大经济体之间的经贸关系的削弱或破坏，必然带来"双输"的结果，却让"第三者"成了赢家，特别是美国，既坐收渔利，又获得牵制中国并削弱日本使之更"听话"的战略实惠。

中日经贸关系后退对中国的负面影响显而易见。从日方来看，日本企业界反映说，安倍首相再度上台后引导日本企业向东南亚跑、向印度跑、向非洲跑、向欧洲跑，绕了一大圈回头坐下来一算，不行，日本的合作重点还得在中国。① 因为东南亚、印度、非洲都还没有形成开展深入的产业合作所必需的上下游产业链、较完备的基础设施和素质较高的技术队伍。总之，无论对国家还是对世界，产业才是经济的核心和基础，一个连续的、完善的产业链才是经济增长的活力所在。中日经贸关系倒退会成为中国推进区域经济一体化和"一带一路"战略的障碍，并对整个世界经济增长带来深刻的负面影响，因而关系到我们是否能履行对地区乃至世界经济稳定发展的大国责任问题。

（二）历史问题和民众的相互感情

中日两国民众的相互感情持续下滑，降到了复交以来甚至是新中国诞生以来的最低点，特别是两国青年一代在历史问题上的认识差距不断扩大。

---

① 后藤锦隆指出：安倍首相原先考虑，既然已经形成了对抗局面，那么日本企业就需要尽量避开中国，往东南亚方向发展。但东南亚也有具体情况，这一地区人口总量不大，但国家与民族众多、语言差异明显，各方利益很难调和，难以形成共识。这注定了安倍选择的是一条不平坦的道路。事实上，虽然近年来日本对中国新增投资大幅缩小了，可是总量并没有减少，相反还呈现继续扩大的态势。"这就是彼此经济的吸引力之所在，中国魅力之所在，也是日本企业界和日本政府都避不开的现实课题，日本企业界不赞成安倍搞对抗中国那一套。"参见《日本学者：未来"日本梦"要搭"中国梦"便车》，《中国青年报》2014 年 11 月 19 日。

历史问题归根结底是个教育问题。由于日本的教育大权掌握在统治者手里，他们在教科书中刻意淡化侵略历史，至于日本右翼更是美化、歪曲、否认历史事实。在这种教育和宣传的潜移默化之下，现在日本没有经历过战争的一代人对历史问题就开始不买账了，说这是过去的事情，是我们爷爷辈干的事，跟我们这代人没关系，日本知识界的一部分人也不理解中国人为什么对过去日本侵略中国的历史"念念不忘"，甚至担心迄今仍念念不忘过去日本侵略罪行的中国一旦强大起来后会用同样方式来报复日本。然而，中国人民怎么能忘记那段残酷的史实！惨绝人寰的历史记录不仅真实地保存在中国的教科书、历史教育基地和抗日电视剧里，更牢牢地铭刻在中国人民的心里，成为我们从长辈那里传承下来的国家记忆。而这一切又与"淡忘"历史的日本中青年一代人之间形成了非常鲜明的历史认识反差，这样世世代代下去，两国人民对历史认识的隔阂将越来越大，鸿沟会越来越深。

中日历史认识问题面临着一种"两难困境"：一方面，由于历史认识问题导致两国关系恶化，官方和民间的相互交流日益萎缩甚至隔断；另一方面，历史认识问题唯有通过两国官方和民间的持久的、大面积的相互交流，增进两大民族之间的相互了解和相互感情，"让日本国民真正明白'哦，原来是这么回事啊'，或许双方以后更能坦诚相待"①。显然，如果两国民众长期处于相互疏远甚至隔断的状态，中日历史问题不仅不可能得到解决，反而会变得越来越难解决。

2015 年是中国人民抗日战争暨世界反法西斯战争胜利 70 周年。日本未能与中国站在反法西斯、反军国主义、维护历史正义和世界和平的共同立场上一起纪念这个重要的历史性日子。安倍在日本战败 70 周年之际做出的"安倍谈话"颇令国际社会特别是中韩等国失望。这对长期困扰中日关系的"历史认识问题"的解决无疑丧失了一个机遇。

（三）对生态环境的影响

中日紧张关系持续下去，必将给海洋和陆地的生态环境乃至全球气候

---

① 参见《日本学者：未来"日本梦"要搭"中国梦"便车》，《中国青年报》2014 年 11 月 19 日。

变化问题带来严重后果。有研究表明，军备与战争的温室气体排放远远大于民生工业生产及其他人类活动。面对气候变化、极端天气、海洋污染、福岛核辐射扩散以及雾霾、干旱等环境危机，中日不能不考虑军备竞赛会使环境问题雪上加霜，战争则会给生态环境造成极严重的、不可逆的恶果。正如习近平主席所说："保护生态环境，应对气候变化，维护能源资源安全，是全球面临的共同挑战。"① 这意味着除去维护反法西斯战争成果之外，保护生态环境，应对气候变化也是当今人类道义的制高点，中日两国都应该把握好"捍卫人类道义"与"捍卫主权利益"之间的平衡。

（四）中日战争并非耸人听闻

中日政治关系恶化引发军事对峙，曾达到被国际社会认为随时发生战争的剑拔弩张状态。虽然看来中日双方都不想正式开打，但在两国政府间的互信降至最低点的情况下，尽管中方在钓鱼岛问题上一再表明希望通过和平磋商办法解决争端，日方却一直怀疑中国军队会化装成渔民突袭钓鱼岛，为此而大搞"夺岛"演习，反过来令中国军方感到它是在故意挑衅，借机走向军事大国，谋划对华战争。总之，双方都以最坏的揣度来评估对方政府的每一个行为，形成你想象对方有多坏，对方就真的有多坏，你越是把对方视为敌人，对方就越是真的变为敌人的恶性循环。尤其是日本右翼势力大肆夸张所谓"中国威胁"，在日本公众当中竭力煽动对中国的仇恨情绪的情况下，谁能保证"擦枪不走火"不演变成"擦枪走火"？谁能保证"擦枪走火"不演变成"大打出手"？谁能保证"大打出手"不演变成"局部战争"？正如英国政治家亚瑟·庞森比所言："宣战之时，第一个牺牲的便是真相。"② 换句话说，即使日方打了"第一枪"，也会像当年卢沟桥事件那样倒打一耙，把发动战争的责任推到中国头上。总之，我们必须对日本一些好战势力保持高度的警觉，紧紧盯住他们的一举一动。虽然有

---

① 《生态文明贵阳国际论坛 2013 年年会开幕，习近平致贺信》，http：// news. xinhuanet. com/ mrdx/？ 2013 -07/21/c_132559452. htm，2013 年 7 月 21 日。

② Edward Glaeser, "The Political Economy of Warfare", *Discussion Paper Number 2125*, Harvard Institute of Economic Research（HIER），2006, p. 39.

人会问：一旦发生局部战争，谁能保证能源自给率只有4%的日本的能源运输线不受"卡喉"之痛？谁能保证日本五十几台目前基本处于停运状态的核电机组、核废料储存池、高大水坝等要害部位不受到常规武器攻击以致引发灾难性后果？然而，对于执政者而言，如果政治上有迫切需要，他们就会毫不迟疑地发动战争，即使这一战争与他们的国家利益①相悖。

综上所述，中日首脑会见前的中日关系已发展到了接近"全面崩溃""坏到不能再坏"的状态，所谓"再坏"就是擦枪走火，就是战争。为此，早在2013年9月，习主席与安倍首相在出席二十国集团圣彼得堡峰会之际的短暂站立会见时就说："近来中日关系面临严重困难，这是我们不愿看到的。"② 随着中日关系的"严重困难"在2014年变本加厉，"火药味"更趋浓厚，中日双方通过艰难的谈判达成四点原则共识和实现首脑会见，才使剑拔弩张的中日关系终于出现了转机。

然而，中日关系从上述困境中走出，仍然有着变数。在2014年12月安倍搞"突然袭击"式的众议院选举后，自民党与公明党执政联盟胜出，安倍晋三很可能再当四年首相。这就给安倍留下充足时间进行各种政治运作，特别是实现自己的夙愿——修正日本"和平宪法"第九条。尽管其推行修宪之路未必顺畅，但安倍继续推行以修改"和平宪法"为中心的右倾化路线，仍可能给中日关系增添新的变数。

根据日本宪法，修宪议案在众议院通过后需经参议院审核，若被参议院否决但经众议院以2/3多数再次通过即可生效。自民党与公明党在众议院获得2/3以上议席，今后将可行使众议院表决权，使一些被参议院否决的议案生效。然而，根据日本宪法第96条规定，即使国会提议修宪，还要由国会发动公投议案并获得半数以上国民的赞成方可实施。为此，安倍认为需要发起一场"国民运动"，唤醒更多国民的修宪意愿。

---

① 日本外务省亚洲及大洋洲局前副局长小原博雅认为，日本的核心国家利益包括：（1）东亚的稳定，（2）防止日本周边出现敌对国家，（3）打击威胁日本国民生命、财产的恐怖主义，（4）维持和加强自由、开放的国际经济体系，（5）维护中东地区的稳定，（6）海上航线的安全六个方面。参见小原博雅《日本走向何方》，加藤嘉一译，中信出版社2009年版，第93—98页。

② http：//www.gov.cn/ldhd/2013-09/06/content_2482303.html.

事实上，与安倍意愿相违的另一场"国民运动"早已兴起。由大江健三郎（作家）、梅原猛（哲学家）等人发起组织的"九条会"，在日本全国呈燎原之势，在各行各业各地，冠有"九条会"名称的团体达 7500 个（2011 年数字）之多。① 然而，安倍却对著名学者和知识分子的呼声置之不理，坚持要修改宪法，其专制蛮横态度与当年日本军部领导人如出一辙。② 在太平洋战争爆发纪念日的 2014 年 12 月 8 日，日本作家协会发表声明称，近年来日本社会的氛围和 73 年前日本突然发动太平洋战争时的气氛非常相似。"从惨痛历史的反省中重新出发的日本，正发生巨大的本质变化。日本政府通过实施《特定秘密保护法》，让军事、战略信息等不便公开的信息都能随意隐瞒民众。"该声明还批评安倍不断推进解禁集体自卫权，"是曾经的强权国家和极端国策的重现"③。

70 年前，日本在"战后体制"下走和平发展道路，实现经济腾飞，带动了亚洲的发展繁荣，使日本成为世界名列前茅的经济大国和现代化国家，然而，如今日本领导人却执意要摆脱这个曾给日本带来巨大好处的体制。那么，他们真的是为了创建一个比"战后体制"更符合当今日本国情的新体制吗？辩证法认为，事物发展的整个过程是由肯定、否定和否定之否定诸环节构成的。日本战后体制是对战前体制的"否定"，而战后体制延续了

---

① 「『九条の会』と共鳴ダメ 調布市が後援拒否」、『東京新聞』2014 年 10 月 4 日。

② 1940 年年初，遭到中国人民奋力抵抗的日本侵略军日渐不支，资源短缺，特别是在中国大陆没有找到石油，致使能否将战争支撑下去成了问题，为此，日本军部下决心"南进"，以夺取东印度群岛（今印度尼西亚）的石油，为此扬言要跟美国不惜一战，要以夏威夷群岛为界与美国"平分太平洋"。而在发动太平洋战争之前，军部组织了主要由民间经济学家组成的"战时经济研究班"，着手分析被视为"假想敌国"的英、美与日本之国力对比。当时参加"战时经济研究班"的成员、时任东京帝国大学副教授（被停职）有泽广巳等人在接到有关"英美的经济抗战力与日本的经济战持久力"的调研任务后，并没有像当时的媒体、御用学者那样一味迎合军部，而是通过冷静理性研究做出了"英美国力大大超过日本"和"不宜对美开战"的政策建言，并于 1941 年 7 月在陆军省和参谋本部的联席会议上发表其报告。时任陆军总参谋长杉山元虽然承认"该报告的调查完美无缺"，但判定其内容"违背国策"，并做出将报告书"一烧了之"的处理。而伴随对社会科学工作者的冷静理性研究报告"一烧了之"的错误态度，迷信武力的日本军国主义为争夺西太平洋霸权居然向那个控制着石油产业链和运输线、国力数倍于己的美国发动战争，最终导致了日本被美国的原子弹和轰炸机"一烧了之"的惨祸。

③ 「施行前に日本ペンクラブが政権批判の声明発表『特定秘密保護法』」、http://no-border. co. jp/archives/29543/。

70 年，战后宪法未经修改地实行了 68 年，确实出现了一些不能适应当今日本政治、经济、社会发展新形势的缺陷和问题（例如不合理的选举制度），终将会出现一种新的体制、一部新的宪法取而代之，从而实现辩证法意义上的"否定之否定"。为此，不改第九条的一般意义上的修宪有其必要性和合理性（这也是为什么在日本国内反对修宪的组织大多取名"九条会"而不是"护宪会"）。然而，历史在不断前进，"否定之否定"绝非意味着回到上一次"否定"之前的状态，而是周期性螺旋式的上升和前进的过程。具体到日本的发展道路，未来将可能出现的对战后体制的否定，是对战后体制的继承和变革这两者相统一的"扬弃"，而不是"回归"到那个可怕的战前体制。安倍却利用一般意义上的修宪的必要性和合理性，在"修宪"中塞进自己的私货，将矛头直指宪法第九条。显然，把安倍所谓的"摆脱战后体制"与他修正侵略历史、强行通过《特定秘密保护法》等行径结合起来看，不能不令人怀疑他对战后体制的"摆脱"在很大程度上意味着对战前体制的"回归"，让"曾经的强权国家和极端国策重现"，从石桥湛山所主张的"小日本主义"回归到石桥所批判的"大日本主义"①。日本右翼团体已公然要求安倍回归"传统"，并称"首相的观点跟我们的思维方式极其接近"②。

　　显然，安倍的"摆脱战后体制"带有浓厚的"回归传统""回归战前"的色彩，是背离历史前进方向的倒行逆施，不能不使亚洲邻国和国际社会对日本政府能否继续走和平发展道路产生极大担忧，同时也会对中日关系产生很大的负面影响，因为只有共走和平发展道路，中日关系才能真正得到改善。

---

　　①　日本著名思想家和评论家石桥湛山认为，"大日本主义是把军事力量和武力征服放在首位的军国主义、专制主义、国家主义"，核心是"军事立国论"。而"小日本主义则是通过改革内政，促进个人自由和活力，立足于产业主义，以达到利国富民之目的"，核心是"产业立国论"。在战前军国主义狂潮翻滚的形势下，石桥主张的"小日本主义"被认为是"痴人说梦"，无法阻挡日本走上侵略战争道路。日本在第二次世界大战中的惨败，恰恰证实了石桥"大日本主义幻想"必将破灭的预言。当许多日本人在战败之初为国家前途感到忧心忡忡之际，石桥却认为战败"正是实现小日本主义的绝好机会"。而战后日本经济和现代化发展的成就在一定意义上可以说正是遵循"小日本主义"思想路线才得以实现的。参见石橋湛山「大日本主義」、『東洋時論』1912 年 10 月号。
　　②　Abe's base aims to restore past religious, patriotic values, http：//www. japantimes. co. jp/news/2014/12/12/national/politics - diplomacy/abes - base - aims - to - restore - past - religious - patriotic - values/#. VKz6mNJAXlA.

三　中日关系的长远发展

多年来，由于日本推行"借美制华"政策损害了中国核心利益，从而与坚定维护自身核心利益的中国之间产生了尖锐的矛盾。2005年美国哈佛大学教授萨缪尔·亨廷顿阐述日美结盟政策时称："在政治及经济上中国大陆的力量均将强大化，因此美日在对华政策上将拥有共同的利害，亦即美日将会合作来牵制中国。从中长期而言，日本将会摆脱对美国的依赖而追求某种自主性，长期而言，最后日本可能还是不得不追随中国。"① 可以认为，萨缪尔·亨廷顿对近期、中长期日本对外政策的预言基本上与事实相符。当前，日本统治者以"日美合作牵制中国"思想为指钳的"借美制华"政策，必然与中国对自身核心利益的坚定维护发生不可调和的矛盾。

《中国的和平发展》白皮书② 对中国的核心利益作了清晰的细分：（1）国家主权，（2）国家安全③，（3）领土完整、（4）国家统一，（5）中国宪法确定的国家政治制度和社会大局稳定，（6）经济社会可持续发展的基本保障。这意味着中国所要维护的核心利益包括六个方面，为了全面维护中国的核心利益，应注意六个方面的核心利益是相互联系的。正如沈丁立所指出："这六项核心利益一方面相互关联，互为促进；另一方面，也容易造成不同的利益互为牵制。"④

当前，中国在东海、南海与日本、菲律宾等国之间存在的岛屿主权和海域划分争端与上述"中国的核心利益"中的"国家主权""国家安全""领土完整"之间都有联系。坚持以和平的外交手段解决以上争端，将可能对维护核心利益中的"国家主权""国家安全""领土完整"等均做出正面

---

① http：//japan. people. com. cn/2001/07/31/riiben？20010731_9415. html.
② 中华人民共和国国务院新闻办公室：《中国的和平发展》，人民出版社2011年版。
③ 根据习近平主席提出的总体国家安全观，"国家安全"包括12个要素：人民安全、政治安全、国土安全、军事安全、经济安全、文化安全、社会安全、科技安全、信息安全、生态安全、资源安全、核安全。
④ 沈丁立：《根据利益和问题区分敌友》，《环球时报》2014年8月27日。

的贡献，起到促进的作用。反之，如果因为上述争端与相关国家之间形成长期对抗关系甚至爆发武力冲突，则意味着为了核心利益中的"国家主权"和"领土完整"而与核心利益中的"国家安全""国家统一""国家政治制度和社会大局稳定""经济社会可持续发展"之间形成互为牵制的局面。显然，为了落实中国外交的最大课题——为实现两个"百年目标"创造良好的周边环境，我们应致力于做到维护核心利益中的"国家主权"和"领土完整"与维护核心利益中的"国家安全""国家统一""国家政治制度和社会大局稳定""经济社会可持续发展"之间形成相互促进的关系而不是相互牵制的关系。

中国是世界上陆地边界线最长的国家，实际管辖领土与俄罗斯、印度等14个国家接壤。与此同时，中国与日本、韩国之间在东海存在着海洋边界划分问题，与日本之间存在着钓鱼岛争端，与菲律宾、越南、马来西亚、文莱等东南亚各国在南海存在着海洋边界划分与岛屿主权争端。以上问题的总和直接触动了中国核心利益之中的"国家主权"利益和"领土完整"利益，并在不同程度上影响到其他四项核心利益，特别是影响到"国家安全"利益。至于以上每一项领土争端（例如中日钓鱼岛争端、中菲海域争端）相对于"国家主权"和"领土完整"这两项核心利益的总体而言，则属于局部利益。正如张蕴岭所说："如果我们把周边看成一个整体……那就可以有一个客观的大局分析。"[①]

从2012年4月石原慎太郎与美国鹰派政治家共同策划"购岛"、日本政府于同年9月对钓鱼岛实施所谓"国有化"以来，中日围绕钓鱼岛的领土主权争端和东海海域划界争端曾经发展到白热化的地步。显然，这个争端是由日本方面挑起的，而从中国方面看，所谓中日"岛争"也成为中国外交和军事斗争的一个空前突出的热点。虽然钓鱼岛的领土主权争端和东海海域划界争端相对于中国"国家主权和领土完整"的总体利益而言，乃至相对于中国六大核心利益的总体利益而言，显然是属于"局部性核心利

---

① 张蕴岭：《中国周边地区局势和中日关系》，《日本学刊》2014年第4期。

益"。① 但是，事关中国国家主权和领土完整的某些核心利益的局部性并不意味着它在各种核心利益当中受关注程度和战略优先顺序必然是靠后的，因为它是由于日本方面不断对我挑衅与"激怒"才使这个局部矛盾不断激化，而且上升到中日之间的"战略对峙"，同时钓鱼岛争端问题又与日本的错误历史认识问题存在着密切关系，致使中日"岛争"在一个时期上升为我们维护国家核心利益斗争的"最前线"，中日矛盾从非对抗性矛盾上升到局部的对抗性矛盾，在一定时期我与日方展开坚决的、毫不妥协的斗争是完全必要和正确的。

然而，应该看到中日关系"现在处于一个历史性重构的长进程中，看待中国与周边关系，要放在这个百年重构的长进程中，要有长视野，要有战略耐心"②。此处所说的"百年重构的长进程"，恰与前文中萨缪尔·亨廷顿所言"长期而言，最后日本可能还是不得不追随中国"（应该说是"与中国形成全面合作的平等伙伴关系"）的预言相对应。那么，日本在什么条件下会走到"最后日本可能还是不得不追随中国"（与中国形成全面合作的平等伙伴关系）的境地呢？从日本一贯追随先进、服膺强大的民族秉性来看，"这个条件"就是要让日本人的心理从目前的"一方面嫉妒中国的发展，一方面并没有对中国服气"的状态真正转变到对中国的先进和强大彻底服气的状态（当今日本人对华心理可概括为：对中国 GDP 超过日本的失落感，对中国依然是发展中国家的优越感，对中国军事力量崛起的恐惧感）。目前中国的 GDP 虽然超过了日本，但是经济"存量"依然不如

---

① 在一些学术讨论会上，也有学者主张"有争议的领土不宜定位为'核心利益'"。
② 张蕴岭：《中国周边地区局势和中日关系》，《日本学刊》2014 年第 4 期。

日本，人均生产性财富只及日本的几分之一。① 朱建荣认为："中国经济规模现在已经是日本的两倍，预计到 2020 年，中国的 GDP 规模将接近美国，成为日本的 3—4 倍，届时日本就会调整好对华心理，目前的这种几近发泄的对华反感（主要体现在日本媒体的诱导和煽动上）会退潮。"② （笔者有不同估计：曾写过题为《经济超日本 10 倍，中日才太平》的文章）丁学良的观点则更加深刻，他认为，"中日才太平的条件"就是中国再次成为"文明输出国"，而"要使当代中国对日本的冲击上升到'黑船来航'对日本冲击的更高文明水平，中国本身就必须首先达到'文明全面复兴'的高度"③。这意味着解决中日之间的问题的根本，还在于搞好我们自己的事情，实现中华民族的伟大复兴，把中国建设成为一个经济繁荣、政通人和、文明健康、以德服人、受到国际社会尊重的大国，不仅实现"中国梦"，而且引领"亚太梦"，正可谓"小胜靠力，中胜靠智，大胜靠德，全胜靠道，道乃德、智、力之和"。

---

① 金碚认为：评估一个国家的经济实力和工业化水平，不仅应计算其经济流量规模，更要计算其经济存量规模。形象地说，如果要评估一个家庭的经济实力，经济流量估算的是"全家一年能挣多少钱"，而经济存量估算的是"全家总共拥有多少财富"。当今中国经济存量规模仍然较小。2008 年，美国财富总量是中国的 5.9 倍，日本是中国的 2.8 倍；美国生产性财富（工业生产物蓄存量）是中国的 3.8 倍，日本是中国的 2.4 倍。而人均生产性财富，美国是中国的 16 倍，日本是中国的 25 倍。又据 2012 年联合国公布的一项衡量经济发展和国家财富的新指标——"包容性财富指数"（Inclusive Wealth Index），日本的人均 GDP 指数并不及其他发达国家，但在人力成本、自然成本与生产成本三项指标综合后的人均"包容性财富指数"却排名第一，美国排名第二，中国在这项指数排名中排在第 17 位。参见金碚《推进工业化仍是我国重要战略任务》，《光明日报》2014 年 12 月 1 日；《包容性财富指数排名：日本第一，中国第十七》，http：//money. 163. com/12/0619/12/84C3M30800253G87. html。

② 朱建荣：《日本各阶层是怎样看待中国的?》，共识网，2014 年 12 月 12 日。

③ "黑船来航"是指 1853 年美国四艘军舰强行撞开封闭的日本国门的历史事件。当时，尽管日本国内"也有拒绝向西方开放的人士，有坚决认定'祖宗章法万世不能更改、改了就是叛祖背宗'的人士，也有'和魂洋技'的人士，也有'引进宪法日本必亡'的，也有'愤少愤青愤中'等等，但日本大多数决策者，还是达成了基本共识——美国'黑船来航'对日本的冲击，其性质是先进对落后、开化对愚昧、强大对赢弱、未来对过去的冲击。学习美国冲击带来的启蒙要素和先进模式，日本才能走出闭塞深谷，参与人类进步主流，变成发达国家"。而所谓"中国文明全面复兴"，是指"实现至少是亚洲范围内更好的政治法律制度、更清廉的官员体系、更出色的技术创新、更好的经济制度、更好的教育体系、更好的人权保障、更自由的文艺创作环境、更持续蔚蓝的天空和清澈的河湖、更安全的食品药品、更合理的社会福利体系、更融洽的民族关系"。参见丁学良《中国对日并非"黑船来航"》，共识网，2014 年 11 月 28 日。

从这个长远目标反观当前，我们应根据形势发展，审时度势，在全面维护国家核心利益的前提下，处理好维护各种核心利益之间的关系，处理好维护全局利益与局部利益之间的关系，对维护各种核心利益、全局利益与局部利益的力度和优先度进行适时的合理调整，以高度的政治智慧和外交努力，努力化解热点问题，防止"热点"变成"爆发点"，避免周边地区长期存在与我们势不两立的"敌国"，以维护和延长中国发展的重要战略机遇期，为我们实现"两个一百年"奋斗目标营造一个和平稳定的外部环境。

四 夯实中日关系的基础：加强民间交流

中日首脑会见走出了缓和中日关系的第一步。为了使今后中日关系走稳走好，继续缓和并改善下去，一个重要的课题就是加强中日民间交流。

发展中日关系必须坚持"以民为本"，两国人民友好是中日关系发展的根本动力，两国民间交流是中日关系发展的重要基础。辩证法认为，矛盾双方既具有斗争性又具有同一性。就中日矛盾而言，在正常情况下（除去战争和相互隔绝状态），矛盾双方的斗争性主要体现在官方层面，而矛盾双方的同一性主要体现在民间层面。在两千年中日关系史中，无论两国在官方层面的斗争如何激烈，中日民间交流都不曾中断过，特别是在中日两国官方关系出现困难的时候，中日民间交流显示出顽强的自身动力和生命力，在中日社会之间形成强固的"同一性纽带"，依靠社会力量来填补官方关系的"苍白"和"空白"。

中日首脑会见以来，人们依然担心中日关系缓和乃至改善的趋势能否持久、能否继续向前发展。而当中日关系不确定性依然使盼望两国关系好起来的人们感到困惑的时候，我们应该相信中日关系能否改善，既需要两国政治领导人的互信互动，也需要通过激发民间的力量、文化的力量、互联网的力量，让业已走出"第一步"的两国关系改善进程继续前行。

（一）"以官促民"与"以民促官"相结合

在讨论民间交流对中日关系所起的作用时，人们往往会想到 20 世纪 50—60 年代民间交流超越官方关系对推动中日复交发挥过十分重要的作用，留下了"以民促官"的佳话。但是，如果仔细回顾那段历史，不难发现当时在中日人员往来几乎隔绝的状态下，想要通过民间交流来促进两国官方关系发展谈何容易！事实恰恰是，先有了"以官促民"，之后才有所谓"以民促官"。一个典型例子是：1956 年 5—7 月，由梅兰芳率领的中国京剧代表团访日，成为战后中日民间交流的一场"破冰之旅"。但最初梅兰芳本人很不愿意访日，因为他曾在日本侵华战争期间拒绝演出，"蓄须明志，息影舞台"。当周恩来总理得知梅兰芳不愿访日之后，就派人到梅兰芳家里进行"动员"，然而几次派人劝说无果，周恩来便亲自请梅兰芳和著名作家老舍等人一起吃饭。席间，周恩来说，中日两国人民交往，和日本军国主义侵略是有根本区别的，并鼓励梅兰芳说："你去一定会引起轰动。让日本人民也看看中国的文化。只有你去最合适，这样才能促进中日两国人民的民间往来。"①

这个例子说明，为了推动中日关系发展，中日两国政府应努力维护两国人民之间的友好交往，积极支持中日民间交流，防止两国政治、外交层面的矛盾扩大为两国人民之间的矛盾与相互仇视。要着眼长远，加大投入，积极推进教育、文化、科技、学术、地方、媒体、青少年等各领域交流合作，努力增进两国人民的相互了解和友好感情，特别是恢复和扩大中日学生赴对方国家的"修学旅行"，吸引两国越来越多的年轻人加入到民间友好交流的行列中来。

同时，这个例子也使人们想起周恩来总理为推动中日关系发展而亲力亲为，呕心沥血，立下了前无古人的丰功伟绩。我们要牢牢记住周总理关于"中日两国关系从根本上说必须建立在两国人民友好的基础上"的精辟论断，扎扎实实地推动中日民间交流。2013 年 1 月 25 日，习近平主席在会见日本公明党党首山口那津男时曾说，"中日两国领导人要像老一辈领导人

---

① 参见冯昭奎等《战后日本外交 1945—1995》，中国社会科学出版社 1996 年版，第 319 页。

那样，体现出国家责任、政治智慧和历史担当。"这句话用在周恩来身上，确实是非常准确贴切的评价。

同样，中日民间交流也离不开地方政府的重视和支持，地方是中日两国合作最基层、最务实的层面，是两国合作成果惠及民生的最前沿。根深则本固。中日关系发展需要扎根地方、依靠地方、惠及地方。迄今中日两国已经建立了 300 多对友好城市，中国改革开放以来 30 多年时间里，中日两国地方政府和各地民众之间的交流十分频繁，合作领域涵盖方方面面，积累了丰富的经验和深厚的人脉，这些都是今后重启、推进中日地方交流和民间交流可资利用的宝贵"资产"。

在地方交流中，地方媒体之间的交流值得大力加强。据朱建荣统计，"日本的全国性大报实际上住居住着 60% 以上人口的地方城市和乡村只能算'小报'，因为各地方报纸平均占当地整体发行量的比例较大，而他们大都对极端言论保持一定距离。比如长野县，其境内销售、购读的《信浓每日新闻》的发行量占当地所有报纸发行量的近六成，右倾报纸《产经新闻》几乎无立锥之地。……而其他地方，除了大城市周围，也都是地方发行的报纸主导舆论"①。因此，从加强地方媒体交流入手，促使两国媒体共同担负起各自应尽的社会责任，客观全面地报道真实的中国和真实的日本，帮助两国民众更好地了解对方国家，建立符合真实的相互认知，更加重视与对方国家的友好关系，是加强两国民间交流的一个重要课题。

（二）大力发展旅游业

当然，中日民间交流并非都需要政府的支持和援助，因为中日关系已经进入一个非常广阔、深入的发展阶段，每天近 2 万人往返于中日之间，他们很多都是公司雇员、学生、观光者，还有 70 多万华侨居住在日本，10 多万日本人长期居住在中国。他们中的很多人，已经融入对方的社会，在中日之间发挥着重要的"纽带"和"桥梁"作用。近年来尽管中日关系不好，在不少领域两国民间交流大幅度降温，然而无论在经贸、文化领域，

---

① 朱建荣：《日本各阶层是怎样看待中国的？》，共识网，2014 年 12 月 12 日。

还是社会生活的方方面面，两国之间仍有很多人执着地开展着多种多样的民间交流活动。其中，特别需要提到中日两国的旅游业。2013 年年底安倍参拜了靖国神社，中日政治关系紧张，但中国赴日游客短时下降后很快恢复并迅速增长，这既与中日离得近、日元贬值等客观因素有关，但同时也反映了中国人的一种开放态度，去哪儿旅游是个人的自由选择。

"百闻不如一见。"中日两国人民只有通过相互交往增加对对方的了解，才能对对方的行为多一些理解。现在很多去日本旅游回来的中国人都说亲身感受到日本环境很干净，日本国民文化素质很高，对中国人很友好等。可以说，中国人普遍欣赏日本的现代化成就，并没有让对安倍内阁的厌恶根本改变我们对日本这个国家和社会的总体评价。尤其是对日本有所了解的中国知识分子群体，大都认同日本空气质量很好，自来水可以直接饮用，奶粉安全无毒，蔬菜水果没有农药残留，交通便利准时，社会和谐有序，贫富差距较小，官吏比较廉洁，等等。中国应继续学习日本，这种声音即使在两国政治关系恶化的时候，也没有遭到排斥。

值得注意的是，日本来访中国游客的数量并未出现反弹，2014 年上半年是继续下降的。尽管这里有经济和环境方面的多种原因，但也不能否认，日本主流媒体存在着"正和负的失衡"，就是多关注有关中国的负面消息，很少报道甚至不报道有关中国的正面信息，这导致日本舆论所制造的中日关系氛围，比中国舆论的这一氛围更严峻更纠结。

关于旅游，还有一点值得提起，这就是在互联网时代，旅游者往往会把自己在旅游过程中的所见所闻，通过在网上发"微博"与大家分享，不少人使用智能手机，利用当地的无线网即时给国内朋友发微信，使自己的"朋友圈"或"粉丝圈"在国内也能随时了解自己的旅游足迹，分享自己的旅游收获。可以想见，来华旅游的日本民众也很可能这样做。这意味着互联网发挥了促进两国人民通过旅游增进相互了解的"倍增器"的作用，促使旅游升华为两国之间的文化交流乃至两国人民之间的情感交流。

通过中日两国民间往来，使两国越来越多的人"越过"媒体宣传的局限性亲身感受对方国家的真实情况和风土人情，通过直接交往增进两国人民的相互了解和感情，会有助于缓解多年积累起来的相互误解和相互厌恶的情绪化倾向，进而减轻两国政府和外交部门推出符合各自国家整体利益的理性外交政策所承受的国内压力。正如日本学者天儿慧所说："两国首脑的此次会谈都顶住了来自国内的巨大压力。"① 显然，要减少两国政府和外交部门推出符合国家利益的理性外交政策所承受的国内压力，一个根本的、有效的办法就是加强中日民间交流，缓和两国民众因为历史和钓鱼岛等问题产生的情绪化倾向，从而在双方国内形成有利于改善两国关系的舆情和气氛。

（三）促进两国文化交流

20 世纪 90 年代以后，中日文化交流持续发展，有关经济、政治、文化、社会等领域的学术交流日益深入，中日两国的文学、音乐、绘画、戏曲、书法等文艺工作者之间的交流十分频繁。由于文化产品经过数字化均可上网，因此，互联网成为中日文化交流的新平台，越来越多的日本的动漫、电子游戏等文化产品搭上互联网"快车"传到中国。

而且，在信息化时代，能够跨越海洋、国界和一切障碍的社交互联网作为中日民间交流"新平台"的作用越来越大，而走在中日互联网民间交流最前线的正是文化交流和电子商务。比如，中国的人民网年年主办"中国人游日本摄影大赛"，日本 KDDI 公司与中国的腾讯公司共同开发可供智能移动手机使用的 AU 版 QQ，中国的淘宝网与雅虎日本合作建立跨国网购平台，等等。当今，互联网真正让世界变成了"地球村"。在这样的背景下，如果在地理上互为邻邦的中日两国却相背而行，日益疏远，岂非有悖于时代进步的潮流和文明发展的规律吗？

中日政治关系恶化对两国文化交流活动造成了很大影响。在日本的书刊市场上，妖魔化中国的书刊层出不穷，铺天盖地，而正直的日本学者和作家通过出书或在媒体上发表意见，想要诚实地介绍中国则变得越来越困难。这种现象被日本坦普尔大学教授杰夫·金斯敦称作为"文化战争"，这

---

① 天儿慧：《中日会谈，态度比表情更重要》，《环球时报》2014 年 11 月 12 日。只是不知道作者怎么知道中国的领导人也"顶住了来自国内的巨大压力"的？

场没有硝烟的战争对中日关系起了极大的破坏作用，不能不引起人们的高度警觉。

五　增强中日关系的纽带：深化环保合作

2014 年 8 月，《日本经济新闻》记者撰文报道中国环境污染问题，文章的题目《环境亡国·中国》① 令人感到震惊，颇有耸人听闻、哗众取宠之嫌。

环境污染、食品安全等问题，在中国确已发展到十分严重的程度。虽然中国的 GDP 已列居世界第二，中国在经济、军事等方面日趋强大，但中国的腐败、贫富差距扩大、国民素质不高等问题也令人忧虑，而"令人忧虑"之最，当属环境污染问题了。现在，中国有很多人对"中国已经强大"充满自信，但中国其实是一个"强弱不均"的国家，而中国最大的弱项就是"环境"，中国可以说是一个"环境弱国"，"环境承载能力已达到或接近上限"②，雾霾等环境污染与广大人民对健康的生存环境的需要之间的矛盾已经成为当今中国最为突出的内部矛盾，也可以说是中国社会主义社会的基本矛盾——人民日益增长的物质文化需要同落后的社会生产力之间的矛盾的"升级版"。

反观日本，也是一个十分典型的"强弱不均"国家，日本最大的弱项是人口少子化和超老龄化加上相当于 GDP 约 2.5 倍的公共债务，"对于日本的国家安全保障来说，最重要的课题不是中国，也不是朝鲜，而是少子化问题"③。因此，常被学者所指的中日"强强型关系"实际上是两个"强弱不均"国家之间的关系。

---

①　「環境亡国·中国『不！(NO)』突き付けた市民」、『日本経済新聞』2014 年 8 月 4 日。

②　《中央经济工作会议：环境承载能力已达或接近上限》，http：//www. chinadaily. com. cn/hqcj/xfly/2014－12－11/content_12880808. html，2014 年 12 月 11 日。

③　虽然现在日本人口为 1. 27 亿，然而据日本国立社会保障与人口问题研究所调查，预计 2100 年日本人口会减少到 5000 万以下。人口减少，争取优秀人才的竞争更加激烈，而将自卫队作为人生选择的人又不多。参见《日本学者：未来"日本梦"要搭"中国梦"便车》，《中国青年报》2014 年 11 月 19 日。

"打铁还需自身硬。"我们要在中日博弈中立于不败之地，对日本"不战而胜"，首先要克服自身的弱项，首先要防止走上"环境弱国"之路。

环境问题正在"弱化"中国作为大国的竞争力。美国著名记者托马斯·弗里德曼指出："未来强国国力竞争将集中在四个方面：教育、基础设施、法制程度和环境。"现在中国的环境问题要比日本、美国等大国严重得多，水、空气质量、土地资源等都因经济粗放式发展遭受了很大破坏。环境安全已经成为中国国家安全的"短板"，在今后大国竞争中，我们最可能输掉的是环境，而不是军事。

中国的环境问题不是孤立的，也是全球环境问题的一个组成部分。比如，发生在中国的极端天气、极端干旱等问题来源于全球气候变暖，而气候变暖是全人类面临的课题。中国政府签署《气候变化框架条约》等多项有关环保的国际公约，不断加强同世界各国、地区和国际组织在环保领域的合作。2014年7月，中美双方在战略对话框架下举行了气候变化政策对话，签署了绿色合作伙伴结对计划。同样，中日两国作为身处东亚地区的邻国，有更多的理由加强环保合作。2015年中国节能环保产业总产值将达到4.5万亿元，年均增长将超过15%。中国强力推进节能减排，加快污染治理，必将产生巨大的节能环保产业市场，不仅给中国，也将会给拥有先进的节能、环保技术的日本等世界各国的企业带来商机。

可以认为，追求绝对的自身传统（军事）安全会成为割裂中日两国的利刃，而追求共同的非传统安全（环境问题、海上运输线的共同安全等）会成为连接中日两国的纽带。

六　战争与和平：中日矛盾的焦点

两千多年来中日关系史的特点在于，两国经过"中国强日本弱，以和平与友好交流为基调的强弱型"关系，"日本强中国弱，以战争与弱肉强食为基调的弱强型"关系，战后两国开始出现双方都在走向强大的"强强型"关系，但是至今尚未出现中国全面强于日本的、明显的"中国强日本弱"关系。为此，中日在战争与和平问题上依然存在着很大的不确定性。

另一方面，中国正在崛起，"历史上看，一个崛起中的大国经常挑战现存大国，而现存大国则往往恐惧于前者，导致了无穷的战争和冲突"。因此，"中国与这些大国交往，要解决的不仅是贸易问题，更重要的是战争与和平的问题"①。

1894 年中日甲午战争以来，战争与和平问题一直是中日矛盾的焦点。看当今中日之间的主要问题：历史上日本的战争、战败与战后是"过去的"战争与和平问题；钓鱼岛争端是"现在的"战争与和平问题；安倍"修宪"使日本成为"能进行战争的国家"，是"将来的"战争与和平问题；2014 年安倍，多次提出"积极和平主义"，其实与 100 年前第一次世界大战肇事者们所做的"和平秀"在逻辑上并无二致，这就是"和平诚可贵，不惜用战争来捍卫它"；2015 年夏季，据报道"安倍将借第二次世界大战周年纪念之际发表其对战争与和平的看法"②，令人拭目以待。总之，中日之间的几乎所有主要问题，都牵连到同一个问题，这就是战争与和平。2014 年 12 月 22 日，日本媒体大肆炒作中国在位于浙江省鳌江口外仅 30 海里的南麂岛建设军事设施一事，日本内阁官房长官菅义伟也对日媒报道进行呼应，表示"对中国军方的动向高度关注"。安倍内阁为引导民意支持其不断强化的防卫动作，进而达到"修宪"的目的，依然在不断炮制"中国威胁论"话题。

中日达成四点原则共识和首脑会见后，两国之间爆发的第一次政治风波出现在军事领域，绝非偶然。在军事领域的矛盾是中日矛盾中最深刻、最尖锐、最具有刚性的结构性矛盾。为了落实中日四点原则共识，固然需要加强民间交流，加强环保合作，但是，更重要的是解决好"战争与和平"这个根本问题。

（一）中国的对日"军事斗争准备"应提升到军事创新境界

中日首脑会见后，尽管中日关系出现了缓和的迹象，但日本"借美制

---

① 郑永年：《中国大外交时代的来临》，新加坡《联合早报》2014 年 12 月 23 日。
② 《日媒：重要节点多 2015 年仍是中日关系敏感年》，http://china.cankaoxiaoxi.com/2014/1228/611484.shtml，2014 年 12 月 28 日。

华"的军事战略并没有改变，中国仍然需要做好军事斗争准备，而且在"军事斗争准备"方面也要"转方式、调结构"，注意保护环境，从数量型的军备走向质量型的军备，大力推进军事创新。

习近平主席在 2014 年 8 月指出，我们要"看到世界军事领域发展变化走向，看到世界新军事革命重大影响，形成科学的认识和判断，与时俱进大力推进军事创新"[1]。笔者理解"军事创新"的基本含义是：由于技术革新，使过去不可能实现的各种新武器等组成的新军事系统的开发成为可能，进而引发对各种新武器等组成的军事系统加以运用的战略战术、作战思想、战争模式、组织体制、军事管理发生相应的深刻变革。

根据"军事创新"的基本含义，可以看出："军事创新"的原点在自然科技革新，"军事创新"的内涵涉及军事思想、军事管理、军事组织等，离不开社会科学的支持，总之，包括自然科技和社会科学在内的科学技术构成了"军事创新"的核心，构成了一国的经济力、军事力乃至综合国力的核心要素。

（二）注意应对日美"军事技术同盟"的挑战

在推进军事创新过程中，我们特别需要注意军事技术创新与民用技术创新存在着相互促进、相互转化的内在机制。例如，早在 1983 年，作为军事技术大国的美国就要求作为民用技术大国的日本向美国提供"军事技术"，包括超大规模集成电路、光通信、砷化镓半导体、电荷耦合器件、碳纤维、精细陶瓷、电致发光显示板、机器人等。[2] 长期以来，美国军方紧盯高度重视研发的日本民间企业，从其民用技术开发活动中吸取创新武器技术。[3] 这个事实表明，在电子、材料、激光、精密机械等尖端技术领域中，军用技术与民用技术之间并不存在截然的分界，而是既具个性，又有共性，

---

① 《习近平：准确把握世界军事发展新趋势 与时俱进大力推进军事创新》，http：//news.xinhuanet.com/politics/？2014－08/30/c_1112294869.htm，2014 年 8 月 30 日。

② 冯昭奎：《美国要日本提供哪些军事技术》，《系统工程与电子技术》1984 年第 2 期。

③ 日本的科研投入相当于国内生产总值的 3.4%，其中 77% 来自民间企业，而经合组织成员国的科研投入相当于国内生产总值的比例平均水平只有 2.3%；全球十大发明型企业中，有八家在日本，其专利发明集中在电子、机械、精细化工、纳米新材料、能源与环保等高科技行业。

既互相区别，又可互相利用和转化。例如，互联网最初就是美国为了军事用途开发出来的，现在已成为军事技术转化为民用技术的典型案例，反之，民用技术也是发掘具有军事利用价值的先进技术宝库，尤其是战后日本在很多民用技术领域达到世界领先水平，吸引了美国军方的高度关注。众所周知，自第一次产业革命以来，工业和制造业成为产生技术创新最多的产业领域，而日本的工业和制造业民间企业所开发的很多民用技术则成为可望发掘众多具有军用价值的尖端技术的"苗子"，例如美国开发隐形轰炸机等隐形武器使用的涂料，就是从日本一家中小企业提供的用于家用微波炉的电波吸收材料样品中得到启发。美国与拥有领先于世界的民用技术实力的日本结成"技术同盟"，成为它在同苏联的军备竞赛中夺取优势的重要原因之一。

美国借力日本的民用技术开发新式武器的事例启发我们：要高度重视高技术的军民两用性和转用性，使军事科技创新与民用科技创新达到相互促进、相互转化、相互刺激创新灵感的互动境界，为达到这种境界，必然要推进整个国家的科技体制的创新。

众所周知，长期以来正是"创新"成为美国维持强大军事力量的原动力。美国不仅依靠从全世界吸引优秀科技人才等措施提高其军事科技研究水平，而且通过加强"盎格鲁—撒克逊五国同盟"①的紧密的军事技术合作和协同关系，通过加强与日本之间的军民两用技术的交流与合作，来增强其作为西方军事技术霸权国的地位。这意味着中国与之进行军事创新竞赛的对手是以美国为首、包括日本在内的大半个西方阵营。

战争的逻辑在本质上就是矛盾运动的逻辑。"有矛必有盾"，矛越锐，盾越坚；盾越坚，矛更锐。恩格斯说过："两个阵营都在准备决战，准备一场世界上从未见过的战争……只有两个情况至今阻碍着这场可怕的战争爆发：第一，军事技术空前迅速地发展，在这种情况下每一种新发明的武器甚至还没有来得及在一支军队中使用，就被另外的新发明所超过；第二，

---

① "盎格鲁—撒克逊五国同盟"已经制定、设立的计划和组织有：美英加澳陆军计划（ABCA）、航空航天相互运用性协议会（ASIC）、三项海军关联计划、合同通信电子委员会（CCEB）、多国间相互运用性协议会（MIC）、技术协作计划（TTCP）等。http：//www. jcs. mil/j6/cceb/multiforahandbook2006. pdf.

绝对没有可能预料胜负，完全不知道究竟谁将在这场大战中获得最后胜利。”①

当前，“信息技术、生物技术、新能源技术、新材料技术等交叉融合正在引发新一轮科技革命和产业变革。这将给人类社会发展带来新的机遇”②。从科技创新这个原点和基础出发，依靠自主创新掌握最先进的高精尖武器的核心技术，构筑日新月异的武器系统、与时俱进的军事战略、超越传统的作战思想、灵活机动的军事指挥和管理体制，努力打破“瓦森纳国家群”③ 对我的技术封锁，加强武器技术乃至武器概念的创新，同时减少资源被消耗在购置大量“几年不用就变成难以处理的垃圾”的二三流武器上。④

（二）“中日必有一战”将是“中日创新之战”

当今，求和平、促发展、谋合作的时代潮流不可阻挡，“顺之者昌，逆之者亡”。十年前，美国五角大楼预计，随着全球人口在 2050 年向 100 亿大关逼近，战争将在 2020 年定义人类生活。这是“所有国家安全问题的根源”。“到 2020 年，毫无疑问将会有大事发生。随着地球的负载能力减弱，一种古老的模式将重新出现：世界将爆发对食品、水与能源进行争夺的全面战争，战争将定义人类的生活。”然而，越来越多的人开始质疑战争是否是解决世界问题的最好手段，特别是质疑和批评美国和北约对动用战争手

---

① 《马克思恩格斯全集》第 22 卷，人民出版社 1965 年版，第 53 页。

② 《习近平点题新一轮科技革命和产业变革》，http：//money. 163. com/14/0604/02/9TS20NV/100253BOH. html，2014 年 6 月 4 日。

③ 《瓦森纳协定》又称瓦森纳安排机制，全称为《关于常规武器和两用物品及技术出口控制的瓦森纳安排》(*The Wassenaar Arrangement on Export Controls for Conventional Arms and Dual – Use Good and Technologies*)，目前共有包括美国、日本、英国、俄罗斯等 40 个成员国。瓦森纳安排机制经过多次修订，目前成为对华高科技出口管制的主要的“指导性文件”。

④ 当今武器装备更新换代很快。比如一架高达几千万美元的最先进的战斗机，其技术寿命也只有 5—8 年。早在 20 世纪 80 年代后期，几千架一次也未参战过的旧式战斗机被抛弃在美国的亚利桑那沙漠中的巨大空军基地里，全成了难以处置的废物。如今，如何处理废旧核武器，成为在冷战时期大搞核军备竞赛的美国、俄罗斯的沉重负担（目前大约有 30 艘从俄罗斯太平洋舰队退役的潜艇仍然停泊在远东的一些港口。自从苏联解体后，俄罗斯方面就有两种担心，一是这些废旧潜艇会污染海洋，二是艇上的核材料将被偷盗）。

段的轻率态度（例如对伊拉克、对阿富汗、对科索沃、对利比亚），因为战争将加速消耗资源并破坏已经脆弱不堪的自然环境，当今日本右翼势力推行战争擦边球政策的最大危险就是只想着右翼的政治理念和当下执政者的政治利益而缺乏"为当代人和子孙后代着想"的人类良知。这个"人类良知"就是：在地球环境已经不堪忍受产业革命以来人类活动所造成的沉重负荷的情况下，不要再雪上加霜，把一个打得稀烂的地球留给后代。

值得注意的是，最近有美国学者提出 2012—2022 年的"第三次世界大战"将是"中美创新之战"，因为理智最终总是会占上风，认识到应该推动创新与技术的转变，促使创新与技术的着眼点置于解决人类面临的真正重大的问题上：最重要的是人类的生存而非杀戮。[1] 三年前，中国一位军队领导人在美国国防大学发表演讲说："中国搞经济建设是为了解决好 13 亿人民的生活，使他们的日子过得更好，而不是拿这个钱去搞武器装备，去挑战美国。美国人民的生活水平高出中国人民生活水平 12 倍，如果我们拿这个钱去搞武器装备挑战美国，中国老百姓也不会答应。"[2] 总之，针对当今复杂的国际形势，搞军备竞赛是下策，积极推进包括军事创新在内的"创新竞赛"才是上策，而所谓"中日必有一战"也必将是"中日创新之战"。

---

[1] 《第三次世界大战：中美之间的创新之战》，http://finance.ifeng.com/usstock/mgpl/20120111/5437198.shtml，2012 年 1 月 11 日。

[2] 《陈炳德称中国大陆在台湾海峡沿海无导弹部署》，《环球时报》2011 年 5 月 20 日。

钓鱼岛问题与中日关系

蒋立峰[*]

中日邦交正常化已经 40 多年了。回顾中日关系 40 多年来的发展，显然并非一帆风顺，而是历经诸多曲折。时至今日，两国经贸合作成绩斐然，人员往来规模不断扩大。但遗憾的是，由于日本政经学界一些人的言行破坏了中日两国欲求"政治互信"的现实基础，中日关系在诸多方面正显示出越来越强的"战略竞争"态势。与此相关，两国民众的心灵之间的距离正渐行渐远，亲近感下降已成明显趋势。"四十而不惑"竟然成为评价当今中日关系的不恰当词汇。

究其原因，国内有观点认为在于中国的快速发展造成日本的不适应乃至惊恐，甚至产生"战略焦虑"，为日本的前途担忧。这种观点乃属自我评估过高，有硬给他人戴帽之嫌，或可理解为实为日本客观开脱的"发展失衡观"。日本一些人鼓吹的"中国威胁论"，冷战时代即已有之，与中国改革开放后的快速发展不存在直接的联系。何况目前中国的综合国力（尤其科技创新能力和军事投放制御能力）远未达到能够全面威胁日本发展的水平，连越南、菲律宾一类国家都敢在领土问题上无中生有地向中国叫板，何况似日本之强国。其实日本并非"战略焦虑"，而是"战略冲动"。美国在阿富汗以西的"问题"大致解决后，明确提出了"重返亚洲"（实际重返东亚）的战略。日本的"战略家"们自以为适逢难得的重大战略机遇期，或以为中国集中精力解决国内问题而无暇外顾，趁此"良机"日本必须

---

* 作者系中国社会科学院日本研究所前所长。

为巩固乃至提高在亚太的地位放手一搏。从首倡"自由与繁荣之弧"到推进"价值观联盟",从制定新的《防卫力量整备计划》将军事力量南移到积极与韩国签订《军事情报保护协定》(在最后一小时遭韩国拒签),从承诺向菲律宾赠送 12 艘巡逻舰艇到承诺帮助越南培养海岸警备人员等,日本为在中国周围拉帮结伙、制造遏制中国的包围圈动作频频,不遗余力。

在日本采取这一系列行动的大背景中,有两项直接以扩大日本权益、同时遏制中国发展为目标的动作更值得关注:其一是妄图指冲之鸟礁为岛,借以圈出大片的管辖海域及"大陆架"甚至"外大陆架";其二是妄图通过将钓鱼岛等岛屿"公有化"或"国有化",使日本占有钓鱼岛等岛屿更加"名正言顺",使其以钓鱼岛为一基点划出东海中间线的理由更加"充分"。其前项动作已遭遇挫折,其后项动作正在变本加厉地进行。中国对此当然不会漠然置之,而是果断采取应对措施。

一　解决好钓鱼岛问题就是维护中日关系大局

2012 年,日本在钓鱼岛问题上动作不断,终至"购岛"。1 月,日本政府以将为作为日本专属经济区基点的 39 座离岛命名为名,将钓鱼岛群岛内的四座小岛礁夹带其中,以显示日本对钓鱼岛群岛的"主权"。对此,《人民日报》刊文指出,日本"企图对钓鱼岛附属岛屿命名,是明目张胆地损害中国核心利益之举"。"钓鱼岛及其附属岛屿自古以来就是中国的固有领土,中国对此拥有无可争辩的主权,中国捍卫钓鱼岛领土主权的决心是坚定不移的。"日本"不要一意孤行,不要试探中国维护主权的意志和决心"。[①] 然而,日本政府仍一意孤行,于 3 月 2 日正式"公布"其命名,并声称将根据 2010 年颁布实施的《日本低潮线保障法》进一步加强对岛屿的"管理",例如实施类似冲之鸟礁的变礁为岛"工程",向国际社会明示日本领海的范围,趁机占有"大陆架",扩大专属经济区。显然,日本的做法

---

① 参见钟声《中国维护领土主权的意志不容试探》,《人民日报》2012 年 1 月 17 日第三版"国际论坛"。本文所称"钓鱼岛群岛"即与"钓鱼岛及其附属岛屿"同义。

严重违背了《联合国海洋法公约》的基本规定。

4 月 16 日，开口闭口称中国为"支那"的日本右翼政客、东京都知事石原慎太郎在访美演讲中表示，东京都要通过向"尖阁诸岛"（即日本在窃占我钓鱼岛群岛后起的日本名）的所有权人购买的方式实现其公有化，以"保卫尖阁诸岛"。随后在华盛顿接受媒体采访时宣称，美国曾将钓鱼岛"作为冲绳县的一部分返还日本"，中国说要打破日本的"实际控制"，"这些话听起来就像是针对日本的宣战布告"，日本政府必须更加强硬。① 石原真说真干，在热热闹闹地募集"捐款"的同时，一方面积极与"私有主"联系"购买"相关事宜，另一方面组织都议员等赴钓鱼岛周围"钓鱼"、考察，不断向政府施加压力。7 月 2 日，石原在《产经新闻》著文称，回首历史便知，改变世界的"绝对的力量"，极言之就是"军事力量"。如果日本在钓鱼岛问题上屈服于中国的压力，轻率地将日本的国土岛屿交给中国"无异于国家的自杀"。② 7 月 5 日，日本石垣市两名议员登上钓鱼岛群岛中的北小岛。7 月 7 日，野田佳彦首相宣布"尖阁诸岛国有化"的方针，并立即开始了相关工作。7 月 24 日，野田佳彦首相在参议院回答质询时表示，日本政府已正式开始着手收购钓鱼岛手续，筹措预算。9 月 10 日，日本政府不顾中方一再严正交涉，宣布"购买"钓鱼岛群岛，实施所谓"国有化"。

回顾 2012 年中日之间关于钓鱼岛问题的应对往来，日本挑事在先，中国应对在后，但斗争的主动权正在越来越多地转到中国一方，日本反而日益陷入被动。之所以出现这种局面，与中国外交方面坚持原则、措施果断分不开。针对日方在钓鱼岛问题上严重威胁我主权的一系列无理举动，一些学者视之为"闹剧"，是无聊政客在"刷人气""博选票"，主张"以中日友好大局为重"，注意"中日关系不能被石原绑架"，甚至提出"中日都要防范极端分子挑事"③。但中国外交方面认识到日本这次在钓鱼岛挑事的

---

① http://news.163.com/12/0418/15/7VCQ62CD00014JB6.html.

② 「残酷な歴史の原理」、『産経新聞』2012 年 7 月 2 日。

③ 参见庚欣《中日关系不能被石原绑架》，《环球时报》2012 年 6 月 20 日；叶小文《中日都要防范极端分子挑事》，《环球时报》2012 年 7 月 27 日。

严重性，对日本的每一个动作都毫不含糊地严肃回应，表明决不退让的坚定立场，强调"钓鱼岛及其附属岛屿自古以来就是中国的固有领土，中方对此拥有无可争辩的历史和法理依据。中国的神圣领土决不允许任何人拿来买卖。中国政府将继续采取必要措施坚决维护对钓鱼岛及其附属岛屿的主权"①。在此同时，中国渔政船编队多次进入钓鱼岛附近海域进行常态化护渔巡航，面对日方船只的挤压和喊话干扰，中方渔政船以严正立场回应日方。日本当局对此曾向中方提出交涉和抗议，但中国外交部均表示拒绝接受，并对日方船只干扰中方公务船执行公务表示强烈不满。

中国在处理外交问题上表现出了新的特点，取得了一大进步，以致使日本看惯了中国外交"出牌"方式的人直呼"看不懂"。② 中国外交最主要的变化是，从理想回归现实，理想主义与现实主义相结合。在对日外交方面，既主张维护大局，又注意解决实际问题。所谓"大局"不是空洞抽象之物，而是由许多的具体事物（实际问题）组成的。不解决好这些实际问题尤其影响深远且重大的问题，则难以维护大局。所以，不能因顾虑一时的影响而对解决实际问题犹豫不决，不能总想着牺牲小局以维护大局，而应该努力解决小局问题以维护大局。无视或掩盖小局问题，对于维护大局来说是很危险的。大局与小局是相互存在、相互影响甚至在内外条件满足时可能相互转化的关系。类似这次钓鱼岛问题，如果面对日方的挑事抱息事宁人的态度，束手无策或措施失当，致使日方的企图得逞，则中日关系可能遭到严重破坏，甚至钓鱼岛问题自身就会成为决定中日关系发展或倒退的大局。

另外，大局所包含的内容也不是固定不变的。40 年前，中日关系的大局是实现邦交正常化，相对而言台湾问题是小局，中方可以在如何处理"日台和约"等问题上适当做出原则性的让步。此后数年，签订《中日和平友好条约》成为中日关系的大局，相对而言钓鱼岛问题是小局，中方则提议将钓鱼岛问题留待后人解决。中国改革开放后，友好合作成为大局，

---

① http：//www. fmprc. gov. cn/chn/gxh/tyb/fyrbt/dhdw/t948876. htm.

② http：//news. xinhuanet. com/world/2012 – 07/14/c_123411717. htm.

历史认识问题本可以放一放，但由于小泉纯一郎首相多次参拜靖国神社，大局受到严重影响，才由两国政府协商，通过中日历史共同研究等方式解决历史认识问题，以维护大局。在"战略互惠"成为中日关系大局的今天，钓鱼岛问题虽然仍是小局，但已不是长久搁置无碍的小局，而成为应认真解决的小局。解决好钓鱼岛问题，就是维护中日关系大局。如果看不到这些变化，一味地以"维护大局"来限制解决小局问题，则大局最终难以维护。

处理外交问题往往涉及国家利益，所以理应慎重。对于如何解决这些重要的外交问题，一些"战略家"们的口头禅便是"抓住战略机遇期发展自己"。这句话虽然没有错，但如果将抓住战略机遇期与解决外交实际问题尤其是解决事关国家根本利益的重要实际问题对立起来，则有失偏颇。在这次处理钓鱼岛问题的过程中，这种"机遇论"听得不多，客观环境较为宽松。这一变化使得外交方面在应对日方挑事时有更大的可操作空间，应对更加自信，决策更加合理、有力。

中国是儒家文化圈的核心，中国外交自然要受到儒家文化的影响。这就是太重君子之道，有些"好面子"。如果对方的外交是君子之道加小人之术，甚至以小人之术为主，则只懂君子之道者难免陷于被动，甚至吃亏上当。回顾17世纪以来的日本外交，对琉球是先肢解（将北部诸岛并入萨摩）、后改名，最后全部吞并；甲午中日战争、日俄战争及太平洋战争，日本都是先搞突然袭击，消灭敌方有生力量，然后再宣战；"九一八"事变和"七七"事变都是日本一手制造的事件，以此制造出不断扩大侵华、妄图最后鲸吞中国的借口；当代则有强行对我东海各油气田和钓鱼岛群岛中的岛屿命名，不仅无视中国对东海大陆架的合法权益，甚至对其划出的所谓"东海中间线"以西至距日本200海里处也主张日本的权益；通过变冲之鸟礁为岛以主张200海里专属经济区及350海里外大陆架等，日本外交中的这类小人之术不一而足。①

　　中国重君子之道，在对外交往中以国际法及国际惯例约束自己，行事谨慎小心。在对方不按国际法和国际惯例行事时，中方若仍机械地依国际法或国际惯例要求对方，恐怕很难达到目的。国际法和国际惯例并非万能，不可能包罗国际万事，国际法和国际惯例也需要在解决层出不穷的新的国际矛盾过程中不断得到扩展、充实和改进。所以，应以国际法及国际惯例约束自己而不是束缚自己，在不得已的情况下"以其人之道还治其人之身"，或许效果更好。在考虑钓鱼岛问题的应对措施时，中国已经这样做了，今后当然会继续这样做。

二　钓鱼岛群岛是中国固有领土不容置疑

　　针对日本在钓鱼岛的每一次挑事，中国外交部都做出明确回应，强调"钓鱼岛及其附属岛屿自古以来就是中国的固有领土，中方对此拥有无可争辩的历史和法理依据"。而且至今，中国已经发表了大量的历史资料和分析文章，充分证明了中国上述主张的正确性是无可置疑的。

　　从中国已发现的相关历史资料看，可以明确以下几点：

　　第一，从地理要素看，琉球群岛不包括钓鱼岛群岛。钓鱼岛群岛在中国东海大陆架上，隔琉球海槽（亦称冲绳海槽）与琉球群岛相望。自古所称"琉球三十六岛"，岛岛有名，根本不包括钓鱼岛群岛。琉球三山国时代及琉球王国时代其施政范围始终限于此 36 岛之内（17 世纪初 36 岛中的与论岛以北诸岛被日本割走归萨摩藩并改名奄美群岛），西以古米岛（日本后

---

　　①　2012 年 6 月 28 日，石原慎太郎在会见记者时充分表露其小人心态："（熊猫）生了孩子是要归还（中国）的，要不给他们起名'尖尖'和'阁阁'不好吗？这样一来，对方就能对熊猫进行'有效支配'了。"（参见 http：//www.metro.tokyo.jp/GOVERNOR/KAI KEN/TEXT/2012/120628.htm）对这种卑劣的言论，中国外交部发言人给予了严肃的批判："石原慎太郎处心积虑破坏中日友好关系的拙劣表演为世人所不齿。不管石原慎太郎企图给中国熊猫起什么名，都改变不了这些熊猫属于中国的事实。同样，不管日本给中国钓鱼岛及其附属岛屿起什么样的名字，都不能改变这些岛屿属于中国的事实。"（参见 http：//www.chinanews.com/gn/2012/06-29/3997497.shtml）

称久米岛）为界，从未越过琉球海槽。① 所以，琉球群岛不包括钓鱼岛群岛，这是世人公认的事实。琉球群岛无论其上施政状态如何变化，均与钓鱼岛群岛无涉。

第二，钓鱼岛群岛为中国最先发现，并加以利用。15 世纪初期中国明朝完成的《顺风相送》一书，就已记载了钓鱼岛是福建、琉球间航线的指标地之一，此后历朝的琉球册封使在出使记录中多次记录下钓鱼岛群岛的航标作用。② 数百年来，包括台湾渔民在内的中国渔民从未间断在钓鱼岛周边渔场捕鱼、在钓鱼岛上进行采集等开发利用活动。在 1895 年前长达五个世纪的时间里，中国一直在行使这些权利。日本人对这一点并不否认，但却认为利用不等于主权管辖，主权管辖必须有明确无误的标识或历史依据。

第二，钓鱼岛群岛是中国神圣领土即接受中国历代王朝主权管辖有充分的历史依据。中国国内对此已有极多阐述，摘其主要者有下述三个方面：

其一，官方史料记录。嘉靖十三年（1534 年），琉球册封使陈侃记曰："……过钓鱼屿，过黄毛屿，过赤屿，目不暇接……十一日夕见古米山，乃属琉球者。夷人鼓舞于舟，喜达于家。"③

嘉靖四十年（1561 年），琉球册封使郭汝霖记曰："赤屿者，界琉球地方山也。"其意为赤屿乃毗连琉球的临界山，或称分界山，过赤屿后就要进

---

① 例如，1757 年琉球册封副使周煌在《琉球国志略》中既对琉球 36 岛一一记述，并称黑水沟以东之"姑米（即古米岛）为全琉门户，（乃）封贡海道往来标准（标志）"，位于黑水沟以西的任何岛屿显然不属琉球。参见周煌《琉球国志略》，清乾隆二十二年刊本，卷四上，舆地；卷七，第 4 页。

② 中国有学者认为，中国关于钓鱼岛的最早记载可追溯到 7 世纪初的隋朝。隋炀帝曾特派使臣朱宽召琉球归顺。《隋书》中记载的 610 年朱宽赴琉球所经过的高华屿即现在的钓鱼岛。但这一点有待进一步研究。

③ 参见陈侃《使琉球录》，明嘉靖甲午本，第 8 页。

入琉球海域了。①

万历三十四年（1606 年），琉球册封使夏子阳记录册封后的回程云："二十九日隐隐望见一船，众喜谓有船则去中国不远，且水离黑入沧（从黑水驶入沧水，即船向西驶过黑水沟），必是中国之界。"②

康熙二年（1663 年），琉球册封使张学礼记曰："初九日，浪急风猛，水飞如立。舟中人颠覆呕逆，呻吟不绝。水色有异，深青如蓝。舟子曰：入大洋矣。顷之，有白水一线，横亘南北。舟子曰：过分水洋矣，此天之所以界中外者。"③ 从"浪急风猛"和水色"深青如蓝"分析，此处所记"大洋"即黑水沟，亦被视为"分水洋"，"白水一线"即黑水沟之边际，看到"白水一线"时，表示即将驶过"分水洋"，黑水沟这里就是天然形成的中外之界。

康熙二十二年（1683 年），琉球册封使汪楫详细记述了出使琉球过程中过黑水沟祭海的情况："二十五日见山……遂至赤屿，未见黄尾屿也。薄暮过郊（或作沟），风涛大作，投生猪羊各一……久之始息。问：郊之义何取？曰：中外之界也。界于何辨？曰：悬揣耳。然顷者恰当其处，非臆度也。"④ 可见，汪楫明确记录此沟为"中外之界也"。

---

① 参见《台湾文献丛刊》第 287 种，《使琉球录三种》，陈侃、萧崇业、夏子阳撰，电子版第 33 页。http://www.doc88.com/p-009803861496.html。日本《产经新闻》2012 年 7 月 17 日载文称，日本长崎纯心大学副教授石井望查阅古籍后认为，郭汝霖之《石泉山房文集》收录了郭氏册封琉球后的奏文，其中有"闰五月初三日涉琉球境界地名赤屿"句，解释其意为"（船）行过琉球边境，界地名为赤屿"。显然，石井对文中"涉"字的理解有误。"涉"字义有二解，"涉过"或"涉及"。此文中"涉"字应取后义，意即"到了琉球的边境（但尚未进入），界地的名称为赤屿"。故此意与上文"赤屿者界琉球地方山也"之意是一致的。郭汝霖在册封琉球途中尚有多篇诗作，其五言律诗《赤屿》有曰："幽赞归神贶，安全荷圣朝。海邦忽伊迩，早晚听夷谣。"此句意即"到了赤屿，海邦琉球突然变近了，以致早晚都能听到琉球人唱的歌谣"。（郭文见《石泉山房文集》明万历吉水李交刊，卷三第 13 页、卷七第 13 页）所以，石井说"现判明到处都找不到中国领有尖阁（即我钓鱼岛——著者注）的史料，但至少看到了认为大正岛（即我赤尾屿，古称赤屿——著者注）属于琉球的史料，因而更加明确了中国的主张是没有历史根据的"，是因误读史料而产生的误判。参见 http://headlines.yahoo.co.jp/hl? a = 20120717 - 00000064 - san - pol。

② 参见《台湾文献丛刊》第 287 种，《使琉球录三种》，陈侃、萧崇业、夏子阳撰，电子版第 88 页。http://www.doc88.com/p-009803861496.html。

③ 张学礼：《使琉球纪》，《丛书集成初编》商务印书馆 1937 年版，第 3 页。张学礼一行驶过黑水沟后，至 15 日始至琉球，耗时较多。其原因是：过中外之界后，"连日无风，船浮水面，胶滞不前"，"唯有顺流"，从而未能直驶那霸，而是绕远到达了"琉球北山，与日本交界"处。

④ 参见汪楫《中山沿革志·使琉球杂录》，京都本，卷五，第 5 页。

　　此后，乾隆二十一年（1756 年），琉球册封副使周煌亦记曰："舟过黑水沟，投牲以祭，相传中外分界处。"① 在其《琉球国志略》卷五中尚记曰："（琉球）环岛皆海也，海面西距黑水沟，与闽海界。"② 显然，"与闽海界"即与中国领海交界。

　　这些记录十分重要。它们清楚地表明，中国与琉球以赤屿与姑米山之间的黑水沟为界。结合地理要素分析，上述册封使所记之黑水沟应为琉球海槽，因两岛紧傍海槽西东，之间没有其他地理要素可考虑。③ 所以，黑水沟以西即琉球海槽以西的赤尾屿及钓鱼岛其他各岛皆为中国领土，琉球海漕以西海域为中国主权管辖海域。上述记录者均为中国朝廷派出的正式使臣，其记录完全可以视同正式官方文件。

　　其二，历史地图。嘉靖四十年（1561 年）郑若曾的《万里海防图》、嘉靖四十一年（1562 年）福建总督胡宗先与郑若曾编纂的《筹海图编》一书中的《沿海山沙图》、天启元年（1621 年）茅元仪绘制的中国海防图《武备志·海防二·福建沿海山沙图》等，都将"钓鱼屿"、"黄尾山"和"赤屿"纳入其中，证明当时钓鱼岛、黄尾屿、赤尾屿等岛屿都在充分体现中国主权的福建海防范围以内。同治二年（1863 年），胡林翼、严树森等编绘了《皇朝中外一统舆图》，其上用中文地名标出了钓鱼屿、黄尾屿、赤尾屿等岛，而其他凡属日本或琉球的岛屿，皆注有日本地名。这些官方地舆图也是钓鱼岛群岛向为中国领土的有力证据。

　　其三，慈禧太后诏谕。清朝时盛宣怀药局就将采自钓鱼岛的药材制成药丸，"施诊给药，救济贫病"，进奉皇室，"甚有效验"。光绪十九年（1893年）10 月，慈禧太后特下诏谕，"即将该钓鱼台、黄尾屿、赤尾屿三小岛赏

---

　　① 参见周煌《海山存稿》，清嘉庆丙辰本，卷十一，第 11 页。

　　② 周煌：《琉球国志略》，清乾隆二十二年刊本，卷五，第 4、19—23 页。在此稍感遗憾的是，周煌在《琉球国志略》的"图绘·针路图"中，疏忽地将"过（黑水）沟"误标在黄尾屿与赤尾屿之间。但在其后文具体叙述航船路径时，仍是去程五虎门—钓鱼台—赤洋（赤尾屿附近海域）—过沟祭海—姑米山—那霸，回程那霸—姑米山—过沟祭海—台州石盘—五虎门的次序，可见周煌与其他册封使一样，也认为黑水沟是位于赤屿与姑米山之间山的中外分界洋面。

　　③ 当然，关于这一点，中国学者应在条件具备时与有关部门共同组织一次古代琉球册封使记录航线实地考察。

给盛宣怀为产业，供求药之用"①。此诏谕 1972 年 1 月始见世，此后一直有人置疑此诏谕的真实性。如果此诏谕为真，则说明钓鱼岛群岛明确无误地在中国的版图之内；如果此诏谕近假，此诏谕亦非毫无价值，它仍能说明此诏谕的制作者在当时即已知道钓鱼岛群岛乃由中国朝廷主权管辖之领土，否则编造这样的诏谕没有任何意义。而且，此诏谕的制作应是 1893 年或之前，因为 1894 年甲午中日战争爆发，中国一败涂地，台湾及其附属岛屿被日本抢走，此后再编造这类诏谕已无实际意义。总之，关于慈禧太后诏谕之事仍需进一步研究，应设想多种情况进行调查，而不能简单地予以否定。

　　以上历史文件足以证明钓鱼岛群岛是中国自古以来的固有领土，这一点不容置疑。对此，日本声称钓鱼岛群岛是日本的固有领土，但日本不再拿所谓古贺辰四郎于 1884 年"发现"钓鱼岛说事，因为显然这一"发现"要比中国人发现钓鱼岛晚 400 余年甚至千余年。日本政府故意漠视上述阐明"中外之界"的众多中国官方史料，而在 1972 年公布《基本见解》称："自 1885 年以来，日本政府通过冲绳县当局等途径多次对尖阁诸岛进行实地调查，慎重确认尖阁诸岛不仅为无人岛，而且没有受到清朝统治的痕迹。在此基础上，于 1895 年 1 月 14 日，在内阁会议上决定在岛上建立标桩，以正式编入我国领土之内。"② 这是百分之百的谎言。

　　历史事实是，1885 年日本已知钓鱼岛群岛是中国领土而未敢轻举妄动。针对 1885 年日本对钓鱼岛进行的调查，同年 9 月 6 日，中国《申报》及时在"台岛警信"指出，"文汇报登，有高丽传来信息，谓台湾东北边之海岛，近有日本人悬日旗于其上，大有占据之势，未悉是何意见，姑录之以俟后闻"③，从而提醒国人和清政府注意。9 月 22 日，日本冲绳县令西村舍三的调查报告称，久米赤岛、久场岛及鱼钓岛"与前时呈报之大东岛所处地点不同，恐无疑系与《中山传信录》记载之钓鱼台、黄尾屿、赤尾屿属同一岛屿。若果真属同一地方，则显然不仅已为清国册封原中山王使船所

　　① 慈禧太后诏谕，参见吴天颖《甲午战前钓鱼列屿归属考》，外文出版社 1998 年版，第 116 页。
　　② http：//www. mofa. go. jp/region/asia－paci/china/pdfs/r－relations_cn. pdf.
　　③ 参见鞠德源《日本国窃土源流 钓鱼列屿主权辨》下册，首都师范大学出版社 2011 年版，图 54。

详悉，且各附以名称，作为琉球航海之目标。故是否与此番大东岛一样，调查时即建立国标仍有所顾虑"。10 月 21 日，外务卿井上馨致函内务卿山县有朋称："该等岛屿亦接近清国国境。与先前完成踏查之大东岛相比，发现其面积较小，尤其是清国亦附有岛名，且近日清国报章等，刊载我政府拟占据台湾附近清国所属岛屿等之传闻，对我国抱有猜疑，且屡促清政府之注意。此刻若有公然建立国标等举措，必遭清国疑忌，故当前宜仅限于实地调查及详细报告其港湾形状、有无可待日后开发之土地物产等，而建国标及着手开发等，可待他日见机而作。"

上言提到的"港湾"，乃指冲绳县调查报告中写明的钓鱼岛岸边有码头及锚地。既然日本人是晚在 1884 年才"发现"即登上钓鱼岛，则此码头等建筑显然非日本人所为，而是中国先民开发钓鱼岛和清朝统治的遗迹。12 月 5 日，内务卿山县有朋指示："冲绳县令申请建立国标事，涉及与清国间岛屿归属之交涉，宜趁双方合适之时机。以目下之形势，似非合宜。"以上记载说明，日本冲绳地方政府和中央政府当时已基本确认，这些岛屿是中国领有之土地，当时若占领必然会刺激中国，引起争议，故而暂行搁置。①

直到 1894 年年底，日本在甲午战争中已胜券在握，12 月 27 日，内务大臣野村靖认为，"今昔形势已殊"，关于"久场岛、鱼钓岛建立所辖标桩事宜"，"有望提交内阁会议重议"。②

1895 年 1 月 14 日，日本政府不等战争结束便迫不及待地通过"内阁决议"，认可"位于冲绳县下八重山群岛西北的称为久场岛、鱼钓岛之无人岛为冲绳县所辖，准许如该县知事所请建设航标"③。日本就这样将觊觎十年之久的所谓"无人岛"钓鱼岛等中国主权岛屿划归冲绳县所辖，抢在《马关条约》谈判前先行窃取了钓鱼岛群岛。

对于日本政府窃取中国领土钓鱼岛群岛的不光彩行为，日本著名历史学家井上清在日本政府提出《基本见解》的 1972 年 10 月即出版专著予以批判。井上指出，日本政府从 1885 年开始调查到 1895 年攫取钓鱼岛群岛，

---

① 外务省編纂『日本外交文書』、日本国際連合協会、1950 年、第 18 卷、573—576 頁。
② 外务省編纂『日本外交文書』、日本国際連合協会、1952 年、第 23 卷、571—572 頁。
③ http://www.jacar.go.jp/jpeg/djvu2jpeg? item = a0211202%2Frui11300%2F0728&p = 1.

其所有的活动都是秘密进行的，包括阁议文件在内的全部相关文件都未公开，所以称之为"窃取"毫不过分。

他还指出，此后在天皇于1896年3月5日裁可的第13号关于冲绳县的郡编成的敕令中，并未将钓鱼岛群岛包括在冲绳县之内。

直到1952年3月《日本外交文书》第23卷出版，日本窃取中国领土钓鱼岛群岛的真相才得以暴露。但直至1969年，日本各级政府尚未在钓鱼岛上竖立航标。井上明确指出，近代形成的所谓"无主地先占"的国际法理是为殖民主义服务的，看到日本的主张，强烈感觉到日本帝国主义再起的危险性。[①] 时过40年，井上清的言论仍值得后人三思。

日本横滨国立大学教授村田忠禧深入研究钓鱼岛问题多年，他得出的结论是："作为历史事实，被日本称为尖阁列岛的岛屿本来是属于中国的，并不是属于琉球的岛屿。日本在1895年占有了这个地方，但这是借甲午战争胜利之际进行的趁火打劫，而不是堂堂正正的领有行为。这一历史事实是不可捏造的，必须有实事求是的认识和客观科学的分析态度。"[②]

日本著名政论家大前研一在2010年钓鱼岛撞船事件发生后也著文谈钓鱼岛问题，认为1895年关于将"尖阁诸岛"划入冲绳县的"阁议决定是非公开的阁议决定，既不是国会的决定，也未以各外国能够知晓的形式公布，所以比岛根县议会的《竹岛领有宣言》还难得到国际社会的认同"[③]。

2012年7月9日，美国政府发言人努兰德称："尖阁诸岛适用美日安全条约第五条的范围，但美国对尖阁诸岛的主权问题不持特定立场，期待当事人之间以和平手段解决之。"[④]

同月，日本前外务省国际情报局局长孙崎享在《朝日新闻》发表文章《"搁置"状态对日本有利》称："日本的主张以1895年将尖阁诸岛编入冲绳县的阁议决定为依据，虽然总说是日本固有的领土，但才有100余年的领土

---

① 井上清『「尖閣」列島—釣魚諸島の歴史解明—』、第三書館、1996年、124—135頁、50—57頁。

② http：//j. people. com. cn/94474/7138819. html.

③ http：//www. nikkeibp. co. jp/article/column/20101006/247616/？P=1.

④ http：//headlines. yahoo. co. jp/hl？a=20120710－00000736－yom－pol.

能够称为'固有'吗？而中国的主张是，早在 14 世纪其军事影响力就波及尖阁诸岛周边，这是十分清楚的历史事实；尖阁诸岛属于台湾，台湾属于中国，所以，尖阁诸岛是中国的领土。日本因 1951 年的《旧金山和约》放弃了千岛群岛和台湾的领有权，尽管解释不一，但中国的主张绝非没有根据。""这对日本人来说也许难以接受，但却必须认识到，尖阁诸岛并非日本的'固有领土'，而是一块'争议之地'。""但遗憾的是，日本的政治家和国民都相信，应该对中国采取强硬姿态。但是，取悦舆论的外交有损国家利益。日本强硬，中国也不得不强硬，如果发展成军事冲突，因为中国军队与自卫队的实战能力相比，具有压倒性优势，日本必将完败。""在国际上日本的主张也得不到认可。不让领土纠纷升级是国际社会的常识。如果以只在国内通行的伦理来挑衅中国，只能遭到国际社会的孤立。"①

日本关西学院大学教授丰下楢彦也在《世界》发表《"购买尖阁"问题的陷阱》的文章。该文指出，美国政府在 1971 年 6 月签署冲绳归还协定之前，就已经决定了这样的方针："将把尖阁群岛的施政权与冲绳一道归还，但在主权问题上不表明立场。"石原购岛计划纯属对中国的挑衅行为，导致日中关系极度紧张。日本首先要抛弃"固有领土"这一毫无意义的概念。此概念在国际法上并无依据。如果日本继续固执地强调"固有领土"概念，就应先游说美国。如果连盟国美国的同意也得不到，日本就应该承认"存在领土问题"的事实，和中国举行具体谈判。②

从以上言论不难看出，日本政府的《基本见解》在日本国内并未得到学者和官员的一致支持，同样也未得到美国的支持。日本不厌其烦地宣称美国认同钓鱼岛适用《美日安全条约》第五条，这种拉大旗作虎皮的做法，只会向国际社会展露其二等国地位，暴露其外交外强内虚的本质，一旦离开美国，真不知日本外交之尚何可作为。

因为日本是在 1895 年窃取的中国领土钓鱼岛群岛，则日本此后一切有关钓鱼岛群岛的所作所为，对钓鱼岛群岛主权的拥有者中国而言无疑是非

---

①　孙崎享「『棚上げ』の现状、日本に有利」、『朝日新闻』2012 年 7 月 11 日。

②　豊下楢彦「『尖阁购入』问题の陷穽」、『世界』2012 年 8 月号、41 页。

法而且无效的。日本拿出 1920 年《中华民国驻长崎领事的感谢信》、部分中国标注错误的地图以及 1953 年 1 月 8 日《人民日报》的资料说事，在日本窃取钓鱼岛群岛的前提条件下，日本这样做只能是徒劳之举。

三　和平方式是解决钓鱼岛问题的最好途径

从围绕钓鱼岛问题的形势发展看，石原要实现的目标，第一步实现钓鱼岛群岛的"（东京）都有化"即公有化，第二步通过"转让"方式实现国有化。

中国政府与民众早已看穿了石原及日本政府"买岛"举动的真实用心，日本政府声称"买岛"是为更有效地维持稳定，这是瞒天过海、欺骗视听。

日本此举类似以毒资买物"洗钱"，石原及日本政府深知，无论能否成功"买岛"，此"买岛"过程已向世人证明钓鱼岛群岛是日本的领土无疑，从而达到目的。这显然是名为"买岛"，实为"洗岛"。因此，中国只有采取果断有效的实际措施，击破其"洗岛"美梦，进一步展示中国对钓鱼岛群岛的主权权利，为在适当时间完整收回钓鱼岛群岛做好准备。①

中国历来主张不使用军事力量而以和平方式解决钓鱼岛问题。为和平解决钓鱼岛问题，中国必须不断寻机加强对钓鱼岛群岛的控制力。日本认为钓鱼岛群岛目前在日本的完全控制之下，这种观点是不正确的。多年来任何人不得登上钓鱼岛群岛，不得在钓鱼岛群岛周边海域进行开发活动，这都是中国对钓鱼岛群岛具有一定的控制力的表现，当然这种控制力还不够强。

近年来，中国的海监船在东海尤其钓鱼岛群岛海域开始常态化巡航，

---

①　钓鱼岛群岛包括位于琉球海槽底线以西的钓鱼岛海域的全部岛屿、岛礁及水面下各高低岩礁，既包括中国国家海洋局于 2012 年 3 月 3 日公布的《钓鱼岛及部分附属岛屿标准名称》名单中的全部岛屿、岛礁（已有 71 个），还包括钓鱼岛海域内其他尚未列入名单的岛屿、岛礁及全部水面下岩礁。鉴于日本变冲之鸟礁为"岛"、非法以钓鱼岛群岛中某些小岛为基点划海洋基线及以钓鱼岛为一基点划中日"中间线"的做法，中国理当完整收回钓鱼岛群岛，对钓鱼岛群岛实施充分体现主权所有的完全的行政管理。

渔政船亦在相同区域同时进行护渔，这是中国加强对钓鱼岛群岛的实际控制力的重要举措，对今后解决钓鱼岛问题具有重要意义。中国的"维权"（维护主权）行动必然会继续下去，如果日本政府许可或怂恿日本人登上钓鱼岛，中国就会有更加果断的措施应对之，直到将日本的所谓"执法船"排除到钓鱼岛群岛海域之外。

在此必须提醒的是，除了中国海军与日本海上自卫队的直接军事对抗外，其他任何形式的解决都在和平解决的范畴之内，这包括中国海警、海监、渔政与日本海保的直接对抗。为此，中国迅速发展海警、海监、渔政力量是理所当然的。

但是，还有一点必须讲明，中国历来主张不使用军事力量而以和平方式解决钓鱼岛问题，并不意味着中国对使用军事力量解决钓鱼岛问题有所畏惧。2012 年 7 月 26 日时任日本首相的野田佳彦在众议院答辩时竟然说："如果周边国家在尖阁诸岛等日本领土和领海有不法行为，政府将毅然回应，包括在必要时动用自卫队。"① 其防卫大臣也在记者会上表示，"法律确保"动用自卫队应对"尖阁诸岛"争端。② 这是明确无误的对中国进行战争威胁。

既然日本的首相和防卫大臣在正式的场合发表了其责任所在的谈话，要动用自卫队应对中国，则中国更需严肃对待之。中国必须从速加强海上及空中的军事打击力量，吸取历史教训，制订出多套作战方案，当日本欲以军事行为侵犯我主权利益时，我方也应以军事力量捍卫主权。③

中国主张钓鱼岛群岛自古以来是中国的固有领土，这就意味着钓鱼岛群岛是中国的核心利益，决不容他人侵犯，在这一点上与日本无可谈判。

---

① http·//headlines. yahoo. co. jp/hl? a = 20120727 – 00000096 – san – pol.

② http·//headlines. yahoo. co. jp/hl? a = 20120727 – 00000059 – mai – pol.

③ 这便是"即以其人之道还治其人之身"。日本早已将军事方针由"专守防卫"转变为"先制攻击"（即先发制人），2003 年日本制定的《武力攻击事态应对法》明确规定，当日本遭到来自外部的武力攻击，或遭到武力攻击的危险迫在眉睫，甚至预测将会遭受武力攻击时，为排除武力攻击，自卫队可行使必要的武力，部队等可展开其他行动。这就是说，日本将会凭其"预测"对其认为可能对其进行武力攻击的国家行使武力。所以，中国若再次与日本交战，决不可书生气十足。http：//www. kantei. go. jp/jp/singi/hogohousei/hourei/kakuho. html.

这才是"主权在我、搁置争议"的应有之义。中国对他国没有任何领土要求，同时也决不允许任何外国势力侵犯中国的神圣领土。今后，中日两国有关部门关于钓鱼岛问题的谈判，主要应谈日本如何将钓鱼岛群岛完整地归还中国，在此条件下，如果日本有意愿，中国也有需求，才能谈到日本能否与中国合作开发钓鱼岛海域资源的问题。今后这类谈判应逐步习惯于在公开环境下进行，即每次谈判后均发布较为详细的谈判纪要。这样一来，中国的各项对日政策和举措一定能得到越来越多的民众的理解和支持。只有在民众的支持与监督下，随时注意民意变化，这类谈判才有可能取得成效。这也是"人民外交"的应有之举。

中国今后应该且能够采取的措施很多，在此不一一列举。有一点可以做的就是，中日两国的学者应为解决钓鱼岛问题发挥应有的作用，如同中日历史共同研究对解决中日间历史认识问题发挥作用那样。通过两国学者的共同研究，在两国共同发布相关资料及观点主张，使两国民众更多地了解对方的资料和观点，知晓钓鱼岛问题产生的历史原委，冷静客观地倾听对方的意见，从而将石原一类狂热的民族主义者边缘化，这样就有可能实现令双方满意的钓鱼岛问题的最终解决。

东亚的"脱战后"与中日交流的转型

刘建平[*]

2013 年 12 月 26 日，日本首相安倍晋三在二次执政周年之日参拜靖国神社。中国外交部发言人在高调谴责的同时，进一步表示：中国人民不欢迎他，中国领导人不可能同这样的日本领导人对话。对此，有半官方媒体发表评论，为"绝交"而"鼓掌"。[①]这是"钓鱼岛争端"在 2012 年被日本政府的"购岛"交易激活并引发中日关系危机以来的最严峻局面，也是中日邦交正常化以来不曾有过的严重事态。

战后中日关系的长历史过程证明，对 1972 年邦交正常化、1978 年签订《中日和平友好条约》的一般认识，在今天看来有些是不正确的。囿于复杂的国内外因素，特别是由于日本在"战后处理"问题上的谋略性操作，中日邦交正常化谈判对于日本侵略中国的战争责任、领土问题处理等没有形成国际法结论，日本保守政治的对华外交事实上延续着近代以来的蔑视、敌视心理——这种心理在传统上是种族主义和帝国主义的，在战后则混合了政治意识形态和现代化阶段的差别性观念——并发展成为掩饰侵略战争、否认领土争议、夸张"中国威胁"等历史修正主义、领土民族主义的象征暴力冲动。这种结构决定了中日关系在邦交正常化之后仍然会发生周期性恶化。也就是说，中日关系尚无法彻底"脱战后"——摆脱战后的"无安全感共处"对抗状态。即使全球冷战在 20 世纪 90 年代结束了，欧洲从战后

---

* 作者系中国传媒大学国际传播研究中心教授。

① 参见《安倍自己关闭了同中国领导人对话的大门》，《人民日报》2013 年 12 月 31 日；《为中国政府同安倍"绝交"鼓掌》，《环球时报》2013 年 12 月 31 日。

和解创造出共同体政治，但东亚的"战后"还在持续。

　　并且，对比小泉纯一郎首相连续参拜靖国神社仅造成首脑会谈中断的事实，安倍参拜靖国神社导致中国做出"复活军国主义"的"小丑"之类的意识形态宣判和地缘政治危机预警，这显示日本的历史修正主义和领土民族主义共振，严重打击了中日关系再缓和的周期复位信心，两国的建设性对话丧失可能导致相互敌意失控。丧失对话机制的领土争端，容易激发战争危险，这是被历史反复证明了的。利用中日关系的政治无对话，日本一方面加紧扩张军备，一方面争取美国从国务卿发言到国会决议、总统表态对"日美安保适用于钓鱼岛"的承诺；① 一旦认为军事威慑的防卫条件、相关立法整备的国内政治条件和美国支持的同盟政治条件具备，日本就有可能采取打破"无人岛现状"的落实"施政权"行动，陷中国于要么重复主权宣示、要么与日美同盟对抗的悲情状态。但日本也未必是这种对抗的胜者，因为从欧洲共同体政治与中东领土战争两种"战后"历史经验来看，不能达成和解的中日关系向国家间战争或无政府暴力恐怖泛滥方向发展的可能性增加；如果向这种局面发展，无疑意味着战后东亚秩序的崩溃。

　　为了中日两国实现真正的和解，避免东亚的"中东化"，两国的知识阶层和政治家有责任承担起中日关系重建的使命。这给学术研究提出了认识战后东亚秩序的结构性缺陷、反思中日交流的机制等国际政治学和国际传播学课题。

一　作为东亚秩序范式和中日关系过程的多义性"战后"

　　近代以来，大国战争特别是涉及所有大国的世界大战，是人类价值观

---

　　① 　2014 年 4 月美国总统奥巴马访问日本时表示，钓鱼岛在日本施政之下，适用于《美日安全条约》。这是日本近 20 年来积极在日本的利益方向上与美国交流、推动美国改变政策的结果。20 世纪 90 年代中期美国驻日大使曾经否认美国会介入中日钓鱼岛之争，当时令日本极为懊丧。但其后日本一步步努力，充分利用相关事态设置外交议程，有时甚至制造外交事件，争取到了大使、国防部和国务院官员、国务卿、国会乃至总统的美国站在日本一边的表态。日本的学术发达，外交积极能动，其通过国际传播（主动进行知识、信息的交流形成有利的共识）推动国家间共识的意识和能力很强。

变革和国际秩序转型的分界线。经过两次世界大战，"战争责任"、"战争犯罪"等概念确立起来，以"反和平罪""反人道罪"审判侵略国家、追究迫害责任，战争违法化即正义和平的国际政治价值观形成。据此，第二次世界大战的盟国与战败的法西斯轴心国之间，经过占领统治、战争责任处理、议和等国际政治和国际法程序结束战争状态、恢复和平外交关系，形成战胜国主导的国际新秩序。这一过程作为国际关系学概念是"战后处理"，在世界史意义上被称为"战后"。①

处于政治变革的全球传播时代，第二次世界大战的盟国高举自由、独立、正义、和平的旗帜，摧毁近代列强"炮舰政策"的军事殖民主义秩序，形成了既是新兴军事、经济大国又具有"普世意识形态"生产能力的美国、苏联所控制的"两极格局"。斯大林曾经解释"这场战争"与过去不同，说：不仅是占领一片土地，还将社会制度"加诸其上"，并且"绝对没有例外"。杜鲁门也持类似的信念：彻底击溃、降伏敌人，然后帮助他们复苏"成为民主国家"，加入国际社会。② 战后世界在这种意识形态性质的军事结盟和制度植入意义上，筑起以所谓"自由制度"与"极权政体"或"帝国主义"与"人民民主"二元对立为话语标志的"两个阵营"，美国、苏联居于各自阵营卫星圈的核心，事实上是战后具有超国家权力的"新帝国"。

但"新帝国"在欧洲和东亚建立的地区秩序有着结构性差异。对意大利、德国等欧洲战败国的占领，美、英、苏在战争期间就议定设置盟国管制委员会，对德国更明确了美、苏、英、法分区占领体制。这样，意识形态对抗国家、战争受害国家的多元化权力结构所造成的"势力均衡"性和传播主体、利益表达的对称性，决定了欧洲的战犯审判、受害赔偿等战争

---

① 关于"战后"的概念，欧美战胜国一般认为在"马歇尔计划"完成、议和条约生效时"战后"就结束了。但作为德国、日本等战败国的战争责任问题事实上长期存在，特别是日本政府一直不能摆脱其侵略战争受害国的战争责任清算诉求，更由于其否认战争责任的言行而更加激化了这种诉求，日本学术界存在着"战后并未终结"的清醒认识，美国则有学者使用"long postwar"的概念。但在中国，相当长时期内学术研究脱离了国民情怀的战争受害实证调查和战争责任追究意识而偏执于国际关系人情化的"友好"想象，这种情况直到20世纪90年代民间索赔运动兴起后才逐渐纠正，立足于战后中日关系史和日本研究的实证分析的"战后"问题思考也因此发轫。

② 参见亨利·基辛格《大外交》，顾淑馨、林添贵译，海南出版社1998年版，第371、379页。

责任处理具有比较客观的彻底性和公正性。而且，苏联在东欧的势力范围得到了西方阵营的现实主义尊重，这意味着两个阵营在欧洲的边界稳定和苏联直接处于冷战对峙的前沿，即与美国对抗的责任主要由苏联承担，保持着较为稳定的"均势"。所以，冷战时期的欧洲既维持了国际和平，又实现了战后和解；随着苏联推行政治改革并放弃对东欧国家的控制，欧洲的冷战秩序终结并实现了一体化统合的共同体政治。

　　而在东亚地区，由于美国单独占领日本，其冷战战略利益压倒了通过战争责任处理实现东亚国家战后和解的逻辑，美国既是"阵营对抗"意义的全球战略性帝国，也是庇护日本逃避战争责任意义的地区政治结构性帝国，日本依附美国、中国"一边倒"于苏联而对抗的冷战关系，成为战后东亚秩序的初始范式。东亚冷战政治秩序起源于日本向盟国的投降演变为向美国投降的单独占领体制，形成于"阵营对抗"意识的朝鲜战争。美国抓住这一西方与中国、苏联关系尖锐敌对化，日本受到现实威胁的机会，推行排除中国、排挤苏联、庇护日本逃避实质性战争赔偿的"宽大"对日议和，实现了重新武装日本、以《美日安全条约》确认长期驻军日本、以"日华和约"和"美台条约"分裂中国等控制东亚的战略目标。①

　　从中苏结盟、朝鲜战争，到旧金山对日议和、美日台系列条约的签订，"旧金山体制"主导的战后东亚冷战秩序形成，美国以通过战争边缘政策维持势力范围现状的冷战政治，取代了追究日本战争责任前提的战后东亚和解政治，使得本来应该基于战争责任处理原则建构地区秩序的东亚"战后"概念具有了"阵营对抗"的冷战政治意义。

　　美国把日本作为"遏制共产主义"的同盟政治工具，苏联与中国结盟"反对帝国主义"，貌似一种冷战"均势"。但对中国来说极其困窘的是，由于出兵朝鲜而事实上处于与美国、日本对抗的前沿，东亚的冷战政治压力集中于中国。在这种美苏主导、中国受制于苏联而被美日遏制的东亚冷战秩序下，中日战后和解的议题被压迫于美国的冷战政治逻辑之下——扶

---

　　① "日华和约"又称"日台和约"，指蒋介石政权从大陆败退台湾后 1952 年与日本政府签订的《中华民国与日本国间和平条约》，"美台条约"是指其与美国在 1954 年签订的《中美共同防御条约》。

植一个拒绝战争责任并迅速复兴的日本，对中国意味着民族精神蔑视、国家安全敌视复合的无上打击，日美之间的领土交涉也事实上使中国不能得到作为战胜国的权利——"旧金山体制"下中国没有机会有效参与争取钓鱼岛主权。日本固然付出了被美国军事基地化的"工具成本"，但获得了逃避战争责任的利益；中国作为日本侵略战争的最大受害国，其利益、尊严却受到冷战政治压迫、战争责任拒绝的双重损害。

冷战政治与因此搁置战争责任处理造成的复合性国际关系结构，决定了东亚"战后"的多义性以及在这种多义性的纠缠中不得终结的东亚"长战后"历史。日本利用"旧金山体制"对中国的分裂和遏制，推行了一条自我民族中心主义的无视战争责任或"无责任战后处理"的对华外交路线。早在 1956 年，日本就开始借经济指标超过战前宣称"已经不是'战后'"①。而随着经济大国地位的确立，20 世纪 60 年代后期的佐藤荣作首相则强调以"冲绳回归祖国"作为"日本战后结束"的标志。② 直到中苏关系破裂导致中美关系解冻之后，日本政府才把日中邦交正常化作为"最大的战后处理"提上政治外交议程，但当时的大平正芳外相和日本外务省以其所谓"台湾问题"规定"中国问题"。③ 这意味着，日本对日中关系的"战后"定义，是在"旧金山体制"前提下寻求其所谓"和解"，即坚持"战争状态终结问题和赔偿要求问题在法律上已经解决"的立场。④

然而，事实上，战争责任问题"已经法律解决论"是彻头彻尾的谎言。日本在 1952 年与台湾交涉"日华和约"时以中国的战争受害适用于中国大陆为由拒绝"中华民国"的赔偿要求，时任首相吉田茂甚至特别在国会申明：该条约适用于"现在中华民国政权所控制的土地"，"将来最终与一个整体的

---

① 转引自吉田裕《日本人的战争观——历史与现实的纠葛》，刘建平译，新华出版社 2000 年版，第 84 页。

② 中村正则『戦後史』、岩波書店、2006 年、133 頁。

③ 中江要介『日中外交の証言』、蒼天社、2008 年、14—26 頁。

④ 「日中正常化についての外相演説」、時事通信社政治部編『日中復交』、時事通信社、1972 年、190—192 頁。

中国达成条约"①。这就是说，即使在日本认为"日华和约"有效的当时，其有效性也只限于并无赔偿要求权的台湾。但及至1972年日本承认"一个中国"原则与中国大陆交涉时，竟然援引"日华和约"已经放弃赔偿要求，否认"中华人民共和国"的权利，以致周恩来认为是遭到了"简直不能忍受"的"侮辱"。②而无论如何愤怒，由于当时学术荒废条件下的中国并无认真研究战后日本外交史和日台交涉史的知识准备，所以没能从事实上有根据地揭穿日本的投机骗局。

所以，即使中国"放弃对日本国的战争赔偿要求"，日本也仅暧昧地表示了对"战争"给中国人民造成损害的"反省"。这是一个对"侵略战争"的无赔偿、无谢罪即"无责任战后处理"结果，包括本来在理论上作为战胜国对战败国进行领土处理的"钓鱼岛问题"之所谓被搁置。

从"日华和约"到中日邦交正常化的"无责任战后处理"，使中日关系的"战后"不得终结——这已经被邦交正常化以来40多年中日关系因遗留的"历史认识问题""钓鱼岛问题"发生周期性恶化所反复证明。

历史认识问题和钓鱼岛问题，是日本保守政治在美国庇护下继续蔑视、敌视中国的东亚国际政治结构的象征，但"战后遗留问题"导致的中日关系恶化却被美国、日本的战略话语描述为伴随着"中国崛起"的立场强硬和实力扩张，形成了强化日美同盟以平衡、对抗"中国威胁"的新冷战政治逻辑。这就是为什么在全球冷战结束后东亚的冷战结构仍未彻底消解的重要原因。

从"长战后"历史过程认识现在的钓鱼岛问题和靖国神社问题，作为东亚秩序范式和中日关系史过程的"战后"，其实可以称作"旧金山陷阱"——曾经的"日华和约"是"旧金山体制"的一部分，而在中日邦交正常化谈判之前基辛格曾向中国宣传美日安保对日本军国主义复活的约束功能，所以默认美日安保前提的中日、中美关系正常化乃"旧金山体制"

---

① 「日台条約は全中国との講和ではない」（1952年6月26日・参院外務委）、朝日新聞社編『資料 日本と中国'45－'71』、朝日新聞社、1972年、21頁。

② 转引自姬鹏飞《"饮水不忘掘井人"——中日建交纪实》，载安建设编《周恩来的最后岁月》，中央文献出版社1995年版，第290—291页。

的扩张。这种扩张在冷战转型的 20 世纪 70 年代有对抗苏联的意义，但到了苏联解体、冷战结束之后，作为东亚秩序的发展范式就彻底暴露出日本战争责任未处理的结构性缺陷。所谓"历史遗留问题"导致中日关系向冷战政治倒退——日本按照传统冷战逻辑依赖日美同盟遏制中国并继续付出被美国军事基地化的代价，而中国受到日本拒绝处理战后遗留问题甚至发动历史修正主义攻势的挑衅则不得不做出对抗性反应。

很显然，现在无论是日本追求的"摆脱战后体制"，还是中国主张的维护战后国际秩序，都意味着对"战后"多义性的认识盲区。"旧金山体制"片面推行日本战争责任的无责任化，排除中国作为对日战胜国参与领土处理的权利，在很大程度上决定了战后中日关系的结构，使得中日两国如果不能自主解决"历史遗留问题"就不能达成和解进而真正终结"战后"。日本之所谓"摆脱战后体制"①，表现为修改和平宪法、推动"战争责任虚无化"进程的历史修正主义，是对中日战后和解方向的反动，所刺激的中国抗争只能使日本更加强化对美依赖，意味着日美同盟压迫中国的冷战政治的可持续发展。而中国的主张，在某种意义上指涉着维持战后在美国主导下的中日关系格局，但中日关系的"周期性恶化"乃至陷入"钓鱼岛危机"在很大程度上正是这种格局的因果性演变——如此演变又突破了中国能够忍让的尊严底线。因此，日本不可能在无视侵略战争责任、清算美国占领政治遗产的意义上"摆脱战后"，中国作为事实上的日美同盟遏制对象也没有地缘战略主导地位来"维护战后"。中日关系避免对抗性危机、确立基于真正和解的和平秩序的希望，在于积极设置解决"历史遗留问题"的外交议程进而导向东亚秩序的"脱战后"解构。

---

① "摆脱战后体制"，是现任首相安倍晋三在初次当政期间的 2007 年 9 月国会演说中正式提出的政治抱负。2014 年 3 月 14 日在参议院预算委员会上他又论及这一概念，谈到要修改"由占领军制定的宪法"，根据"当今世界形势"建设充满生机的新日本。

二　中日交流的历史过程与问题所在

　　厘清战后东亚的历史逻辑和秩序结构，推进中日真正和解而实现东亚政治的"脱战后"路线图便呈现出来。进一步地，作为中国外交的主体性思考，有必要据此反思战后中日关系史，从中日交流的过程和机制意义上把握中日和解的原理，以寻求两国关系重建和东亚"脱战后"的知识思想起点。

（一）作为社会科学概念的"中日交流"

　　在汉语语境里，"交流"被用于国际关系论述往往指非政治范畴的文化交流、经济来往之类，似乎不直接关乎解决结构性、战略性的外交问题。为了避免日常语言与社会科学语言的混淆，有必要指出这里所谓"中日交流"并非一般作为日常语言的"交流"，而是作为社会科学概念的"communication"。

　　"communication"在中国被翻译成"传播"，如传播学、国际传播学，在汉语语境中带有单方面宣传的暗示。但事实上作为社会科学概念的"communication"，是指通过交流、对话达成共识从而形成共同行动、公共秩序，是指具有人类理性的"共识过程"，朴实一些可翻译成"交流""交往""沟通""对话"，如学术界已有的译法"交往理性"、"交往行为理论"等。尤其值得注意，战后兴起的国际传播学就是"internatinal communication"，从战后美国等西方国家的国际关系实践来看，其外交已经被包括在广义的国际传播过程当中，即通过知识信息交换和战略思想传播的对话过程，影响对方国家的公共舆论和政府决策。与国际传播相应的概念在日本有所谓"情报战"，整合起来可以说情报战在第二次世界大战以后发生了传播学转型，即以间谍组织窃取对方决策信息的情报战，发展成为主动提供知识信息以诱导对方决策的国际传播。在这种学术史和国际关系史理解的意义上，"中日交流"是一个包括知识生产、话语互动、外交谈判等多方面的广义国际传播概念，结构性、战略性思维已经被包括其中。因此，特别对于中国而言，没有"中日交流"及其转型，就很难认清中日关系的结构性、战略性问题，"重建中日关系"也就无从谈起。

从中国的舆论看，相对于从知识生产、国际传播、外交议程设置等国家能力提高的角度思考中日关系问题的解决，似乎有不少人还在幻想一举制服日本使之承认中国立场，所以就有种种所谓"大战略""大智慧"的讨论。其实，之所以产生这种幻想，乃由于不真正了解或理解外部世界的自我中心主义。中国国际问题研究在很大程度上受到现实主义权力政治学观念的政治影响，岂知战后国际关系的主流已是具有国际政治主体性和国际传播能力内涵的"共识过程"了。应该看到，现在的政治学已经发生了传播学转向，如所谓"传播政治学"研究；国际政治学也发生了国际传播学转向，如所谓"软实力"论、"文化外交"研究。因此，那些幻想"一招制敌"解决政治外交问题的传统思维方式已经极其落后了。即使是在很多人看来最有实力压服他国的美国，恰恰又是战后国际传播学实践的最成功者，如美国的赖肖尔对日本的"现代化论"传播、基辛格对中国的战略话语诱导。总之，为了达成共识而学习、研究、思考、交流，是舍此无捷径的功夫。① 在这种意义上，当前中国外交所遇到的困难向中国学术界提出了克服粗疏的传统政治思维习惯、摆脱耽于幻想的战略智慧迷信而从国际关系史的实证过程研究中学习国际传播、国际交流的课题。

总之，澄清"中日交流"的本义就可以理解，对内积极整合民意和推动知识生产、对外主动设置国际传播和外交议程来争取合理解决"历史遗留问题"的中日交流转型重建，才是有知识实证和思想逻辑根据的正途。

（二）战后中日关系史上的"日本人民"和"战争责任"问题

回顾战后中日关系，由于美苏"阵营冷战"壁垒的阻隔，战后初期具有两国关系史意义的"中日交流"是从国际共产主义运动体制内开始的。

抗日战争时期，日本共产党领导人、驻共产国际代表野坂参三曾经在

---

① 在中国，"一招制敌"的幻想受到明显的挫折，就产生了自我欺骗的妥协主义，如"对日新思维"之类就主张只有中国按照日本保守政治的论调让步才能改善中日关系。"对日新思维"论者过去主张"道歉问题已经解决"，现在又宣传"钓鱼岛无价值论"，几乎看不到作为一般常识的国家尊严、民族利益感觉，这是丧失国民国家的国际政治主体性的对外迎合主义偏向。"战争决定论"和"投降决定论"是左右两个偏向的极端，战后国际政治的一个规律就是战争不能用来取得领土，但主动出让国家利益也只能激发对方的蔑视和进取野心并使得国家外交失去国民的支持。

延安改造日本战俘、领导反战运动，中国共产党具体认识了为反对日本帝国主义而与中国人民共同战斗的"日本人民"，这成为战后"人民友好"对日外交思想的历史原点。日本投降后，野坂离开延安回国，其间先行秘密到苏联确立联络关系。新中国成立前夕，刘少奇于1949年6月底秘密访苏，斯大林指示中共：帮助日本共产党，争取日本人民，打击日本反动分子，以使美国控制日本的目的落空、资本主义在远东失败。这样，新中国被苏联纳入了"争取日本"反美的冷战政治战略。1949年12月，日共联络中共中央，拟派出代表常驻北京，希望统计并尽可能遣返、适当照顾滞留在华的日本人，开展通商贸易，以便提高日本人民对共产党的信仰，击破美日反对派的反苏、反共宣传，促使产业资产阶级倾向支持日共。中共中央随即作相关准备。1950年3月，日共代表安斋库治到北京，通过日共展开中日贸易、解决在华日本人回国问题而建立中日交流的渠道得以沟通。其后，即使在日共在国内遭到镇压的情况下，即使中国被美国和日本政府排斥在对日议和过程之外，中国政府也仍然按照"人民友好"的意识形态和"争取日本"的苏联教条，根据对"日本人民"的阶级分析，作出了贸易优惠以及协助日侨回国、释放战犯、放弃战争赔偿要求等满足日本利益的事实战后处理。①

必须注意到，这是一种片面的日本利益要求信息传播主导的"人民友好"话语生产和利益实现机制：两党联络给中日关系设定了"日本人民"的利益议题，在很大程度上取代了中国人民期待的战争责任处理主题；"日本人民"利益的代表，在支持"日本人民"为和平、民主、日中友好而斗争的共同话语建构中，事实上向中国对日工作者传播着"日本人民"的利益期待。而在中国方面，由于对日交流是当时党政部门严密控制的专项工作，"中国人民"因为战争受害而要求战争责任处理的利益表达缺位，造成了对日外交决策过程中偏于"日本人民"利益的信息不对称。

这样，中日关系过程中"日本人民"的利益诉求能否实现，在很大程度上成为衡量对日工作的标尺。例如，据《改造战犯纪实》一书所载亲历者的

---

① 参见刘建平《苏联、斯大林与新中国初期的对日外交》，《国际政治研究》2008年第4期。

回忆，作为释放日本战犯工作的一部分，1954 年 2 月举办的公检法干部集训班讲解形势和政策，目的是为了中日友好而抑制"国仇家恨"；公审日本战犯并非根据犯罪事实裁定量刑，而是事先就确定了"一个不判处死刑，一个不判处无期徒刑，判处有期徒刑也要极少数"的原则；对新华社的宣传报道指示要求"不能以朴素的感情来代替正确的政策"，具体到报道内容，被害人"控诉日本战犯的滔天罪行"、旁听者"流着眼泪在听被害人哭诉"等叙述被删掉，而加上"被告人的悔罪表现"和辩护人"请求法庭从宽处理"之类的说明。① 这些工作，从战犯审判的司法过程，到社会观感和反响的舆论引导，都特意人为地淡化了对战争责任的追究意识。由此建构起来的中日关系，尽管被称为"人民友好"，但事实上是不对称的，在话语能力和利益结构上有着明显的日本偏在性。

这种情况到 1972 年中日邦交正常化谈判时仍然没有改变。"战争责任"这一本来的谈判主题被置换为"台湾问题"，即是否、如何承认"一个中国"原则，最终发表的联合声明也只有暧昧的"战争"反省，领土问题则被抑制在首脑会谈时的政治默契层面。到现在，日本连政治默契都不承认了。

总之，日本极力回避战争责任，中国则没有坚持要求日本就侵略战争责任谢罪、赔偿和承认中国此前所一再声明的钓鱼岛主权，"搁置钓鱼岛主权争议"的政治共识也没有明文化为国际法结论或备忘议事录。此后，尽管在 1978 年又签订了《中日和平友好条约》，但它并无规范战后处理问题的内容，所以也不能抑制"教科书问题""参拜靖国神社问题""钓鱼岛问题"等一系列"历史问题"的周期性发作。经过小泉纯一郎首相发起参拜靖国神社"特攻"，再到 2012 年日本政府正式履行钓鱼岛"国有化"法律手续，中日关系就陷于政治谴责和军事动员的对抗状态了。战后中日关系的演变给出了这样一个"求友好而不得"的无情结论。

---

① 参见李甫山《侦讯、起诉与免诉日本战犯经过》，载全国政协文史资料委员会编《改造战犯纪实》，中国文史出版社 2000 年版，第 175 页；王石麟《参与侦讯日本战犯工作的回顾》，《改造战犯纪实》，第 185、191 页；王濯非《审判日本战犯采访回忆》，《改造战犯纪实》，第 215—216 页。

（三）中日交流之"友好"及其实用主义取向

其实，把目光投向历史深处可以发现，中日关系今天的结局早就被预料到了——"友好容易理解难"，这是 2013 年故去的日本著名中国研究学者竹内实在 1978 年中日缔结和平友好条约之际发出的警告。他当时就怀疑："日本侵略中国，本来是从无视其作为人类存在开始的。"新中国成立 20 多年，日本仍然无视、敌视，怎么突然"划时代"地"友好"起来了呢? 李鸿章在 19 世纪 70 年代为说服朝廷同意与日本缔结"修好条规"时曾上奏: 日本"距中国近而西国远，笼络之或为我用，拒绝之则必为我仇"。岂料，日本在交换批准书的次年就出兵台湾。洞察了中国人的日本观受制于对日本恐惧和笼络情绪而缺乏理解、应对日本的知识，所以竹内实断言: 缺乏对日本"理解"的"友好"实乃"沙滩楼阁"。中国不曾有过发展资本主义、形成独立主权国家意义的"近代"，因为要追赶发达国家的"现代化"而需要日本; 日本理解但内心有愧，背负着战争责任的日本即使同意签订和平友好条约，"钓鱼岛问题"也不会等到邓小平所说的"二三十年之后解决"，"十年之后恐怕一定再发作"[①]。历史证明，竹内实作为专业学者的分析大致正确。但这种证明对中国而言是可悲的，竹内实如此堪称披肝沥胆的警告竟然没有引起足够的重视。

在相当长的一段时期，中国的日本认识缺乏国际政治的实证知识基础，中日交流的实用主义取向突出。在战后中日关系史上，试图团结"日本人民"对抗"美日反动派"以及争取日本政府反对"苏联霸权"的国际统一战线期待，脱离了"战争责任处理"这一战后中日关系主题，而后来服务于对外开放和争取外资的外交功能设定，则反映了忽视中日关系特殊性和"遗留历史问题"政治危害性。从当今常规化的舆论调查可以清楚地认识到，中国的主流民意并不期望意识形态想象或国际统一战线目的的"中日友好"，而是要求根据历史事实有尊严地处理战后遗留问题。总之，中日交流的实用主义取向，既脱离民意的实际，也违背学术研究所认知的国际关系规律，在当今中日关系的严峻现实面前不能不严肃反思。

---

①　竹内实『友好易しく理解は難し』、サイマル出版会、1980 年、146—154 頁、197—206 頁。

三　以中日交流的转型推动东亚秩序进化

回顾战后中日关系史，在国家战略至上的意识形态原则下由国家权力组织政治、经济、文化各方面的中日交流，受制于意识形态化的"人民友好"想象，基于反美、反苏或对外开放等国家战略策略需求，偏离了通过战争责任处理达成和平条约、实现中日真正和解的"战后"主题。历史曾经反复证明，而鉴于2012年"钓鱼岛危机"、2013年安倍参拜靖国神社后的持续恶化以及相互嫌恶指标居高的国民感情就更加无可辩驳，偏离战后处理主题和战争责任原则的中日交流，不仅使日本逃避战争责任，中日关系也很难达到所预期的世代友好，所谓联合、斗争的国际统一战线策略同样是主观愿望凡行，至于在对外开放的意义上尽管中国也从日本获益，但应该认识到日本本来就向往中国市场。[①]

对上述国家偏好的实用主义取向进行有实证研究根据的知识反省，启发了中日交流的"国民理性主义"转型思想。国民理性主义以外交作为学术研究对象的知识理性超越个人迷信，通过学术生产知识、知识辩证思想和经得起知识思想批评的政策过程，建设具有国民性即反映国民全体的利益诉求和思想能力的外交文化。

新中国经过历次政治运动，学术研究和知识分子被边缘化，知识思想话语与政治意识形态话语同质同构，具有实证反思功能的知识生产和思想批评不存在，研究职能机构充当着注解政策、收集情况、整理报告的实用主义功能。到改革开放新时期，由于对"文革"的历史反思，集权主义政治话语在反对个人崇拜的理性压力下空间缩小，社会科学的知识话语逐渐生成。根据邓小平关于社会科学"比外国落后"、必须"赶快补课"的指

---

① 在1972年中日邦交正常化前夕，日本的民意调查就显示，其对华外交的经济主义动机占主流。在小泉纯一郎首相时代，针对参拜靖国神社造成的日中外交僵局，日本政府极力诱导中国"政经分离"，目的就在于无论在政治上如何刺激中国，也要确保中国市场对日本开放。

示，① 学术研究、知识生产的专业独立地位逐渐确立。但向"外国"求"补课"的意识，催生了一种以译介外国学术思想理论分析中国问题的"引进知识"生产线主流模式。"引进知识"往往脱离中国的历史过程体验，本来也不是中国学术过程原产的中国知识，尤其在国际关系研究领域事实上活跃着基于国家利益、民族立场、价值观偏向的信息操作和话语权竞争，西方知识思想对中国学术的覆盖当然要产生酝酿社会思潮乃至诱导国家政策议程意义的国际传播学效应。反映在日本研究和对日外交方面，在过去一个时期里就曾经形成了脱离中国民意、迎合日本历史修正主义外交而宣传所谓"历史问题"已经"解决"或者可以"超越"（并非解决）的"对日新思维"，而对中日关系的真问题事实上继续"搁置争议"，甚至搁置研究。②

"对日新思维"用文学修辞掩盖"历史问题"的存在，但由于这种掩盖缺乏说服力，于是编织成主张中国在战略上集中应对美国"威胁"、对日本加强经济合作的疑似"大战略"话语。但无论如何，"对日新思维"偏离战后处理这一中日关系主题的空想性特征其实并无新意，其排斥民意诉求的新国家主义意识形态本质当时就被批评，在相当范围内引发了社会分裂式的舆论纷争。受"对日新思维"及其引发的中国舆论纷争的鼓舞，日本外交的对华蔑视、敌视进一步加剧：在民意调查显示中国亲近感状况严重恶化的背景下，违背《中日渔业协定》抓捕中国渔船，正式否认搁置钓鱼岛争议的政治共识，历史修正主义的主流意识形态地位也得以确立。这事实上破坏了中日邦交成立的前提。

但克服这种破坏需要有能力的交涉，对抗性局面乃中日关系从神经性痛感到器质性病变的象征，而并非对病变的治疗，提出治疗思想需要知识

---

① 参见邓小平《坚持四项基本原则》，载《邓小平文选》第二卷，人民出版社 1994 年版，第 180—181 页。

② 最为突出者，连日本学者论证日本窃取中国钓鱼岛过程、主张实事求是认识有争议问题的研究，其译稿在 2004 年的中国大陆竟然找不到敢于发表的刊物，被谢绝的理由是"问题过于敏感"。而到了 2012 年日本再次挑起"钓鱼岛争端"之后，中国学者和媒体才后悔没有早些发表。参见 ［日］村田忠禧《日中领土争端的起源——从历史档案看钓鱼岛问题》，韦平和等译，社会科学文献出版社 2013 年版，第 1 页。

阶层的努力。日本研究中国问题的学者毛里和子倡议谈判制定处理领土问题、谢罪问题的政府间文件以"重建日中关系"，村田忠禧提示了从资料、事实的"共有化"而达成共同认识这种以知识化解分歧的路径，当年以日本外务省条约课课长身份参加日中邦交正常化谈判的外交官栗山尚一也公开澄清钓鱼岛问题被"搁置争议"的事实，呼吁两国建构"新的协议框架"。① 这是有助于谈判解决战后处理的"历史遗留问题"并达成国际法结论的建设性主张。

对日本知识界的"重建日中关系"主张，中国应做出积极反应以形成交流与思考的回路，并由此寻求能够达成共识的战略思想对话机制。这是解决中日关系和东亚地区政治"真问题"的机会，也是中国国家能力锻炼成长的必要过程。

"重建中日关系"，要从知识思想活动出发、促成为达致共识而对话的政治行动，中国必须有基于实证研究的知识生产、思想传播和利益表达而不能依赖对方的道德觉悟或救世帝国的干预，尤其需要克服近代以来对国际知识生产、思想传播的依附和盲从。这种国际传播主体性和民族国家能力的建构，需要国民全体规模的知识理性努力。从战后东亚秩序的结构分析和中日关系历史的过程研究可以认识到：开放作为建构经济关系的低度政治手段，并不能有效地改善外交，中国经过进一步的改革而成为有能力、受尊敬的国际政治主体，才可能唤起日本诚实解决"历史遗留问题"的战争责任意识，从而推动东亚秩序在反映中国尊严、利益诉求的战后和解方向上进化，阻止日本在蔑视中国尊严、损害中国利益的冷战政治方向上发展；而提高中国知识思想在跨国战略话语建构和政策讨论过程中的存在感和主导地位，才能有效消除地缘逻辑推理或经济竞争意识的"中国威胁论"，终结东亚地区政治意义的"战后"。

总而言之，在历史反思的知识前提下，明确中国的国际政治主体性自觉和国际传播能力建构作为基本方法论，树立包括知识思想生产、外交议

---

① 参见毛里和子《重建日中关系》，《日本学刊》2013 年第 4 期；村田忠禧《日中领土争端的起源——从历史档案看钓鱼岛问题》，韦平和等译，社会科学文献出版社 2013 版第 19 页；「歴史認識含め協議の枠組みを」，『東京新聞』2013 年 8 月 4 日。

程设置、经济合作、文化交往等多维度的广义国际传播概念，通过具有国际政治主体性和国际传播能力、外交谈判能力内涵的中日交流的转型，推动东亚秩序的"脱战后"进化。

从日本方面而言，同样需要通过和解外交实现东亚"脱战后"的地区秩序进化目标，而不是以反战后政治重建战争国家。在军事帝国主义战争时代，日本曾经企图征服军事水平落后的中国，但以失败告终，其结果是东亚被美帝国的冷战政治统治——即使在名义上结束占领之后，美国仍然利用朝鲜战争所隐喻的中国、苏联"威胁"，在"旧金山议和"过程中实现了"确保所希望规模的军队在所希望期间驻留于所希望场所的权利"，以至于直到今天日本学术界仍然流行着悲情的"主权在美"史观。[①] 如果日本仍然坚持传统国家利益主义外交而拒绝与中国和解，战后东亚的美帝国"战略平衡"将持续下去，中日对抗、日本被美国军事基地化、"台湾问题"被日美同盟固定化等地区政治伤口就不能愈合，而其溃疡化就是东亚的"中东化"。

战后世界政治存在着三种模式：（1）从和解到统合的欧洲共同体政治；（2）战后遗留问题导致周期性外交对抗的东亚政治；（3）领土主权纠纷之无和解，诱发国家间战争和无政府暴力恐怖之无和平的中东战争状态。东亚政治处于和平理性与强权野心的不稳定反复控制之下："东亚共同体"构想曾经流行一时，但由于美国的东亚地位受到怀疑，"钓鱼岛问题"在美国支持日本"固有领土"的立场方向上发生危机，日本的"东亚共同体"外交偃旗息鼓，中日关系趋于对抗化，导致 20 世纪 70 年代东亚建构的"正常化"秩序的破坏。战后东亚秩序是从未真正和解的邦交形式主义"正常化"向以国际法规范相互尊重的实质性和解乃至共同体政治进化，还是任由"历史遗留问题"溃疡化而导致向对抗状态的冷战政治倒退，甚至发生国家间战争和无政府暴力恐怖循环的"中东化"？处在可以展望的历史歧路交叉点上，中日两国的地区政治主体性自觉和中日交流转型重建已经成为紧迫的课题。

---

① 孙崎享『戦後史の正体』、創元社、2012 年、142 頁。「ノンフィクション時評 9 月『主権在米』史観」、『毎日新聞』2012 年 9 月 25 日（夕刊）。

论中日关系机制化建设

徐万胜[*]

国际机制（international regime），是指"国际社会为适应国际关系稳定和发展的需要，在协调国家行为基础上形成的国际体制、原则、规则及其运作方式的有机系统安排"[①]。中日关系机制化建设，则是指中日两国在双边及多边关系领域构建或参与国际机制的进程。国际机制与中日关系之间是相互融合的：一方面，中日两国通过构建各类国际机制来推动双边关系发展；另一方面，中日双边关系的发展又被纳入现存的各类国际机制中。区别于一般意义上的中日关系发展，中日关系机制化建设更多地体现了中日关系发展进程中的制度内核与稳定属性。

1972 年邦交正常化以来，中日关系机制化建设已经取得了显著进展。它既是中日关系发展的形式特征与成果内涵，更是中日关系发展的规范保障与国际贡献。但是，在中日邦交正常化 40 年之际，中日关系却因日本国内的"购岛"闹剧而发生严重倒退。构建危机管控机制，正成为中日两国政府所面临的重大现实课题。同时，如何从国际机制的视角来研究中日关

* 作者系解放军外国语学院教授。
① 刘杰：《论转型期的国际机制》，《欧洲》1997 年第 6 期。

系，已成为中国学术界面临的迫切课题。① 为此，本文运用国际机制相关理论，结合中日关系发展的具体实践，力图对"中日关系机制化建设"做一全面系统分析。

一　中日关系机制化建设的轨迹

迄今为止，1972 年《中日联合声明》、1978 年《中日和平友好条约》、1998 年《中日联合宣言》与 2008 年《中日关于全面推进战略互惠关系的联合声明》，确立了中日关系发展的政治基础，也构筑了中日关系机制化建设的框架结构。其中，中日双方在 1998 年《中日联合宣言》中确定"两国领导人每年交替互访；在北京和东京建立中日政府间热线电话；加强两国各个层次和级别特别是肩负两国未来发展重任的青少年之间的交流"，并主张进一步加强安全对话机制。中日双方在 2008 年《中日关于全面推进战略互惠关系的联合声明》中决定"建立两国领导人定期互访机制，原则上隔年互访，在多边场合频繁举行会晤。加强政府、议会、政党间的交流和战略对话机制，就双边关系和各自内外政策及国际形势加强沟通，努力提高政策透明度"，"加强安全保障领域的高层互访，促进多层次对话与交流，进一步加强相互理解和信任"，"从战略高度有效运用中日经济高层对话"，"共同推动六方会谈进程"。

在上述四个文件的框架结构下，中日关系机制化建设从单一到多元、从低级到高级、从简单到成熟，经历了起步、拓展与完善的不同发展阶段。

中日关系机制化建设，发端于 20 世纪 70 年代中日两国在贸易领域展开的政府间磋商。根据 1974 年 1 月签署的《中日贸易协定》第九条的规

---

① 20 世纪 90 年代中期以来，中国学术界对国际机制理论、中国参与国际机制、国际机制与中美关系等课题进行了较为充分的研究，代表性成果包括刘杰的《论转型期的国际机制》（《欧洲》1997 年第 6 期）、李钢的《西方国际制度理论探析》（《世界经济与政治》2000 年第 2 期）、门洪华的《国际机制的有效性与局限性》（《美国研究》2001 年第 4 期）、夏立平的《论当代国际机制发展趋势与中国的选择》（《国际问题研究》2007 年第 1 期）、刘长敏的《中美战略对话机制的发展及其解析》（《现代国际关系》2008 年第 7 期）等。但有关"国际机制与中日关系"这一课题的研究基本上处于空白状态。

定，中日设立由两国代表组成的混合委员会，以便处理贸易纠纷等事宜。
1975 年 4 月，中日贸易混合委员会在北京举行第一次会议，议题以商标产
权、关税、合同条款等政策性贸易问题和实际贸易案例为主。此后，该委
员会又于 1977 年 3 月和 1978 年 11 月举行过两次会谈。"这一会议的举行，
在邦交正常化初期，双方在贸易往来方面相互还不太了解的情况下，有利
于定期协商解决两国贸易中出现的问题，促进双边贸易的发展。"①

　　20 世纪 80 年代是中日关系机制化建设的"起步"阶段。中国的改革
开放和现代化建设，日本的对华经贸合作，成为推动中日关系机制化建设
的根本动力。"经贸合作"与"友好合作"，成为这一阶段中日关系机制化
建设的基本内涵。

　　以首脑互访为契机，中日关系机制化建设被提上议事日程。1979 年 12
月，在日本首相大平正芳访华期间，中日双方"一致认为今后也要加强两
国政府间的对话"，"每年举行一次两国外交事务当局高级官员的定期磋商，
轮流在各自的首都进行"②。1980 年 5 月，在中国总理华国锋回访日本期
间，中日双方提出："为了以后中日之间以双边问题为中心广泛地进行协
商，今后根据需要在两国的首都轮流举行中国国务院成员和日本国内阁成
员级会议是可取的。"③ 根据上述协议，1980 年 3 月，"中日外交当局定期
磋商"在日本外务省举行第一次会议，中国外交部副部长、亚洲司副司长
与日本外务省审议官、亚洲局局长等参加会议；1980 年 12 月，"中日政府
成员会议"在北京举行第一次会议，中国国务院副总理等九名成员、日本
外相等六名阁僚共同参加会议。

　　此后，整个 80 年代，"中日外交当局定期磋商"几乎每年举行一次。
"中日政府成员会议"又于 1981 年 12 月、1983 年 9 月、1985 年 7 月、
1987 年 6 月相继举行；为落实 1978 年 2 月签署的《中日长期贸易协议》，
还几乎每年举行一次定期磋商。另外，1980 年 9 月，"中日文化交流政府
间磋商"在北京举行第一次会议；1981 年 6 月，中日科学技术合作委员会

---

① 张历历：《新中国和日本关系史（1949—2010）》，上海人民出版社 2011 年版，第 132 页。
② 《关于日本国大平正芳总理大臣访华的联合新闻公报》，《人民日报》1979 年 12 月 8 日。
③ 《关于中华人民共和国华国锋总理访日的联合新闻公报》，《人民日报》1980 年 5 月 30 日。

在北京举行第一次会议；1985 年 10 月，"中日外长定期会议"在北京举行第一次会议；1986 年 10 月，"中日产业合作会议"在东京举行第一次会议；1987 年 5 月，中日贸易混合委员会时隔八年多在东京举行第四次会议，等等。其中，在高级对话机制"中日政府成员会议"上，双方除了交换有关国际形势的看法之外，更重要的是探讨如何推动中日经贸合作。例如，在 1981 年 12 月举行的第二次"中日政府成员会议"上，双方解决了成套设备的资金合作问题，进行了关于商品贷款的换文，签订了关于大庆石油化学工程和宝山钢铁厂第一期工程资金合作的会谈纪要和政府换文。①

与此同时，80 年代初，在民间倡议与政府支持之下，中日民间交流的机制化建设也取得了显著进展，相继设立了"中日友好交流会议"、"中日民间人士会议"和"中日友好 21 世纪委员会"三个固定渠道。其中，1982 年 8 月，"中日友好交流会议"在北京举行第一次会议；1982 年 10 月，"中日民间人士会议"在东京举行第一次会议；1984 年 9 月，"中日友好 21 世纪委员会"在东京举行第一次会议，双方共 20 名委员出席会议。民间交流的机制化建设，有力地促进了中日友好事业的不断发展。

自 20 世纪 90 年代初期开始，中日关系机制化建设进入"拓展"阶段。与上一阶段相比，在中日两国外交与经贸事务当局以及民间的对话合作机制持续发展的基础上，机制化建设的领域拓展至政治安全，机制化建设的形式也拓展至多边机制。

首先，由中日两国的外交部门与防务部门承担，双方开启了政治安全领域的机制化建设。其中，"中日外交安全磋商"于 1993 年 12 月在北京举行第一次会议，又于 1995 年 1 月、1996 年 1 月、1997 年 3 月和 12 月、1999 年 10 月、2000 年 6 月先后举行了六次会议，并从 2002 年 3 月第八次磋商起改为副部长级；中日防务当局于 1994 年 3 月在北京进行首次安全磋商，从 1997 年起，双方多次举行"中日防务安全磋商"。作为具体事例，2004 年 2 月，中国外交部副部长王毅与日本外务省审议官田中均在东京参加了第九次"中日外交安全磋商"；同年 10 月，中国人民解放军副总参谋

---

① 参见林代昭《战后中日关系史》，北京大学出版社 1992 年版，第 260 页。

长熊光楷与日本防卫厅事务次官守屋武昌在东京参加了第五次"中日防务安全磋商"。

其次，中日两国积极参与各种多边对话合作机制，使之成为机制化建设的重要形式。特别是在东亚区域经济合作进程中，中日关系机制化建设被纳入多边机制的框架之下。例如，1993年以来，亚太经济合作组织领导人非正式会议每年举行一次，成为亚太地区各国首脑协商国际问题的重要场所；1997年以来，东盟国家与中日韩三国的领导人会议每年定期举行，形成"10＋3"合作机制，等等。在这些多边对话场合，中日两国领导人往往进行双边会晤。仅在日本村山富市内阁执政的一年半时间里，中日双方外长就利用多边机制进行了七次会谈，中国国家主席江泽民与日本首相村山富市在亚太经合组织领导人非正式会议与联合国成立50周年纪念大会等场合上相继三次会谈。①

21世纪初期，中日关系机制化建设进入"完善"阶段。在这一阶段，各类机制已成为推动中日关系发展的纽带与平台，其建设内涵重在提升层次、解决纷争与宏观统筹，日趋完善。

在提升层次方面，中日两国在建立健全各领域对话合作机制的同时，注重提升机制化建设的层次水平。特别是在经贸合作领域，2002年10月，"中日经济伙伴磋商"（副部长级）在北京举行第一次会议，该磋商每年举行一次；2006年3月，"中日财长对话"在北京举行首次会议；2007年12月，"中日经济高层对话"在北京举行第一次会议，中国国务院副总理及相关部委负责人与日本外相等六名阁僚共同参加会议。对此，中国学者认为，中日战略互惠关系的经济内涵就是："构建更高层次的新机制来统领和协调双边经贸关系的各个领域和部门，以确保稳定发展。"②

在解决纷争方面，国际机制的主要功能开始由"沟通意见"转向"解决纷争"，增强了中日关系机制化建设的规范性。例如，为解决东海油气田开发问题，从2004年10月至2007年11月，历经11轮的"东海问题磋

---

① 参见李建民《冷战后的中日关系史（1989—2006）》，中国经济出版社2007年版，第149页。

② 江瑞平：《当前日本经济形势与中日经济关系：2007》，《日本学刊》2008年第1期。

商"，为中日两国政府于 2008 年 6 月达成"原则共识"奠定了前期事务基础；为解决历史认识问题，2006 年 12 月成立的"中日共同历史研究委员会"历经四次会议，于 2009 年 12 月发表了一份总结双方观点的总论。

在宏观统筹方面，为了从战略高度和长远角度发展中日关系，中日双方力图通过机制化建设来避免彼此之间的战略误判并深化合作。2005 年 5 月，由中国外交部副部长与日本外务省事务次官参加的"中日战略对话"在北京举行首次会议。起初，日本政府曾一度将该机制称为"综合政策对话"，但在 2006 年 10 月中日关系被定位为"战略互惠关系"之后，自 2007 年 1 月第七次会议起称之为"战略对话"。另外，"中日经济高层对话"的主要任务就是为了协调跨部门经贸合作事宜，并交流各自的宏观经济政策。

为全面推进中日战略互惠关系，"完善机制"已成为两国政府的共识。2008 年 5 月，在中国国家主席胡锦涛访日期间发表的《中日联合新闻公报》中，明确将"继续重视中日战略对话""继续举行高级别防务安全磋商""继续开展中日共同历史研究"等完善机制规划作为双方共识。

二　中日关系机制化建设的意义

中日关系机制化建设，是中日关系发展的历史必然，意义重大。

（一）满足两国合作内在需求

对于国际机制的产生，罗伯特·基欧汉认为，其要件之一就是有关国家在国际关系某一特定领域存在共同利益，而这一共同利益只能通过合作才能获得。并且，随着国际社会相互依赖程度越来越高，国际行为体的交往也越来越频繁，对国际机制的需求也增加了。[1] 中日关系机制化建设，是两国合作关系发展到一定阶段的产物，双方均需要构建与之相应的国际机

---

① Robert Keohane, *After Hegemony: Cooperation and Discord in the World Political Economy*, Princeton University Press, 1984, p. 244.

制，以便提高交往效率、促进利益增长。

中日邦交正常化 40 多年来，两国关系已经由初期的"政府间交往"变成现在的"社会间交往"，在经贸、教育、科技、文化、体育、人员与地方政府往来等各个领域展开密切合作。在经贸领域，中日双边贸易额从 1972 年的 11 亿美元增至 2011 年的 3449 亿美元。其间，从 1993 年至 2003 年，日本曾连续 11 年成为中国的最大贸易伙伴，此后为中国的第三大贸易伙伴，自 2007 年起中国超过美国成为日本的最大贸易伙伴。并且，在中国的改革开放与现代化建设进程中，日本是向中国提供政府贷款和无偿援助最多的国家。对于日本而言，中国是日本重要投资目的地和商品销售市场，中国经济高速增长带动了日本的经济增长。在人员与地方政府往来领域，中日两国间的人员交流从 1972 年的约 9000 人次增至 2010 年的 514 万人次。同时，自 1973 年天津与神户结成友好城市以来，中日两国间结成的友好省县和友好城市不断增加，至 2012 年年初已达 248 对。对日交往占中国地方政府对外交往的第一位，对华交往在日本地方政府对外交往中居第二位，仅次于对美交往。

上述合作关系的日益密切，推动了中日关系机制化建设的起步、拓展与完善。反之，中日关系机制化建设，也是为了满足双方合作的内在需求，合作关系愈密切，内在需求就愈旺盛，机制化建设也就愈显著。

（二）管控中日关系发展方向

除了共同利益之外，中日两国之间也存有诸多的矛盾与纷争。中日关系机制化建设，使得矛盾与纷争的解决途径能够向着根据规范、协议、原则和决策程序来解决的方向转变，增加了中日两国国际行为的可预见性和规范性。

在历经两千年的"中强日弱"和 150 年的"日强中弱"之后，自 20 世纪 90 年代以来，中国经济大国化与日本政治大国化的两大趋势并行发展，中日关系史上第一次面临"两强并立"格局。对此，中日两国对于对方的战略取向、发展方向缺乏共识。"日本害怕中国强大以后会在亚太地区建立起某种排除日本影响的霸权，那时候处在中美夹缝中的日本要实现大国梦将举步维艰，故日本企图通过强化军事同盟对付中国的'威胁'。中国也对日本保持着警惕，担心日本国内右倾化，重走过去军事立国的道路。"①2010 年，中国国内生产总值（GDP）总额更是超过日本，仅次于美国，位居世界第二。中日关系发展得越成熟，也变得越复杂，"中日关系是利益紧密、矛盾多发、竞争与合作并存的双边关系，受隔海相邻的中日两国地缘政治的影响。中日关系包含着诸多矛盾，有战略性矛盾、结构性矛盾、利益型矛盾、历史型矛盾和情感型矛盾等"②。

　　为了应对中日两国的大国化趋势与中日关系的复杂性，其前提条件就是保持有效的信息交流渠道。"国际机制最具潜在意义的贡献在于，它为国家的代表们提供了多元的接触渠道并促成他们之间的广泛接触，这样，一国对他国的观念与利益会有更大程度的理解、接受。"③ 相反，"缺乏信息沟通意味着彼此互不了解对方的能力、意图、偏好和政策取向等，意味着相互误解、猜疑和恐惧在所难免。其最终结果只能是权力尤其是军事权力成为国家借以影响他国行为路线的最为倚重的杠杆"④。

　　事实上，近年来中日关系机制化建设的实践，有利于减少相互误解、创造共同利益和共同意识，在一定程度上管控了中日关系的发展方向。例如，2005 年中日两国创立战略对话机制，并不意味着回避具体论争，而是意味着以战略对话积极诱导和有效控制具体论争，从而降低政治摩擦的频度与烈度。中日政治关系曾因小泉参拜靖国神社而一度变"冷"，两国领导人始终未能实现互访，但在初期双方还是利用各种多边国际机制保持了频繁接触。⑤

　　因此，机制化建设可以保持中日关系发展的稳定性与连续性，有效地规范双方的利益取向与行为方式，从而打破历史上大国对抗冲突的传统逻

---

　　① 顾春太：《新形势下中日关系探析》，《日本学刊》1999 年第 2 期。

　　② 蒋立峰：《未来十年的中日关系与中国对日政策——21 世纪中日关系研究报告》，《日本学刊》2009 年第 5 期。

　　③ 王杰主编：《国际机制论》，新华出版社 2002 年版，第 219 页。

　　④ 杨光海：《论国际制度在国际政治中的地位与作用》，《世界经济与政治》2006 年第 2 期。

　　⑤ 例如，2002 年，两国领导人相继在第四届亚欧首脑会议（9 月）、第十届亚太经合组织（APEC）领导人非正式会议（10 月）、东盟十国与中日韩三国领导人会议（11 月）期间进行了会晤。

辑，探索经济全球化时代发展大国关系的新路径。

（三）顺应国际关系发展潮流

国际机制遍及当代国际关系的各个领域，"国际机制正被接受为当前国际关系中较为现实的规范模式，国际关系的结构和秩序得以沿相对稳定的轨迹实现转型"①。其中，以国际组织为载体的国际机制迅猛发展，以联合国为核心的国际机制已成为当代国际社会实现稳定、维持和平、解决争端的基本机制；以世界银行、国际货币基金组织、世界贸易组织为核心的国际机制则为世界经济发展提供了有效的机制保障。另外，以欧盟为代表的区域性国际组织，也促进了区域内各国间关系的机制化建设。

中日关系是依赖于国际关系的整体环境而存在的。当代国际关系的机制化发展潮流，构成中日关系所处的外部环境。中日两国的推进合作方式与解决纷争手段也必须符合国际环境的机制规范。中日关系机制化建设，就是顺应了国际关系的发展潮流。

对于中国而言，基于改革开放与现代化建设的需求，融入国际机制是其重大战略抉择。中日关系机制化建设与中国融入国际机制是相互促动的。至21 世纪初期，中国基本认可了几乎所有的重要国际机制，近乎是国际机制的全面参与者。其中，"对于中国加入关贸总协定（世贸组织）一事，日本自始至终表示了支持，并早于欧共体（欧盟）和美国与中国完成了谈判，目的就是为了促使中国早日加入"②。2001 年 12 月中国加入世界贸易组织，不仅促使中日双边贸易额有了巨幅增长，更提升了中日经贸关系的机制化建设水平。

（四）提供国际社会公共产品

1991 年 8 月，日本首相海部俊树访华时首次提出"世界中的日中关系"这一概念，"其要义就是日本政府要从世界局势和自身外交战略角度处理日中关系，而中国也必须向世界开放，积极参与国际协调行动，成为国

---

① 刘杰：《论转型期的国际机制》，《欧洲》1997 年第 6 期。
② ［日］国广道彦：《从我的日中外交经历谈起》，《日本学刊》2006 年第 3 期。

际上的‘稳定力量’，进而使日中关系成为对世界有贡献的、新型的、有利的关系"①。

对于中日两国而言，如何向国际社会提供公共产品，是发展中日关系所面临的重大课题。"一个国家向国际社会提供的公共产品不仅是物质的东西，更重要的是反映其国际机制创新能力、制定重要议程能力和提出具有建设性倡议的能力。"② 中日关系机制化建设，远非双边关系与双边利益所能概括，更是加大了对国际社会的公共产品供给。中日两国可充分利用联合国、20 国集团、亚太经合组织、"10＋3"机制等多边平台，就推进国际金融体制改革、完善全球经济治理机制等保持密切协调，为应对气候变化、非传统安全等全球性课题开展互利合作。例如，为应对亚洲金融危机，中日两国在其与东南亚各国达成的融资互助框架《清迈倡议》（CMI）③ 中占据主导地位，出资比例同为 30%；为防止欧洲债务危机蔓延，中日两国在向国际货币基金组织增资过程中进行了密切磋商。

随着中国经济发展和参与国际机制水平的上升，特别是在中国更多参与国际机制创新的情况下，中国对国际社会提供的公共产品将会逐渐增加。中日作为两个庞大实力存在的亚洲国家，理应在全球和区域合作机制的构建中发挥引领作用，并在其他现存国际机制的参与上提出创新举措，从而推动国际机制朝着更为公正、合理的方向发展。

三　中日关系机制化建设的局限

国际机制的局限，是指国际机制作用发挥所受到的限制。分析国际机制的局限，并非否认中日关系机制化建设的重大意义，而是认清中日关系机制化建设的正确方向。中日关系机制化建设，既受到中日关系发展失衡的内因限制，也受到日美同盟战略框架、国际机制西方属性的外因限制。

---

① 黄大慧：《日本大国化趋势与中日关系》，社会科学文献出版社 2008 年版，第 252 页。
② 夏立平：《论当代国际机制发展趋势与中国的选择》，《国际问题研究》2007 年第 1 期。
③ 2000 年 5 月，在泰国清迈举行的亚洲银行年会上，东亚 13 国财长一致同意以本地区各国间货币互换和回购双边条约为基础，建立地区金融合作网。

（一）中日关系发展失衡的限制

中日关系发展失衡，主要表现为国家层面上的政治经济失衡与民间层面上的感情认知失衡。早在邦交正常化初期，"中日关系实际带有某种程度的非均衡性"，"在'友好'的旗帜下，两国之间许多业已存在、尚未解决的问题被有意无意地掩盖起来或搁置一边，如钓鱼岛问题、对待历史的态度问题等等"①。此后，这些问题始终没有得到根本解决，不时成为影响中日政治关系发展的严重障碍，并困扰双方的国民感情。

从中日关系的发展实践来看，中日两国的政治关系未能始终与经济关系同步发展。冷战后，中日关系于1995—1996年和2001—2006年经历了两轮"政冷期"，1997—2000年和2006—2008年经历了两轮"恢复期"。特别是在小泉纯一郎内阁执政时期，受小泉连续参拜靖国神社问题的影响，中日关系一度陷入了"政冷经热"的失衡状态。此外，"中日相互认识和国民感情经历了从接近到友好、再从冷淡到疏远的周期性变化"②。例如，据日本内阁府的舆论调查，20世纪80年代日本国民中有70%左右的人对中国怀有亲近感，但是1989年以后骤降至50%左右，进入21世纪后又进一步降低至30%左右。③同样，近年来中国民众对日本亦少有亲近感。

中日关系发展失衡，直接导致了中日关系机制化建设失衡。中日两国的经贸合作机制，无论是在数量还是在层次上，均远远超出政治安全领域的机制化建设水平。并且，各种争端也不时阻碍中日关系机制化建设。例如，关于中日与中美之间"战略对话"的异同，有学者认为中美战略对话"越来越着眼于未来规划和管理危机"，而"与日本的战略对话，由于历史问题、现实争执、未来发展问题搅在一起，尚未很好'定位'，双边问题和历史认识问题占据很大内容"④。自2008年2月第八次、2009年1月第九次、2009年6月第十次"中日战略对话"之后，受2010年9月中日钓鱼岛撞船事件

①　顾春太：《新形势下中日关系探析》，《日本学刊》1999年第2期。
②　崔世广：《中日相互认识的现状、特征与课题》，《日本学刊》2011年第6期。
③　内阁府大臣官房政府広報室『外交に関する世論調査報告書』、http://www8.cao.go.jp/survey/h19/h19-gaiko/images/z09.gif。
④　王义桅：《中日与中美战略对话的异同》，人民网，2006年2月17日。转引自毛里和子《中日关系——从战后走向新时代》，徐显芬译，社会科学文献出版社2009年版，第209页。

的影响，第 11 次"中日战略对话"延迟至 21 个月之后的 2011 年 2 月才举行。

（二）日美同盟战略框架的限制

以《日美安全条约》为基础，日本政府早在 20 世纪 50 年代初期就确立了以日美同盟为"基轴"的战略框架。此后，日本的外交路线在日美基轴和全方位外交之间不断摆动，但始终未突破日美基轴的基本框架。因此，日本对华外交政策与中日关系机制化建设，必然受到日美同盟战略框架的限制。

例如，在区域经济合作和一体化领域，日本政府是最早提出相关政策构想的国家，却受限于日美同盟战略框架的束缚而难以有效推进。与日本相比，中国的双边自由贸易虽然起步较晚但进展较快。2007 年，中国通过自由贸易协定（FTA）实现的自由贸易已经占贸易总额的 19.5%，明显高于日本的 14.7%。[1] "中国主张在已形成的'10 + 3'合作机制下逐步推进，日本则极力倡导'10 + 6'框架，打算拉入澳大利亚、新西兰和印度，以消除美国的疑虑，制衡中国。"[2] 2011 年 9 月，日本首相野田佳彦在《呼声》杂志上撰文指出："没有必要提出东亚共同体之类的远大构想"，因为美国方面警惕该构想"将与美国拉开距离"[3]。在地区安全保障领域，日本政府着力推动日美两国分别与澳大利亚、韩国、印度等国的三边合作机制建设，正在形成所谓的"日美 + 1"模式。对此，《日本经济新闻》认为："此举是为了扩大多边合作渠道，从而牵制向南海和印度洋进发的中国。"[4]

关于日美同盟与中日关系，中国学者认为："中日关系并不等同于中国与日美同盟的关系，中美关系也不可能等同于中国与美日同盟的关系。如果日本把对华关系的基本定位置于日美同盟关系之下，中日之间的战略互惠关系就难以建立，战略互信也无从谈起。"[5]

---

① 参见刘昌黎《日本 FTA/EPA 的进展、问题及对策》，《日本学刊》2009 年第 4 期。
② 徐梅、赵江林：《中日两国 FTA 战略的比较分析》，《日本学刊》2008 年第 6 期。
③ 「野田首相、鳩山ビジョン・東アジア共同体棚上げ」，http://www.yomiuri.co.jp/politics/news/20110907 – OYT1T00001.htm。
④ 转引自《"日美 + 1"模式牵制中国意图明显》，《参考消息》2012 年 5 月 6 日。
⑤ 李薇：《中国的日本研究及中日关系研究的焦点》，《日本学刊》2011 年第 6 期。

（三）国际机制西方属性的限制

国际机制的西方属性，是指"现存国际机制源自西方特别是美国的政治文化观念，其基本原则、规则、规范乃至决策程序都主要是西方文化的产物，与西方利益有着天然联系"，"西方仍然安排着国际机制的建构趋向，国际机制主要体现着西方尤其是美国的愿望和利益需求；而且，西方仍然是国际机制的主要实践者"。① 因此，国际机制的西方属性是国际政治权力结构的现实反映。

从国际机制的视角看，中国的改革开放与现代化建设，即是以一个"机制外国家"的身份逐渐融入国际机制体系的过程。但是，现存国际机制的价值观念、组织结构、行为规范和决策程序，与中国的发展战略目标并不完全一致，中国的参与必然对其产生深刻影响乃全挑战。尽管 21 世纪初期的中国已经深入参与到国际机制体系中来，但其市场经济地位仍未获得美国、日本等西方主要国家认可，并被定位为"非西方"国家。美国作为现存国际机制的"守成大国"，其首要目标就是防止任何可能对其发起挑战的新兴国家出现。为了应对中国的崛起，"美国为首的西方国家试图用现有的国际规范来约束中国的国际行为，防止中国'出轨'，要求中国承担更多的国际义务"②。

中日两国社会制度不同，意识形态有别。基于国际机制的西方属性，中日政治安全关系的机制化建设，往往是博弈多于合作。国际机制的西方属性，也被日本政府用作平衡中国势力发展的策略。例如，日本安倍晋三内阁在提出构筑"日中战略互惠关系"的同时，又大力推行"价值观外交"，其核心就是与亚太地区拥有共同西方价值观念的国家加强政策磋商机制，日本还联手美国试图将南海问题国际化，利用东盟地区论坛（ARF）部长会议等多边机制来讨论南海安全议题，以牵制中国。另外，"日本极力拉中国参加多边协调机制，是有其明显的战略意图的。这样做，日本既能制约中国，又能避免与中国单独对抗，并可促使日中关系有限度地发展，

---

① 门洪华：《国际机制的有效性与局限性》，《美国研究》2001 年第 4 期。
② 袁征：《塑造与被塑造——中美在国际多边机制下的互动》，《和平与发展》2012 年第 2 期。

可谓一石三鸟"①。

四　中日关系机制化建设的前景

由于国际机制在中日关系发展中的地位与作用日趋显著，"在承认差异、互相尊重的基础上建立合作机制是战略互惠关系的基础"②，因此，中日关系机制化建设的前景将十分明朗。

（一）领域更趋广泛

中日关系机制化建设的领域更趋广泛，源于中日两国间不断扩大的合作领域。

根据2008年《中日关于全面推进战略互惠关系的联合声明》的规定，中日双方决定在"增进政治互信""促进人文交流，增进国民友好感情""加强互利合作""共同致力于亚太地区的发展""共同应对全球性课题"五大领域开展合作。其中，双方首次把东海问题、食品及产品安全、知识产权保护、应对气候变化等作为"合作领域"写入联合声明，表明中日两国的合作领域将不断扩大。

中日两国的合作领域不断扩大，包括双边、地区与全球问题在内，涉及政治安全、经贸财金、可持续发展、社会人文等各领域，预示着双方将在更趋广泛的领域内推动机制化建设。事实上，近年来在联合国及安理会改革、裁军及核不扩散、湄公河开发、气候变动乃至人权等新领域，双方均已展开磋商与对话。③

---

① 黄大慧：《日本大国化趋势与中日关系》，社会科学文献出版社2008年版，第258页。
② 王毅：《关于中日战略互惠关系的讲话》，载中国社会科学研究会编《跨世纪中日关系研究》，社会科学文献出版社2010年版，第5页。
③ 围绕这些新课题领域的磋商与对话的实例包括：2007年3月关于联合国及安理会改革的中日磋商、2007年5月的第七次中日裁军及核不扩散磋商、2007年7月的第四次中日气候变动对话、2007年11月关于援助第三国的对话、2008年4月的第一次中日湄公河政策对话、2008年7月的中日人权对话，等等。

（二）功能更趋强大

对于中日两国而言，国际机制的功能绝不能仅仅停留在"沟通意见"的层面上，更应具有"解决纷争"与"深化合作"的强大功能，从而实现互利共赢的建设目标。

如前所述，基于中日关系发展失衡的现状，中日关系机制化建设的薄弱环节也体现在政治安全领域，因此，建立健全政治安全领域的国际机制，将在整体上强化中日关系机制化建设的功能。对此，日本前首相羽田孜曾主张在着手解决两国间存在的主要问题时，着眼点应放在政治与安全方面，应当确立"良性互动、恶性勿动"的机制；[①] 中国学者也建议中日双方"要推动安全战略对话和防务领域的高层往来，适时成立由双方外交和防务首脑组成的'2+2'会议，定期或及时就两国间的主要安全议题进行磋商，以调整利益冲突、增进战略共识与和解。同时尽快建立危机预防与管理机制，防止摩擦和冲突升级"[②]。

今后一段时期，中日两国在政治安全领域的机制化建设步伐将明显加快，专题性机制的数量将进一步增加。例如，为解决中日两国间的海洋权益纷争，继2004年10月举行"东海问题磋商"以来，2012年5月，中日海洋事务高级别磋商在中国杭州举行第一次会议，双方就中日海上各方面问题与海上合作交换了意见，力争今后形成具体解决方案。2014年11月7日，中国国务委员杨洁篪会见日本国家安全保障局局长谷内正太郎，双方就处理和改善中日关系达成四点原则共识，主张建立危机管控机制，避免发生不测事态。

（三）形式更趋多样

中日关系机制化建设的形式多种多样，包括政府间与非政府间、双边与多边、地区与全球在内，各类国际机制相互交叉、相互渗透。在中日关

---

① 转引自童新政《日本高层看中国——我与31位日本国会议员的对话实录》，台海出版社2003年版，第9页。

② 蒋立峰：《未来十年的中日关系与中国对日政策——21世纪中日关系研究报告》，《日本学刊》2009年第5期。

系机制化建设的形式多样化过程中，多边机制将进一步得到凸显。

长期以来，中日关系机制化建设缺乏多边视角，但是，"一些在双边场合难以解决的问题，在多边场合往往会淡化，例如日本与中韩之间存在的历史问题经常使双边关系发生震荡，影响合作的深入发展，而以东盟＋3合作为契机，中、日、韩合作有新的突破"①。"无论是出于对国际社会做贡献也好，还是为了给处于相对困境中的双边关系寻求缓和紧张的机制也罢，中日两国都有必要把加强在多边及国际机构中的合作当做一个重点。"②

其中，在中日韩三边机制化建设进程中，经过十多年发展，三国间已建立起较完备的合作体系，形成了以 2008 年 12 月开启的领导人会议为核心，以外交、经贸、科技、文化等 18 个部长级会议和 50 多个工作层机制为支撑，全方位、多层次、宽领域的合作格局。③ 2012 年 11 月，中、日、韩三国在柬埔寨首都金边召开部长级会议，三国经贸部长决定正式启动中、日、韩自由贸易区（FTA）谈判，首轮谈判将在 2013 年年初开始。中日韩自由贸易区实施关税减让后的贸易创造效应将增强三国间经济的相互需求，提升贸易量，消除贸易壁垒，扩大区域内市场，推动三国经济金融合作，实现三国互利共赢。

需要指出的是，随着国际权力结构变化与世界新兴力量的崛起，机制变更和多边框架作为维持国际秩序的新途径正在受到越来越多的关注。日本政府虽一贯坚持在日美同盟战略框架下加以应对，但也开始探讨日、美、中三边机制的构建问题。例如，2012 年 4 月 30 日，日本首相野田佳彦在华盛顿与美国总统奥巴马会谈时提及"与中国合作制定国际规则十分重要"，建议举行日美中三国战略对话。④

当然，中日两国在多边机制下的良性互动与互利合作，也依赖于双边

---

① 孙承：《日本与东亚：一个变化的时代》，世界知识出版社 2005 年版，第495—496 页。
② 李建民：《冷战后日本的"普通国家化"与中日关系的发展》，中国社会科学出版社 2005 年版，第 347 页。
③ 参见《中国外交部发表〈中日韩合作（1999—2012）〉白皮书》，《解放军报》2012 年 5 月 10 日。
④ 参见《中国成日美峰会"背后主角"》，《参考消息》2012 年 5 月 3 日。

关系的和谐发展，否则会受到消极影响乃至阻碍。

总之，中日两国应该遵循中日关系机制化建设的客观规律，认清其重大意义。毋庸置疑，国际机制并不能解决中日关系发展中的所有问题，日本"购岛"闹剧导致中日关系严重倒退的事实表明，中日关系的机制化建设尚存有较大的局限性。为此，我们更应努力克服机制化建设局限性并保持正确的发展方向，着重提升安全保障领域的机制化建设水平，从而有利于两国关系的健康、稳定发展。

中日双边互动模式：情境与调控

吕耀东[*]

跨国交流的扩大与深化，会加深各国国民经济间的相互影响力。特别是各国采取的政策（目的与手段）间的相互作用——着眼于依存的"政策相互依存"更具影响力。[①]中日复交以来，两国双边政策互动的频率、深度和广度逐渐增加，特别是经贸层面上相互依存的程度日渐加深。美国学者肯尼思·华尔兹指出："相互依存意味着各方互为依赖。这一定义使我们能够确认或密切或松散的相互依赖关系在政治上的重要性。""许多人似乎认为，随着相互依赖的密切程度不断提高，和平的机会也将增加。但是，紧密的相互依赖意味着交往的密切，从而增加了发生偶然冲突的机会。"[②]美国学者罗伯特·基欧汉和约瑟夫·奈也认为："没有任何东西能够保证我们所说的'相互依赖'关系是以互利为特征的。"[③] 这种观点颇符合中日关系的状况。中日作为同处东亚的两个大国，其政策互动既受制于国际政治经济格局变动，又受到各自国内政局的影响，呈现出合作与竞争的复杂态势。因而如何积极推动中日战略互惠关系，已成为 21 世纪初两国双边政策互动的关键所在。

---

* 作者系中国社会科学院日本研究所外交研究室主任。

① 参见山本吉宣《国际相互依存》，经济日报出版社 1989 年版，第 49 页。

② 肯尼思·华尔兹：《国际政治理论》，上海人民出版社 2003 年版，第 185、193 页。

③ 罗伯特·基欧汉、约瑟夫·奈：《权力与相互依赖》，中国人民公安大学出版社 1992 年版，第 10 页。

一　中日双边互动的定向与评价

在国家间相互依存程度深化的时代，不仅国际环境的变化引发各国对外政策的变动，同样国家间的双边政策互动也影响彼此的对外政策或对外战略。美国社会学家贝尔斯的互动关系分析理论认为，社会互动可以区分为定向阶段、评价阶段和控制阶段。这三个阶段中往往伴随有情绪的因素。如果把这一理论应用于国际关系分析，那么，国家间关系发展的一个周期同样也经历定向阶段、评价阶段和控制阶段，只是这三个阶段之间的依次过渡更具复杂性和长期性。

中日复交以来的双边互动过程显示，两国关系经历了 20 世纪 70 年代至 80 年代末的定向阶段、20 世纪 90 年代至今的评价阶段，今后还将迎来新的阶段——控制阶段。

（一）中日关系的定向阶段

冷战后期，国际格局变化导致相关各国调整外交政策，中美等国以全新的国家间关系应对亚太变局。① 中日两国对双边关系和东北亚安全局势做出了准确辨识和判断后，共同确定了"中日和平友好"大方向。特别是《中日联合声明》和《中日和平友好条约》为中日建立新型友好合作关系起了定向作用。

1972 年 9 月，日本首相田中角荣访华，正式拉开了两国双边政策互动的序幕。中日强调："两国邦交正常化，发展两国的睦邻友好关系，是符合两国人民利益的，也是对缓和亚洲紧张局势和维护世界和平的贡献。"中日以发表联合声明的方式宣告：两国间迄今为止的不正常状态结束；日本政府充分理解和尊重中国政府关于台湾是中华人民共和国领土不可分割的一部分的立场；两国政府决定建立外交关系；两国任何一方都不应在亚洲和太平洋地区谋求霸权，每一方都反对任何其他国家或国家集团为建立这种

①　岡部達味「中国外交の六十年」、『東亜』2009 年 2 月号。

霸权的努力等。《中日联合声明》签署后，中日关系进入了良性互动阶段，两国"同意进行以缔结和平友好条约为目的的谈判"。1975 年 1 月，中日达成两点共识：一是即将缔结的条约是面向未来保障两国走向友好道路的条约；二是条约的内容以《中日联合声明》为基础。1978 年 3 月，《中日长期贸易协定》签署，双方在经贸领域的不断合作，为促进《中日和平友好条约》的签署起到了积极的推动作用。

1978 年 8 月 12 日，中日签署了《中日和平友好条约》。同年 10 月 23 日，邓小平前往东京参加互换条约批准书仪式，《中日和平友好条约》正式生效。经两国立法机关审议和批准的《中日和平友好条约》，使 1972 年《中日联合声明》所规定的两国关系准则以条约的形式得到了体现和发展，开辟了中日两国合作的新时期，中日两国和平共处、世代友好的大方向第一次以法律形式确立了下来。正如《中日和平友好条约》前言中指出的那样，条约确认两国政府应严格遵守《中日联合声明》的各项原则，确认联合国宪章应予充分尊重；希望对亚洲和世界和平与安定做出贡献，"为了巩固和发展两国间的和平友好关系，决定缔结和平友好条约"。中日复交后，两国政策良性互动，为在政治、经济、环境、技术、社会文化等方面的合作奠定了基础。

然而，1982 年日本日渐"表面化"的历史教科书问题，遭到了中国等亚洲众多国家的强烈抗议。南京大屠杀纪念馆的设立，提醒了世人铭记周恩来总理"前事不忘，后事之师"的警世之言。[①] 1985 年中曾根首相参拜靖国神社，破坏了中日双边良性互动及两国友好合作的氛围，这说明了中日关系已从"定向阶段"走向全面"评价阶段"。

（二）中日双边互动的评价阶段

20 世纪 90 年代冷战结束后，当年促进中日复交的国际环境和双边动因减少，曾被搁置和"超越"的双边矛盾开始重新上升和激化。中日政治关系出现起伏不定、曲折多变的现象。中日关系进入了一个新的阶段——评价阶段。

---

① 内田雅敏『戦後の思考』、れんが書房新社、1994 年、20 頁。

　　1992 年，尽管江泽民总书记和明仁天皇实现了互访，也未从根本上消除中日关系因历史问题产生的阴影。1994 年，日本邀请台湾当局要人访日，提升对台实质关系。1995 年，在世界反法西斯战争胜利 50 周年之际，日本部分政要、右翼势力不但不反省历史，反而肆无忌惮地否认和美化侵略战争。虽然日本首相村山富市发表了"反省历史，巩固和平"的"8·15 讲话"，但 1996 年的《日美安全保障联合宣言》显示，日美将致力于强化控制和干预东亚安全局势的军事同盟体制。这一动向严重恶化了中日政治和安全互信，动摇了 1972 年以来中日关系的政治基础。尽管双边互动过程难以完全避免情绪因素，但如何理性评估新时期中日关系和化解分歧，已经成为中日双边政策互动的重要任务。

　　第一，中国政府从中日友好大局出发，全面总结和评价中日关系，积极维持两国双边互动的渠道。1997 年，中日政府领导人实现互访，双方主张加强对话、扩大合作。1998 年年初，中日两国在防卫层面上开始对话；4 月，中国国家副主席胡锦涛访日。在中日两国政策互动取得不断发展的基础上，1998 年 11 月 25 日，中国国家主席江泽民开始对日本进行国事访问。这是中国国家元首首次访问日本，具有重要的历史意义。双方在回顾、总结、评价中日关系的发展状况后，发表了《中日联合宣言》和《联合新闻公报》，首次确认中日关系是"两国重要的双边关系之一"，并宣布建立"致力于和平与发展的友好合作伙伴关系"。中日还强调，两国关系超越了双边范畴，具有地区和世界意义。双方认为，冷战结束后，经济进一步全球化，相互依存关系加深。两国合作的重要性进一步增加，不断巩固和发展中日友好合作符合两国人民的根本利益，也将对亚太地区和世界的和平与发展做出积极贡献。双方将在国际政治、经济及全球性问题等领域加强协调与合作。

　　第二，中日两国对双边关系进行"全面评价"，以"求同存异"面对相互分歧。《中日联合宣言》指出，正视过去以及正确认识历史，是发展中日关系的重要基础。日方痛感过去对中国的侵略给中国人民带来巨大灾难和损害的责任，对此表示深刻反省；中方希望日本汲取历史教训，坚持和平发展道路。双方将本着求同存异的精神，最大限度地扩大共同利益，缩小分歧，通过友好协商，妥善处理两国间现存的和今后可能出现的问题、分歧和争议，避免因此干扰和阻碍两国友好关系的发展。双方充分认识到，中日建立致力于和平与发展的友好合作伙伴关系，不仅需要两国政府，而且需要两国人民的广泛参与和不懈努力。1998 年的《中日联合宣言》是对两国关系的重新评价和总结，是中日双边政策互动的结晶，为新世纪中日友好合作关系确立了行动指南。

（三）中日双边互动的控制阶段

进入 21 世纪，小泉内阁颠覆了 1972 年以来历届内阁的对华政策，首相参拜靖国神社及历史教科书等问题导致了中日双边互动停滞不前。针对中日两国出现的严重"政冷"局面，中日只能通过亚太经济合作组织（APEC）会议、亚非首脑会议、"10 + 3"首脑会议、中日韩首脑会谈等一系列的多边场合进行双边接触。2005 年 4 月 23 日，在印尼雅加达亚非首脑会议上，胡锦涛主席在与小泉纯一郎首相举行会晤时，提出了扭转中日关系困难局面的五点主张：要严格遵守中日三个政治文件精神；坚持以史为鉴，面向未来；要正确处理台湾问题；坚持通过对话，平等协商，妥善处理中日间分歧；进一步扩大双方在广泛领域的交流与合作。中日首脑会晤就通过对话解决各种悬而未决的问题达成了一致意见。双方都认识到进一步的冲突对任何一方都没有益处。然而，要修复这种中日关系，不仅困难重重，而且需要脚踏实地的漫长努力。①

基于小泉亚洲外交失败的深刻教训，作为继任者的安倍晋三指出："目前在经济上，日本与中国已形成了一种无法分割的'互惠关系'，这是毋庸置疑的。"② 2006 年安倍晋三第一次组阁后首访中国，并提出发展"中日战略互惠关系"，开创了中日关系的新局面。2007 年年底和 2008 年 5 月，福田康夫首相与胡锦涛主席实现了互访，最终签署了中日第四个政治文件——《中日关于全面推进战略互惠关系的联合声明》。双方就"中日关系是各自最重要的双边关系之一"达成了共识。两国决心全面推进"战略

---

① 参见共同社 2005 年 4 月 23 日电。
② 安倍晋三『美しい国へ』、文春新書、2006 年、151 頁。

互惠关系"，实现两国和平共处、世代友好、互利合作和共同发展的崇高目标。双方确认，将继续恪守《中日联合声明》《中日和平友好条约》《中日联合宣言》三个"政治文件"的各项原则，以史为鉴，面向未来，今后不断加深相互理解，构筑相互信赖关系，扩大合作，创造亚太地区乃至全世界的美好未来。中日"双方相互视为合作伙伴，不是威胁"①。从《中日关于全面推进战略互惠关系的联合声明》的内涵来看，中日双边互动已进入向第三阶段——控制阶段过渡的时期。

因为，"战略互惠论"是"中国机遇论"的进一步发展，意指中日超越双边、着眼于长远的合作与互惠。这体现了日本领导人调控中日关系的外交理念，为中日关系的进一步改善与双边合作的深化带来了契机。战略行为主要表现为行为体在行为上和言语上的互动，②因而需要两者的真正统一。目前，构建"自由繁荣之弧"仍然是日本保守内阁的主要外交理念之一，而且，日本在东海和钓鱼岛问题上频频制造麻烦，其对华政策态度依然强硬，非理性等不确定因素依然存在。但是，总体来讲，日本仍表示将坚持发展中日战略互惠关系的大局。因此，从目前局面看，中日双边互动已进入一个新的战略调控期。中日两国努力通过全方位对话磋商，消解彼此业已存在的困局，并于 2014 年 11 月达成"四点原则共识"，为缓和和发展两国关系创造有利条件。

二　中日双边互动的现实特性

美国学者温特认为："如果互动对一方的结果取决于其他各方的选择，行为体就处于相互依存状态。虽然相互依存常常用来解释合作，但是它不仅仅局限于合作关系。"③中日双边互动的阶段性特征就是基于两国相互依存的深化。美国学者罗伯特·基欧汉和约瑟夫·奈认为，相互依存是指国

---

①　参见共同社 2008 年 5 月 7 日电。

②　Alexander Wendt, "Collective Identity Formation and the International State", *American political Science Review*, Vol. 88, No. 2, 1994, p. 396.

③　亚历山大·温特:《国际政治的社会理论》, 上海人民出版社 2000 年版, 第 431 页。

际社会中不同角色之间互动的影响和制约关系，这种关系可以是对称的或不对称的，其程度取决于角色对外的"敏感性"和"脆弱性"的强弱。其中，"敏感性涉及在某种政策框架内所做反应的程度，即某国发生的变化导致另一国有代价的变化的速度有多快，所付代价有多少"。"脆弱性可以定义为行为体因外部事件所强加的代价而受损失的程度，甚至包括政策变化后的情况。"他们还提出了"复合相互依赖"的概念，具有"各个社会的多渠道联系"的基本特征。"这些渠道可概括为国家之间的关系、跨政府关系和跨国家关系。"①

相互依存理论是以国家之间关系、以世界政治经济关系的相互影响和相互制约为研究内容的，它包括国家间多层次、多方面的互动模式，并因此产生的明显的相互敏感性和脆弱性。② 以中日关系来看，20 世纪 90 年代以来，中日间潜在的摩擦因素可归纳为五大领域：历史、台湾、安全、领土、经济。这些问题既各有其缘由及解决方式，又"牵一发而动全身"。如围绕历史问题引发了感情冲突，而感情冲突又会给政治交往和安全对话带来负面的舆论压力，各种矛盾盘根错节。③ 这样的发展现状，反映了中日两国相互依存的敏感性和脆弱性。在一定程度上，国家间相互依存的分析方法能够解释中日关系的发展现状，特别是相互依存理论中的敏感性和脆弱性，对于分析中日两国政策互动中存在的问题具有较强的解释力。

一般来讲，国际关系中的相互依存主要体现在国家经济关系中。但随着"复合相互依赖"程度的增强，"它可以是经济方面的，也可以是社会或政治方面的"④。而且，还涉及重大利害关系，集中表现为敏感性相互依赖和脆弱性相互依赖。可以说，目前中日相互依存的敏感性和脆弱性，具体表现在经济、社会或政治方面。

从经济方面来看，"日本几乎所有的农产品和矿物质都依赖进口。而在

---

① 罗伯特·基欧汉、约瑟夫·奈：《权力与相互依赖》，中国人民公安大学出版社 1992 年版，第 12、14、27 页。

② 参见倪世雄《当代西方国际关系理论》，复旦大学出版社 2001 年版，第 337 页。

③ http://www.china.com.cn/chinese/2002/Apr/135210.htm.

④ 罗伯特·基欧汉、约瑟夫·奈：《权力与相互依赖》，中国人民公安大学出版社 1992 年版，第 13 页。

资源供给方面越依赖海外，就越难以采取独立的对外政策，这样的国家不得不竭力回避与资源供给国发生冲突，与尽可能多的国家保持稳定的友好关系"①。可以说，《中日和平友好条约》的签订，就是日本采取"等距离外交"或"全方位外交"的成果之一。但是，在冷战结束后，中日间的相互依存开始以不完全的"互利"形式出现，随着相互依赖向"复合"层面发展，双方的摩擦和冲突频繁发生，并逐步升级。

从能源资源也可以看出中日敏感性相互依赖的现状。日本的能源资源极度匮乏，几乎全部需要进口。因此，日本缺乏抵御能源危机冲击的能力，国际市场能源价格的波动，会对日本经济造成严重影响。在能源战略和对华防范战略的双重考虑下，日本于2003年与中国争夺俄罗斯远东石油输送管道，又于2004年以来在东海海域不断阻挠中国的正当开发，不顾国际法准则，挑起敏感的中日东海海域权益之争，严重违背了《联合国海洋法公约》，日本还不惜采取伤害中日友好合作的非理性政策，要求中国接受其单方面设定的所谓东海"中间线"。2015年版《防卫白皮书》在自民党国防小组会的要求下添加了干涉中国行使东海大陆架主权权利及油气开发的内容，企图强化日本单方面确定的所谓东海"中间线"。"安倍政府要通过《防卫白皮书》，继而公开油气田照片，把中国作为'假想敌'向舆论呼吁，以促使安保法案通过。"②

从相互依存的层面来看，冷战的结束使中日两国的"安全相互依赖"和"政治相互依赖"作用下降，全球化浪潮使中日双边的"生态相互依赖"和"经济相互依赖"相对上升，出现了中日关系"政冷经热"的特殊现象。"这表示在一个问题领域（如经济领域）相互依存程度的提高可能不会对其他领域（如安全领域）产生外溢效用。"③

冷战后期，中日相互依存掩盖下的历史、台湾、领土等敏感性问题浮出水面，两国政策互动中的摩擦和冲突不断发生。比如，日本政府在东海问题上采取的对华强硬政策，同时也触及敏感的钓鱼岛问题，这是以破坏

① 佐藤英夫『对外政策』、東京大学出版会、1989年、20頁。
② http：//china. kyodonews. jp/news/2015/07/102397. html.
③ 亚历山大·温特：《国际政治的社会理论》，上海人民出版社2000年版，第432页。

东北亚区域安全为代价的，表现出了中日脆弱性相互依赖的负面效应。日方严重背离了中日"政治文件"原则精神，动摇了中日政治互信的基础。为了降低自己的脆弱性，而提高对手国对本国的脆弱性，日本政府力求以强化日美军事同盟的方式来化解中日脆弱性相互依赖的负面效应，并减少因此付出的"安全代价"。

伊拉克战争后，美国调整了全球军事部署，加快了西太平洋地区的军事调整。日本趁热打铁，在 2004 年年底发表的新《防卫计划大纲》中渲染"中国威胁"，在 2005 年 2 月的日美安全磋商委员会后的《联合声明》中，写入了干预台海局势的内容。日本媒体也评论说：台湾问题已成为日中关系的焦点，日本必须通过两岸间的各种渠道，与美国合作控制台湾海峡即将掀起的惊涛骇浪。[①] 2009 年 2 月，日本首相麻生太郎在国会答询时竟宣称钓鱼岛属于日美安全条约的对象，"挟美制华"的意图暴露无遗。可以说，日本在对华政策上的倒退，是以破坏中日和平友好为代价的。这种动向破坏了中日双边政策互动的良性机制，导致了中日两国的摩擦和冲突不断增加，加重了两国关系的脆弱性。2012 年日本非法钓鱼岛"国有化"后，中日关系的脆弱性再次显现，加之安倍晋三首相 2013 年再次参拜靖国神社等历史修正主义言行，严重破坏了中日关系的正常发展。

三　中日双边互动的调整与控制

在双边政策互动过程中，一国对外政策的变动可能引起另一国的敏感性反应，并可能因此付出代价或形成损失，这种脆弱性只能在双边政策良性互动过程中得以化解。

（一）中日双边互动存在"不确定性"的成因

中日双边政策互动过程中出现冲突局面的原因是多方面的。

第一，中日国力对比变化，双方潜在战略冲突因素上升。新中国成立

---

① 『東京新聞』2007 年 11 月 19 日。

伊始，即以政治大国的面貌出现，但其经济发展长期处于较低水平，是一个发展中国家，经济实力远落后于日本，经济方面的国际影响力也较弱。1972年中日实现复交时，两国国情的反差和互补性十分明显。

改革开放以来，中国经济迅速发展，以日趋强大的国力为依托，中国对东亚地区及国际事务的影响日益深化。第二次世界大战后，日本迅速成为世界经济强国，但因战败和美国因素等原因，其国际政治地位尚不能与中国相比。在日本执政势力中的对华强硬派看来，中国国力的迅速上升和国际影响力的不断提高，势必成为日本的战略竞争对手，削弱日本在国际社会的影响力，甚至构成对日本的战略威胁。基于这样的考虑，日本正积极实施"挟美制华"的战略来防范中国，企图制约中国的发展。

另外，当日本经济长期低迷与中国经济快速发展形成强烈反差时，日本对华强硬势力极力渲染"中国威胁论"，不断挑起日中矛盾和冲突。"其实，这恰恰是经历了十年经济萧条的日本人丧失信心的表现。"① 中日"经济相互依存的方法可能给日本提供一个颇有前途的竞争者，也许还是一个战略竞争者。作为扶植经济相互依存的结果，特别是在民主化和经济发展期间，也会出现政治和经济不稳定的风险"②。因此，随着中日相互依存程度的深化，日本对华政策发生了微妙变化，导致了双方在政治和安全领域的摩擦日益凸显。尤其是日本配合美国的亚太战略，先后通过了以军事干预地区与世界安全局势为目的的法案，解禁集体自卫权，导致了中日安全互信下降，双边政策互动屡屡陷入困境。

第二，地缘政治因素，决定了两国相互依存关系有着既相互联系又相互争斗的两重性。中日复交之初，作为政治大国与经济大国的合作与相互依存具有良性互动的性质。21世纪初期，当中日两国的政治大国战略和经济大国战略出现了同步交叉发展趋势时，两国关系的敏感性和脆弱性开始凸显。日本不甘当"经济巨人，政治侏儒"，迫切要求提高其政治地位和国际影响力。中国则需要谋求发展经济，进一步提高综合国力。中日两国走

---

① 関志雄『中国経済新論』、日本僑報社、2004年、7页。
② 杜浩：《冷战后中日安全关系》，世界知识出版社2004年版，第13页。

过冷战时期的安全合作后，进入了"两强竞争"时代，历史、领土、台湾、日美同盟及亚太安全等问题都上升为两国政治摩擦的焦点，其中任何一个因素发生变化，都会引起连锁反应。在这一背景下，中日政策互动中的政治摩擦在所难免。日本"挟美制华"干预台湾问题的战略态势，势必引起中国的警惕和防范，使得中日关系变得敏感而又复杂。

第三，中日社会变迁及历史观差异，动摇了中日政治互信的基础。国家间相互依存的敏感性和脆弱性也可以反映在彼此的社会领域内。近年来，中国改革开放日益深入，推动了公众舆论、价值评价相应变化，公众舆论对外交决策的影响也日益显著。而日本仍然用其"以己度人"的尺度和"习惯性"思维方式来分析和判断中国，不愿意看到或不了解中国日新月异的社会发展，因此，其对华政策难免建立在对中国社会及其发展趋势的误判基础之上。首相参拜靖国神社、政府为右翼版本历史教科书放行、政要在历史问题上频频"放言"等等，在很大程度上都是源于对曾受日本侵略的亚洲邻国的社会发展现实和民众觉悟程度的低估，在历史问题和对华姿态上形成了主观性误判。这种社会意识的结构性错位，严重妨碍了中日建立良性的政策互动和政治互信。

（二）中日双边政策调控的情境选择

中日复交是两国在国家安全战略和发展利益上互利合作的产物。这种基于合作之上的政策互动，促进了两国相互依存程度的不断深化。中日相互依存深化到一定程度而触及敏感问题和民族感情时，摩擦和冲突就在所难免。从这一现实出发，中日双边政策互动可能出现"和则两利，斗则两伤""和而不同"等种种情境。这些情境是主客观之间的可能性判断，中日总是处于直接面对这些情境的相互影响之中。为了尽量争取"和"、避免"斗"，中日两国应通过积极的双边互动及"政策调控"，维护中日战略互惠关系。

第一，应维护和发扬中日经济政策互动的"稳定性"。随着全球化程度的不断加强，"彼此之间交换程度很高的相互依赖的各国将经历或是服从于高度相互依赖所导致的普遍脆弱性"[1]。因而，避免摩擦和管控冲突，维护和发扬中日经济政策的良性互动至关重要。归根结底，中日关系将取决于两国的政治经济发展状况和对外战略选择。中日综合国力变化引发的新矛盾和摩擦，并未改变双方相互依存日益加深的客观存在。21世纪初期，中日经济关系依然保持着强劲的发展势头，两国在经济层面的合作仍然持续着一贯的良性政策互动关系。目前，日本经济的复苏和发展越来越离不开"中国特需"的贡献，摆脱国际金融危机还需要中日共同合作，这种现实多少舒缓了日本社会对于中国"崛起"的过度敏感心理。只要两国能够抱着战略互惠的诚意，目前的矛盾和摩擦不会从根本上改变中日相互依存的发展态势。

第二，应充分认识中日关系"不确定性"的长期性和复杂性，致力于通过建立良性双边互动的渠道，逐步化解中日外交困境。中日关系的"不确定性"是客观存在的，是由错综复杂的国际、国内因素所决定的。因而，政治关系的改善操之过急，往往事倍功半，因为双边关系不是以单边的主观意志决定的。况且经济关系的密切并不能必然带来政治关系和谐，相反，由于资源稀缺性和市场有限性的客观存在，甚至会带来摩擦和冲突。"经济上的相互依存产生了可供利用和操纵的脆弱性。"[2] 如中日有关俄远东石油管道竞争和东海海洋权益纠纷就是例证。在不同历史时期，中日相互合作和依存的内涵不同，但两国相互依存的形式并没有发生根本性变化。中日可以通过广泛的经济合作来防止两国关系恶化的可能，以双边政策良性互动的形式解决彼此的分歧与矛盾。

国家间的双边政策互动形式主要有制衡、互惠和区域合作等方面。在双边制衡关系中，常常会出现和谐与摩擦、妥协与对立的相互转化，往往形成消极的"零和竞赛"，带来"两败俱伤"的局面。有日本学者建议，"日中两国应该在竞争中建立合作关系，避免效仿罗马与伽太基'两雄不能并立'的你死我活之争"[3]。从长远来看，战略互惠和区域合作，则是中日共同发展的最佳选择。从强化经济关系向中日关系"从点到面"全方位拓

① 肯尼思·华尔兹：《国际政治理论》，上海人民出版社1989年版，第193页。
② 罗伯特·吉尔平：《国际关系政治经济学》，经济科学出版社1989年版，第30页。
③ 五百旗头真：《新版战后日本外交史（1945—2005）》，世界知识出版社2007年版，第20页。

展至关重要。① 在目前已达成发展中日战略互惠关系共识的情况下，两国应该更加积极地推动东亚经济一体化。中日不能因历史问题，放慢中日经济合作的步伐，也不能因经济相互依存的深化而忽视其中的敏感性和脆弱性。

相互依存日益加深的今天，中日应该把相互关系建立在尊重彼此的经济制度、政治体制、历史传统、民族文化、发展模式、价值观念、生活方式的基础之上。中日应致力于形成"对称性"的政策互动，并以非对抗的方式处理两国之间的各种问题。中国应在坚持原则的前提下，采取积极灵活的姿态，与日本在地区和国际事务中加强接触和沟通，增信释疑，双赢共进，不断改善中日双边关系。

第三，日本尤其需要摆脱"非对称性"心态的束缚。"因为在非对称'结构型相互依存'中，一方国家的经济动向，可对他方国家产生很大影响，反之却不可能。"② 在20世纪80年代的"自信过剩"时期，日本总是以一种"强势"心态看待中国，认为中国作为发展中国家对日本具有很强的依赖性，中国的经济发展有求于日本，并企图以这种不对称性来维持对华的单向强制力。随着中国综合国力和国家声望的日益提升，中日两国发展趋势出现相对均衡化的趋向，两国政策互动中出现的摩擦和冲突，也就形成了影响中日两国政策良性互动的"单向度"因素。日本大国化的政治诉求，使其不愿看到中国的强盛。随着日本谋求政治大国步伐的加快，加之其外交理念仍未摆脱冷战思维的束缚，日本对中国的发展心存戒备，企图通过渲染"中国威胁论"来制约中国的经济发展和国际地位的提高。

近年来，日本逐渐认识到，"日本经济的复苏在很大程度上有赖于中国经济的发展"③。"中国威胁论"转向"中国机遇论"，"日中关系的恶化，不仅不利于日本，同时也不利于中国"④，日本开始接受中日相互依存日益深化的现实。日本有识之士曾指出："占世界经济百分之十以上的日本面对日趋相互依存的世界，如果不努力使国际环境向着协调方向发展，促进本

---

①　渡辺真純『中国市場へのアプローチ』、サイマル出版会、1994年、4頁。

②　山本吉宣：《国际相互依存》，经济日报出版社1989年版，第49页。

③　安倍晋三『美しい国へ』、文春新書、2006年、151頁。

④　五百旗头真：《新版战后日本外交史（1945—2005）》，世界知识出版社2007年版，第19页。

国的安全保障是不可能的。"① 所以，日本必须排除不合时宜的"依附论"，放弃把中日相互依存的非对称性固定化的心态，促进中日双边互动向均衡、良性发展。顺应全球化的发展，适应相互依存的现实，与中国等周边国家和平相处、共同发展，是日本的最佳战略选择。

中日相互依存的发展，是双边互动的结果。中日双边互动不仅受国际环境的影响，更受两国文化、思想体系和政治体制等因素的制约，因而两国双边互动可能出现合作、竞争、冲突、强制、顺应等形式。其中，合作是为了达到共同目的、彼此相互配合的一种联合行动，是最佳的互动方式。从中日相互依存的现状来看，实现"和平共处、世代友好、互利合作、共同发展"的区域合作，是中日双边互动的理想目标。

但仅仅有理想的目标是不够的，还需要统一的认识、规范、行动和诚信。② 以往日本在历史、领土、台湾等敏感问题上的某些举动，有违中日四个"政治文件"的精神，常常导致中日关系陷入"不确定性"的怪圈，无法顺应区域一体化的潮流。日本回到中日四个"政治文件"的精神上来，是中日关系减少"政冷"、实现政策良性互动的基础条件。同时，中国应向国内、国际社会积极强调中日相互依存的"互补性"和两国合作的"战略互惠性"，进一步表明其"和平与发展"的战略思想，化解日本渲染"中国威胁论"的消极影响，促进中日相互依存的良性发展，在推动中日关系方面掌握主动权。

鉴于日本政府仍然有继续发展中日战略互惠关系的意愿，中国政府从维护地区和平稳定大局角度缓和中日关系，并在日方承诺坚持中日"第四个政治文件"精神的前提下，达成中日"四点原则共识"，双方同意利用各种多双边渠道逐步重启政治、外交和安全对话，努力构建政治互信。中日就两国间的主要问题、地区秩序和国际问题进行积极对话，在构建战略互惠关系方面不断扩大共识和合作领域，积极而渐进地推动中日两国的政治、外交和安全对话与磋商。总之，随着中日相互依存程度的不断深化，"继往开来"将成为中日两国双边政策互动的总体向度。

---

① 佐藤英夫『対外政策』、東京大学出版会、1989 年、167 頁。
② 参见张蕴岭主编《构建和谐世界：理论与实践》，社会科学文献出版社 2008 年版，第 179 页。

中日关系的政治经济学

——非均衡发展、理性冲突与"底层结构"的构筑

莽景石[*]

在中日邦交正常化 40 周年的 2012 年，迎来的却是日本对钓鱼岛的所谓"国有化"以及中国的强烈反制，中日关系急转直下，形成了前所未有的恶化局面。事实上，进入 20 世纪 90 年代中期以后，影响中日关系的各种问题频出，中日关系也因此屡遭波动，已经呈现出发展的不稳定性和不确定性。这种不稳定性和不确定性，主要来自于中日政治关系，在此期间中日经济关系反而获得了长足发展，从而使中日关系具有一种显著的政治—经济非均衡发展的特征。

尽管决定中日关系的因素很多，也很复杂，包括了历史的、现实的甚至突发的种种因素，但基于长期的观点，政治因素和经济因素以及两者之间的相对关系，相比其他因素在更大程度上决定了现在和未来的中日关系。本文将选取政治与经济这两个基本变量，同时采用一种政治分析与经济分析相结合的政治经济学的视角和方法，通过对近 20 年来中日关系的经验观察，尝试建立一个可能的分析框架，用以解释上述中日关系的政治—经济非均衡发展，同时解释中日关系对理想状态的偏离，在目前给定的约束条件下，探寻回归理想状态的可能路径，尽管"理想状态"一词本身就很难理想地界定，也许可以用"在竞争中达成妥协的均衡状态"来表述。

---

* 作者系南开大学日本研究院教授。

一　中日关系的政治—经济非均衡发展

在中日之间前所未有的最大规模的战争结束后，才迟迟于 27 年后的 1972 年实现了中日邦交正常化。不仅如此，中日邦交正常化并非日本的主动选择，而是美国改变对华战略所产生的国际效应之一，也是由当时中国在中、美、苏大三角关系中的地位决定的。对于两个有着百年恩怨，深层的历史问题并未获得实质性解决，又处于同一地缘政治板块上的国家来说，根植于普遍的历史共识和社会心理的真正意义上的和解，并非如邦交正常化那样简单。就这一点而言，两个国家和解的"中日模式"，显著不同于"德法模式"，从而使得中日关系的发展，也明显不同于德法关系的发展。不仅如此，对各自所在的区域影响和作用也大相径庭：德法和解对地区安全与稳定、欧洲一体化的进程起到了关键性的作用，而中日和解并未起这样的本来应该起到的作用。由此，可以认为，邦交正常化的中日模式，本身具有脆弱的一面，潜伏下日后中日关系出现种种问题的可能性，集中地表现为政治与经济的非均衡发展。

虽然中国和日本在 1972 年实现了邦交正常化，但大规模的中日交流却始于中国改革开放以后。中国由封闭的计划经济向开放的市场经济过渡，为中日关系的进一步发展提供了制度条件，并曾有过一段"中日友好"的岁月。那时中日关系的突出特征是什么？首先，中国是一个政治大国，但又是一个经济弱国，日本恰好与中国相反，是一个政治弱国，但却是经济大国。因此，中日关系的第一个特征就是政治大国与经济大国之间的交流关系，第二个特征是发展中国家与发达国家之间的交流关系。

但是，进入 20 世纪 90 年代以后，以上这两个特征开始越来越淡化了，意味着原有的中日关系格局已经被打破。首先，在历经了持续的高速增长以后，仅就经济总量的绝对规模而言，中国已经不仅是一个政治大国，还是一个经济大国了；其次，日本在国际舞台上已经不满足于仅为经济大国的地位，跃跃欲试充当政治大国的角色。中国和日本分别力图改变自己强政治—弱经济、强经济—弱政治角色定位的国家转型，将使两国之间的互补型关系演变为竞争型关系，最终在东亚历史上第一次出现两个大国并立的现象，但成熟的大国关系的形成却有待时日，两国之间的碰撞和冲突，在新一轮中日关系磨合期结束之前将不可避免。

中国现在已经是世界第二大经济体，中国的崛起不可避免地要引起东亚区域的权力与利益的再分配，与其他国家特别是日本形成竞争关系，甚至如高原明生所说的那样，"导致两国政治和战略冲突的出现"[①]，从而深刻地影响到东亚国际关系格局。因此，中国崛起的过程恰与中日关系政治与经济日益失衡的过程保持了时间上的一致性，这并不是偶然的。20世纪90年代中期以来，在政治和经济这两个决定中日关系的基本领域中，政治关系不断走低，经济关系则持续升温，概括中日关系这一显著特征的一个广为人知的词汇，就是"政冷经热"，这已成为一个典型化事实。

中日关系的这种变化，不是单纯的短期波动，而是一开始就呈现出一种长期趋势，具有不同寻常的深刻性。因此，毛里和子判断中日关系在1995—1996年前后进入了"结构性变动期"，在这一"新阶段"上，中日之间在经济上的相互依赖不断加深，同时在政治、经济、战略上的竞争也在不断加剧，两国之间彼此猜疑，产生了深刻的"不信任感"。[②]为了更好地理解中日关系的政治—经济非均衡发展，指出下述历史的经验事实是非常重要的。1996年，日本开始就中国的台湾海峡军事演习问题、核试验问题、西藏问题等发难，中日政治关系迅速走向低谷。与此同时，中日经济关系仍然稳步发展。在中日经济关系中，官方行为和和民间行为大相径庭：前者如日本对华政府开发援助，日益政治化，甚至附加了人权条款，进入21世纪后，大幅度减少，最后走向终结；后者如日本对华贸易、对华直接投资，总体上并没有受政治的影响，规模不断扩大，一直持续到钓鱼岛危机发生。

图1和图2分别显示了日本对华贸易、对华直接投资的长期变化。不难看出，随着中国经济的高速增长，特别是随着中国日益成为在世界经济

[①] 高原明生：《日本视角下的中国崛起和东亚秩序》，载朱锋、[美]罗伯特·罗斯主编《中国崛起：理论与政策的视角》，上海人民出版社2008年版，第305页。

[②] 参见毛里和子《中日关系——从战后走向新时代》，徐显芬译，社会科学文献出版社2009年版，第113—114页。

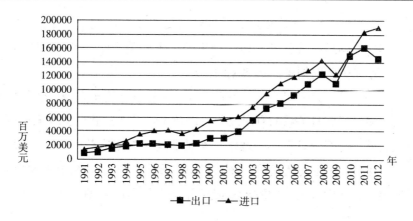

图 1　1991—2012 年日本对华贸易

资料来源：日本财务省历年《贸易统计》。

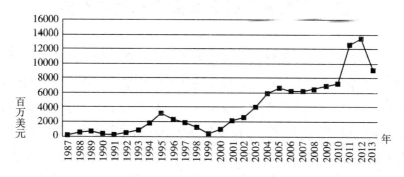

图 2　1987—2013 年日本对华直接投资

资料来源：日本贸易振兴机构历年统计。

中占有重要地位的经济大国，其规模不断扩大。其间不能说没有波动，比如从 1996 年开始，日本的对华贸易、投资均开始滑坡，特别是投资大幅度减少。但是，与其说这是中日政治关系紧张的影响，毋宁说在更大程度上是经济因素导致的。这一期间，中国经济减速，亚洲金融危机爆发，日本经济陷入更为严重的衰退之中，深刻地影响了中日两国之间的经济贸易活动。进入 21 世纪后，中日两国之间的经济贸易活动在更大规模的基础上迅速发展。意味深长的是，其中小泉内阁时期（2001—2006），日本对华进出口贸易、直接投资急剧扩大，这一点可以从图 1 和图 2 清晰地得到印证。小泉内阁期间，是钓鱼岛危机之前中日政治关系最坏的时期，从小泉首相于 2002 年参加博鳌亚洲论坛之后，直到安倍首相 2006 年的"破冰之旅"，中日两国之间的最高首脑的互访已经中断。中日关系的政治—经济非均衡发展，在小泉内阁时期得到最典型的体现。

以上的经验观察表明，中日关系的政治—经济非均衡发展已经长期化，包括后小泉时代中日关系的有限改善，以及民主党上台后外交政策的调整，并未从实质上改变中日关系的政治—经济非均衡发展态势。以下我们将尝试从企业家与政治家行为的目标函数差异，及其在中日关系上表现出来的理性冲突，解释中日关系的政治—经济非均衡发展的长期化这一国际关系史上少有的现象。

二　政治家理性与企业家理性的冲突

中日关系的政治—经济非均衡发展，说明存在着帕累托改进，即在良好的经济关系的基础上，存在着政治关系的改善空间，直至恢复到中日关系的政治与经济的高水平均衡，即政治与经济"双热"。但事实是，这种非均衡发展持续已近 20 年之长，恢复到高水平均衡并非易事。不仅如此，钓鱼岛危机发生后，反而呈现出滑向低水平均衡之虞，即政治与经济"双冷"。如果从理论上探究其深层次的原因，可以发现中日关系政治—经济非均衡发展，与现象背后的人的行为有关，或者说与主体的行动选择有关。中日政治关系的行为主体，是中日两国的政治家，而中日经济关系的行为主体则是中日两国的企业家。以下我们将基于理性行为模型的判断，分别考察政治家和企业家这两个主体的行动选择，及其对中日关系政治—经济非均衡发展的影响。

在我们展开进一步分析之前，首先在一般意义上阐明政治家、企业家的基本行为特征。政治家、企业家分别属于政治学和经济学的研究对象，政治学主要研究人在公共舞台上的行为，而经济学则主要研究人在市场上的行为。传统上，政治学通常假定政治家追求公共利益，经济学则假定所有人都追求个人利益。不难看出，在传统研究范式中，决定政治家和企业家行为的动机在不同的研究领域中是割裂的。但是，在公共选择理论于 20

世纪 40 年代末产生并使公共选择成为一个独立的研究领域之后，这种传统研究范式发生了根本性变化。"我们可以把公共选择定义为是对非市场决策的经济学研究，或者简单地定义为是把经济学运用于政治科学的分析。就研究对象而言，公共选择无异于政治科学：国家理论，投票规则，选民行为，党派，官僚体制等等。然而，公共选择的方法论却是经济学的。与经济学一样，公共选择的基本行为假设是，人是自利的、理性的效用最大化者。"① 在公共选择理论的研究范式中，政治家和企业家的行为被纳入了一个统一的经济人的分析框架，这样一来，无论是政治家的政治行为，还是企业家的经济行为，都受自利动机的支配，在理性这一点上获得了同一性。

　　以上关于政治家、企业家及其行为的一般意义上的分析，将会非常有助于我们理解中日政治—经济非均衡发展的成因。我们通常接触到的知识以及基于这种知识进行的判断认为，政治和经济是分不开的，这几乎已经成为常识，但政治和经济确实往往是以不同的逻辑运行的，原因在于其背后主体的行动选择动机是不同的。政治家和企业家在都是理性的这一点上是共同的，但政治家和企业家的目标函数是不同的，政治家追求的是包括当选、维护其统治等在内的政治租金最大化，企业家追求的则是利润最大化。在以下的分析中我们将会看到，政治家与企业家的这种决定其行为的动机的差异，对中日关系演进产生了重大影响。

（一）政治家的行动选择使中日政治关系趋冷

　　政治家的理性表现为追求政治租金最大化，无论在有选举制还是在没有选举制的政治制度条件下，民意基础对政治家来说都是至为重要的，直接关系到他的政治租金的租值增大或者租值耗散。因此，政治家往往功利性地迎合或者屈从民意，以巩固自身政府的合法性。

　　最让人担忧的是，在中日政治关系趋冷的过程中，特别是在钓鱼岛危机发生之后，中日两国都出现了比以往更为强烈的民族主义浪潮，各种调

---

　　① ［美］丹尼斯·C. 缪勒：《公共选择理论》，杨春学等译，中国社会科学出版社 1999 年版，第 4 页。

查表明，两国人民的彼此好感程度在不断下降，说明中日两国互信递减，以至出现了互信赤字。在这种情况下，中日两国的政治家都很难不为受到民族主义影响的舆论和民意所左右，从而在改善中日政治关系方面难以有所作为。

小泉首相在其执政期间的政治行为，就支持了我们的上述论点。这里之所以以小泉作为案例进行分析，仅仅是因为在小泉内阁时期，中日关系的政治—经济非均衡发展体现得最为典型。实际上，所有政治家在政治家理性和行为模式上与小泉并无二致，有的仅仅是通过具体的政治行动表现出来的程度上的差异。小泉在参拜靖国神社问题上一意孤行，对中国态度强硬，应视为在日本民族主义日趋强烈的政治氛围中，以特立独行的姿态和新保守政治的旗号，追求政治租金的最大化。实际上小泉迄今已经成为战后日本第二位长期执政的首相，这一点部分地诠释了日本民族主义与小泉上述政治行为之间的关系。当然，小泉在获取政治租金的同时，也付出了相应的政治成本，同周边国家的关系恶化、增大了日本"入常"的不确定性、引起了对中日之间的政治趋冷威胁到经济关系的担心，这些在当时就招致了在野党和利益集团的批评。所以才有后小泉时代的中日关系的调整，但是，基于我们上述的论点观察，中日关系的政治—经济非均衡发展态势并未获得实质性的扭转。中日关系的政治—经济非均衡状态的长期持续，其后果是今天中日关系前所未有的恶化，使邦交正常化以来历经艰难曲折积累起来的中日关系成果几近毁于一旦。

（二）企业家的行动选择使中日经济关系趋热

资本的趋利性往往是摆脱政治约束的最大力量，在开放经济与市场经济的条件下，中日两国政治关系的紧张，未能阻挡中日两国经济的持续扩大的基本趋势，只要中日两国的市场对双方的企业家和投资者是有利可图的。这正是形成中日关系政治—经济非均衡发展的动力所在。

和任何双边经济关系一样，中日经济关系并非没有波动，而且由于中日关系的政治—经济非均衡发展的特殊性，其中不乏政治因素的影响，但主要还是经济因素本身的影响，所以中日关系的政治—经济非均衡发展才会长期持续。从另一个角度观察，在中日关系政治—经济非均衡发展最为典型的 2004 年，中欧、中美之间的双边贸易额一度分别超过了日本，日本一直是中国第一大贸易伙伴的地位，已经被欧盟和美国所取代。但是，这一事实并没有改变中日关系政治—经济非均衡发展的基本格局。只要中日经贸关系继续与中美、中欧经贸关系共同构成中国对外经贸关系的三大板块，中日之间的大规模经济交流就是可持续的。事实上，中日经济关系也并没有像中日政治关系那样大起大落，从总体上说一直处于良好态势。据中国商务部统计，2011 年，中国实际使用外资金额 1160.11 亿美元，同比增长 9.72%，其中日本的投资在所有国家中居第一位。不仅如此，日本与中国双边货物贸易额达到 3030.6 亿美元，增长 30.6%，其中，日本对中国出口 1496.9 亿美元，增长 36.6%，占日本出口总额的 19.4%，提高 0.5 个百分点；日本自中国进口 1533.7 亿美元，增长 25.2%，占日本进口总额的 22.1%，下降 0.1 个百分点。日本与中国的贸易逆差 36.8 亿美元，下降 71.6%。截止到当年 12 月，中国是日本第一大贸易伙伴、第一大出口目的地和最大的进口来源地。

就经济总量而言，目前中国是世界第二经济大国。2001 年以来，中国经济下行的压力不断增大，同时面临增长方式转变和结构调整。一般认为，中国经济 10% 的高速增长时代已经结束，但 7% 左右的相对中高速增长还将持续，特别是中国的工业化和城市化过程远没有完成，无论是消费需求还是投资需求，对世界经济仍然具有重要的牵引意义特别是市场意义。这对包括日本在内的世界上任何一个重要经济体来说都不是不重要的。日本的企业家和政治家是理性的，也会敏锐地认识到这一点。但正如前面说过的，企业家和政治家虽然在理性这一点上是共同的，但他们的目标函数是不同的，因此在中日关系上企业家理性与政治家理性起了冲突，企业家理性使中日经济关系趋热，而政治家理性却使中日政治关系趋冷，这两种理性的冲突，就使得中日关系的政治—经济非均衡发展成为现实并长期化了。

三　企业家理性的一个案例分析

通过上述分析，我们不难看到，是企业家理性以及由此决定的行动选择，使中日经济关系避免了受中日政治关系的负面影响而滑坡。中日关系的政治—经济非均衡发展，是由政治家理性与企业家理性的冲突导致的，但与政治家理性不同，企业家理性在其中的作用是阻止这种非均衡发展走向低水平均衡，从而不仅在一个长时期甚至在中日关系面临危机的紧要关头，仍然起到了维系中日关系相对稳定的作用。下面我们将通过一个案例说明这种企业家理性的重要作用。

2012年9月，日本政府宣布"购买"钓鱼岛后，十数日内在中国众多城市陆续爆发了前所未有的大规模抗议游行示威，一些地区场面失控，出现了打、砸、烧等非法暴力行为。抵制日货的民族主义情绪以及购买日货的风险提高，对一些流通业、制造业领域的日资企业造成了很大冲击，当时以及随后一段时期里，日资企业的生产、销售活动都在不同程度上受到负面影响。这种负面影响同样波及天津经济技术开发区的日资企业。为此，天津经济技术开发区管委会与南开大学日本研究院，就中日关系恶化对开发区经济的影响这一问题，采取问卷调查和企业专访的方式，进行了共同调研，调研对象为开发区的日资企业，涵盖了汽车、电子、石化、新能源、新材料、生物医药、金融、商贸、物流等具有较高代表性的行业。

天津经济技术开发区始建于1984年，是首批国家级开发区之一。在调研当时，开发区共有日资企业202家，占全部外资企业数量的12.9%，累计投资43.6亿美元，占全部外商投资总额的13.3%，主要分布在汽车、电子、装备制造、石化、食品、生物医药以及新能源和新材料等领域，其中汽车产业占有重要地位，其产值占比高达86.7%。在中日关系恶化之前，日资企业经营绩效良好，规模以上日资企业平均利润为4200万元、税收为5400万元，超过外资企业平均利润1900万元、税收2000万元水平，更远超全部企业平均利润609万元、税收616万元的水平。2005年以来，日资企业税收一直位列第一，远远高于其他外资企业，2011年度日资企业税收112.57亿元，占全区税收的31.98%。

在大规模抗议示威游行发生后，92%的受访日资企业表示已经受到影响或即将受到影响，其中已经受到影响的日资企业将近一半。在已经受到影响的日资企业中，制造型企业（50%）显著高于服务型企业（30%）。

特别是汽车及相关企业受影响最为严重，有83%的受访企业表示已受影响，另有13%受访企业表示将会受到影响。这些日资企业受到的影响，首先来自于销售领域，特别是汽车及相关企业，不仅陷入销售困境，而且生产活动也受到影响，有多达26%的企业减产或停产。

在中日关系恶化，开发区日资企业面临严峻的销售、生产困难形势下，企业家的行为选择充分体现出企业家理性。根据调查，近九成的日资企业表示不会因为中日关系恶化而调整既定的对华战略，做出撤资回国安排的企业一家也没有，相反有15%的企业表示将继续扩大在华投资规模，详见下表。

表1　　　　　当前中日关系是否影响日资企业对华战略的问卷调查结果　　　单位：%

	全 部	服务业	制造业
不调整对华战略	72	88	70
考虑转移东南亚等国	2	0	2
考虑回归日本国内	0	0	0
继续扩大在华规模	15	12	15
其 他	11	0	13

资料来源：天津经济技术开发区管委会、南开大学日本研究院《近期中日关系对开发区经济的影响》（2012）。

应该指出的是，在开发区没有发生南方一些省市出现的大规模抗议活动，更没有出现过激行为，总体上稳定。在调查和走访过程中，日资企业普遍反映，除了生产和销售受到冲击外，没有受到人身安全、职工对立以及过激行为的影响，心理负担相对较轻，尤其是同一家日资企业分设在开发区和南方一些省市的，回答更是这样。上述日资企业的企业家行为选择，会受到开发区总体稳定环境的积极影响，但更重要的还是基于对中国经济发展和市场前景的判断，留在中国继续经营甚至扩大业务规模对企业是有利的。

这些日资企业所在的开发区，日资比重高，这是由在华外资的区域分工、开发区的区位优势决定的，也是历史形成的，不仅具有良好的基础设施等直接投资环境，还有良好的社会环境和人文环境。在既往中日关系政治—经济非均衡发展的过程中，这些日资企业并未因中日政治关系的走低而终止对企业利益的追求，经营规模不断扩大，并取得了良好的经济绩效。日资企业的税收自 2005 年以来始终位居第一，产值于 2009 年超过韩国后也始终位居第一。在日本政府"购买"钓鱼岛导致中日关系骤然恶化之际，正如我们在前面看到的，这些日资企业的企业家理性再次体现出来。

我们在调研中发现，日资企业对并非由中日关系恶化导致的一些影响未来投资战略的因素表现出相当的担忧，甚至强过对中日关系恶化的担忧，集中体现在劳动雇佣问题上。在这一问题的回答中，43% 担心中国劳动力成本上升，与此相关，28% 担心招工不足，18% 担心劳资冲突，三者合计高达近 90%。理解这一点非常重要，因为这种担心是具有普遍性的，中国劳动力成本上升已经成为影响日资企业对华投资战略的首要因素，而中日关系的影响并非决定性的，也许正是在这一点上，我们的确可以观察到企业家理性与政治家理性的差异。

四　构筑中日关系的"底层结构"

中日关系的政治—经济非均衡发展，在钓鱼岛危机发生以后，似乎正在走向低水平均衡，出现了一些令人不安的变化。据报道，2012 年度日本对美出口额时隔两年转增，同比增长 10.4% 至 113963 亿日元，对华出口则减少 9.1% 至 113440 亿日元，连续两年下降，美国已经替代中国成为日本第一大出口对象国。2012 年日本对华投资还多于对东盟国家投资，但到 2013 年发生了逆转性变化，对东盟国家投资扩大至了对华投资的 2.6 倍。根据中国商务部公布的数据，2014 年 1—10 月日本实际对华直接投资额为 36.9 亿美元，同比减少 42.9%。这种变化的出现，中日关系恶化等政治因素的影响的确不可忽视，但更主要的应该还是中国经济减速、劳动力成本上升、制造业产能过剩等经济因素的影响。实际上，同期美国、欧盟 28 国、东盟的对华投资也分别同比下降了 23.8%、16.2% 和 15.2%。

在中日关系高度僵持中，传来的好消息是 2014 年 11 月 7 日中国国务委员杨洁篪同来访的日本国家安全保障局局长谷内正太郎举行了会谈，双方就处理和改善中日关系达成了四点原则共识，之后的 11 月 10 日中国国家主席习近平会见了来华出席亚太经合组织领导人非正式会议的日本首相安倍晋三。尽管很难通过中日两国首脑的一次会见就化解目前两国的僵局，实际上中日对四点原则共识中的"双方认识到围绕钓鱼岛等东海海域近年来出现的紧张局势存在不同主张"这一表述的解读差异很大，但毕竟中日关系将可能由此迈出走向有限改善的第一步，特别是双方同意通过对话磋商防止局势恶化，建立危机管控机制，具有重要意义，将会有效规避中日之间因领土争端而发生不测事态的风险。其后中日关系并没有获得超越这一范围和程度的进一步发展，中日关系的政治—经济非均衡发展仍将有可能长期持续下去。

目前中国提出的"一带一路"战略以及亚投行的发轫，在很大程度上意味着中国和日本国家之间的竞争将开始在国际机制和国际制度层面上展开，同时在很大程度上意味着中国和日本企业之间的交易将会获得更大的市场空间和更多的投资机会。在日本政治家和企业家的眼中，"一带一路"可能具有非常不同的含义，这正是由政治家的目标函数和企业家的目标函数差异决定的。因此，从特定视角观察和判断，中国的"一带一路"战略将不会在实质上改变中日关系的政治—经济非均衡发展态势。

目前中日关系的僵局尚未得到有效化解，相应地中日关系中的政治与经济的高水平均衡还不可企望，而低水平均衡又应该尽量避免，那么非均衡状态就成为一种次优选择。它在这里的含义是：政治与经济分离，不要让中日政治关系损害到中日经济关系的发展，双双跌入谷底，特别是目前日本正致力于摆脱长期通货紧缩的困扰、中国经济转入"新常态"之际，经济合作与交流对两国的重要性都较以往更高。中日两国关系的改善，哪怕是有限改善，都会增大两国居民的福利水平，因此两国居民都会期待政府进一步有所作为，使中日关系回归正常状态。

言及于此，我们马上会面临一个国际关系中常见的悖论：通常只能委托政府来改善两国关系，但政府恰恰是两国关系恶化的原因。正是由于存在着这种悖论，我们认为构筑中日关系的"底层结构"同样是重要的，而且这是在目前中日关系政治—经济非均衡发展的约束条件下，使中日关系回归到相对正常状态的一条始终在发挥作用的现实路径。

"底层结构"的含义是，相对国家层面上的中日关系的宏观运行机制，企业和个人层面上的中日关系的微观运行机制。底层结构的行为主体，不是政府而是企业和个人，不是基于政治家理性而是基于企业家理性和个体理性。底层结构将是一种稳定结构，在中日关系紧张甚至出现急剧恶化的态势时，可以起到缓冲、润滑的作用。

构筑一个底层结构的必要性在于，在中日关系恶化，政府之间妥协空间缩小、回旋余地有限的情况下，一个良好的底层结构，能减弱双方民众的对立情绪，维系双方民众之间的交流，民间利益集团的诉求所形成的压力在一定程度上可以起到加速双方走向缓和的作用。构筑一个底层结构的必要性还在于，有助于化解民族主义情绪，包括中国和日本在内，整个东亚民族主义势力的抬头，具有相当的危险性，历史的经验表明，在战争与和平之间进行抉择的紧要关头，民族主义激起的大众狂热，往往会形成左右局势向悲剧方向发展的力量。一个良好的底层结构，意味着两国之间经济生活日益紧密地联系在一起，更频繁的人员往来、更多的不同文化之间的相互理解，为对方的商务往来和文化交流提供更好的人文环境，民族主义势力将会因此受到遏制和削弱。在目前中日关系的紧张格局仍然持续的条件下，构筑底层结构，就成为拉动中日关系回归理想状态的一个可供选择的路径，为中日关系趋向在竞争中达成妥协的均衡奠定大众心理基础。

构筑中日关系的底层结构，不仅具有必要性，也具有可行性。之所以能得出这种判断，是基于历史的、现实的、经验的观察：

第一，1949—1972 年是中日关系史上的"无邦交时代"，但中国展开了积极的对日工作，中日两国各界人士的往来、文化交流，以及以廖承志和高碕达之助个人名义推动的民间贸易，在没有外交关系的条件下，竟然都可以发展到相当规模，起到了一种"以民促官"的作用，为最终恢复邦交正常化奠定了民意基础。其实，这就是一种"底层结构"的作用。历史的经验可以借鉴。

第二，20 世纪 70 年代中期以来，随着日本完成了由后发展经济向工业化经济的过渡，原来的供给约束型经济也随之转变为需求约束型经济，目前日本已经是成熟的经济社会，又长期陷于通货紧缩局面，需求—市场因素成为制约增长的瓶颈；而中国则处于向工业化经济过渡的高峰时期，尽管可以肯定的是中国双位数的超高速增长时期已经结束，开始进入了相对中高速增长时期，需求约束的压力加大，但是中国的工业化特别是城市化远未结束，相对而言众多产业部门的产品的需求收入弹性仍然是大的，加上收入不断提高的庞大的消费者人口，需求收入弹性的微小变动都会引致庞大的市场需求。仅就这一点而言，与既往相比，只会发生程度上的而不是实质上的变化。这是在历经了中国大规模的抗议日本侵犯钓鱼岛主权的示威游行，甚至遭受极端行为造成的损失后，在华日资企业总体上没有改变战略，仍然在等待、观望、坚持的原因所在。越是在这种情况下，日资企业对底层结构的需求增大，反而易于构筑底层结构。

第三，前面已经指出，20 世纪 90 年代中期开始，中日关系即进入了政治—经济非均衡发展阶段，并且一直持续到钓鱼岛危机发生。必须看到，中日之间的大规模经济交流，以及中日经济日益紧密地联系在一起，大部分时间都是在这种政治—经济非均衡发展过程中实现的，证明中日关系的底层结构是有现实基础的。中日关系不可能像目前这样永远僵持下去，除非爆发战争，否则最终会走向有限改善，只要这种局面出现，目前中日关系走向低水平均衡的趋向，就会重新回归到作为次优选择的政治—经济非均衡发展的路径，这是由资本的趋利性决定的，先行构筑底层结构，将有助于这种转变，并为更长时期的"在竞争中达成妥协"的中日关系奠定有效的微观基础。

构筑一个中日关系的底层结构并使之发挥作用，中日两国政府、居民都可以利用，并且这种利用具有"非竞争性"和"非排他性"两个特点，这就使"底层结构"带有国际公共产品的性质。如果这种底层结构进一步拓展，受益者不限于中日两国的居民，而是使东亚域内所有国家及其居民都受益，那么它就会成为涵盖整个东亚区域的国际公共产品。中日两国的企业家、民间有识人士、媒体都应有意识地承担起构筑中日关系底层结构的责任，实际上也就是从点做起，产生示范效应，成为整个东亚区域底层结构的初始、有效的构成部分。与国际机构、非政府组织、国际协议、合作机制等有形的区域国际公共产品相比，底层结构虽然是无形的，但更直接地体现出东亚区域内居民的心理感受，蕴含着多元文化及其相互理解，对东亚的和平、稳定、发展起着不可替代的作用。

中国中日关系研究综述

杨伯江[*]

当代中日关系始终是中国对外关系中极具特殊性、重要性的一对双边关系，这种特性以及中日关系严峻的现实，使日本研究成为中国国际问题研究中的一门"显学"，而中日关系研究无疑是这门"显学"的核心。同时，中日关系研究又涵盖、包容着广阔的相关学科领域的成分——政治关系、经济关系、军事安全关系、文化交流关系等大大小小、包罗万象的两国间双边关系。20 世纪 70 年代末中国改革开放特别是 90 年代冷战结束以来，中国的中日关系研究取得了长足发展，但也存在明显不足。认真总结成绩与不足，对于新形势下深化日本研究、促进学科发展、实现学术创新，具有重大深远意义。

一 阶段划分与特征

1949 年新中国成立后，在美苏冷战的国际战略背景下，中日无邦交的非正常关系状态持续了 23 年，直至 1972 年两国实现邦交正常化。在国家战略层面上，早在 1952 年 5 月政务院即成立了对日领导小组，全权负责中国的对日事务，组织开展日本政治与政策研究，起草政府政策文件。[①]但在学术研究层面，由于政治和经济条件所限，中国的中日关系研究在这 20 多

---

[*] 作者系中国社会科学院日本研究所副所长。

[①] 参见郭定平《中国的日本政治研究回顾与展望》，载李薇主编《当代中国的日本研究（1981—2011》，中国社会科学出版社 2012 年版，第 8 页。

年中成果寥寥。1972 年中日邦交正常化，特别是中国实行改革开放以来，中国的中日关系研究呈现出繁荣发展景象。

（一）中日关系研究的发展阶段

　　改革开放以来中国的中日关系研究可以划分为三个发展阶段。这三个发展阶段是：（1）从 20 世纪 70 年代末至整个 80 年代，为重新启动阶段。在这一阶段，有众多日本研究机构相继成立或重组，研究成果大量面世。据统计，1978 年 12 月至 1993 年 3 月，有 3157 部关于日本的著作和译著出版，其中不少涉及中日关系主题。① （2）从 90 年代初至 2008 年国际金融危机前，为多元拓展阶段。随着国际局势的剧烈变动以及中国经济体制的重大转变，中国的国际问题研究急需对新形势下的诸多新问题作出回应、提出建议，中日关系研究也由此逐步深入到各个学科专业领域，成为各学科普遍关注的研究对象之一。（3）从 2008 年至当前，为深化发展阶段。2008 年国际金融危机，是继 1992 年之后，战后中日关系的又一个历史转折点。这一阶段中国的中日关系研究成果，不仅数量丰硕，而且质量上有明显提高，战略性研究成为其中最具活力、发展最快的研究领域。

（二）决定中日关系研究阶段划分及其基本特征的因素

　　决定中日关系研究阶段划分及其基本特征的因素主要来自于三方面。这三个方面是：（1）中日关系本身（包括实力对比、关系态势、互动模式、相互依存度、摩擦剧烈程度等）的演变，对这对双边关系构成直接影响的两国国内形势、对外战略政策以及包括美国战略政策等第三方因素在内的外部环境的调整与变化。（2）中国的战略需求。从重点"借鉴"到"应对"再到"塑造""引领"，变化发展的轨迹十分清晰。（3）中国国际政治、国际关系研究等相关学科的发展与进步。作为广泛涉及政治学、外交学、经济学、社会学、法学等学科的国别研究主题，中日关系研究直接获益于相关学科的发展与进步，得以不断深化、提升。换言之，改革开放

---

① 参见骆为龙、徐一平主编《中国的日本研究》，社会科学文献出版社 1997 年版，第22 页。

以来中国中日关系研究发展的轨迹，在很大程度上体现了中国国际政治、国际关系等相关专业学科的蓬勃发展。

（三）中日关系研究的阶段性发展特征

正是在上述背景下，30多年来中国的中日关系研究呈现鲜明的阶段性发展特征。作为对不断发展变化的上述三方面要素的体现与回应，中国的中日关系研究不断深化和提高，并在不同阶段呈现出鲜明的时代特点，反映出那个时代的国内、国际背景。中国中日关系研究的这种阶段性特征与总体向前的进化过程，具体体现在三个方面：（1）研究的视角与维度，越来越广阔和多维。（2）研究的主题与重点，随形势与时代背景的变化有所转换，而总体趋势是多元化发展。（3）研究的主体与方法。"专业队""非专业队"共同构成中日关系研究的基本力量，知识结构、年龄结构更趋合理，专业素养普遍提高，但方法论缺陷成为制约研究进一步深化发展的瓶颈。

二 研究视角与维度

在上述三方面基本因素的共同作用下，改革开放以来中国的中日关系研究在视角和维度上经历了从单一到多元、从单向到交叉、从平面到多维的重要转变。这一进化过程，标志着中国日本学界对日本、对中日关系认知水平的不断提升。

（一）在中日关系研究的重启阶段，研究视角相对单一，学习借鉴日本经验、促进中日合作、谋求自我发展，是这个阶段研究的着眼点

一是体现了中国在"实用理性"文化基因的作用下，自近代以来"透过东洋学西洋"的传统思路。戊戌年康有为在进呈光绪皇帝的《日本变政考》中，曾明确阐述借鉴日本经验推动变法维新的思路。称："今我有日本为向导之卒，为测水之竿，为探险之队，为识途之老马，我尽收其利而去

其害，何乐如之？"① 二是随着党的工作重心的转移，随着改革开放重大决策的制定，中国急需学习和借鉴发达国家经验，引进资本和先进技术促进现代化发展。如邓小平同志所说："经济工作是当前最大的政治，经济问题是压倒一切的政治问题。""所谓政治，就是四个现代化。"② 在这样的时代背景下，研究日本经验、分析中日关系的经济层面问题，成为一项重大、紧迫的战略任务。三是与中国改革开放的重大决策相同步，《中日和平友好条约》的签署，推动中日关系进入了加速发展的快车道，两国各领域交往迅速增加，经济相互依赖日渐密切，这为"学习型"的中日关系研究取得成果创造了重要条件。

（二）在中国中日关系研究的第二阶段，视角开始趋向多元，研究更具体系性，更显立体感

苏联解体、冷战终结，给中日关系的国际战略环境带来重大变化。同时，中日两国都面临社会转型期，对外战略迎来选择窗口期。1992 年堪称战后中日关系史上具有标志性的年份。是年年初，邓小平发表南方谈话，中国改革开放步入新阶段，中国经济重回高增长轨道。2 月，第七届全国人大常委会第 24 次会议通过《中华人民共和国领海及毗连区法》，明确宣示中国的陆地领土包括"台湾及其包括钓鱼岛在内的附属各岛"。同样是在这一年，日本楼市、股市双双暴跌，经济泡沫破灭，并由此进入长期低迷状态。另一方面，面对国际格局新旧交替过渡期的到来，日本显示出要在国际政治舞台上一展身手的战略冲动，主张经济上的"日美欧三极"应适时转化为政治三极。海部俊树首相明确提出"必须以日美欧三极为主导形成世界新秩序"，首度表达出要与美欧共同主导冷战后国际秩

---

①　康有为：《日本变政考》，中国人民大学出版社 2011 年版。

②　邓小平：《关于经济工作的几点意见》，载《邓小平文选》第 2 卷，人民出版社 1994 年版，第 194 页。

序的强烈愿望。① 日本 1993 年版《外交蓝皮书》进一步提出，为了维持、促进世界整体的和平与繁荣，日、美、欧的责任和作用尤为重大。在这样一种环境中，中日关系告别了 80 年代的"黄金十年"，进入错综复杂的 90 年代。中国的中日关系研究在保持经济主题的同时，开始将触角广泛延伸到外交、安全、军事、能源、地缘政治等领域。

（三）在中日关系研究深化发展的阶段，中日关系日益被作为中国战略全局的有机组成部分来加以研究，"国际秩序中""地区格局下""规则制定中"的中日关系研究视角越来越受到重视

这首先与中日之间力量对比、关系态势的变化直接相关。继 1992 年之后，2008 年国际金融危机成为战后中日关系史上的又一个重要拐点。在世界主要国家中，中国最早从危机中摆脱出来，经济持续高速增长，至 2010 年总体规模超过日本。日本维持了 20 多年的世界第二经济大国地位一去不返，战略焦虑进一步加剧，"中国威胁论"呈现"全民化"发展趋势。② 其次，中国开始走向世界舞台的中心，国际地位空前提高，对外战略更趋主动、积极。这在党的十八大后更加明显。新形势、新需求，促使中国的国际问题研究开始越来越深入地触及秩序、格局、规则等国际关系的核心问题，中日关系研究则日益融入核心、全局问题的研究。同时，塑造中日关系、引领关系走向的主动意识也越来越凸显出来。

三　研究主题与重点

由于历史科学作为人文社会科学基础的性质，以及中国在改革开放前

① 同期，时任外务省事务次官栗山尚一在《外交论坛》撰文，提出了"五五三理论"。主要论点是：日、美、欧是国际格局中的三极，不但各自拥有强大的经济实力，且在自由、民主主义和市场经济这三大基本价值观上也相互一致，因此三方应依据强大的政治能量和共同价值观实现冷战后三极共管的世界，而日本则"必须尽快地从中小国家的外交转变为大国外交"。参见：栗山尚一「激動の90年代と日本外交の新展開」，『外交フォーラム』1990 年第 5 号。

② 1990 年 8 月，日本防卫大学副教授村井友秀在《诸君》月刊上撰文，题为《论中国这个潜在的威胁》，在日本首次提出了现在意义上的"中国威胁论"。

国际政治、国际关系学科尚未恢复，战后中日关系长期处于非正常状态等一系列因素，1972 年邦交正常化后的中日关系研究起步于历史研究。① 这一点，可以从当代中国日本研究学术团体诞生的先后顺序中得到生动的印证。②

（一）在改革开放后中国中日关系研究的重启阶段，经济主题占据重要地位

在这一阶段，如何通过学习日本经验，加快实现现代化，成为中国中日关系研究的主线。正如中国社会科学院日本研究所《日本问题》（1985 年创刊，1991 年更名为《日本学刊》）创刊号所述，战后"日本人民在土地狭小、资源贫乏的海岛上，经过几十年的勤奋努力，终于赶上和超过了欧洲一些经济技术高度发达的国家，成为资本主义世界中仅次于美国的经济大国"。"日本经济的高速增长，引起了世界各国的极大关注。各国学者竞相研究和探索战后日本迅速崛起的原因，力图从中找出可资借鉴的经验教训。"③ 这一时期的研究广泛涉及日本经济体制、财政金融、产业政策、企业经营模式，成果数量之多如过江之鲫。20 世纪 90 年代，对日本泡沫经济的研究成为日本经济研究的重点内容。但无论在哪个时期，日本经济研究作为中日关系研究的重要组成部分，都体现出鲜明的中国问题意识。正如中国社会科学院一份跨所合作研究报告所述："中国有日本这样一个先行者、一个走在我们前面的'蹚地雷'者，是非常幸运的。无论日本是成功

---

① 参见高洪等《30 年来中国的日本研究概况——中华日本学会 2011 年年会暨学科综述研讨会发言摘要》，《日本学刊》2011 年第 3 期。

② 在 1981 年中国社会科学院日本研究所成立之前，已有全国日本经济学会（1978 年成立，原中华全国日本经济学会）和中国日本史学会（1980 年）成立在先，而全国性的日本综合研究学术团体——中华日本学会则是在 1990 年 2 月即中国的日本研究开始走向新的发展时期才成立的。参见李薇《中国的日本研究及中日关系研究的焦点》，《日本学刊》2011 年第 6 期。

③ 马洪：《加强日本研究　促进学术交流》，《日本问题》1985 年第 1 期。

还是失败的方面，都能使中国受益匪浅。"①

（二）20 世纪 90 年代以后，中日关系研究中政治、外交、安全主题地位上升

1993 年，执政 38 年的自民党首次失去执政地位，日本政治开始进入持续动荡时期，政治生态、政党政治出现明显变化。同时，90 年代特别是中期以后，日本外交政策、安全战略出现大幅调整，重新强化日美安全体制。从对《日本学刊》所刊载论文的统计看，这一时期日本政治、外交、安全研究成为最为活跃、发展最快的研究领域，相关论文的比重明显增加。这一时期中国学者关注的重点有：（1）政治研究领域：日本国内政治力量对比，政治转型的价值取向，政治右倾化，国家主义思潮，右翼势力。（2）外交研究领域：日本公开明确"入常"目标（1994 年），日本提出亚洲货币基金（AMF）构想（1997 年）。（3）安全研究领域：日本制定《联合国维和行动合作法》（简称"PKO 法"，1992 年），出台冷战后首份《防卫计划大纲》（1995 年），强化日美同盟（1996 年发表《安全保障联合宣言》，1997 年修订防卫合作指针），通过《周边事态法》（1999 年）。这一时期中日关系研究在安全领域的研究取得了丰硕成果。②

---

① 余永定：《日本美国金融危机比较研究——原因、救治措施、效果、前景及对中国的影响》，《日美金融危机研究比较研究报告》（中国社会科学院课题，2009 年 1 月至 2010 年 5 月）。转引自冯昭奎《中国的日本经济研究 30 年综述》，载李薇主编《当代中国的日本研究（1981—2011）》，中国社会科学出版社 2012 年版。

② 论文如杨运忠的《美国进一步调整对日政策》（《世界经济与政治》1995 年第 7 期）、杨伯江的《〈日美安保联合宣言〉意味着什么》（《现代国际关系》1996 年第 6 期）、刘江永的《新"日美防卫合作指针"何以令人忧虑》（《现代国际关系》1997 年第 11 期）、杨伯江的《日美修订"防卫合作指针"中期报告初析》（《现代国际关系》1997 年第 7 期）、石晓明的《21 世纪日本防卫政策走向及防卫力量的发展趋势》（《东北亚论坛》1998 年第 8 期）、周永生的《冷战后的日本外交与日美安保体制》（《世界经济与政治》1998 年第 11 期）、杨伯江的《强化日美同盟：日本面向 21 世纪的战略起跳板》（《现代国际关系》1999 年第 6 期）等。

　　（三）2008 年以后中国的中日关系研究视野更为广阔，研究更为厚重，所关注的重点更为大、深、远

　　在短短几年间，中日关系研究成果斐然，无论是深度还是广度上都有明显跃升，呈现出与此前两个阶段明显不同的特点。（1）尝试从世界、地区格局的视角分析预测中日关系。如刘江永的《国际格局演变与未来的中美日关系》、张蕴岭的《中国周边地区局势和中日关系》、朱锋的《国际战略格局的演变与中日关系》。（2）借助多边关系、特别是美国因素、中美日三边的视角深化对中日关系的认识。如冯昭奎的《发展与世界潮流相一致的中日关系——兼论中美博弈对中日关系的影响》、高兰的《美国对中日钓鱼岛争端的介入浅析》、杨伯江的《美国对日政策内在矛盾及地区战略影响分析》、廉德瑰的《安倍解禁集体自卫权的"中美日因素"论析》。（3）注重从国际比较研究的角度分析中日关系。如高兰的《历史教科书问题：中日模式与法德模式的比较》。（4）理论性、战略设计意识、政策针对性明显增强。如吕耀东的《中日双边互动模式：情境与调控》、蒋立峰的《未来十年的中日关系与中国对日政策——21 世纪中日关系研究报告》、吴怀中的《日本对华安全政策的理论分析》、徐万胜的《论中日关系机制化建设》、吴寄南的《试论中日重构战略互信的路径选择》等。①

四　研究主体与方法

　　"专业""非专业"科研队伍共同构成中国中日关系研究的基本力量。30 多年来，专事日本与中日关系研究的学科队伍在规模上基本保持稳定，知识结构、年龄结构上更趋合理，专业素养普遍提高。但方法论缺陷成为制约中国中日关系研究实现可持续发展、进一步深化升级的瓶颈。

---

　　①　在本文列举的论文中，无明确刊名、期号标记者，均为《日本学刊》2008—2014 年刊载的论文。

（一）"专业"加"非专业"的基本研究力量

根据中华日本学会与南开大学日本研究院于 2008 年实施的联合调查，中国现有 110 个日本研究中心或院所，其中多数是综合研究日本的学术机构。这些研究机构可大致分成三类：隶属于党和政府部门的日本研究机构、中国社会科学院和地方社会科学院系统的日本研究机构、分布于全国各地高校中的日本研究中心或研究院所。调查显示，上述各类研究机构中，从事日本问题研究的人员为 1011 人。其中，第三类机构的研究人员约占70%，第一、二类机构的研究人员各占约 10%，新闻出版等传媒系统以及其他类型的日本研究人员约占 10%。研究领域的专业分布是：43% 的人研究日本语言和文学，18% 的人研究日本历史，14% 的人研究日本经济，12% 的人研究日本政治与对外关系，13% 的人研究日本哲学、思想、教育及其他。① 但应当强调的是，中国的中日关系研究力量并不仅仅限于这些专事中国与日本关系的研究群体。实际上，在近年来中日关系各领域研究的相关成果（特别是期刊论文）中，非专事日本研究的作者均占有一定的比例。

（二）学科队伍发生重要变化，研究主体水平明显提高

从 20 世纪 80 年代到目前，专事日本与中日关系研究的学科队伍在规模上基本保持了稳定。据 1985 年有关部门对日本研究队伍的粗略统计，总共为 1138 人。根据 1996 年中华日本学会与北京日本学研究中心联合实施的调查，总共为 1260 人。② 在改革开放之初，从事日本、中日关系研究的人员大多数是学习日语出身，熟悉日本语言文学，而其他学科的日本研究基础相对薄弱。从 20 世纪 90 年代开始，从事日本研究的人才成长迅速。全国各日本研究机构培养的人才逐渐崭露头角，许多日本研究人员通过攻读博士学位提高了专业素质，一些在日本学成回国的博士成为日本研究的骨干力量。发展到目前，这支学科队伍在知识结构、年龄结构上更趋合理，

---

① 参见杨栋梁《中国的日本研究新动态》，载莽景石主编《南开日本研究 2010》，世界知识出版社 2010 年版。

② 参见中华日本学会、北京日本学研究中心编《中国的日本研究》，社会科学文献出版社1997 年版。

专业素养普遍提高。

（三）方法论缺陷成为制约中日关系研究进一步深化升级、实现可持续发展的瓶颈

在 30 多年来中日关系的研究实践中，日本研究学者通过与非日本研究专业学者的合作，强化了对日本问题的关注度和学科意识，提高了研究的对策性和应对性，巩固了日本研究相关专业的理论基础，有效促进了国别研究与学科研究的相互融合。此期间，日本研究学者始终关注对方法论的探索与运用，尝试"通过运用跨学科和多学科的研究方法，在学科的交叉渗透中来把握事物的关联性，发现新规律或者提出新观点"[1]，促进日本研究水平的提高，但总体而言，截至目前，中国的中日关系研究"距离构建中国的日本研究范式还有相当长的路程要走"[2]。正如有学者尖锐指出的那样，中国的中日关系研究"研究方法和理论取向比较单一"，"缺乏对人文与社会科学其他学科理论和方法的借鉴与运用"。"一些论文虽然声称使用了跨学科的方法，但分析和运用的力度不够。在关于中日关系的知识、理论和方法上，跨学科方法应用的自觉性和有效性不足。"[3]

此外，中国的中日关系研究"对国际学术前沿关注不够"。由于知识储备和学者个人学术素养所限，"中日关系学者未能追踪和把握欧美学界关于中日关系的研究动态，对于欧美学界关于国与国之间关系的研究理论、研究范式、研究方法及研究思路不够了解，导致中日关系的研究难以具有开阔的国际视野"[4]。打破方法论瓶颈，立足国际学术前沿，顺应进而用好全球化时代学术研究国际化的新趋势，将成为中国中日关系研究今后努力的方向。

---

① 郭定平：《中国的日本政治研究回顾与展望》，载李薇主编《当代中国的日本研究（1981—2011）》，中国社会科学出版社 2012 年版，第 8 页。

② 李薇：《中国的日本研究及中日关系研究的焦点》，《日本学刊》2011 年第 6 期。

③ 田庆立：《近年来中日关系的研究状况及主要特点》，《消费导刊》2010 年第 7 期。

④ 同上。

后　记

　　2015 年，是中国人民抗日战争暨世界反法西斯战争胜利 70 周年。在这样的一个重要时间节点，遵循习近平主席提出的"人类命运共同体"、"周边命运共同体"、在国际关系中践行正确义利观等外交理念，探讨中日热点问题，思考对日外交方略，研判两国关系走向，有着重要意义。同时，中日关系在我国外交大棋盘上是一个非常关键的棋眼，研究中日问题，不仅对中日关系，而且对我国整个外交战略可望产生一定的参考价值。

　　近年来，中日关系问题越来越成为"全民关注"的热点问题，从坊间到网络，从专家学者到普通民众，热议中日关系的人们比比皆是，众说纷纭。面对这种情况，作为发表相关学者日本研究成果的全国性学术园地——《日本学刊》，为了将研究者的成果推向社会，惠及大众，做了一些大胆的尝试。例如，与新华网、人民网合作，将《日本学刊》发表的重点文章的主要内容在相关网上转载，产生了超乎预想的效果。有些论文在网上转载之后，一时间可找到数以百计、数以千计的"相关结果"，有个别文章的相关结果数的"峰值"甚至达到数十万。

　　上述情况，一方面反映了关注日本问题特别是关注中日关系问题的民众数量之多、关心之切，另一方面也反映了当今中日关系确是中国对外关系中极具特殊性、重要性的一对双边关系。中日关系的严峻现实，刺激着曾遭受日本军国主义侵略的中国人民的难以愈合的心理创伤，不能不引起强烈的反应；与拉个旅行箱几小时就可方便抵达的"一衣带水"的樱花国度的关系如何，也和广大民众的切身利益乃至生存环境息息相关，这或许就成为即便是探讨相关学术问题的长篇论文居然也可以获得众多读者的根本原因。

受到"论文上网"所取得效果的鼓舞，我们想到了另一种将研究者的成果推向社会的方式——"出书"。与"上网"相比，"出书"也即本书的优点有三个：完整性、集中性和时效性。

所谓"完整性"，是指收入本书的都是相关文章的全文，而《日本学刊》发表在网上的论文只是其部分内容，未必呈现了文章的精彩、传达了整篇论文的思想全貌。所谓"集中性"，是指本书遴选近年来在《日本学刊》上发表的有关中日关系的文章，集于一书进行出版，克服了每期转载许多方面文章的分散性。尽管由于能力和时间有限，我们未能从全国十多种日本研究刊物中进行大面积的论文筛选，作为重要补充，我们还收入了少量其他报刊有关中日关系的"热文"。所谓"时效性"，是指我们编选的文章大多经过作者根据中日关系形势最新变化进行了一些修改补充，从而使文章更具时效。同时，我们还结合中日关系最近形势约请作者特为本书撰写专文。本书出版需要一定时间进行编辑、校对、质检，即便是我们收到的"最新"作品到本书问世之际仍可能对不断变化的形势"跟不上趟"，但由于我们对所选文章要求大多是具有一定的深度和研究性的思想产品，因此相信它们不至于像一般的媒体文章报道那样很快成为"旧闻"。

本书共收入 31 篇文章，除序言外，分为时政评论篇和学术论文篇。时政评论篇由《日本学刊》专稿、中国主流媒体文章和作者专文三部分组成，学术论文篇则全部来自《日本学刊》近年有关中日关系的论文。

本书作者阵容可观，有曾经的中日关系决策参与者，有多年从事对日工作的老前辈，也有美日等外国学者和中国旅日学者，更多的是中国中日关系研究领域的专家，还有初出茅庐的年轻新秀。

作为中国日本研究的权威学术刊物，近年来《日本学刊》在中日关系研究领域成果丰硕，有的文章被主流媒体全文转载，有的是国家知名数据库的"下载热文"，有的被国外网站评论为显示出中日关系新动向……可以说，它们代表了中国中日关系研究的较高水平。但需要强调的是，本书收入的文章作者并不代表中国最优秀的日本问题和国际问题研究者群体；所收入的文章也不代表近年来中国各种报刊媒体上所发表的有关中日关系的最佳文章之集合，只是反映了编者和《日本学刊》选题、选文的视野和水准。此外，依据"文责自负"的原则，收入本书的文章仅代表作者本人观点而不代表《日本学刊》编辑部的观点。

《日本学刊》2015 年 5 月隆重庆祝了创刊 30 周年，举行了包括召开全国日本研究杂志研讨会、出版增刊和画册、举办日本研究杂志回顾展等一系列活动。作为系列纪念活动之一，编辑部原本计划再出一本《〈日本学刊〉精品集》，但因故搁置。

适逢中国社会科学出版社计划推出有关日本研究的图书，双方协商决定出版《中日热点问题研究》，以《日本学刊》中日关系专题论文为重要遴选对象，由《日本学刊》编辑部负责选编，并在年内出版，可谓《日本学刊》创刊 30 周年纪念交响乐的最后乐章。

我们在保持文章原意的基础上，对全书做了技术性编辑，包括对文章标题、正文文字、图表、注释及资料来源以及体例、规格等的适当调整，除特别注明报刊出处外，其他文章均选自《日本学刊》，相关信息恕不详列。请需要者登录"日本学刊网"（http：//www. rbxk. org）或与《日本学刊》编辑部联系（rbxk@ cass. org. cn）。

最后，谨向对本书出版给予鼎力支持的中国社会科学院日本研究所领导，中国社会科学出版社领导和重大项目出版中心主任王茵、责任编辑王琪，以及排版中心王学颖、师菊花表示衷心感谢！同时，敬请读者对本书提出批评意见！

冯昭奎 林昶
2015 年 10 月